SAN DIEGO FRENCH ★ AMERICAN SCHOOL
6550 Soledad Mountain Rd.  La Jolla, California 92037

# Bescherelle

# la Conjugaison
## pour tous

Les tableaux de conjugaison
La grammaire du verbe
Liste alphabétique des verbes

Édition entièrement revue
sous la responsabilité scientifique de Michel Arrivé

HATIER

# Avant-propos

## Qu'est-ce que la conjugaison ?

La conjugaison est la liste des différentes formes qui, pour chaque verbe, donnent les indications de personne, de nombre, de temps et d'aspect, de mode et de voix. Conjuguer un verbe, c'est énumérer ces formes.

La mauvaise réputation de la conjugaison du français est largement imméritée. Il est vrai que le nombre des formes du verbe est important : 96 formes, simplement pour l'actif. Mais il en va de même dans bien des langues. En outre, la plupart de ces formes sont immédiatement prévisibles. Ainsi, pour l'ensemble des formes composées, il suffit, pour les former correctement, de disposer des trois informations suivantes : la forme de participe passé du verbe, l'auxiliaire utilisé et la conjugaison de cet auxiliaire.

Comme on le verra dans la suite de cet ouvrage, les formes simples (c'est-à-dire sans auxiliaire) présentent, paradoxalement, un peu plus de difficultés. Mais ces difficultés n'ont rien d'insurmontable.

## Quelle est la structure du Bescherelle ?

Le *Bescherelle Conjugaison* donne les indications nécessaires pour trouver rapidement les formes de tous les verbes utilisés en français.

### ■ 88 tableaux (numérotés de 1 à 88)

Ils donnent, pour les 88 verbes retenus comme modèles, l'ensemble des formes simples et composées aux différents modes.

### ■ La grammaire du verbe (paragraphes 89 à 167)

Elle donne toutes les indications nécessaires sur la *morphologie* du verbe (c'est-à-dire la description des formes), sur sa *syntaxe* (c'est-à-dire ses relations avec les autres mots de la phrase, notamment les phénomènes d'accord), enfin sur les *valeurs* des formes verbales. Il est en effet indispensable de savoir en quoi les formes verbales se distinguent les unes des autres par le sens. En quoi les indications données par un passé simple sont-elles différentes de celles d'un imparfait ou d'un passé composé ? C'est peut-être là que se situent les véritables « difficultés » de la conjugaison du français.

Un index permet de se référer commodément aux notions expliquées dans la grammaire. → 167

**■ La liste alphabétique des verbes de la langue française**

Pour chacun des verbes énumérés à l'infinitif et classés par ordre alphabétique figurent des indications sur leur construction. Un renvoi à l'un des 88 tableaux permet de résoudre immédiatement les éventuels problèmes de conjugaison.

## Quels verbes trouve-t-on dans le Bescherelle ?

L'inventaire des verbes français évolue de jour en jour, sous l'effet d'un double mouvement : la disparition des verbes qui ont cessé d'être utiles et la création de nouveaux verbes.

Cette édition inclut tous les verbes néologiques : formes appartenant à des vocabulaires plus ou moins techniques (désamianter, sponsoriser...) ou à des usages familiers, voire argotiques (bastonner, tchatcher...).

Pour la première fois dans un manuel de conjugaison, figurent également des verbes spécifiques à la Belgique, au Canada, à l'Afrique francophone.

# Sommaire

■ **LISTE ALPHABÉTIQUE DES VERBES**

## ABRÉVIATIONS UTILISÉES

**CC** : complément circonstanciel
**COD** : complément d'objet direct
**COI** : complément d'objet indirect
pers. : personne
pl. : pluriel
sing. : singulier
subj. : subjonctif
V : verbe

## SYMBOLES UTILISÉS

**REMARQUE**
attire l'attention sur une
exception fréquemment
rencontrée, une nuance
importante, un point sur lequel
les erreurs sont nombreuses.

**→ 40 à 50** (renvois)
invite à se reporter à un ou
plusieurs autres paragraphes
pour des informations
complémentaires.

⊖
signale que l'exemple donné
n'est pas grammaticalement
correct.

# Tableaux de conjugaison

*Les numéros renvoient
aux numéros des tableaux.*

## 14 créer — 1er groupe – verbes en -éer

### INDICATIF

**Présent**
je crée
tu crées
il crée
nous créons
vous créez
ils créent

**Passé composé**
j'ai créé
tu as créé
il a créé
nous avons créé
vous avez créé
ils ont créé

**Imparfait**
je créais
tu créais
il créait
nous créions
vous créiez
ils créaient

**Plus-que-parfait**
j'avais créé
tu avais créé
il avait créé
nous avions créé
vous aviez créé
ils avaient créé

**Passé simple**
je créai
tu créas
il créa
nous créâmes
vous créâtes
ils créèrent

**Passé antérieur**
j'eus créé
tu eus créé
il eut créé
nous eûmes créé
vous eûtes créé
ils eurent créé

**Futur simple**
je créerai
tu créeras
il créera
nous créerons
vous créerez
ils créeront

**Futur antérieur**
j'aurai créé
tu auras créé
il aura créé
nous aurons créé
vous aurez créé
ils auront créé

### CONDITIONNEL

**Présent**
je créerais
tu créerais
il créerait
nous créerions
vous créeriez
ils créeraient

**Passé**
j'aurais créé
tu aurais créé
il aurait créé
nous aurions créé
vous auriez créé
ils auraient créé

### SUBJONCTIF

**Présent**
que je crée
que tu crées
qu'il crée
que nous créions
que vous créiez
qu'ils créent

**Passé**
que j'aie créé
que tu aies créé
qu'il ait créé
que nous ayons créé
que vous ayez créé
qu'ils aient créé

**Imparfait**
que je créasse
que tu créasses
qu'il créât
que nous créassions
que vous créassiez
qu'ils créassent

**Plus-que-parfait**
que j'eusse créé
que tu eusses créé
qu'il eût créé
que nous eussions créé
que vous eussiez créé
qu'ils eussent créé

### IMPÉRATIF

**Présent**
crée
créons
créez

**Passé**
aie créé
ayons créé
ayez créé

### INFINITIF

**Présent**
créer

**Passé**
avoir créé

### PARTICIPE

**Présent**
créant

**Passé**
créé
ayant créé

### GÉRONDIF

**Présent**
en créant

**Passé**
en ayant créé

- Ces verbes n'offrent d'autre particularité que la présence très régulière de deux *e* à certaines personnes de l'indicatif présent, du passé simple, du futur, du conditionnel présent, de l'impératif, du subjonctif présent, du participe passé masculin, et celle de trois *e* au participe passé féminin : *créée*.
- Dans les verbes en -*éer*, l'*é* reste toujours fermé : *je crée, tu crées*...
- Noter la forme adjectivale du participe passé dans *bouche bée*.

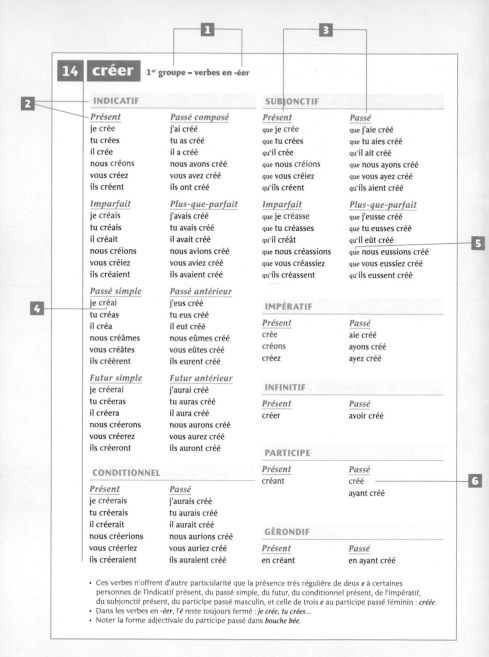

# Mode d'emploi

**1** *La caractérisation du verbe*
Chaque verbe est caractérisé au moins par le groupe auquel il appartient. Une mention supplémentaire du type « verbes en *-éer* » permet de savoir immédiatement si d'autres verbes se conjuguent sur le même modèle.

**2** *Modes et temps*
Les formes de la conjugaison d'un verbe sont bien sûr classées par modes (étiquettes jaunes) et par temps (mentions en italique bleu souligné).

**3** *Temps simples et temps composés*
À l'intérieur de chaque mode, les formes des temps simples apparaissent dans la première colonne ; celles des temps composés figurent en regard dans la seconde colonne. Cette disposition permet de mettre en évidence les correspondances entre les différents temps et de lever certaines ambiguïtés : ainsi, le participe passé *ayant créé* apparaît bien comme une forme composée du participe présent *créant*.

**4** *De la couleur pour mémoriser*
Sont notées en rouge :
– les premières personnes du singulier et du pluriel, pour mettre en évidence les changements de radicaux ;
– les difficultés orthographiques particulières.

**5** *Que*
Cette présentation rappelle que, sans être un élément de morphologie verbale, *que* permet de distinguer les formes, souvent semblables, du subjonctif et de l'indicatif.

**6** *Participe passé*
Les tableaux ne donnant que des éléments de morphologie verbale, le participe passé est donné au masculin singulier. Pour résoudre les problèmes d'accord, voir la *Liste alphabétique* et la *Grammaire du verbe*.

# 1 être

## INDICATIF

| Présent | Passé composé |
|---|---|
| je suis | j'ai été |
| tu es | tu as été |
| il est | il a été |
| nous sommes | nous avons été |
| vous êtes | vous avez été |
| ils sont | ils ont été |

| Imparfait | Plus-que-parfait |
|---|---|
| j'étais | j'avais été |
| tu étais | tu avais été |
| il était | il avait été |
| nous étions | nous avions été |
| vous étiez | vous aviez été |
| ils étaient | ils avaient été |

| Passé simple | Passé antérieur |
|---|---|
| je fus | j'eus été |
| tu fus | tu eus été |
| il fut | il eut été |
| nous fûmes | nous eûmes été |
| vous fûtes | vous eûtes été |
| ils furent | ils eurent été |

| Futur simple | Futur antérieur |
|---|---|
| je serai | j'aurai été |
| tu seras | tu auras été |
| il sera | il aura été |
| nous serons | nous aurons été |
| vous serez | vous aurez été |
| ils seront | ils auront été |

## CONDITIONNEL

| Présent | Passé |
|---|---|
| je serais | j'aurais été |
| tu serais | tu aurais été |
| il serait | il aurait été |
| nous serions | nous aurions été |
| vous seriez | vous auriez été |
| ils seraient | ils auraient été |

## SUBJONCTIF

| Présent | Passé |
|---|---|
| que je sois | que j'aie été |
| que tu sois | que tu aies été |
| qu'il soit | qu'il ait été |
| que nous soyons | que nous ayons été |
| que vous soyez | que vous ayez été |
| qu'ils soient | qu'ils aient été |

| Imparfait | Plus-que-parfait |
|---|---|
| que je fusse | que j'eusse été |
| que tu fusses | que tu eusses été |
| qu'il fût | qu'il eût été |
| que nous fussions | que nous eussions été |
| que vous fussiez | que vous eussiez été |
| qu'ils fussent | qu'ils eussent été |

## IMPÉRATIF

| Présent | Passé |
|---|---|
| sois | aie été |
| soyons | ayons été |
| soyez | ayez été |

## INFINITIF

| Présent | Passé |
|---|---|
| être | avoir été |

## PARTICIPE

| Présent | Passé |
|---|---|
| étant | été |
| | ayant été |

## GÉRONDIF

| Présent | Passé |
|---|---|
| en étant | en ayant été |

- *Être* sert d'auxiliaire : **1.** à la voix passive : *il est aimé* ;
  **2.** pour les temps composés des verbes pronominaux : *il s'est blessé* ; **3.** pour les temps composés de quelques verbes intransitifs qui, dans la liste alphabétique des verbes, sont suivis de la mention *être*.
- Certains verbes se conjuguent tantôt avec *être*, tantôt avec *avoir*. → tableau 3. Le participe *été* est toujours invariable.

## INDICATIF

| *Présent* | *Passé composé* |
|---|---|
| j'ai | j'ai eu |
| tu as | tu as eu |
| il a | il a eu |
| nous avons | nous avons eu |
| vous avez | vous avez eu |
| ils ont | ils ont eu |

| *Imparfait* | *Plus-que-parfait* |
|---|---|
| j'avais | j'avais eu |
| tu avais | tu avais eu |
| il avait | il avait eu |
| nous avions | nous avions eu |
| vous aviez | vous aviez eu |
| ils avaient | ils avaient eu |

| *Passé simple* | *Passé antérieur* |
|---|---|
| j'eus | j'eus eu |
| tu eus | tu eus eu |
| il eut | il eut eu |
| nous eûmes | nous eûmes eu |
| vous eûtes | vous eûtes eu |
| ils eurent | ils eurent eu |

| *Futur simple* | *Futur antérieur* |
|---|---|
| j'aurai | j'aurai eu |
| tu auras | tu auras eu |
| il aura | il aura eu |
| nous aurons | nous aurons eu |
| vous aurez | vous aurez eu |
| ils auront | ils auront eu |

## CONDITIONNEL

| *Présent* | *Passé* |
|---|---|
| j'aurais | j'aurais eu |
| tu aurais | tu aurais eu |
| il aurait | il aurait eu |
| nous aurions | nous aurions eu |
| vous auriez | vous auriez eu |
| ils auraient | ils auraient eu |

## SUBJONCTIF

| *Présent* | *Passé* |
|---|---|
| que j'aie | que j'aie eu |
| que tu aies | que tu aies eu |
| qu'il ait | qu'il ait eu |
| que nous ayons | que nous ayons eu |
| que vous ayez | que vous ayez eu |
| qu'ils aient | qu'ils aient eu |

| *Imparfait* | *Plus-que-parfait* |
|---|---|
| que j'eusse | que j'eusse eu |
| que tu eusses | que tu eusses eu |
| qu'il eût | qu'il eût eu |
| que nous eussions | que nous eussions eu |
| que vous eussiez | que vous eussiez eu |
| qu'ils eussent | qu'ils eussent eu |

## IMPÉRATIF

| *Présent* | *Passé* |
|---|---|
| aie | aie eu |
| ayons | ayons eu |
| ayez | ayez eu |

## INFINITIF

| *Présent* | *Passé* |
|---|---|
| avoir | avoir eu |

## PARTICIPE

| *Présent* | *Passé* |
|---|---|
| ayant | eu |
| | ayant eu |

## GÉRONDIF

| *Présent* | *Passé* |
|---|---|
| en ayant | en ayant eu |

*Avoir* est un verbe transitif quand il a un complément d'objet direct : *J'ai un beau livre.*
Il sert d'auxiliaire pour les temps composés de tous les verbes transitifs et d'un grand nombre d'intransitifs. Les quelques verbes intransitifs qui utilisent l'auxiliaire *être* sont signalés dans la liste alphabétique des verbes.

Le problème du choix de l'auxiliaire se pose rarement. En effet, la plupart des verbes utilisent, pour leurs formes composées, un seul auxiliaire : *avoir* ou *être*. Il existe cependant un petit nombre de verbes qui utilisent alternativement les deux auxiliaires *avoir* et *être*.

| | | |
|---|---|---|
| *aborder* | *décroître* | *expirer* |
| *aboutir* | *dégénérer* | *faillir* |
| *accoucher* | *déménager* | *grandir* |
| *accourir* | *dénicher* | *grossir* |
| *accroître* | *descendre* et *redescendre* | *jaillir* |
| *alunir* | *diminuer* | *maigrir* |
| *amerrir* | *disconvenir* | *monter* et *remonter* |
| *apparaître* | *disparaître* | *paraître* |
| *atterrir* | *divorcer* | *passer* et *repasser* |
| *augmenter* | *échapper* | *ressusciter* |
| *avorter* | *échouer* | *résulter* |
| *baisser* | *éclater* | *retourner* |
| *changer* | *éclore* | *sortir* et *ressortir* |
| *commencer* | *embellir* | *tomber* |
| *crever* | *empirer* | *trépasser* |
| *croître* | *enchérir* | *vieillir* |
| *déborder* | *enlaidir* | |
| *déchoir* | *entrer* et *rentrer* | |

## A  Des verbes tantôt transitifs, tantôt intransitifs

Certains de ces verbes peuvent s'employer alternativement de façon transitive et intransitive (= avec ou sans complément d'objet). Ils utilisent l'auxiliaire *avoir* quand ils sont transitifs *(il a sorti son revolver)*, l'auxiliaire *être* quand ils sont intransitifs *(il est sorti)*.

*Il a sorti <u>son revolver</u> <u>de sa poche.</u>*
　　　　　　COD　　　　CC

*Il est sorti <u>de la salle à reculons</u>.*
　　　　　　　CC

## B  Des verbes intransitifs employés avec *être* et *avoir*

Certains verbes intransitifs peuvent, selon le cas, faire apparaître l'auxiliaire *avoir* ou l'auxiliaire *être*. Le premier insiste sur l'action en train de se faire ; le second la présente comme accomplie.

*J'<u>ai</u> divorcé.* (on insiste sur le fait de divorcer)

*Je <u>suis</u> divorcé.* (on considère le résultat de l'action de divorcer)

## C Un double choix

La question du choix de l'auxiliaire se pose doublement pour les verbes suivants :

| | | |
|---|---|---|
| *aborder* | *changer* | *enlaidir* |
| *accoucher* | *déménager* | *expirer* |
| *accroître* | *descendre* et *redescendre* | *monter* et *remonter* |
| *augmenter* | *échouer* | *passer* et *repasser* |
| *avorter* | *embellir* | *ressusciter* |
| *baisser* | *empirer* | |

En effet, ils relèvent simultanément des deux cas expliqués dans les paragraphes **A** et **B**.

Transitifs, ils s'utilisent toujours avec l'auxiliaire *avoir* :

> Nous avons <u>changé la roue.</u>
> COD

Intransitifs, ils font alterner les deux auxiliaires :

> Elle <u>a</u> bien changé en deux ans. Elle <u>est</u> bien changée aujourd'hui.

**REMARQUE** Les verbes susceptibles d'employer tour à tour les deux auxiliaires sont suivis de la mention *être* ou *avoir* dans la liste alphabétique des verbes qui figure à la fin de cet ouvrage.

# 4 être aimé — conjugaison type de la voix passive

## INDICATIF

### Présent
je suis aimé
tu es aimé
il est aimé
nous sommes aimés
vous êtes aimés
ils sont aimés

### Passé composé
j'ai été aimé
tu as été aimé
il a été aimé
nous avons été aimés
vous avez été aimés
ils ont été aimés

### Imparfait
j'étais aimé
tu étais aimé
il était aimé
nous étions aimés
vous étiez aimés
ils étaient aimés

### Plus-que-parfait
j'avais été aimé
tu avais été aimé
il avait été aimé
nous avions été aimés
vous aviez été aimés
ils avaient été aimés

### Passé simple
je fus aimé
tu fus aimé
il fut aimé
nous fûmes aimés
vous fûtes aimés
ils furent aimés

### Passé antérieur
j'eus été aimé
tu eus été aimé
il eut été aimé
nous eûmes été aimés
vous eûtes été aimés
ils eurent été aimés

### Futur simple
je serai aimé
tu seras aimé
il sera aimé
nous serons aimés
vous serez aimés
ils seront aimés

### Futur antérieur
j'aurai été aimé
tu auras été aimé
il aura été aimé
nous aurons été aimés
vous aurez été aimés
ils auront été aimés

## CONDITIONNEL

### Présent
je serais aimé
tu serais aimé
il serait aimé
nous serions aimés
vous seriez aimés
ils seraient aimés

### Passé
j'aurais été aimé
tu aurais été aimé
il aurait été aimé
nous aurions été aimés
vous auriez été aimés
ils auraient été aimés

## SUBJONCTIF

### Présent
que je sois aimé
que tu sois aimé
qu'il soit aimé
que nous soyons aimés
que vous soyez aimés
qu'ils soient aimés

### Passé
que j'aie été aimé
que tu aies été aimé
qu'il ait été aimé
que nous ayons été aimés
que vous ayez été aimés
qu'ils aient été aimés

### Imparfait
que je fusse aimé
que tu fusses aimé
qu'il fût aimé
que nous fussions aimés
que vous fussiez aimés
qu'ils fussent aimés

### Plus-que-parfait
que j'eusse été aimé
que tu eusses été aimé
qu'il eût été aimé
que nous eussions été aimés
que vous eussiez été aimés
qu'ils eussent été aimés

## IMPÉRATIF

### Présent
sois aimé
soyons aimés
soyez aimés

### Passé
.
.
.

## INFINITIF

### Présent
être aimé

### Passé
avoir été aimé

## PARTICIPE

### Présent
étant aimé

### Passé
aimé
ayant été aimé

## GÉRONDIF

### Présent
en étant aimé

### Passé
en ayant été aimé

- Pour la conjugaison type de la voix active → tableau 7.
- Pour les emplois de la voix active et de la voix passive → 101.
- La voix passive d'un verbe se forme avec l'auxiliaire *être*, suivi du participe passé du verbe ; celui-ci s'accorde toujours avec le sujet.

# 5 | se méfier — conjugaison type de la construction pronominale

## INDICATIF

| Présent | Passé composé |
|---|---|
| je me méfie | je me suis méfié |
| tu te méfies | tu t'es méfié |
| il se méfie | il s'est méfié |
| nous nous méfions | n. nous sommes méfiés |
| vous vous méfiez | v. vous êtes méfiés |
| ils se méfient | ils se sont méfiés |

| Imparfait | Plus-que-parfait |
|---|---|
| je me méfiais | je m'étais méfié |
| tu te méfiais | tu t'étais méfié |
| il se méfiait | il s'était méfié |
| nous nous méfiions | nous nous étions méfiés |
| vous vous méfiiez | vous vous étiez méfiés |
| ils se méfiaient | ils s'étaient méfiés |

| Passé simple | Passé antérieur |
|---|---|
| je me méfiai | je me fus méfié |
| tu te méfias | tu te fus méfié |
| il se méfia | il se fut méfié |
| nous nous méfiâmes | nous nous fûmes méfiés |
| vous vous méfiâtes | vous vous fûtes méfiés |
| ils se méfièrent | ils se furent méfiés |

| Futur simple | Futur antérieur |
|---|---|
| je me méfierai | je me serai méfié |
| tu te méfieras | tu te seras méfié |
| il se méfiera | il se sera méfié |
| nous nous méfierons | nous nous serons méfiés |
| vous vous méfierez | vous vous serez méfiés |
| ils se méfieront | ils se seront méfiés |

## CONDITIONNEL

| Présent | Passé |
|---|---|
| je me méfierais | je me serais méfié |
| tu te méfierais | tu te serais méfié |
| il se méfierait | il se serait méfié |
| n. nous méfierions | n. nous serions méfiés |
| v. vous méfieriez | v. vous seriez méfiés |
| ils se méfieraient | ils se seraient méfiés |

## SUBJONCTIF

| Présent | Passé |
|---|---|
| que je me méfie | que je me sois méfié |
| que tu te méfies | que tu te sois méfié |
| qu'il se méfie | qu'il se soit méfié |
| que nous nous méfiions | que n. nous soyons méfiés |
| que vous vous méfiiez | que v. vous soyez méfiés |
| qu'ils se méfient | qu'ils se soient méfiés |

| Imparfait | Plus-que-parfait |
|---|---|
| que je me méfiasse | que je me fusse méfié |
| que tu te méfiasses | que tu te fusses méfié |
| qu'il se méfiât | qu'il se fût méfié |
| que n. nous méfiassions | que n. nous fussions méfiés |
| que v. vous méfiassiez | que v. vous fussiez méfiés |
| qu'ils se méfiassent | qu'ils se fussent méfiés |

## IMPÉRATIF

| Présent | Passé |
|---|---|
| méfie-toi | . |
| méfions-nous | . |
| méfiez-vous | . |

## INFINITIF

| Présent | Passé |
|---|---|
| se méfier | s'être méfié |

## PARTICIPE

| Présent | Passé |
|---|---|
| se méfiant | . |
|  | s'étant méfié |

## GÉRONDIF

| Présent | Passé |
|---|---|
| en se méfiant | en s'étant méfié |

- Pour la définition de la construction pronominale → 101.
- Dans la liste des verbes qui figure à la fin de l'ouvrage, les verbes pronominaux sont suivis de la lettre *P*.
- Un petit nombre de ces verbes ont un participe passé invariable *(ils se sont nui)* ; ils sont signalés dans la liste par : *p. p. invariable*.

## A Qu'est-ce qu'un affixe ?

Toute forme verbale peut se décomposer en différents éléments variables : les radicaux (en noir) et les affixes (en rouge).

À partir de verbes modèles, le tableau suivant présente, pour chaque groupe de verbes, l'ensemble des affixes qui apparaissent dans la conjugaison. Certains affixes n'apparaissent jamais en position finale et indiquent le temps auquel est conjugué le verbe (**-ai,** pour l'imparfait, **-r-** pour le futur...). D'autres affixes apparaissent en position finale : ils indiquent la personne et le nombre du verbe (**-ons** pour la première personne du pluriel...), et parfois même le temps.

## B Tableau récapitulatif

**INDICATIF** *présent*

| 1ᴱᴿ GROUPE | 2ᴱ GROUPE | 3ᴱ GROUPE | | | |
|---|---|---|---|---|---|
| aim-e | fini-s | ouvr-e | dor-s | met-s | veu-x |
| aim-es | fini-s | ouvr-es | dor-s | met-s | veu-x |
| aim-e | fini-t | ouvr-e | dor-t | met | veu-t |
| aim-ons | fini-ss-ons | ouvr-ons | dorm-ons | mett-ons | voul-ons |
| aim-ez | fini-ss-ez | ouvr-ez | dorm-ez | mett-ez | voul-ez |
| aim-ent | fini-ss-ent | ouvr-ent | dorm-ent | mett-ent | veul-ent |

**INDICATIF** *imparfait*

| 1ᴱᴿ GROUPE | 2ᴱ GROUPE | 3ᴱ GROUPE |
|---|---|---|
| aim-ai-s | fini-ss-ai-s | ouvr-ai-s |
| aim-ai-s | fini-ss-ai-s | ouvr-ai-s |
| aim-ai-t | fini-ss-ai-t | ouvr-ai-t |
| aim-i-ons | fini-ss-i-ons | ouvr-i-ons |
| aim-i-ez | fini-ss-i-ez | ouvr-i-ez |
| aim-ai-ent | fini-ss-ai-ent | ouvr-ai-ent |

**INDICATIF** *passé simple*

| 1ᴱᴿ GROUPE | 2ᴱ GROUPE | 3ᴱ GROUPE | | |
|---|---|---|---|---|
| aim-ai | fin-is | ouvr-is | voul-us | t-ins |
| aim-as | fin-is | ouvr-is | voul-us | t-ins |
| aim-a | fin-it | ouvr-it | voul-ut | t-int |
| aim-âmes | fin-îmes | ouvr-îmes | voul-ûmes | t-înmes |
| aim-âtes | fin-îtes | ouvr-îtes | voul-ûtes | t-întes |
| aim-èrent | fin-irent | ouvr-irent | veul-urent | t-inrent |

**INDICATIF** *futur simple*

| 1ᴱᴿ GROUPE | 2ᴱ GROUPE | 3ᴱ GROUPE |
|---|---|---|
| aim-er-ai | fini-r-ai | ouvri-r-ai |
| aim-er-as | fini-r-as | ouvri-r-as |
| aim-er-a | fini-r-a | ouvri-r-a |
| aim-er-ons | fini-r-ons | ouvri-r-ons |
| aim-er-ez | fini-r-ez | ouvri-r-ez |
| aim-er-ont | fini-r-ont | ouvri-r-ont |

**CONDITIONNEL** *présent*

| 1ᴱᴿ GROUPE | 2ᴱ GROUPE | 3ᴱ GROUPE |
|---|---|---|
| aim-er-ai-s | fini-r-ai-s | ouvri-r-ai-s |
| aim-er-ai-s | fini-r-ai-s | ouvri-r-ai-s |
| aim-er-ai-t | fini-r-ai-t | ouvri-r-ai-t |
| aim-er-i-ons | fini-r-i-ons | ouvri-r-i-ons |
| aim-er-i-ez | fini-r-i-ez | ouvri-r-i-ez |
| aim-er-ai-ent | fini-r-ai-ent | ouvri-r-ai-ent |

**SUBJONCTIF** *présent*

| 1ᴱᴿ GROUPE | 2ᴱ GROUPE | 3ᴱ GROUPE |
|---|---|---|
| aim-e | fini-ss-e | ouvr-e |
| aim-es | fini-ss-es | ouvr-es |
| aim-e | fini-ss-e | ouvr-e |
| aim-i-ons | fini-ss-i-ons | ouvr-i-ons |
| aim-i-ez | fini-ss-i-ez | ouvr-i-ez |
| aim-ent | fini-ss-ent | ouvr-ent |

**SUBJONCTIF** *imparfait*

| 1ᴱᴿ GROUPE | 2ᴱ GROUPE | 3ᴱ GROUPE | | |
|---|---|---|---|---|
| aim-a-ss-e | fini-ss-e | ouvr-i-ss-e | voul-u-ss-e | t-in-ss-e |
| aim-a-ss-es | fini-ss-es | ouvr-i-ss-es | voul-u-ss-es | t-in-ss-es |
| aim-â-t | finî-t | ouvr-î-t | voul-û-t | t-în-t |
| aim-a-ss-i-ons | fini-ss-i-ons | ouvr-i-ss-i-ons | voul-u-ss-i-ons | t-in-ss-i-ons |
| aim-a-ss-i-ez | fini-ss-i-ez | ouvr-i-ss-i-ez | voul-u-ss-i-ez | t-in-ss-i-ez |
| aim-a-ss-ent | fini-ss-ent | ouvr-i-ss-ent | voul-u-ss-ent | t-in-ss-ent |

**IMPÉRATIF** *présent*

| 1ᴱᴿ GROUPE | 2ᴱ GROUPE | 3ᴱ GROUPE | |
|---|---|---|---|
| aim-e | fini-s | ouvr-e | dor-s |
| aim-ons | fini-ss-ons | ouvr-ons | dorm-ons |
| aim-ez | fini-ss-ez | ouvr-ez | dorm-ez |

**PARTICIPE** *présent*

| 1ᴱᴿ GROUPE | 2ᴱ GROUPE | 3ᴱ GROUPE |
|---|---|---|
| aim-ant | fini-ss-ant | ouvr-ant |

**PARTICIPE** *passé*

| 1ᴱᴿ GROUPE | 2ᴱ GROUPE | 3ᴱ GROUPE | | | |
|---|---|---|---|---|---|
| aim-é | fin-i | dorm-i | ten-u | pri-s | écri-t |
| | | | | clo-s | ouver-t |
| | | | | absou-s | mor-t |

**INFINITIF** *présent*

| 1ᴱᴿ GROUPE | 2ᴱ GROUPE | 3ᴱ GROUPE | | |
|---|---|---|---|---|
| aim-e-r | fin-i-r | ouvr-i-r | voul-oi-r | croi-r-e |

## INDICATIF

| *Présent* | *Passé composé* |
|---|---|
| j'aime | j'ai aimé |
| tu aimes | tu as aimé |
| il aime | il a aimé |
| nous aimons | nous avons aimé |
| vous aimez | vous avez aimé |
| ils aiment | ils ont aimé |

| *Imparfait* | *Plus-que-parfait* |
|---|---|
| j'aimais | j'avais aimé |
| tu aimais | tu avais aimé |
| il aimait | il avait aimé |
| nous aimions | nous avions aimé |
| vous aimiez | vous aviez aimé |
| ils aimaient | ils avaient aimé |

| *Passé simple* | *Passé antérieur* |
|---|---|
| j'aimai | j'eus aimé |
| tu aimas | tu eus aimé |
| il aima | il eut aimé |
| nous aimâmes | nous eûmes aimé |
| vous aimâtes | vous eûtes aimé |
| ils aimèrent | ils eurent aimé |

| *Futur simple* | *Futur antérieur* |
|---|---|
| j'aimerai | j'aurai aimé |
| tu aimeras | tu auras aimé |
| il aimera | il aura aimé |
| nous aimerons | nous aurons aimé |
| vous aimerez | vous aurez aimé |
| ils aimeront | ils auront aimé |

## CONDITIONNEL

| *Présent* | *Passé* |
|---|---|
| j'aimerais | j'aurais aimé |
| tu aimerais | tu aurais aimé |
| il aimerait | il aurait aimé |
| nous aimerions | nous aurions aimé |
| vous aimeriez | vous auriez aimé |
| ils aimeraient | ils auraient aimé |

## SUBJONCTIF

| *Présent* | *Passé* |
|---|---|
| que j'aime | que j'aie aimé |
| que tu aimes | que tu aies aimé |
| qu'il aime | qu'il ait aimé |
| que nous aimions | que nous ayons aimé |
| que vous aimiez | que vous ayez aimé |
| qu'ils aiment | qu'ils aient aimé |

| *Imparfait* | *Plus-que-parfait* |
|---|---|
| que j'aimasse | que j'eusse aimé |
| que tu aimasses | que tu eusses aimé |
| qu'il aimât | qu'il eût aimé |
| que nous aimassions | que nous eussions aimé |
| que vous aimassiez | que vous eussiez aimé |
| qu'ils aimassent | qu'ils eussent aimé |

## IMPÉRATIF

| *Présent* | *Passé* |
|---|---|
| aime | aie aimé |
| aimons | ayons aimé |
| aimez | ayez aimé |

## INFINITIF

| *Présent* | *Passé* |
|---|---|
| aimer | avoir aimé |

## PARTICIPE

| *Présent* | *Passé* |
|---|---|
| aimant | aimé |
| | ayant aimé |

## GÉRONDIF

| *Présent* | *Passé* |
|---|---|
| en aimant | en ayant aimé |

Pour les verbes qui forment leurs temps composés avec l'auxiliaire *être* :
voir la conjugaison du verbe *aller* (→ tableau **23**) ou celle du verbe *mourir* (→ tableau **35**).

# 8 | placer

1er groupe – verbes en -cer

## INDICATIF

| Présent | Passé composé |
|---|---|
| je place | j'ai placé |
| tu places | tu as placé |
| il place | il a placé |
| nous plaçons | nous avons placé |
| vous placez | vous avez placé |
| ils placent | ils ont placé |

| Imparfait | Plus-que-parfait |
|---|---|
| je plaçais | j'avais placé |
| tu plaçais | tu avais placé |
| il plaçait | il avait placé |
| nous placions | nous avions placé |
| vous placiez | vous aviez placé |
| ils plaçaient | ils avaient placé |

| Passé simple | Passé antérieur |
|---|---|
| je plaçai | j'eus placé |
| tu plaças | tu eus placé |
| il plaça | il eut placé |
| nous plaçâmes | nous eûmes placé |
| vous plaçâtes | vous eûtes placé |
| ils placèrent | ils eurent placé |

| Futur simple | Futur antérieur |
|---|---|
| je placerai | j'aurai placé |
| tu placeras | tu auras placé |
| il placera | il aura placé |
| nous placerons | nous aurons placé |
| vous placerez | vous aurez placé |
| ils placeront | ils auront placé |

## CONDITIONNEL

| Présent | Passé |
|---|---|
| je placerais | j'aurais placé |
| tu placerais | tu aurais placé |
| il placerait | il aurait placé |
| nous placerions | nous aurions placé |
| vous placeriez | vous auriez placé |
| ils placeraient | ils auraient placé |

## SUBJONCTIF

| Présent | Passé |
|---|---|
| que je place | que j'aie placé |
| que tu places | que tu aies placé |
| qu'il place | qu'il ait placé |
| que nous placions | que nous ayons placé |
| que vous placiez | que vous ayez placé |
| qu'ils placent | qu'ils aient placé |

| Imparfait | Plus-que-parfait |
|---|---|
| que je plaçasse | que j'eusse placé |
| que tu plaçasses | que tu eusses placé |
| qu'il plaçât | qu'il eût placé |
| que nous plaçassions | que nous eussions placé |
| que vous plaçassiez | que vous eussiez placé |
| qu'ils plaçassent | qu'ils eussent placé |

## IMPÉRATIF

| Présent | Passé |
|---|---|
| place | aie placé |
| plaçons | ayons placé |
| placez | ayez placé |

## INFINITIF

| Présent | Passé |
|---|---|
| placer | avoir placé |

## PARTICIPE

| Présent | Passé |
|---|---|
| plaçant | placé |
| | ayant placé |

## GÉRONDIF

| Présent | Passé |
|---|---|
| en plaçant | en ayant placé |

- Les verbes en -cer prennent une cédille sous le c devant les voyelles a et o : commençons, tu commenças, pour conserver au c le son doux [s].
- Pour les verbes en -écer → aussi tableau 11.

## INDICATIF

| Présent | Passé composé |
|---|---|
| je mange | j'ai mangé |
| tu manges | tu as mangé |
| il mange | il a mangé |
| nous mangeons | nous avons mangé |
| vous mangez | vous avez mangé |
| ils mangent | ils ont mangé |

| Imparfait | Plus-que-parfait |
|---|---|
| je mangeais | j'avais mangé |
| tu mangeais | tu avais mangé |
| il mangeait | il avait mangé |
| nous mangions | nous avions mangé |
| vous mangiez | vous aviez mangé |
| ils mangeaient | ils avaient mangé |

| Passé simple | Passé antérieur |
|---|---|
| je mangeai | j'eus mangé |
| tu mangeas | tu eus mangé |
| il mangea | il eut mangé |
| nous mangeâmes | nous eûmes mangé |
| vous mangeâtes | vous eûtes mangé |
| ils mangèrent | ils eurent mangé |

| Futur simple | Futur antérieur |
|---|---|
| je mangerai | j'aurai mangé |
| tu mangeras | tu auras mangé |
| il mangera | il aura mangé |
| nous mangerons | nous aurons mangé |
| vous mangerez | vous aurez mangé |
| ils mangeront | ils auront mangé |

## CONDITIONNEL

| Présent | Passé |
|---|---|
| je mangerais | j'aurais mangé |
| tu mangerais | tu aurais mangé |
| il mangerait | il aurait mangé |
| nous mangerions | nous aurions mangé |
| vous mangeriez | vous auriez mangé |
| ils mangeraient | ils auraient mangé |

## SUBJONCTIF

| Présent | Passé |
|---|---|
| que je mange | que j'aie mangé |
| que tu manges | que tu aies mangé |
| qu'il mange | qu'il ait mangé |
| que nous mangions | que nous ayons mangé |
| que vous mangiez | que vous ayez mangé |
| qu'ils mangent | qu'ils aient mangé |

| Imparfait | Plus-que-parfait |
|---|---|
| que je mangeasse | que j'eusse mangé |
| que tu mangeasses | que tu eusses mangé |
| qu'il mangeât | qu'il eût mangé |
| que nous mangeassions | que nous eussions mangé |
| que vous mangeassiez | que vous eussiez mangé |
| qu'ils mangeassent | qu'ils eussent mangé |

## IMPÉRATIF

| Présent | Passé |
|---|---|
| mange | aie mangé |
| mangeons | ayons mangé |
| mangez | ayez mangé |

## INFINITIF

| Présent | Passé |
|---|---|
| manger | avoir mangé |

## PARTICIPE

| Présent | Passé |
|---|---|
| mangeant | mangé |
| | ayant mangé |

## GÉRONDIF

| Présent | Passé |
|---|---|
| en mangeant | en ayant mangé |

Les verbes en -ger conservent l'e après le g devant les voyelles a et o : nous jugeons, tu jugeas, pour conserver au g le son doux [ʒ].
(Bien entendu, les verbes en -guer conservent le u à toutes les formes.)

## 10 | peser

**1er groupe – verbes ayant un e muet à l'avant-dernière syllabe de l'infinitif : verbes en e(.)er**

### INDICATIF

| *Présent* | *Passé composé* |
|---|---|
| je pèse | j'ai pesé |
| tu pèses | tu as pesé |
| il pèse | il a pesé |
| nous pesons | nous avons pesé |
| vous pesez | vous avez pesé |
| ils pèsent | ils ont pesé |

| *Imparfait* | *Plus-que-parfait* |
|---|---|
| je pesais | j'avais pesé |
| tu pesais | tu avais pesé |
| il pesait | il avait pesé |
| nous pesions | nous avions pesé |
| vous pesiez | vous aviez pesé |
| ils pesaient | ils avaient pesé |

| *Passé simple* | *Passé antérieur* |
|---|---|
| je pesai | j'eus pesé |
| tu pesas | tu eus pesé |
| il pesa | il eut pesé |
| nous pesâmes | nous eûmes pesé |
| vous pesâtes | vous eûtes pesé |
| ils pesèrent | ils eurent pesé |

| *Futur simple* | *Futur antérieur* |
|---|---|
| je pèserai | j'aurai pesé |
| tu pèseras | tu auras pesé |
| il pèsera | il aura pesé |
| nous pèserons | nous aurons pesé |
| vous pèserez | vous aurez pesé |
| ils pèseront | ils auront pesé |

### CONDITIONNEL

| *Présent* | *Passé* |
|---|---|
| je pèserais | j'aurais pesé |
| tu pèserais | tu aurais pesé |
| il pèserait | il aurait pesé |
| nous pèserions | nous aurions pesé |
| vous pèseriez | vous auriez pesé |
| ils pèseraient | ils auraient pesé |

### SUBJONCTIF

| *Présent* | *Passé* |
|---|---|
| que je pèse | que j'aie pesé |
| que tu pèses | que tu aies pesé |
| qu'il pèse | qu'il ait pesé |
| que nous pesions | que nous ayons pesé |
| que vous pesiez | que vous ayez pesé |
| qu'ils pèsent | qu'ils aient pesé |

| *Imparfait* | *Plus-que-parfait* |
|---|---|
| que je pesasse | que j'eusse pesé |
| que tu pesasses | que tu eusses pesé |
| qu'il pesât | qu'il eût pesé |
| que nous pesassions | que nous eussions pesé |
| que vous pesassiez | que vous eussiez pesé |
| qu'ils pesassent | qu'ils eussent pesé |

### IMPÉRATIF

| *Présent* | *Passé* |
|---|---|
| pèse | aie pesé |
| pesons | ayons pesé |
| pesez | ayez pesé |

### INFINITIF

| *Présent* | *Passé* |
|---|---|
| peser | avoir pesé |

### PARTICIPE

| *Présent* | *Passé* |
|---|---|
| pesant | pesé |
|  | ayant pesé |

### GÉRONDIF

| *Présent* | *Passé* |
|---|---|
| en pesant | en ayant pesé |

Verbes en *-ecer, -emer, -ener, -eper, -erer, -ever, -evrer*.
Ces verbes, qui ont un *e* muet à l'avant-dernière syllabe de l'infinitif, comme *lever*, changent l'*e muet* en *è ouvert* devant une syllabe muette, y compris devant les terminaisons *-erai..., -erais...* du futur et du conditionnel : *je lève, je lèverai, je lèverais*.
*Nota.* Pour les verbes en *-eler, -eter* → tableaux 12 et 13.

## INDICATIF

| Présent | Passé composé |
|---|---|
| je cède | j'ai cédé |
| tu cèdes | tu as cédé |
| il cède | il a cédé |
| nous cédons | nous avons cédé |
| vous cédez | vous avez cédé |
| ils cèdent | ils ont cédé |

| Imparfait | Plus-que-parfait |
|---|---|
| je cédais | j'avais cédé |
| tu cédais | tu avais cédé |
| il cédait | il avait cédé |
| nous cédions | nous avions cédé |
| vous cédiez | vous aviez cédé |
| ils cédaient | ils avaient cédé |

| Passé simple | Passé antérieur |
|---|---|
| je cédai | j'eus cédé |
| tu cédas | tu eus cédé |
| il céda | il eut cédé |
| nous cédâmes | nous eûmes cédé |
| vous cédâtes | vous eûtes cédé |
| ils cédèrent | ils eurent cédé |

| Futur simple | Futur antérieur |
|---|---|
| je céderai | j'aurai cédé |
| tu céderas | tu auras cédé |
| il cédera | il aura cédé |
| nous céderons | nous aurons cédé |
| vous céderez | vous aurez cédé |
| ils céderont | ils auront cédé |

## CONDITIONNEL

| Présent | Passé |
|---|---|
| je céderais | j'aurais cédé |
| tu céderais | tu aurais cédé |
| il céderait | il aurait cédé |
| nous céderions | nous aurions cédé |
| vous céderiez | vous auriez cédé |
| ils céderaient | ils auraient cédé |

## SUBJONCTIF

| Présent | Passé |
|---|---|
| que je cède | que j'aie cédé |
| que tu cèdes | que tu aies cédé |
| qu'il cède | qu'il ait cédé |
| que nous cédions | que nous ayons cédé |
| que vous cédiez | que vous ayez cédé |
| qu'ils cèdent | qu'ils aient cédé |

| Imparfait | Plus-que-parfait |
|---|---|
| que je cédasse | que j'eusse cédé |
| que tu cédasses | que tu eusses cédé |
| qu'il cédât | qu'il eût cédé |
| que nous cédassions | que nous eussions cédé |
| que vous cédassiez | que vous eussiez cédé |
| qu'ils cédassent | qu'ils eussent cédé |

## IMPÉRATIF

| Présent | Passé |
|---|---|
| cède | aie cédé |
| cédons | ayons cédé |
| cédez | ayez cédé |

## INFINITIF

| Présent | Passé |
|---|---|
| céder | avoir cédé |

## PARTICIPE

| Présent | Passé |
|---|---|
| cédant | cédé |
| | ayant cédé |

## GÉRONDIF

| Présent | Passé |
|---|---|
| en cédant | en ayant cédé |

- Verbes en -ébrer, -écer, -écher, -écrer, -éder, -égler, -égner, -égrer, -éguer, -éler, -émer, -éner, -éper, -équer,-érer, -éser, -éter, -étrer, -évrer, -éyer, etc. Ces verbes, qui ont un é *fermé* à l'avant-dernière syllabe de l'infinitif, changent l'é *fermé* en è *ouvert* devant une syllabe muette finale : *je cède*. Au futur et au conditionnel, ces verbes conservent l'é *fermé*, malgré la tendance à prononcer cet é de plus en plus ouvert.
- *Avérer* (signifiant *reconnaître pour vrai, vérifier*) ne s'emploie guère qu'à l'infinitif et au participe passé.

## INDICATIF

| Présent | Passé composé |
|---|---|
| je jette | j'ai jeté |
| tu jettes | tu as jeté |
| il jette | il a jeté |
| nous jetons | nous avons jeté |
| vous jetez | vous avez jeté |
| ils jettent | ils ont jeté |

| Imparfait | Plus-que-parfait |
|---|---|
| je jetais | j'avais jeté |
| tu jetais | tu avais jeté |
| il jetait | il avait jeté |
| nous jetions | nous avions jeté |
| vous jetiez | vous aviez jeté |
| ils jetaient | ils avaient jeté |

| Passé simple | Passé antérieur |
|---|---|
| je jetai | j'eus jeté |
| tu jetas | tu eus jeté |
| il jeta | il eut jeté |
| nous jetâmes | nous eûmes jeté |
| vous jetâtes | vous eûtes jeté |
| ils jetèrent | ils eurent jeté |

| Futur simple | Futur antérieur |
|---|---|
| je jetterai | j'aurai jeté |
| tu jetteras | tu auras jeté |
| il jettera | il aura jeté |
| nous jetterons | nous aurons jeté |
| vous jetterez | vous aurez jeté |
| ils jetteront | ils auront jeté |

## CONDITIONNEL

| Présent | Passé |
|---|---|
| je jetterais | j'aurais jeté |
| tu jetterais | tu aurais jeté |
| il jetterait | il aurait jeté |
| nous jetterions | nous aurions jeté |
| vous jetteriez | vous auriez jeté |
| ils jetteraient | ils auraient jeté |

## SUBJONCTIF

| Présent | Passé |
|---|---|
| que je jette | que j'aie jeté |
| que tu jettes | que tu aies jeté |
| qu'il jette | qu'il ait jeté |
| que nous jetions | que nous ayons jeté |
| que vous jetiez | que vous ayez jeté |
| qu'ils jettent | qu'ils aient jeté |

| Imparfait | Plus-que-parfait |
|---|---|
| que je jetasse | que j'eusse jeté |
| que tu jetasses | que tu eusses jeté |
| qu'il jetât | qu'il eût jeté |
| que nous jetassions | que nous eussions jeté |
| que vous jetassiez | que vous eussiez jeté |
| qu'ils jetassent | qu'ils eussent jeté |

## IMPÉRATIF

| Présent | Passé |
|---|---|
| jette | aie jeté |
| jetons | ayons jeté |
| jetez | ayez jeté |

## INFINITIF

| Présent | Passé |
|---|---|
| jeter | avoir jeté |

## PARTICIPE

| Présent | Passé |
|---|---|
| jetant | jeté |
| | ayant jeté |

## GÉRONDIF

| Présent | Passé |
|---|---|
| en jetant | en ayant jeté |

En règle générale, les verbes en -eler ou en -eter doublent la consonne l ou t devant un e muet : *je jette, j'appelle*. Un petit nombre ne double pas la consonne l ou t devant l'*e muet*, mais prend un accent grave sur le *e* qui précède le l ou le *t* : *j'achète, je modèle* (→ la liste de ces exceptions, note du tableau **13**). Toutefois, les rectifications orthographiques du 6 décembre 1990 autorisent l'emploi du è (accent grave) pour les verbes en -*eler* et en -*eter*, sauf pour *appeler* (et *rappeler*) ainsi que *jeter* (et les verbes de la même famille) : *elle ruissèle*.

## 13 | modeler

1er groupe – verbes en -eler ou -eter changeant le e en è devant une syllabe muette

### INDICATIF

| Présent | Passé composé |
|---|---|
| je modèle | j'ai modelé |
| tu modèles | tu as modelé |
| il modèle | il a modelé |
| nous modelons | nous avons modelé |
| vous modelez | vous avez modelé |
| ils modèlent | ils ont modelé |

| Imparfait | Plus-que-parfait |
|---|---|
| je modelais | j'avais modelé |
| tu modelais | tu avais modelé |
| il modelait | il avait modelé |
| nous modelions | nous avions modelé |
| vous modeliez | vous aviez modelé |
| ils modelaient | ils avaient modelé |

| Passé simple | Passé antérieur |
|---|---|
| je modelai | j'eus modelé |
| tu modelas | tu eus modelé |
| il modela | il eut modelé |
| nous modelâmes | nous eûmes modelé |
| vous modelâtes | vous eûtes modelé |
| ils modelèrent | ils eurent modelé |

| Futur simple | Futur antérieur |
|---|---|
| je modèlerai | j'aurai modelé |
| tu modèleras | tu auras modelé |
| il modèlera | il aura modelé |
| nous modèlerons | nous aurons modelé |
| vous modèlerez | vous aurez modelé |
| ils modèleront | ils auront modelé |

### CONDITIONNEL

| Présent | Passé |
|---|---|
| je modèlerais | j'aurais modelé |
| tu modèlerais | tu aurais modelé |
| il modèlerait | il aurait modelé |
| nous modèlerions | nous aurions modelé |
| vous modèleriez | vous auriez modelé |
| ils modèleraient | ils auraient modelé |

### SUBJONCTIF

| Présent | Passé |
|---|---|
| que je modèle | que j'aie modelé |
| que tu modèles | que tu aies modelé |
| qu'il modèle | qu'il ait modelé |
| que nous modelions | que nous ayons modelé |
| que vous modeliez | que vous ayez modelé |
| qu'ils modèlent | qu'ils aient modelé |

| Imparfait | Plus-que-parfait |
|---|---|
| que je modelasse | que j'eusse modelé |
| que tu modelasses | que tu eusses modelé |
| qu'il modelât | qu'il eût modelé |
| que nous modelassions | que nous eussions modelé |
| que vous modelassiez | que vous eussiez modelé |
| qu'ils modelassent | qu'ils eussent modelé |

### IMPÉRATIF

| Présent | Passé |
|---|---|
| modèle | aie modelé |
| modelons | ayons modelé |
| modelez | ayez modelé |

### INFINITIF

| Présent | Passé |
|---|---|
| modeler | avoir modelé |

### PARTICIPE

| Présent | Passé |
|---|---|
| modelant | modelé |
| | ayant modelé |

### GÉRONDIF

| Présent | Passé |
|---|---|
| en modelant | en ayant modelé |

Quelques verbes ne doublent pas le *l* ou le *t* devant un *e muet* :
– verbes en -*eler* se conjuguant comme *modeler* : celer (déceler, receler), ciseler, démanteler, écarteler, s'encasteler, geler (dégeler, congeler, surgeler), harceler, marteler, peler ;
– verbes en -*eter* se conjuguant comme *acheter* : racheter, bégueter, corseter, crocheter, fileter, fureter, haleter.

## 14 créer

1ᵉʳ groupe – verbes en -éer

### INDICATIF

| Présent | Passé composé |
|---|---|
| je crée | j'ai créé |
| tu crées | tu as créé |
| il crée | il a créé |
| nous créons | nous avons créé |
| vous créez | vous avez créé |
| ils créent | ils ont créé |

| Imparfait | Plus-que-parfait |
|---|---|
| je créais | j'avais créé |
| tu créais | tu avais créé |
| il créait | il avait créé |
| nous créions | nous avions créé |
| vous créiez | vous aviez créé |
| ils créaient | ils avaient créé |

| Passé simple | Passé antérieur |
|---|---|
| je créai | j'eus créé |
| tu créas | tu eus créé |
| il créa | il eut créé |
| nous créâmes | nous eûmes créé |
| vous créâtes | vous eûtes créé |
| ils créèrent | ils eurent créé |

| Futur simple | Futur antérieur |
|---|---|
| je créerai | j'aurai créé |
| tu créeras | tu auras créé |
| il créera | il aura créé |
| nous créerons | nous aurons créé |
| vous créerez | vous aurez créé |
| ils créeront | ils auront créé |

### CONDITIONNEL

| Présent | Passé |
|---|---|
| je créerais | j'aurais créé |
| tu créerais | tu aurais créé |
| il créerait | il aurait créé |
| nous créerions | nous aurions créé |
| vous créeriez | vous auriez créé |
| ils créeraient | ils auraient créé |

### SUBJONCTIF

| Présent | Passé |
|---|---|
| que je crée | que j'aie créé |
| que tu crées | que tu aies créé |
| qu'il crée | qu'il ait créé |
| que nous créions | que nous ayons créé |
| que vous créiez | que vous ayez créé |
| qu'ils créent | qu'ils aient créé |

| Imparfait | Plus-que-parfait |
|---|---|
| que je créasse | que j'eusse créé |
| que tu créasses | que tu eusses créé |
| qu'il créât | qu'il eût créé |
| que nous créassions | que nous eussions créé |
| que vous créassiez | que vous eussiez créé |
| qu'ils créassent | qu'ils eussent créé |

### IMPÉRATIF

| Présent | Passé |
|---|---|
| crée | aie créé |
| créons | ayons créé |
| créez | ayez créé |

### INFINITIF

| Présent | Passé |
|---|---|
| créer | avoir créé |

### PARTICIPE

| Présent | Passé |
|---|---|
| créant | créé |
| | ayant créé |

### GÉRONDIF

| Présent | Passé |
|---|---|
| en créant | en ayant créé |

- Ces verbes n'offrent d'autre particularité que la présence très régulière de deux e à certaines personnes de l'indicatif présent, du passé simple, du futur, du conditionnel présent, de l'impératif, du subjonctif présent, du participe passé masculin, et celle de trois e au participe passé féminin : *créée*.
- Dans les verbes en *-éer*, l'é reste toujours fermé : *je crée, tu crées*…
- Noter la forme adjectivale du participe passé dans *bouche bée*.

## INDICATIF

| Présent | Passé composé |
|---|---|
| j'assiège | j'ai assiégé |
| tu assièges | tu as assiégé |
| il assiège | il a assiégé |
| nous assiégeons | nous avons assiégé |
| vous assiégez | vous avez assiégé |
| ils assiègent | ils ont assiégé |

| Imparfait | Plus-que-parfait |
|---|---|
| j'assiégeais | j'avais assiégé |
| tu assiégeais | tu avais assiégé |
| il assiégeait | il avait assiégé |
| nous assiégions | nous avions assiégé |
| vous assiégiez | vous aviez assiégé |
| ils assiégeaient | ils avaient assiégé |

| Passé simple | Passé antérieur |
|---|---|
| j'assiégeai | j'eus assiégé |
| tu assiégeas | tu eus assiégé |
| il assiégea | il eut assiégé |
| nous assiégeâmes | nous eûmes assiégé |
| vous assiégeâtes | vous eûtes assiégé |
| ils assiégèrent | ils eurent assiégé |

| Futur simple | Futur antérieur |
|---|---|
| j' assiégerai | j'aurai assiégé |
| tu assiégeras | tu auras assiégé |
| il assiégera | il aura assiégé |
| nous assiégerons | nous aurons assiégé |
| vous assiégerez | vous aurez assiégé |
| ils assiégeront | ils auront assiégé |

## CONDITIONNEL

| Présent | Passé |
|---|---|
| j'assiégerais | j'aurais assiégé |
| tu assiégerais | tu aurais assiégé |
| il assiégerait | il aurait assiégé |
| nous assiégerions | nous aurions assiégé |
| vous assiégeriez | vous auriez assiégé |
| ils assiégeraient | ils auraient assiégé |

## SUBJONCTIF

| Présent | Passé |
|---|---|
| que j'assiège | que j'aie assiégé |
| que tu assièges | que tu aies assiégé |
| qu'il assiège | qu'il ait assiégé |
| que nous assiégions | que nous ayons assiégé |
| que vous assiégiez | que vous ayez assiégé |
| qu'ils assiègent | qu'ils aient assiégé |

| Imparfait | Plus-que-parfait |
|---|---|
| que j'assiégeasse | que j'eusse assiégé |
| que tu assiégeasses | que tu eusses assiégé |
| qu'il assiégeât | qu'il eût assiégé |
| que nous assiégeassions | que nous eussions assiégé |
| que vous assiégeassiez | que vous eussiez assiégé |
| qu'ils assiégeassent | qu'ils eussent assiégé |

## IMPÉRATIF

| Présent | Passé |
|---|---|
| assiège | aie assiégé |
| assiégeons | ayons assiégé |
| assiégez | ayez assiégé |

## INFINITIF

| Présent | Passé |
|---|---|
| assiéger | avoir assiégé |

## PARTICIPE

| Présent | Passé |
|---|---|
| assiégeant | assiégé |
| | ayant assiégé |

## GÉRONDIF

| Présent | Passé |
|---|---|
| en assiégeant | en ayant assiégé |

Dans les verbes en -éger :
– l'é du radical se change en è devant un e muet (sauf au futur et au conditionnel) ;
– pour conserver partout le son du g doux [ʒ], on maintient l'e après le g devant les voyelles a et o.

# 16 | apprécier

1er groupe – verbes en -ier

## INDICATIF

### Présent
j'apprécie
tu apprécies
il apprécie
nous apprécions
vous appréciez
ils apprécient

### Passé composé
j'ai apprécié
tu as apprécié
il a apprécié
nous avons apprécié
vous avez apprécié
ils ont apprécié

### Imparfait
j'appréciais
tu appréciais
il appréciait
nous appréciions
vous appréciiez
ils appréciaient

### Plus-que-parfait
j'avais apprécié
tu avais apprécié
il avait apprécié
nous avions apprécié
vous aviez apprécié
ils avaient apprécié

### Passé simple
j'appréciai
tu apprécias
il apprécia
nous appréciâmes
vous appréciâtes
ils apprécièrent

### Passé antérieur
j'eus apprécié
tu eus apprécié
il eut apprécié
nous eûmes apprécié
vous eûtes apprécié
ils eurent apprécié

### Futur simple
j'apprécierai
tu apprécieras
il appréciera
nous apprécierons
vous apprécierez
ils apprécieront

### Futur antérieur
j'aurai apprécié
tu auras apprécié
il aura apprécié
nous aurons apprécié
vous aurez apprécié
ils auront apprécié

## CONDITIONNEL

### Présent
j'apprécierais
tu apprécierais
il apprécierait
nous apprécierions
vous apprécieriez
ils apprécieraient

### Passé
j'aurais apprécié
tu aurais apprécié
il aurait apprécié
nous aurions apprécié
vous auriez apprécié
ils auraient apprécié

## SUBJONCTIF

### Présent
que j'apprécie
que tu apprécies
qu'il apprécie
que nous appréciions
que vous appréciiez
qu'ils apprécient

### Passé
que j'aie apprécié
que tu aies apprécié
qu'il ait apprécié
que nous ayons apprécié
que vous ayez apprécié
qu'ils aient apprécié

### Imparfait
que j'appréciasse
que tu appréciasses
qu'il appréciât
que nous appréciassions
que vous appréciassiez
qu'ils appréciassent

### Plus-que-parfait
que j'eusse apprécié
que tu eusses apprécié
qu'il eût apprécié
que nous eussions apprécié
que vous eussiez apprécié
qu'ils eussent apprécié

## IMPÉRATIF

### Présent
apprécie
apprécions
appréciez

### Passé
aie apprécié
ayons apprécié
ayez apprécié

## INFINITIF

### Présent
apprécier

### Passé
avoir apprécié

## PARTICIPE

### Présent
appréciant

### Passé
apprécié
ayant apprécié

## GÉRONDIF

### Présent
en appréciant

### Passé
en ayant apprécié

Ces verbes n'offrent d'autre particularité que les deux *i* à la 1re et à la 2e personnes du pluriel de l'imparfait de l'indicatif et du présent du subjonctif : ***appréciions, appréciiez***. Ces deux *i* proviennent de la rencontre de l'*i* final du radical, qui se maintient dans toute la conjugaison, avec l'*i* initial de la terminaison de l'imparfait de l'indicatif et du présent du subjonctif.

## 17 payer — 1er groupe – verbes en -ayer

### INDICATIF

| Présent | Passé composé |
|---|---|
| . je paie/paye | j'ai payé |
| tu paies/payes | tu as payé |
| il paie/paye | il a payé |
| nous payons | nous avons payé |
| vous payez | vous avez payé |
| ils paient/payent | ils ont payé |

| Imparfait | Plus-que-parfait |
|---|---|
| je payais | j'avais payé |
| tu payais | tu avais payé |
| il payait | il avait payé |
| nous payions | nous avions payé |
| vous payiez | vous aviez payé |
| ils payaient | ils avaient payé |

| Passé simple | Passé antérieur |
|---|---|
| je payai | j'eus payé |
| tu payas | tu eus payé |
| il paya | il eut payé |
| nous payâmes | nous eûmes payé |
| vous payâtes | vous eûtes payé |
| ils payèrent | ils eurent payé |

| Futur simple | Futur antérieur |
|---|---|
| je paierai/payerai | j'aurai payé |
| tu paieras/payeras | tu auras payé |
| il paiera/payera | il aura payé |
| n. paierons/payerons | nous aurons payé |
| v. paierez/payerez | vous aurez payé |
| ils paieront/payeront | ils auront payé |

### CONDITIONNEL

| Présent | Passé |
|---|---|
| je paierais/payerais | j'aurais payé |
| tu paierais/payerais | tu aurais payé |
| il paierait/payerait | il aurait payé |
| n. paierions/payerions | nous aurions payé |
| v. paieriez/payeriez | vous auriez payé |
| ils paieraient/payeraient | ils auraient payé |

### SUBJONCTIF

| Présent | Passé |
|---|---|
| que je paie/paye | que j'aie payé |
| que tu paies/payes | que tu aies payé |
| qu'il paie/paye | qu'il ait payé |
| que nous payions | que nous ayons payé |
| que vous payiez | que vous ayez payé |
| qu'ils paient/payent | qu'ils aient payé |

| Imparfait | Plus-que-parfait |
|---|---|
| que je payasse | que j'eusse payé |
| que tu payasses | que tu eusses payé |
| qu'il payât | qu'il eût payé |
| que nous payassions | que nous eussions payé |
| que vous payassiez | que vous eussiez payé |
| qu'ils payassent | qu'ils eussent payé |

### IMPÉRATIF

| Présent | Passé |
|---|---|
| paye/paie | aie payé |
| payons | ayons payé |
| payez | ayez payé |

### INFINITIF

| Présent | Passé |
|---|---|
| payer | avoir payé |

### PARTICIPE

| Présent | Passé |
|---|---|
| payant | payé |
| | ayant payé |

### GÉRONDIF

| Présent | Passé |
|---|---|
| en payant | en ayant payé |

---

- Les verbes en -ayer peuvent : 1. conserver l'y dans toute la conjugaison ; 2. remplacer l'y par un i devant un e muet, c'est-à-dire devant les terminaisons : e, es, ent, erai (eras...), erais (erais...) : je paye (prononcer [pɛj] : pey) ou je paie (prononcer [pɛ] : pè). Remarquer la présence de l'i après y aux deux premières personnes du pluriel de l'imparfait de l'indicatif et du présent du subjonctif.
- Les verbes en -eyer (grasseyer, faseyer, capeyer) conservent l'y dans toute la conjugaison.

# 18 | broyer  1er groupe – verbes en -oyer et uyer

## INDICATIF

### Présent
je broie
tu broies
il broie
nous broyons
vous broyez
ils broient

### Passé composé
j'ai broyé
tu as broyé
il a broyé
nous avons broyé
vous avez broyé
ils ont broyé

### Imparfait
je broyais
tu broyais
il broyait
nous broyions
vous broyiez
ils broyaient

### Plus-que-parfait
j'avais broyé
tu avais broyé
il avait broyé
nous avions broyé
vous aviez broyé
ils avaient broyé

### Passé simple
je broyai
tu broyas
il broya
nous broyâmes
vous broyâtes
ils broyèrent

### Passé antérieur
j'eus broyé
tu eus broyé
il eut broyé
nous eûmes broyé
vous eûtes broyé
ils eurent broyé

### Futur simple
je broierai
tu broieras
il broiera
nous broierons
vous broierez
ils broieront

### Futur antérieur
j'aurai broyé
tu auras broyé
il aura broyé
nous aurons broyé
vous aurez broyé
ils auront broyé

## CONDITIONNEL

### Présent
je broierais
tu broierais
il broierait
nous broierions
vous broieriez
ils broieraient

### Passé
j'aurais broyé
tu aurais broyé
il aurait broyé
nous aurions broyé
vous auriez broyé
ils auraient broyé

## SUBJONCTIF

### Présent
que je broie
que tu broies
qu'il broie
que nous broyions
que vous broyiez
qu'ils broient

### Passé
que j'aie broyé
que tu aies broyé
qu'il ait broyé
que nous ayons broyé
que vous ayez broyé
qu'ils aient broyé

### Imparfait
que je broyasse
que tu broyasses
qu'il broyât
que nous broyassions
que vous broyassiez
qu'ils broyassent

### Plus-que-parfait
que j'eusse broyé
que tu eusses broyé
qu'il eût broyé
que nous eussions broyé
que vous eussiez broyé
qu'ils eussent broyé

## IMPÉRATIF

### Présent
broie
broyons
broyez

### Passé
aie broyé
ayons broyé
ayez broyé

## INFINITIF

### Présent
broyer

### Passé
avoir broyé

## PARTICIPE

### Présent
broyant

### Passé
broyé
ayant broyé

## GÉRONDIF

### Présent
en broyant

### Passé
en ayant broyé

Les verbes en -*oyer* et -*uyer* changent l'*y* du radical en *i* devant un *e muet* (terminaisons *e, es, ent, erai...*, *erais...*). Exceptions : *envoyer* et *renvoyer*, qui sont irréguliers au futur et au conditionnel présent (→ tableau **19**). Remarquer la présence de l'*i* après *y* aux deux premières personnes du pluriel à l'imparfait de l'indicatif et au présent du subjonctif.

## 19 envoyer 1er groupe

### INDICATIF

**Présent**
j'envoie
tu envoies
il envoie
nous envoyons
vous envoyez
ils envoient

**Passé composé**
j'ai envoyé
tu as envoyé
il a envoyé
nous avons envoyé
vous avez envoyé
ils ont envoyé

**Imparfait**
j'envoyais
tu envoyais
il envoyait
nous envoyions
vous envoyiez
ils envoyaient

**Plus-que-parfait**
j'avais envoyé
tu avais envoyé
il avait envoyé
nous avions envoyé
vous aviez envoyé
ils avaient envoyé

**Passé simple**
j'envoyai
tu envoyas
il envoya
nous envoyâmes
vous envoyâtes
ils envoyèrent

**Passé antérieur**
j'eus envoyé
tu eus envoyé
il eut envoyé
nous eûmes envoyé
vous eûtes envoyé
ils eurent envoyé

**Futur simple**
j'enverrai
tu enverras
il enverra
nous enverrons
vous enverrez
ils enverront

**Futur antérieur**
j'aurai envoyé
tu auras envoyé
il aura envoyé
nous aurons envoyé
vous aurez envoyé
ils auront envoyé

### CONDITIONNEL

**Présent**
j'enverrais
tu enverrais
il enverrait
nous enverrions
vous enverriez
ils enverraient

**Passé**
j'aurais envoyé
tu aurais envoyé
il aurait envoyé
nous aurions envoyé
vous auriez envoyé
ils auraient envoyé

### SUBJONCTIF

**Présent**
que j'envoie
que tu envoies
qu'il envoie
que nous envoyions
que vous envoyiez
qu'ils envoient

**Passé**
que j'aie envoyé
que tu aies envoyé
qu'il ait envoyé
que nous ayons envoyé
que vous ayez envoyé
qu'ils aient envoyé

**Imparfait**
que j'envoyasse
que tu envoyasses
qu'il envoyât
que nous envoyassions
que vous envoyassiez
qu'ils envoyassent

**Plus-que-parfait**
que j'eusse envoyé
que tu eusses envoyé
qu'il eût envoyé
que nous eussions envoyé
que vous eussiez envoyé
qu'ils eussent envoyé

### IMPÉRATIF

**Présent**
envoie
envoyons
envoyez

**Passé**
aie envoyé
ayons envoyé
ayez envoyé

### INFINITIF

**Présent**
envoyer

**Passé**
avoir envoyé

### PARTICIPE

**Présent**
envoyant

**Passé**
envoyé
ayant envoyé

### GÉRONDIF

**Présent**
en envoyant

**Passé**
en ayant envoyé

*Renvoyer* se conjugue sur ce modèle.

## INDICATIF

| Présent | Passé composé |
|---|---|
| je finis | j'ai fini |
| tu finis | tu as fini |
| il finit | il a fini |
| nous finissons | nous avons fini |
| vous finissez | vous avez fini |
| ils finissent | ils ont fini |

| Imparfait | Plus-que-parfait |
|---|---|
| je finissais | j'avais fini |
| tu finissais | tu avais fini |
| il finissait | il avait fini |
| nous finissions | nous avions fini |
| vous finissiez | vous aviez fini |
| ils finissaient | ils avaient fini |

| Passé simple | Passé antérieur |
|---|---|
| je finis | j'eus fini |
| tu finis | tu eus fini |
| il finit | il eut fini |
| nous finîmes | nous eûmes fini |
| vous finîtes | vous eûtes fini |
| ils finirent | ils eurent fini |

| Futur simple | Futur antérieur |
|---|---|
| je finirai | j'aurai fini |
| tu finiras | tu auras fini |
| il finira | il aura fini |
| nous finirons | nous aurons fini |
| vous finirez | vous aurez fini |
| ils finiront | ils auront fini |

## CONDITIONNEL

| Présent | Passé |
|---|---|
| je finirais | j'aurais fini |
| tu finirais | tu aurais fini |
| il finirait | il aurait fini |
| nous finirions | nous aurions fini |
| vous finiriez | vous auriez fini |
| ils finiraient | ils auraient fini |

## SUBJONCTIF

| Présent | Passé |
|---|---|
| que je finisse | que j'aie fini |
| que tu finisses | que tu aies fini |
| qu'il finisse | qu'il ait fini |
| que nous finissions | que nous ayons fini |
| que vous finissiez | que vous ayez fini |
| qu'ils finissent | qu'ils aient fini |

| Imparfait | Plus-que-parfait |
|---|---|
| que je finisse | que j'eusse fini |
| que tu finisses | que tu eusses fini |
| qu'il finît | qu'il eût fini |
| que nous finissions | que nous eussions fini |
| que vous finissiez | que vous eussiez fini |
| qu'ils finissent | qu'ils eussent fini |

## IMPÉRATIF

| Présent | Passé |
|---|---|
| finis | aie fini |
| finissons | ayons fini |
| finissez | ayez fini |

## INFINITIF

| Présent | Passé |
|---|---|
| finir | avoir fini |

## PARTICIPE

| Présent | Passé |
|---|---|
| finissant | fini |
| | ayant fini |

## GÉRONDIF

| Présent | Passé |
|---|---|
| en finissant | en ayant fini |

- Ainsi se conjuguent environ 300 verbes en -ir, -issant, qui, avec les verbes en -er, forment la conjugaison vivante.
- Les verbes *obéir* et *désobéir* (intransitifs à l'actif) ont gardé, d'une ancienne construction transitive, un passif : *Sera-t-elle obéie ?*
- Le verbe *maudire* se conjugue sur ce modèle, bien que son infinitif s'achève en -*ire* (comme un verbe du 3ᵉ groupe) et que son participe passé se termine par -*t* : *maudit, maudite*.

## INDICATIF

| Présent | Passé composé |
|---|---|
| je hais | j'ai haï |
| tu hais | tu as haï |
| il hait | il a haï |
| nous haïssons | nous avons haï |
| vous haïssez | vous avez haï |
| ils haïssent | ils ont haï |

| Imparfait | Plus-que-parfait |
|---|---|
| je haïssais | j'avais haï |
| tu haïssais | tu avais haï |
| il haïssait | il avait haï |
| nous haïssions | nous avions haï |
| vous haïssiez | vous aviez haï |
| ils haïssaient | ils avaient haï |

| Passé simple | Passé antérieur |
|---|---|
| je haïs | j'eus haï |
| tu haïs | tu eus haï |
| il haït | il eut haï |
| nous haïmes | nous eûmes haï |
| vous haïtes | vous eûtes haï |
| ils haïrent | ils eurent haï |

| Futur simple | Futur antérieur |
|---|---|
| je haïrai | j'aurai haï |
| tu haïras | tu auras haï |
| il haïra | il aura haï |
| nous haïrons | nous aurons haï |
| vous haïrez | vous aurez haï |
| ils haïront | ils auront haï |

## CONDITIONNEL

| Présent | Passé |
|---|---|
| je haïrais | j'aurais haï |
| tu haïrais | tu aurais haï |
| il haïrait | il aurait haï |
| nous haïrions | nous aurions haï |
| vous haïriez | vous auriez haï |
| ils haïraient | ils auraient haï |

## SUBJONCTIF

| Présent | Passé |
|---|---|
| que je haïsse | que j'aie haï |
| que tu haïsses | que tu aies haï |
| qu'il haïsse | qu'il ait haï |
| que nous haïssions | que nous ayons haï |
| que vous haïssiez | que vous ayez haï |
| qu'ils haïssent | qu'ils aient haï |

| Imparfait | Plus-que-parfait |
|---|---|
| que je haïsse | que j'eusse haï |
| que tu haïsses | que tu eusses haï |
| qu'il haït | qu'il eût haï |
| que nous haïssions | que nous eussions haï |
| que vous haïssiez | que vous eussiez haï |
| qu'ils haïssent | qu'ils eussent haï |

## IMPÉRATIF

| Présent | Passé |
|---|---|
| hais | aie haï |
| haïssons | ayons haï |
| haïssez | ayez haï |

## INFINITIF

| Présent | Passé |
|---|---|
| haïr | avoir haï |

## PARTICIPE

| Présent | Passé |
|---|---|
| haïssant | haï |
| | ayant haï |

## GÉRONDIF

| Présent | Passé |
|---|---|
| en haïssant | en ayant haï |

• *Haïr* est le seul verbe de cette conjugaison ; il prend un tréma sur l'*i* dans toute sa conjugaison, excepté aux trois personnes du singulier du présent de l'indicatif, et à la deuxième personne du singulier de l'impératif. Le tréma exclut l'accent circonflexe au passé simple et au subjonctif imparfait.

Ces verbes sont classés dans l'ordre des tableaux de conjugaison où se trouve entièrement conjugué soit le verbe lui-même, soit le verbe type (en rouge) qui lui sert de modèle, à l'auxiliaire près.

| | | | |
|---|---|---|---|
| **23 aller** | **25 acquérir** | **29 cueillir** | **40 recevoir** |
| **24 tenir** | conquérir | accueillir | apercevoir |
| abstenir (s) | enquérir (s) | recueillir | concevoir |
| appartenir | quérir | **30 assaillir** | décevoir |
| contenir | reconquérir | saillir | percevoir |
| détenir | requérir | tressaillir | **41 voir** |
| entretenir | **26 sentir** | défaillir | entrevoir |
| maintenir | consentir | **31 faillir** | prévoir |
| obtenir | pressentir | **32 bouillir** | revoir |
| retenir | ressentir | débouillir | **42 pourvoir** |
| soutenir | mentir | **33 dormir** | dépourvoir |
| venir | démentir | endormir | **43 savoir** |
| avenir | partir | rendormir | **44 devoir** |
| advenir | départir | **34 courir** | redevoir |
| bienvenir | repartir | accourir | **45 pouvoir** |
| circonvenir | repentir (se) | concourir | **46 mouvoir** |
| contrevenir | sortir | discourir | émouvoir |
| convenir | ressortir ¹ | encourir | promouvoir |
| devenir | **27 vêtir** | parcourir | **47 pleuvoir** |
| disconvenir | dévêtir | recourir | repleuvoir |
| intervenir | revêtir | secourir | **48 falloir** |
| obvenir | survêtir | **35 mourir** | **49 valoir** |
| parvenir | **28 couvrir** | **36 servir** ² | équivaloir |
| prévenir | découvrir | desservir | prévaloir |
| provenir | redécouvrir | resservir | revaloir |
| redevenir | recouvrir | **37 fuir** | **50 vouloir** |
| ressouvenir (se) | ouvrir | enfuir (s) | **51 asseoir** |
| revenir | entrouvrir | **38 ouïr** | rasseoir |
| souvenir (se) | rentrouvrir | **39 gésir** | **52 seoir** |
| subvenir | rouvrir | | **53 messeoir** |
| survenir | offrir | | **54 surseoir** |
| | souffrir | | **55 choir** |

1. Le verbe **ressortir**, dans le sens de : **être du ressort de**, se conjugue sur le modèle de **finir** (2ᵉ groupe).
2. **Asservir** se conjugue sur le modèle de **finir** (2ᵉ groupe).

**56 échoir**
**57 déchoir**
**58 rendre**
défendre
descendre
condescendre
redescendre
fendre
pourfendre
refendre
pendre
appendre
dépendre
rependre
suspendre
tendre
attendre
détendre
distendre
entendre
étendre
prétendre
retendre
sous-entendre
sous-tendre
vendre
mévendre
revendre
épandre
répandre
fondre
confondre
morfondre (se)
parfondre
refondre
pondre

répondre
correspondre
tondre
retondre
perdre
reperdre
mordre
démordre
remordre
tordre
détordre
distordre
retordre
rompre
corrompre
interrompre
foutre
contrefoutre (se)
**59 prendre**
apprendre
comprendre
déprendre
désapprendre
entreprendre
éprendre (s')
méprendre (se)
réapprendre
reprendre
surprendre
**60 battre**
abattre
combattre
contrebattre
débattre
ébattre (s')
embattre
rabattre
rebattre

**61 mettre**
admettre
commettre
compromettre
démettre
émettre
entremettre (s')
omettre
permettre
promettre
réadmettre
remettre
retransmettre
soumettre
transmettre
**62 peindre**
dépeindre
repeindre
astreindre
étreindre
restreindre
atteindre
ceindre
enceindre
empreindre
enfreindre
feindre
geindre
teindre
déteindre
éteindre
reteindre

**63 joindre**
adjoindre
conjoindre
disjoindre
enjoindre
rejoindre
oindre
poindre
**64 craindre**
contraindre
plaindre
**65 vaincre**
convaincre
**66 traire**
abstraire
distraire
extraire
retraire
raire
soustraire
braire
**67 faire**
contrefaire
défaire
forfaire
malfaire
méfaire
parfaire
redéfaire
refaire
satisfaire
surfaire
**68 plaire**
complaire
déplaire
taire

**69 connaître**
méconnaître
reconnaître
paraître
apparaître
comparaître
disparaître
réapparaître
recomparaître
reparaître
transparaître
**70 naître**
renaître
**71 paître**
**72 repaître**
**73 croître**
accroître
décroître
recroître
**74 croire**
accroire
**75 boire**
emboire
**76 clore**
déclore
éclore
enclore
forclore
**77 conclure**
exclure
inclure
occlure
reclure
**78 absoudre**
dissoudre
résoudre

**79 coudre**
découdre
recoudre
**80 moudre**
émoudre
remoudre
**81 suivre**
ensuivre (s')
poursuivre
**82 vivre**
revivre
survivre
**83 lire**
élire
réélire
relire
**84 dire** [3]
contredire
dédire
interdire
médire
prédire
redire
**85 rire**
sourire
**86 écrire**
circonscrire
décrire
inscrire
prescrire
proscrire
récrire
réinscrire
retranscrire
souscrire
transcrire

**87 confire**
déconfire
circoncire
frire
suffire
**88 cuire**
recuire
conduire
déduire
éconduire
enduire
induire
introduire
produire
reconduire
réduire
réintroduire
reproduire
retraduire
séduire
traduire
construire
détruire
instruire
reconstruire
luire
reluire
nuire
entre-nuire (s')

3. *Maudire* se conjugue sur le modèle de *finir* (2<sup>e</sup> groupe).

## INDICATIF

### Présent
je vais
tu vas
il va
nous allons
vous allez
ils vont

### Passé composé
je suis allé
tu es allé
il est allé
nous sommes allés
vous êtes allés
ils sont allés

### Imparfait
j'allais
tu allais
il allait
nous allions
vous alliez
ils allaient

### Plus-que-parfait
j'étais allé
tu étais allé
il était allé
nous étions allés
vous étiez allés
ils étaient allés

### Passé simple
j'allai
tu allas
il alla
nous allâmes
vous allâtes
ils allèrent

### Passé antérieur
je fus allé
tu fus allé
il fut allé
nous fûmes allés
vous fûtes allés
ils furent allés

### Futur simple
j'irai
tu iras
il ira
nous irons
vous irez
ils iront

### Futur antérieur
je serai allé
tu seras allé
il sera allé
nous serons allés
vous serez allés
ils seront allés

## CONDITIONNEL

### Présent
j'irais
tu irais
il irait
nous irions
vous iriez
ils iraient

### Passé
je serais allé
tu serais allé
il serait allé
nous serions allés
vous seriez allés
ils seraient allés

## SUBJONCTIF

### Présent
que j'aille
que tu ailles
qu'il aille
que nous allions
que vous alliez
qu'ils aillent

### Passé
que je sois allé
que tu sois allé
qu'il soit allé
que nous soyons allés
que vous soyez allés
qu'ils soient allés

### Imparfait
que j'allasse
que tu allasses
qu'il allât
que nous allassions
que vous allassiez
qu'ils allassent

### Plus-que-parfait
que je fusse allé
que tu fusses allé
qu'il fût allé
que nous fussions allés
que vous fussiez allés
qu'ils fussent allés

## IMPÉRATIF

### Présent
va
allons
allez

### Passé
sois allé
soyons allés
soyez allés

## INFINITIF

### Présent
aller

### Passé
être allé

## PARTICIPE

### Présent
allant

### Passé
allé
étant allé

## GÉRONDIF

### Présent
en allant

### Passé
en étant allé

- Le verbe *aller* se conjugue sur quatre radicaux distincts. À l'impératif, devant le pronom adverbial *y* non suivi d'un infinitif, *va* prend un *s* : *Vas-y*, mais : *Va y mettre bon ordre*. À la forme interrogative, on écrit : *va-t-il ?* comme : *aima-t-il ?*
- *S'en aller* se conjugue comme *aller*. Aux temps composés, on met l'auxiliaire *être* entre *en* et *allé* : *je m'en suis allé*, et non ● *je me suis en allé*. L'impératif est : *va-t'en* (avec élision de l'*e* du pronom réfléchi *te*), *allons-nous-en, allez-vous-en*.

## INDICATIF

| Présent | Passé composé |
|---|---|
| je tiens | j'ai tenu |
| tu tiens | tu as tenu |
| il tient | il a tenu |
| nous tenons | nous avons tenu |
| vous tenez | vous avez tenu |
| ils tiennent | ils ont tenu |

| Imparfait | Plus-que-parfait |
|---|---|
| je tenais | j'avais tenu |
| tu tenais | tu avais tenu |
| il tenait | il avait tenu |
| nous tenions | nous avions tenu |
| vous teniez | vous aviez tenu |
| ils tenaient | ils avaient tenu |

| Passé simple | Passé antérieur |
|---|---|
| je tins | j'eus tenu |
| tu tins | tu eus tenu |
| il tint | il eut tenu |
| nous tînmes | nous eûmes tenu |
| vous tîntes | vous eûtes tenu |
| ils tinrent | ils eurent tenu |

| Futur simple | Futur antérieur |
|---|---|
| je tiendrai | j'aurai tenu |
| tu tiendras | tu auras tenu |
| il tiendra | il aura tenu |
| nous tiendrons | nous aurons tenu |
| vous tiendrez | vous aurez tenu |
| ils tiendront | ils auront tenu |

## CONDITIONNEL

| Présent | Passé |
|---|---|
| je tiendrais | j'aurais tenu |
| tu tiendrais | tu aurais tenu |
| il tiendrait | il aurait tenu |
| nous tiendrions | nous aurions tenu |
| vous tiendriez | vous auriez tenu |
| ils tiendraient | ils auraient tenu |

## SUBJONCTIF

| Présent | Passé |
|---|---|
| que je tienne | que j'aie tenu |
| que tu tiennes | que tu aies tenu |
| qu'il tienne | qu'il ait tenu |
| que nous tenions | que nous ayons tenu |
| que vous teniez | que vous ayez tenu |
| qu'ils tiennent | qu'ils aient tenu |

| Imparfait | Plus-que-parfait |
|---|---|
| que je tinsse | que j'eusse tenu |
| que tu tinsses | que tu eusses tenu |
| qu'il tînt | qu'il eût tenu |
| que nous tinssions | que nous eussions tenu |
| que vous tinssiez | que vous eussiez tenu |
| qu'ils tinssent | qu'ils eussent tenu |

## IMPÉRATIF

| Présent | Passé |
|---|---|
| tiens | aie tenu |
| tenons | ayons tenu |
| tenez | ayez tenu |

## INFINITIF

| Présent | Passé |
|---|---|
| tenir | avoir tenu |

## PARTICIPE

| Présent | Passé |
|---|---|
| tenant | tenu |
| | ayant tenu |

## GÉRONDIF

| Présent | Passé |
|---|---|
| en tenant | en ayant tenu |

- Se conjuguent sur ce modèle *tenir, venir* et leurs composés (→ tableau **22**). *Venir* et ses composés prennent l'auxiliaire *être*, sauf *circonvenir, contrevenir, prévenir, subvenir*.
- *Advenir* n'est employé qu'à la 3e personne du singulier et du pluriel ; les temps composés se forment avec l'auxiliaire *être* : *il est advenu*.

## 25 | acquérir  3e groupe – verbes en -érir

### INDICATIF

| Présent | Passé composé |
|---|---|
| j'acquiers | j'ai acquis |
| tu acquiers | tu as acquis |
| il acquiert | il a acquis |
| nous acquérons | nous avons acquis |
| vous acquérez | vous avez acquis |
| ils acquièrent | ils ont acquis |

| Imparfait | Plus-que-parfait |
|---|---|
| j'acquérais | j'avais acquis |
| tu acquérais | tu avais acquis |
| il acquérait | il avait acquis |
| nous acquérions | nous avions acquis |
| vous acquériez | vous aviez acquis |
| ils acquéraient | ils avaient acquis |

| Passé simple | Passé antérieur |
|---|---|
| j'acquis | j'eus acquis |
| tu acquis | tu eus acquis |
| il acquit | il eut acquis |
| nous acquîmes | nous eûmes acquis |
| vous acquîtes | vous eûtes acquis |
| ils acquirent | ils eurent acquis |

| Futur simple | Futur antérieur |
|---|---|
| j'acquerrai | j'aurai acquis |
| tu acquerras | tu auras acquis |
| il acquerra | il aura acquis |
| nous acquerrons | nous aurons acquis |
| vous acquerrez | vous aurez acquis |
| ils acquerront | ils auront acquis |

### CONDITIONNEL

| Présent | Passé |
|---|---|
| j'acquerrais | j'aurais acquis |
| tu acquerrais | tu aurais acquis |
| il acquerrait | il aurait acquis |
| nous acquerrions | nous aurions acquis |
| vous acquerriez | vous auriez acquis |
| ils acquerraient | ils auraient acquis |

### SUBJONCTIF

| Présent | Passé |
|---|---|
| que j'acquière | que j'aie acquis |
| que tu acquières | que tu aies acquis |
| qu'il acquière | qu'il ait acquis |
| que nous acquérions | que nous ayons acquis |
| que vous acquériez | que vous ayez acquis |
| qu'ils acquièrent | qu'ils aient acquis |

| Imparfait | Plus-que-parfait |
|---|---|
| que j'acquisse | que j'eusse acquis |
| que tu acquisses | que tu eusses acquis |
| qu'il acquît | qu'il eût acquis |
| que nous acquissions | que nous eussions acquis |
| que vous acquissiez | que vous eussiez acquis |
| qu'ils acquissent | qu'ils eussent acquis |

### IMPÉRATIF

| Présent | Passé |
|---|---|
| acquiers | aie acquis |
| acquérons | ayons acquis |
| acquérez | ayez acquis |

### INFINITIF

| Présent | Passé |
|---|---|
| acquérir | avoir acquis |

### PARTICIPE

| Présent | Passé |
|---|---|
| acquérant | acquis |
| | ayant acquis |

### GÉRONDIF

| Présent | Passé |
|---|---|
| en acquérant | en ayant acquis |

- Les composés de *quérir* se conjuguent sur ce modèle (→ tableau 22).
- Ne pas confondre le participe substantivé *acquis (avoir de l'acquis)* avec le substantif verbal *acquit* de *acquitter (par acquit, pour acquit)*. Noter la subsistance d'une forme ancienne dans la locution *à enquerre* (seulement à l'infinitif).

## INDICATIF

| Présent | Passé composé |
|---|---|
| je sens | j'ai senti |
| tu sens | tu as senti |
| il sent | il a senti |
| nous sentons | nous avons senti |
| vous sentez | vous avez senti |
| ils sentent | ils ont senti |

| Imparfait | Plus-que-parfait |
|---|---|
| je sentais | j'avais senti |
| tu sentais | tu avais senti |
| il sentait | il avait senti |
| nous sentions | nous avions senti |
| vous sentiez | vous aviez senti |
| ils sentaient | ils avaient senti |

| Passé simple | Passé antérieur |
|---|---|
| je sentis | j'eus senti |
| tu sentis | tu eus senti |
| il sentit | il eut senti |
| nous sentîmes | nous eûmes senti |
| vous sentîtes | vous eûtes senti |
| ils sentirent | ils eurent senti |

| Futur simple | Futur antérieur |
|---|---|
| je sentirai | j'aurai senti |
| tu sentiras | tu auras senti |
| il sentira | il aura senti |
| nous sentirons | nous aurons senti |
| vous sentirez | vous aurez senti |
| ils sentiront | ils auront senti |

## CONDITIONNEL

| Présent | Passé |
|---|---|
| je sentirais | j'aurais senti |
| tu sentirais | tu aurais senti |
| il sentirait | il aurait senti |
| nous sentirions | nous aurions senti |
| vous sentiriez | vous auriez senti |
| ils sentiraient | ils auraient senti |

## SUBJONCTIF

| Présent | Passé |
|---|---|
| que je sente | que j'aie senti |
| que tu sentes | que tu aies senti |
| qu'il sente | qu'il ait senti |
| que nous sentions | que nous ayons senti |
| que vous sentiez | que vous ayez senti |
| qu'ils sentent | qu'ils aient senti |

| Imparfait | Plus-que-parfait |
|---|---|
| que je sentisse | que j'eusse senti |
| que tu sentisses | que tu eusses senti |
| qu'il sentît | qu'il eût senti |
| que nous sentissions | que nous eussions senti |
| que vous sentissiez | que vous eussiez senti |
| qu'ils sentissent | qu'ils eussent senti |

## IMPÉRATIF

| Présent | Passé |
|---|---|
| sens | aie senti |
| sentons | ayons senti |
| sentez | ayez senti |

## INFINITIF

| Présent | Passé |
|---|---|
| sentir | avoir senti |

## PARTICIPE

| Présent | Passé |
|---|---|
| sentant | senti |
| | ayant senti |

## GÉRONDIF

| Présent | Passé |
|---|---|
| en sentant | en ayant senti |

- *Mentir, sentir, partir, se repentir, sortir* et leurs composés se conjuguent sur ce modèle (→ tableau 22). Le participe passé *menti* est invariable, mais *démenti, ie,* s'accorde.
- *Départir*, employé d'ordinaire à la forme pronominale *se départir*, se conjugue normalement comme *partir* : *je me dépars..., je me départais..., se départant.* On observe, sous l'influence sans doute de *répartir*, les formes : *il se départissait, se départissant,* et, au présent de l'indicatif : *il se départit.*

## INDICATIF

| Présent | Passé composé |
|---|---|
| je vêts | j'ai vêtu |
| tu vêts | tu as vêtu |
| il vêt | il a vêtu |
| nous vêtons | nous avons vêtu |
| vous vêtez | vous avez vêtu |
| ils vêtent | ils ont vêtu |

| Imparfait | Plus-que-parfait |
|---|---|
| je vêtais | j'avais vêtu |
| tu vêtais | tu avais vêtu |
| il vêtait | il avait vêtu |
| nous vêtions | nous avions vêtu |
| vous vêtiez | vous aviez vêtu |
| ils vêtaient | ils avaient vêtu |

| Passé simple | Passé antérieur |
|---|---|
| je vêtis | j'eus vêtu |
| tu vêtis | tu eus vêtu |
| il vêtit | il eut vêtu |
| nous vêtîmes | nous eûmes vêtu |
| vous vêtîtes | vous eûtes vêtu |
| ils vêtirent | ils eurent vêtu |

| Futur simple | Futur antérieur |
|---|---|
| je vêtirai | j'aurai vêtu |
| tu vêtiras | tu auras vêtu |
| il vêtira | il aura vêtu |
| nous vêtirons | nous aurons vêtu |
| vous vêtirez | vous aurez vêtu |
| ils vêtiront | ils auront vêtu |

## CONDITIONNEL

| Présent | Passé |
|---|---|
| je vêtirais | j'aurais vêtu |
| tu vêtirais | tu aurais vêtu |
| il vêtirait | il aurait vêtu |
| nous vêtirions | nous aurions vêtu |
| vous vêtiriez | vous auriez vêtu |
| ils vêtiraient | ils auraient vêtu |

## SUBJONCTIF

| Présent | Passé |
|---|---|
| que je vête | que j'aie vêtu |
| que tu vêtes | que tu aies vêtu |
| qu'il vête | qu'il ait vêtu |
| que nous vêtions | que nous ayons vêtu |
| que vous vêtiez | que vous ayez vêtu |
| qu'ils vêtent | qu'ils aient vêtu |

| Imparfait | Plus-que-parfait |
|---|---|
| que je vêtisse | que j'eusse vêtu |
| que tu vêtisses | que tu eusses vêtu |
| qu'il vêtît | qu'il eût vêtu |
| que nous vêtissions | que nous eussions vêtu |
| que vous vêtissiez | que vous eussiez vêtu |
| qu'ils vêtissent | qu'ils eussent vêtu |

## IMPÉRATIF

| Présent | Passé |
|---|---|
| vêts | aie vêtu |
| vêtons | ayons vêtu |
| vêtez | ayez vêtu |

## INFINITIF

| Présent | Passé |
|---|---|
| vêtir | avoir vêtu |

## PARTICIPE

| Présent | Passé |
|---|---|
| vêtant | vêtu |
| | ayant vêtu |

## GÉRONDIF

| Présent | Passé |
|---|---|
| en vêtant | en ayant vêtu |

- *Dévêtir*, *survêtir* et *revêtir* se conjuguent sur ce modèle.
- Concurremment aux formes du présent de l'indicatif et de l'impératif de *vêtir* données par le tableau, on trouve également des formes conjuguées sur le modèle de *finir*.
  Cependant, dans les composés, les formes primitives sont seules admises : *il revêt, il revêtait, revêtant*.

## 28 | couvrir

3ᵉ groupe – verbes en -vrir et en -frir

### INDICATIF

| Présent | Passé composé |
|---|---|
| je couvre | j'ai couvert |
| tu couvres | tu as couvert |
| il couvre | il a couvert |
| nous couvrons | nous avons couvert |
| vous couvrez | vous avez couvert |
| ils couvrent | ils ont couvert |

| Imparfait | Plus-que-parfait |
|---|---|
| je couvrais | j'avais couvert |
| tu couvrais | tu avais couvert |
| il couvrait | il avait couvert |
| nous couvrions | nous avions couvert |
| vous couvriez | vous aviez couvert |
| ils couvraient | ils avaient couvert |

| Passé simple | Passé antérieur |
|---|---|
| je couvris | j'eus couvert |
| tu couvris | tu eus couvert |
| il couvrit | il eut couvert |
| nous couvrîmes | nous eûmes couvert |
| vous couvrîtes | vous eûtes couvert |
| ils couvrirent | ils eurent couvert |

| Futur simple | Futur antérieur |
|---|---|
| je couvrirai | j'aurai couvert |
| tu couvriras | tu auras couvert |
| il couvrira | il aura couvert |
| nous couvrirons | nous aurons couvert |
| vous couvrirez | vous aurez couvert |
| ils couvriront | ils auront couvert |

### CONDITIONNEL

| Présent | Passé |
|---|---|
| je couvrirais | j'aurais couvert |
| tu couvrirais | tu aurais couvert |
| il couvrirait | il aurait couvert |
| nous couvririons | nous aurions couvert |
| vous couvririez | vous auriez couvert |
| ils couvriraient | ils auraient couvert |

### SUBJONCTIF

| Présent | Passé |
|---|---|
| que je couvre | que j'aie couvert |
| que tu couvres | que tu aies couvert |
| qu'il couvre | qu'il ait couvert |
| que nous couvrions | que nous ayons couvert |
| que vous couvriez | que vous ayez couvert |
| qu'ils couvrent | qu'ils aient couvert |

| Imparfait | Plus-que-parfait |
|---|---|
| que je couvrisse | que j'eusse couvert |
| que tu couvrisses | que tu eusses couvert |
| qu'il couvrît | qu'il eût couvert |
| que nous couvrissions | que nous eussions couvert |
| que vous couvrissiez | que vous eussiez couvert |
| qu'ils couvrissent | qu'ils eussent couvert |

### IMPÉRATIF

| Présent | Passé |
|---|---|
| couvre | aie couvert |
| couvrons | ayons couvert |
| couvrez | ayez couvert |

### INFINITIF

| Présent | Passé |
|---|---|
| couvrir | avoir couvert |

### PARTICIPE

| Présent | Passé |
|---|---|
| couvrant | couvert |
| | ayant couvert |

### GÉRONDIF

| Présent | Passé |
|---|---|
| en couvrant | en ayant couvert |

- Ainsi se conjuguent *couvrir, ouvrir, souffrir* et leurs composés (→ tableau 22).
- Remarquer l'analogie des terminaisons du présent de l'indicatif, de l'impératif et du subjonctif avec celles des verbes du 1ᵉʳ groupe.

## INDICATIF

### Présent
je cueille
tu cueilles
il cueille
nous cueillons
vous cueillez
ils cueillent

### Passé composé
j'ai cueilli
tu as cueilli
il a cueilli
nous avons cueilli
vous avez cueilli
ils ont cueilli

### Imparfait
je cueillais
tu cueillais
il cueillait
nous cueillions
vous cueilliez
ils cueillaient

### Plus-que-parfait
j'avais cueilli
tu avais cueilli
il avait cueilli
nous avions cueilli
vous aviez cueilli
ils avaient cueilli

### Passé simple
je cueillis
tu cueillis
il cueillit
nous cueillîmes
vous cueillites
ils cueillirent

### Passé antérieur
j'eus cueilli
tu eus cueilli
il eut cueilli
nous eûmes cueilli
vous eûtes cueilli
ils eurent cueilli

### Futur simple
je cueillerai
tu cueilleras
il cueillera
nous cueillerons
vous cueillerez
ils cueilleront

### Futur antérieur
j'aurai cueilli
tu auras cueilli
il aura cueilli
nous aurons cueilli
vous aurez cueilli
ils auront cueilli

## CONDITIONNEL

### Présent
je cueillerais
tu cueillerais
il cueillerait
nous cueillerions
vous cueilleriez
ils cueilleraient

### Passé
j'aurais cueilli
tu aurais cueilli
il aurait cueilli
nous aurions cueilli
vous auriez cueilli
ils auraient cueilli

## SUBJONCTIF

### Présent
que je cueille
que tu cueilles
qu'il cueille
que nous cueillions
que vous cueilliez
qu'ils cueillent

### Passé
que j'aie cueilli
que tu aies cueilli
qu'il ait cueilli
que nous ayons cueilli
que vous ayez cueilli
qu'ils aient cueilli

### Imparfait
que je cueillisse
que tu cueillisses
qu'il cueillît
que nous cueillissions
que vous cueillissiez
qu'ils cueillissent

### Plus-que-parfait
que j'eusse cueilli
que tu eusses cueilli
qu'il eût cueilli
que nous eussions cueilli
que vous eussiez cueilli
qu'ils eussent cueilli

## IMPÉRATIF

### Présent
cueille
cueillons
cueillez

### Passé
aie cueilli
ayons cueilli
ayez cueilli

## INFINITIF

### Présent
cueillir

### Passé
avoir cueilli

## PARTICIPE

### Présent
cueillant

### Passé
cueilli
ayant cueilli

## GÉRONDIF

### Présent
en cueillant

### Passé
en ayant cueilli

- Se conjuguent sur ce modèle *accueillir* et *recueillir*.
- Remarquer l'analogie des terminaisons de ce verbe avec celles des verbes du 1er groupe, en particulier au futur et au conditionnel présent : *je cueillerai* comme *j'aimerai*. (Mais le passé simple est *je cueillis*, différent de *j'aimai*.)

## 30 | assaillir  3ᵉ groupe – verbes en -aillir

### INDICATIF

| Présent | Passé composé |
|---|---|
| j'assaille | j'ai assailli |
| tu assailles | tu as assailli |
| il assaille | il a assailli |
| nous assaillons | nous avons assailli |
| vous assaillez | vous avez assailli |
| ils assaillent | ils ont assailli |

| Imparfait | Plus-que-parfait |
|---|---|
| j'assaillais | j'avais assailli |
| tu assaillais | tu avais assailli |
| il assaillait | il avait assailli |
| nous assaillions | nous avions assailli |
| vous assailliez | vous aviez assailli |
| ils assaillaient | ils avaient assailli |

| Passé simple | Passé antérieur |
|---|---|
| j'assaillis | j'eus assailli |
| tu assaillis | tu eus assailli |
| il assaillit | il eut assailli |
| nous assaillîmes | nous eûmes assailli |
| vous assaillîtes | vous eûtes assailli |
| ils assaillirent | ils eurent assailli |

| Futur simple | Futur antérieur |
|---|---|
| j'assaillirai | j'aurai assailli |
| tu assailliras | tu auras assailli |
| il assaillira | il aura assailli |
| nous assaillirons | nous aurons assailli |
| vous assaillirez | vous aurez assailli |
| ils assailliront | ils auront assailli |

### CONDITIONNEL

| Présent | Passé |
|---|---|
| j'assaillirais | j'aurais assailli |
| tu assaillirais | tu aurais assailli |
| il assaillirait | il aurait assailli |
| nous assaillirions | nous aurions assailli |
| vous assailliriez | vous auriez assailli |
| ils assailliraient | ils auraient assailli |

### SUBJONCTIF

| Présent | Passé |
|---|---|
| que j'assaille | que j'aie assailli |
| que tu assailles | que tu aies assailli |
| qu'il assaille | qu'il ait assailli |
| que nous assaillions | que nous ayons assailli |
| que vous assailliez | que vous ayez assailli |
| qu'ils assaillent | qu'ils aient assailli |

| Imparfait | Plus-que-parfait |
|---|---|
| que j'assaillisse | que j'eusse assailli |
| que tu assaillisses | que tu eusses assailli |
| qu'il assaillît | qu'il eût assailli |
| que nous assaillissions | que nous eussions assailli |
| que vous assaillissiez | que vous eussiez assailli |
| qu'ils assaillissent | qu'ils eussent assailli |

### IMPÉRATIF

| Présent | Passé |
|---|---|
| assaille | aie assailli |
| assaillons | ayons assailli |
| assaillez | ayez assailli |

### INFINITIF

| Présent | Passé |
|---|---|
| assaillir | avoir assailli |

### PARTICIPE

| Présent | Passé |
|---|---|
| assaillant | assailli |
|  | ayant assailli |

### GÉRONDIF

| Présent | Passé |
|---|---|
| en assaillant | en ayant assailli |

- *Tressaillir* et *défaillir* se conjuguent sur ce modèle (→ note du tableau **31**).
- *Saillir*, au sens de *sortir, s'élancer*, se conjugue sur le modèle *d'assaillir*. *Saillir*, au sens de *s'accoupler*, se conjugue sur le modèle de *finir*.

## INDICATIF

### Présent
je faux
tu faux
il faut
nous faillons
vous faillez
ils faillent

### Passé composé
j'ai failli
tu as failli
il a failli
nous avons failli
vous avez failli
ils ont failli

### Imparfait
je faillais
tu faillais
il faillait
nous faillions
vous failliez
ils faillaient

### Plus-que-parfait
j'avais failli
tu avais failli
il avait failli
nous avions failli
vous aviez failli
ils avaient failli

### Passé simple
je faillis
tu faillis
il faillit
nous faillîmes
vous faillîtes
ils faillirent

### Passé antérieur
j'eus failli
tu eus failli
il eut failli
nous eûmes failli
vous eûtes failli
ils eurent failli

### Futur simple
je faillirai/faudrai
tu failliras/faudras
il faillira/faudra
n. faillirons/faudrons
v. faillirez/faudrez
ils failliront/faudront

### Futur antérieur
j'aurai failli
tu auras failli
il aura failli
nous aurons failli
vous aurez failli
ils auront failli

## CONDITIONNEL

### Présent
je faillirais/faudrais
tu faillirais/faudrais
il faillirait/faudrait
n. faillirions/faudrions
v. failliriez/faudriez
ils failliraient/faudraient

### Passé
j'aurais failli
tu aurais failli
il aurait failli
nous aurions failli
vous auriez failli
ils auraient failli

## SUBJONCTIF

### Présent
que je faillisse/faille
que tu faillisses/failles
qu'il faillisse/faille
que n. faillissions/faillions
que v. faillissiez/failliez
qu'ils faillissent/faillent

### Passé
que j'aie failli
que tu aies failli
qu'il ait failli
que nous ayons failli
que vous ayez failli
qu'ils aient failli

### Imparfait
que je faillisse
que tu faillisses
qu'il faillît
que nous faillissions
que vous faillissiez
qu'ils faillissent

### Plus-que-parfait
que j'eusse failli
que tu eusses failli
qu'il eût failli
que nous eussions failli
que vous eussiez failli
qu'ils eussent failli

## IMPÉRATIF

### Présent
.
.
.

### Passé
.
.
.

## INFINITIF

### Présent
faillir

### Passé
avoir failli

## PARTICIPE

### Présent
faillant

### Passé
failli
ayant failli

## GÉRONDIF

### Présent
en faillant

### Passé
en ayant failli

---

- Les formes en italique sont tout à fait désuètes. Le verbe *faillir* a deux emplois distincts.
  **1.** Au sens de *manquer de*, il n'a que le passé simple : *je faillis* ; le futur, le conditionnel : *je faillirai, je faillirais*, et tous les temps composés du type *avoir failli*.
  **2.** Ces mêmes formes sont utilisées avec le sens de *manquer à* : *Je ne faillirai jamais à mon devoir.*
- Le verbe *défaillir* se conjugue sur *assaillir* (→ tableau **30**), mais certains temps sont moins employés.

# 32 **bouillir** 3ᵉ groupe


## INDICATIF

### Présent
je bous
tu bous
il bout
nous bouillons
vous bouillez
ils bouillent

### Passé composé
j'ai bouilli
tu as bouilli
il a bouilli
nous avons bouilli
vous avez bouilli
ils ont bouilli

### Imparfait
je bouillais
tu bouillais
il bouillait
nous bouillions
vous bouilliez
ils bouillaient

### Plus-que-parfait
j'avais bouilli
tu avais bouilli
il avait bouilli
nous avions bouilli
vous aviez bouilli
ils avaient bouilli

### Passé simple
je bouillis
tu bouillis
il bouillit
nous bouillîmes
vous bouillîtes
ils bouillirent

### Passé antérieur
j'eus bouilli
tu eus bouilli
il eut bouilli
nous eûmes bouilli
vous eûtes bouilli
ils eurent bouilli

### Futur simple
je bouillirai
tu bouilliras
il bouillira
nous bouillirons
vous bouillirez
ils bouilliront

### Futur antérieur
j'aurai bouilli
tu auras bouilli
il aura bouilli
nous aurons bouilli
vous aurez bouilli
ils auront bouilli

## CONDITIONNEL

### Présent
je bouillirais
tu bouillirais
il bouillirait
nous bouillirions
vous bouilliriez
ils bouilliraient

### Passé
j'aurais bouilli
tu aurais bouilli
il aurait bouilli
nous aurions bouilli
vous auriez bouilli
ils auraient bouilli

## SUBJONCTIF

### Présent
que je bouille
que tu bouilles
qu'il bouille
que nous bouillions
que vous bouilliez
qu'ils bouillent

### Passé
que j'aie bouilli
que tu aies bouilli
qu'il ait bouilli
que nous ayons bouilli
que vous ayez bouilli
qu'ils aient bouilli

### Imparfait
que je bouillisse
que tu bouillisses
qu'il bouillît
que nous bouillissions
que vous bouillissiez
qu'ils bouillissent

### Plus-que-parfait
que j'eusse bouilli
que tu eusses bouilli
qu'il eût bouilli
que nous eussions bouilli
que vous eussiez bouilli
qu'ils eussent bouilli

## IMPÉRATIF

### Présent
bous
bouillons
bouillez

### Passé
aie bouilli
ayons bouilli
ayez bouilli

## INFINITIF

### Présent
bouillir

### Passé
avoir bouilli

## PARTICIPE

### Présent
bouillant

### Passé
bouilli
ayant bouilli

## GÉRONDIF

### Présent
en bouillant

### Passé
en ayant bouilli

## INDICATIF

| Présent | Passé composé |
|---|---|
| je dors | j'ai dormi |
| tu dors | tu as dormi |
| il dort | il a dormi |
| nous dormons | nous avons dormi |
| vous dormez | vous avez dormi |
| ils dorment | ils ont dormi |

| Imparfait | Plus-que-parfait |
|---|---|
| je dormais | j'avais dormi |
| tu dormais | tu avais dormi |
| il dormait | il avait dormi |
| nous dormions | nous avions dormi |
| vous dormiez | vous aviez dormi |
| ils dormaient | ils avaient dormi |

| Passé simple | Passé antérieur |
|---|---|
| je dormis | j'eus dormi |
| tu dormis | tu eus dormi |
| il dormit | il eut dormi |
| nous dormîmes | nous eûmes dormi |
| vous dormîtes | vous eûtes dormi |
| ils dormirent | ils eurent dormi |

| Futur simple | Futur antérieur |
|---|---|
| je dormirai | j'aurai dormi |
| tu dormiras | tu auras dormi |
| il dormira | il aura dormi |
| nous dormirons | nous aurons dormi |
| vous dormirez | vous aurez dormi |
| ils dormiront | ils auront dormi |

## CONDITIONNEL

| Présent | Passé |
|---|---|
| je dormirais | j'aurais dormi |
| tu dormirais | tu aurais dormi |
| il dormirait | il aurait dormi |
| nous dormirions | nous aurions dormi |
| vous dormiriez | vous auriez dormi |
| ils dormiraient | ils auraient dormi |

## SUBJONCTIF

| Présent | Passé |
|---|---|
| que je dorme | que j'aie dormi |
| que tu dormes | que tu aies dormi |
| qu'il dorme | qu'il ait dormi |
| que nous dormions | que nous ayons dormi |
| que vous dormiez | que vous ayez dormi |
| qu'ils dorment | qu'ils aient dormi |

| Imparfait | Plus-que-parfait |
|---|---|
| que je dormisse | que j'eusse dormi |
| que tu dormisses | que tu eusses dormi |
| qu'il dormît | qu'il eût dormi |
| que nous dormissions | que nous eussions dormi |
| que vous dormissiez | que vous eussiez dormi |
| qu'ils dormissent | qu'ils eussent dormi |

## IMPÉRATIF

| Présent | Passé |
|---|---|
| dors | aie dormi |
| dormons | ayons dormi |
| dormez | ayez dormi |

## INFINITIF

| Présent | Passé |
|---|---|
| dormir | avoir dormi |

## PARTICIPE

| Présent | Passé |
|---|---|
| dormant | dormi |
| | ayant dormi |

## GÉRONDIF

| Présent | Passé |
|---|---|
| en dormant | en ayant dormi |

Se conjuguent sur ce modèle *endormir, rendormir*. Ces deux derniers verbes ont un participe passé variable : *endormi, ie, is, ies...*

## 34 | courir | 3ᵉ groupe

### INDICATIF

| *Présent* | *Passé composé* |
|---|---|
| je cours | j'ai couru |
| tu cours | tu as couru |
| il court | il a couru |
| nous courons | nous avons couru |
| vous courez | vous avez couru |
| ils courent | ils ont couru |

| *Imparfait* | *Plus-que-parfait* |
|---|---|
| je courais | j'avais couru |
| tu courais | tu avais couru |
| il courait | il avait couru |
| nous courions | nous avions couru |
| vous couriez | vous aviez couru |
| ils couraient | ils avaient couru |

| *Passé simple* | *Passé antérieur* |
|---|---|
| je courus | j'eus couru |
| tu courus | tu eus couru |
| il courut | il eut couru |
| nous courûmes | nous eûmes couru |
| vous courûtes | vous eûtes couru |
| ils coururent | ils eurent couru |

| *Futur simple* | *Futur antérieur* |
|---|---|
| je courrai | j'aurai couru |
| tu courras | tu auras couru |
| il courra | il aura couru |
| nous courrons | nous aurons couru |
| vous courrez | vous aurez couru |
| ils courront | ils auront couru |

### CONDITIONNEL

| *Présent* | *Passé* |
|---|---|
| je courrais | j'aurais couru |
| tu courrais | tu aurais couru |
| il courrait | il aurait couru |
| nous courrions | nous aurions couru |
| vous courriez | vous auriez couru |
| ils courraient | ils auraient couru |

### SUBJONCTIF

| *Présent* | *Passé* |
|---|---|
| que je coure | que j'aie couru |
| que tu coures | que tu aies couru |
| qu'il coure | qu'il ait couru |
| que nous courions | que nous ayons couru |
| que vous couriez | que vous ayez couru |
| qu'ils courent | qu'ils aient couru |

| *Imparfait* | *Plus-que-parfait* |
|---|---|
| que je courusse | que j'eusse couru |
| que tu courusses | que tu eusses couru |
| qu'il courût | qu'il eût couru |
| que nous courussions | que nous eussions couru |
| que vous courussiez | que vous eussiez couru |
| qu'ils courussent | qu'ils eussent couru |

### IMPÉRATIF

| *Présent* | *Passé* |
|---|---|
| cours | aie couru |
| courons | ayons couru |
| courez | ayez couru |

### INFINITIF

| *Présent* | *Passé* |
|---|---|
| courir | avoir couru |

### PARTICIPE

| *Présent* | *Passé* |
|---|---|
| courant | couru |
| | ayant couru |

### GÉRONDIF

| *Présent* | *Passé* |
|---|---|
| en courant | en ayant couru |

- Les composés de *courir* se conjuguent sur ce modèle (→ tableau 22).
- Remarquer les deux *r* : le premier *r* est celui du radical et le second est l'affixe du futur ou du conditionnel présent : *je courrai, je courrais*.

## 35 | mourir  3ᵉ groupe

### INDICATIF

| Présent | Passé composé |
|---|---|
| je meurs | je suis mort |
| tu meurs | tu es mort |
| il meurt | il est mort |
| nous mourons | nous sommes morts |
| vous mourez | vous êtes morts |
| ils meurent | ils sont morts |

| Imparfait | Plus-que-parfait |
|---|---|
| je mourais | j'étais mort |
| tu mourais | tu étais mort |
| il mourait | il était mort |
| nous mourions | nous étions morts |
| vous mouriez | vous étiez morts |
| ils mouraient | ils étaient morts |

| Passé simple | Passé antérieur |
|---|---|
| je mourus | je fus mort |
| tu mourus | tu fus mort |
| il mourut | il fut mort |
| nous mourûmes | nous fûmes morts |
| vous mourûtes | vous fûtes morts |
| ils moururent | ils furent morts |

| Futur simple | Futur antérieur |
|---|---|
| je mourrai | je serai mort |
| tu mourras | tu seras mort |
| il mourra | il sera mort |
| nous mourrons | nous serons morts |
| vous mourrez | vous serez morts |
| ils mourront | ils seront morts |

### CONDITIONNEL

| Présent | Passé |
|---|---|
| je mourrais | je serais mort |
| tu mourrais | tu serais mort |
| il mourrait | il serait mort |
| nous mourrions | nous serions morts |
| vous mourriez | vous seriez morts |
| ils mourraient | ils seraient morts |

### SUBJONCTIF

| Présent | Passé |
|---|---|
| que je meure | que je sois mort |
| que tu meures | que tu sois mort |
| qu'il meure | qu'il soit mort |
| que nous mourions | que nous soyons morts |
| que vous mouriez | que vous soyez morts |
| qu'ils meurent | qu'ils soient morts |

| Imparfait | Plus-que-parfait |
|---|---|
| que je mourusse | que je fusse mort |
| que tu mourusses | que tu fusses mort |
| qu'il mourût | qu'il fût mort |
| que nous mourussions | que nous fussions morts |
| que vous mourussiez | que vous fussiez morts |
| qu'ils mourussent | qu'ils fussent morts |

### IMPÉRATIF

| Présent | Passé |
|---|---|
| meurs | sois mort |
| mourons | soyons morts |
| mourez | soyez morts |

### INFINITIF

| Présent | Passé |
|---|---|
| mourir | être mort |

### PARTICIPE

| Présent | Passé |
|---|---|
| mourant | mort |
| | étant mort |

### GÉRONDIF

| Présent | Passé |
|---|---|
| en mourant | en étant mort |

- Remarquer le redoublement du *r* au futur et au conditionnel présent : *je mourrai, je mourrais*, et l'emploi de l'auxiliaire *être* dans les temps composés.
- À la forme pronominale, le verbe *se mourir* ne se conjugue qu'au présent, à l'imparfait de l'indicatif et au participe présent.

## 36 | servir | 3ᵉ groupe

### INDICATIF

**Présent**
je sers
tu sers
il sert
nous servons
vous servez
ils servent

**Passé composé**
j'ai servi
tu as servi
il a servi
nous avons servi
vous avez servi
ils ont servi

**Imparfait**
je servais
tu servais
il servait
nous servions
vous serviez
ils servaient

**Plus-que-parfait**
j'avais servi
tu avais servi
il avait servi
nous avions servi
vous aviez servi
ils avaient servi

**Passé simple**
je servis
tu servis
il servit
nous servîmes
vous servîtes
ils servirent

**Passé antérieur**
j'eus servi
tu eus servi
il eut servi
nous eûmes servi
vous eûtes servi
ils eurent servi

**Futur simple**
je servirai
tu serviras
il servira
nous servirons
vous servirez
ils serviront

**Futur antérieur**
j'aurai servi
tu auras servi
il aura servi
nous aurons servi
vous aurez servi
ils auront servi

### CONDITIONNEL

**Présent**
je servirais
tu servirais
il servirait
nous servirions
vous serviriez
ils serviraient

**Passé**
j'aurais servi
tu aurais servi
il aurait servi
nous aurions servi
vous auriez servi
ils auraient servi

### SUBJONCTIF

**Présent**
que je serve
que tu serves
qu'il serve
que nous servions
que vous serviez
qu'ils servent

**Passé**
que j'aie servi
que tu aies servi
qu'il ait servi
que nous ayons servi
que vous ayez servi
qu'ils aient servi

**Imparfait**
que je servisse
que tu servisses
qu'il servît
que nous servissions
que vous servissiez
qu'ils servissent

**Plus-que-parfait**
que j'eusse servi
que tu eusses servi
qu'il eût servi
que nous eussions servi
que vous eussiez servi
qu'ils eussent servi

### IMPÉRATIF

**Présent**
sers
servons
servez

**Passé**
aie servi
ayons servi
ayez servi

### INFINITIF

**Présent**
servir

**Passé**
avoir servi

### PARTICIPE

**Présent**
servant

**Passé**
servi
ayant servi

### GÉRONDIF

**Présent**
en servant

**Passé**
en ayant servi

*Desservir, resservir* se conjuguent sur ce modèle.
Mais *asservir* se conjugue sur *finir* (→ tableau **20**).

## INDICATIF

### Présent
je fuis
tu fuis
il fuit
nous fuyons
vous fuyez
ils fuient

### Passé composé
j'ai fui
tu as fui
il a fui
nous avons fui
vous avez fui
ils ont fui

### Imparfait
je fuyais
tu fuyais
il fuyait
nous fuyions
vous fuyiez
ils fuyaient

### Plus-que-parfait
j'avais fui
tu avais fui
il avait fui
nous avions fui
vous aviez fui
ils avaient fui

### Passé simple
je fuis
tu fuis
il fuit
nous fuîmes
vous fuîtes
ils fuirent

### Passé antérieur
j'eus fui
tu eus fui
il eut fui
nous eûmes fui
vous eûtes fui
ils eurent fui

### Futur simple
je fuirai
tu fuiras
il fuira
nous fuirons
vous fuirez
ils fuiront

### Futur antérieur
j'aurai fui
tu auras fui
il aura fui
nous aurons fui
vous aurez fui
ils auront fui

## CONDITIONNEL

### Présent
je fuirais
tu fuirais
il fuirait
nous fuirions
vous fuiriez
ils fuiraient

### Passé
j'aurais fui
tu aurais fui
il aurait fui
nous aurions fui
vous auriez fui
ils auraient fui

## SUBJONCTIF

### Présent
que je fuie
que tu fuies
qu'il fuie
que nous fuyions
que vous fuyiez
qu'ils fuient

### Passé
que j'aie fui
que tu aies fui
qu'il ait fui
que nous ayons fui
que vous ayez fui
qu'ils aient fui

### Imparfait
que je fuisse
que tu fuisses
qu'il fuît
que nous fuissions
que vous fuissiez
qu'ils fuissent

### Plus-que-parfait
que j'eusse fui
que tu eusses fui
qu'il eût fui
que nous eussions fui
que vous eussiez fui
qu'ils eussent fui

## IMPÉRATIF

### Présent
fuis
fuyons
fuyez

### Passé
aie fui
ayons fui
ayez fui

## INFINITIF

### Présent
fuir

### Passé
avoir fui

## PARTICIPE

### Présent
fuyant

### Passé
fui
ayant fui

## GÉRONDIF

### Présent
en fuyant

### Passé
en ayant fui

*S'enfuir* se conjugue sur ce modèle.

# 38 | ouïr    3ᵉ groupe

## INDICATIF

### Présent
j'*ois*
tu ois
il oit
nous **oyons**
vous oyez
ils oient

### Passé composé
j'ai ouï
tu as ouï
il a ouï
nous avons ouï
vous avez ouï
ils ont ouï

### Imparfait
j'**oyais**
tu oyais
il oyait
nous o**y**ions
vous o**y**iez
ils oyaient

### Plus-que-parfait
j'avais ouï
tu avais ouï
il avait ouï
nous avions ouï
vous aviez ouï
ils avaient ouï

### Passé simple
j'**ouïs**
tu ouïs
il ouït
nous ouïmes
vous ouïtes
ils ouïrent

### Passé antérieur
j'eus ouï
tu eus ouï
il eut ouï
nous eûmes ouï
vous eûtes ouï
ils eurent ouï

### Futur simple
j'**ouïrai**/orrai/oirai
tu ouïras/orras
il ouïra/orra
nous ouïrons/orrons
vous ouïrez/orrez
ils ouïront/orront

### Futur antérieur
j'aurai ouï
tu auras ouï
il aura ouï
nous aurons ouï
vous aurez ouï
ils auront ouï

## CONDITIONNEL

### Présent
j'**ouïrais**/orrais/oirais
tu ouïrais/orrais
il ouïrait/orrait
nous ouïrions/orrions
vous ouïriez/orriez
ils ouïraient/orraient

### Passé
j'aurais ouï
tu aurais ouï
il aurait ouï
nous aurions ouï
vous auriez ouï
ils auraient ouï

## SUBJONCTIF

### Présent
que j'**oie**
que tu oies
qu'il oie
que nous **oyions**
que vous o**y**iez
qu'ils oient

### Passé
que j'aie ouï
que tu aies ouï
qu'il ait ouï
que nous ayons ouï
que vous ayez ouï
qu'ils aient ouï

### Imparfait
que j'**ouïsse**
que tu ouïsses
qu'il ouït
que nous ouïssions
que vous ouïssiez
qu'ils ouïssent

### Plus-que-parfait
que j'eusse ouï
que tu eusses ouï
qu'il eût ouï
que nous eussions ouï
que vous eussiez ouï
qu'ils eussent ouï

## IMPÉRATIF

### Présent
**ois**
**oyons**
oyez

### Passé
aie ouï
ayons ouï
ayez ouï

## INFINITIF

### Présent
ouïr

### Passé
avoir ouï

## PARTICIPE

### Présent
oyant

### Passé
ouï
ayant ouï

## GÉRONDIF

### Présent
en oyant

### Passé
en ayant ouï

Le verbe **ouïr** a définitivement cédé la place à *entendre*. Il n'est plus employé qu'à l'infinitif et dans l'expression *par ouï-dire*. La conjugaison archaïque est donnée ci-dessus en italique. À noter le futur *j'ouïrai*, refait d'après l'infinitif sur le modèle de *sentir (je sentirai)*.

## INDICATIF

| Présent | Passé composé |
|---|---|
| je gis | . |
| tu gis | . |
| il gît | . |
| nous gisons | . |
| vous gisez | . |
| ils gisent | . |

| Imparfait | Plus-que-parfait |
|---|---|
| je gisais | . |
| tu gisais | . |
| il gisait | . |
| nous gisions | . |
| vous gisiez | . |
| ils gisaient | . |

| Passé simple | Passé antérieur |
|---|---|
| . | . |
| . | . |
| . | . |
| . | . |
| . | . |
| . | . |

| Futur simple | Futur antérieur |
|---|---|
| . | . |
| . | . |
| . | . |
| . | . |
| . | . |
| . | . |

## CONDITIONNEL

| Présent | Passé |
|---|---|
| . | . |
| . | . |
| . | . |
| . | . |
| . | . |
| . | . |

## SUBJONCTIF

| Présent | Passé |
|---|---|
| . | . |
| . | . |
| . | . |
| . | . |
| . | . |
| . | . |

| Imparfait | Plus-que-parfait |
|---|---|
| . | . |
| . | . |
| . | . |
| . | . |
| . | . |
| . | . |

## IMPÉRATIF

| Présent | Passé |
|---|---|
| . | . |
| . | . |
| . | . |

## INFINITIF

| Présent | Passé |
|---|---|
| . | . |

## PARTICIPE

| Présent | Passé |
|---|---|
| gisant | . |
| | . |

## GÉRONDIF

| Présent | Passé |
|---|---|
| en gisant | . |

Ce verbe, qui signifie *être couché*, n'est plus d'usage qu'aux formes ci-dessus.
On n'emploie guère le verbe *gésir* qu'en parlant des personnes malades ou mortes, et de choses renversées par le temps ou la destruction : *Nous gisions tous les deux sur le pavé d'un cachot, malades et privés de secours. Son cadavre gît maintenant dans le tombeau.*
*Des colonnes gisant éparses* (Académie). Cf. l'inscription funéraire : *Ci-gît.*

# 40 recevoir

3e groupe – verbes en -cevoir

## INDICATIF

| Présent | Passé composé |
|---|---|
| je reçois | j'ai reçu |
| tu reçois | tu as reçu |
| il reçoit | il a reçu |
| nous recevons | nous avons reçu |
| vous recevez | vous avez reçu |
| ils reçoivent | ils ont reçu |

| Imparfait | Plus-que-parfait |
|---|---|
| je recevais | j'avais reçu |
| tu recevais | tu avais reçu |
| il recevait | il avait reçu |
| nous recevions | nous avions reçu |
| vous receviez | vous aviez reçu |
| ils recevaient | ils avaient reçu |

| Passé simple | Passé antérieur |
|---|---|
| je reçus | j'eus reçu |
| tu reçus | tu eus reçu |
| il reçut | il eut reçu |
| nous reçûmes | nous eûmes reçu |
| vous reçûtes | vous eûtes reçu |
| ils reçurent | ils eurent reçu |

| Futur simple | Futur antérieur |
|---|---|
| je recevrai | j'aurai reçu |
| tu recevras | tu auras reçu |
| il recevra | il aura reçu |
| nous recevrons | nous aurons reçu |
| vous recevrez | vous aurez reçu |
| ils recevront | ils auront reçu |

## CONDITIONNEL

| Présent | Passé |
|---|---|
| je recevrais | j'aurais reçu |
| tu recevrais | tu aurais reçu |
| il recevrait | il aurait reçu |
| nous recevrions | nous aurions reçu |
| vous recevriez | vous auriez reçu |
| ils recevraient | ils auraient reçu |

## SUBJONCTIF

| Présent | Passé |
|---|---|
| que je reçoive | que j'aie reçu |
| que tu reçoives | que tu aies reçu |
| qu'il reçoive | qu'il ait reçu |
| que nous recevions | que nous ayons reçu |
| que vous receviez | que vous ayez reçu |
| qu'ils reçoivent | qu'ils aient reçu |

| Imparfait | Plus-que-parfait |
|---|---|
| que je reçusse | que j'eusse reçu |
| que tu reçusses | que tu eusses reçu |
| qu'il reçût | qu'il eût reçu |
| que nous reçussions | que nous eussions reçu |
| que vous reçussiez | que vous eussiez reçu |
| qu'ils reçussent | qu'ils eussent reçu |

## IMPÉRATIF

| Présent | Passé |
|---|---|
| reçois | aie reçu |
| recevons | ayons reçu |
| recevez | ayez reçu |

## INFINITIF

| Présent | Passé |
|---|---|
| recevoir | avoir reçu |

## PARTICIPE

| Présent | Passé |
|---|---|
| recevant | reçu |
| | ayant reçu |

## GÉRONDIF

| Présent | Passé |
|---|---|
| en recevant | en ayant reçu |

- La cédille est placée sous le c chaque fois qu'il précède un o ou un u.
- Apercevoir, concevoir, décevoir, percevoir se conjuguent sur ce modèle.

## 41 voir — 3e groupe

### INDICATIF

| Présent | Passé composé |
|---|---|
| je vois | j'ai vu |
| tu vois | tu as vu |
| il voit | il a vu |
| nous voyons | nous avons vu |
| vous voyez | vous avez vu |
| ils voient | ils ont vu |

| Imparfait | Plus-que-parfait |
|---|---|
| je voyais | j'avais vu |
| tu voyais | tu avais vu |
| il voyait | il avait vu |
| nous voyions | nous avions vu |
| vous voyiez | vous aviez vu |
| ils voyaient | ils avaient vu |

| Passé simple | Passé antérieur |
|---|---|
| je vis | j'eus vu |
| tu vis | tu eus vu |
| il vit | il eut vu |
| nous vîmes | nous eûmes vu |
| vous vîtes | vous eûtes vu |
| ils virent | ils eurent vu |

| Futur simple | Futur antérieur |
|---|---|
| je verrai | j'aurai vu |
| tu verras | tu auras vu |
| il verra | il aura vu |
| nous verrons | nous aurons vu |
| vous verrez | vous aurez vu |
| ils verront | ils auront vu |

### CONDITIONNEL

| Présent | Passé |
|---|---|
| je verrais | j'aurais vu |
| tu verrais | tu aurais vu |
| il verrait | il aurait vu |
| nous verrions | nous aurions vu |
| vous verriez | vous auriez vu |
| ils verraient | ils auraient vu |

### SUBJONCTIF

| Présent | Passé |
|---|---|
| que je voie | que j'aie vu |
| que tu voies | que tu aies vu |
| qu'il voie | qu'il ait vu |
| que nous voyions | que nous ayons vu |
| que vous voyiez | que vous ayez vu |
| qu'ils voient | qu'ils aient vu |

| Imparfait | Plus-que-parfait |
|---|---|
| que je visse | que j'eusse vu |
| que tu visses | que tu eusses vu |
| qu'il vît | qu'il eût vu |
| que nous vissions | que nous eussions vu |
| que vous vissiez | que vous eussiez vu |
| qu'ils vissent | qu'ils eussent vu |

### IMPÉRATIF

| Présent | Passé |
|---|---|
| vois | aie vu |
| voyons | ayons vu |
| voyez | ayez vu |

### INFINITIF

| Présent | Passé |
|---|---|
| voir | avoir vu |

### PARTICIPE

| Présent | Passé |
|---|---|
| voyant | vu |
| | ayant vu |

### GÉRONDIF

| Présent | Passé |
|---|---|
| en voyant | en ayant vu |

*Entrevoir, revoir, prévoir* se conjuguent sur ce modèle. *Prévoir* fait au futur et au conditionnel présent : *je prévoirai... je prévoirais...*

## 42 | pourvoir 3ᵉ groupe

### INDICATIF

| Présent | Passé composé |
|---|---|
| je pourvois | j'ai pourvu |
| tu pourvois | tu as pourvu |
| il pourvoit | il a pourvu |
| nous pourvoyons | nous avons pourvu |
| vous pourvoyez | vous avez pourvu |
| ils pourvoient | ils ont pourvu |

| Imparfait | Plus-que-parfait |
|---|---|
| je pourvoyais | j'avais pourvu |
| tu pourvoyais | tu avais pourvu |
| il pourvoyait | il avait pourvu |
| nous pourvoyions | nous avions pourvu |
| vous pourvoyiez | vous aviez pourvu |
| ils pourvoyaient | ils avaient pourvu |

| Passé simple | Passé antérieur |
|---|---|
| je pourvus | j'eus pourvu |
| tu pourvus | tu eus pourvu |
| il pourvut | il eut pourvu |
| nous pourvûmes | nous eûmes pourvu |
| vous pourvûtes | vous eûtes pourvu |
| ils pourvurent | ils eurent pourvu |

| Futur simple | Futur antérieur |
|---|---|
| je pourvoirai | j'aurai pourvu |
| tu pourvoiras | tu auras pourvu |
| il pourvoira | il aura pourvu |
| nous pourvoirons | nous aurons pourvu |
| vous pourvoirez | vous aurez pourvu |
| ils pourvoiront | ils auront pourvu |

### CONDITIONNEL

| Présent | Passé |
|---|---|
| je pourvoirais | j'aurais pourvu |
| tu pourvoirais | tu aurais pourvu |
| il pourvoirait | il aurait pourvu |
| nous pourvoirions | nous aurions pourvu |
| vous pourvoiriez | vous auriez pourvu |
| ils pourvoiraient | ils auraient pourvu |

### SUBJONCTIF

| Présent | Passé |
|---|---|
| que je pourvoie | que j'aie pourvu |
| que tu pourvoies | que tu aies pourvu |
| qu'il pourvoie | qu'il ait pourvu |
| que nous pourvoyions | que nous ayons pourvu |
| que vous pourvoyiez | que vous ayez pourvu |
| qu'ils pourvoient | qu'ils aient pourvu |

| Imparfait | Plus-que-parfait |
|---|---|
| que je pourvusse | que j'eusse pourvu |
| que tu pourvusses | que tu eusses pourvu |
| qu'il pourvût | qu'il eût pourvu |
| que nous pourvussions | que nous eussions pourvu |
| que vous pourvussiez | que vous eussiez pourvu |
| qu'ils pourvussent | qu'ils eussent pourvu |

### IMPÉRATIF

| Présent | Passé |
|---|---|
| pourvois | aie pourvu |
| pourvoyons | ayons pourvu |
| pourvoyez | ayez pourvu |

### INFINITIF

| Présent | Passé |
|---|---|
| pourvoir | avoir pourvu |

### PARTICIPE

| Présent | Passé |
|---|---|
| pourvoyant | pourvu |
| | ayant pourvu |

### GÉRONDIF

| Présent | Passé |
|---|---|
| en pourvoyant | en ayant pourvu |

- *Pourvoir* se conjugue comme le verbe simple *voir* (→ tableau 41) sauf au futur et au conditionnel présent : *je pourvoirai, je pourvoirais* ; au passé simple et au subjonctif imparfait : *je pourvus, que je pourvusse*.
- *Dépourvoir* s'emploie rarement, et seulement au passé simple, à l'infinitif, au participe passé et aux temps composés. On l'utilise surtout avec une construction pronominale : *Je me suis dépourvu de tout.*

## INDICATIF

| Présent | Passé composé |
|---|---|
| je sais | j'ai su |
| tu sais | tu as su |
| il sait | il a su |
| nous savons | nous avons su |
| vous savez | vous avez su |
| ils savent | ils ont su |

| Imparfait | Plus-que-parfait |
|---|---|
| je savais | j'avais su |
| tu savais | tu avais su |
| il savait | il avait su |
| nous savions | nous avions su |
| vous saviez | vous aviez su |
| ils savaient | ils avaient su |

| Passé simple | Passé antérieur |
|---|---|
| je sus | j'eus su |
| tu sus | tu eus su |
| il sut | il eut su |
| nous sûmes | nous eûmes su |
| vous sûtes | vous eûtes su |
| ils surent | ils eurent su |

| Futur simple | Futur antérieur |
|---|---|
| je saurai | j'aurai su |
| tu sauras | tu auras su |
| il saura | il aura su |
| nous saurons | nous aurons su |
| vous saurez | vous aurez su |
| ils sauront | ils auront su |

## CONDITIONNEL

| Présent | Passé |
|---|---|
| je saurais | j'aurais su |
| tu saurais | tu aurais su |
| il saurait | il aurait su |
| nous saurions | nous aurions su |
| vous sauriez | vous auriez su |
| ils sauraient | ils auraient su |

## SUBJONCTIF

| Présent | Passé |
|---|---|
| que je sache | que j'aie su |
| que tu saches | que tu aies su |
| qu'il sache | qu'il ait su |
| que nous sachions | que nous ayons su |
| que vous sachiez | que vous ayez su |
| qu'ils sachent | qu'ils aient su |

| Imparfait | Plus-que-parfait |
|---|---|
| que je susse | que j'eusse su |
| que tu susses | que tu eusses su |
| qu'il sût | qu'il eût su |
| que nous sussions | que nous eussions su |
| que vous sussiez | que vous eussiez su |
| qu'ils sussent | qu'ils eussent su |

## IMPÉRATIF

| Présent | Passé |
|---|---|
| sache | aie su |
| sachons | ayons su |
| sachez | ayez su |

## INFINITIF

| Présent | Passé |
|---|---|
| savoir | avoir su |

## PARTICIPE

| Présent | Passé |
|---|---|
| sachant | su |
| | ayant su |

## GÉRONDIF

| Présent | Passé |
|---|---|
| en sachant | en ayant su |

À noter l'emploi archaïsant du subjonctif dans les expressions : *Je ne sache pas qu'il soit venu* ; *Il n'est pas venu, que je sache.*

## 44 devoir  3e groupe

### INDICATIF

| Présent | Passé composé |
|---|---|
| je dois | j'ai dû |
| tu dois | tu as dû |
| il doit | il a dû |
| nous devons | nous avons dû |
| vous devez | vous avez dû |
| ils doivent | ils ont dû |

| Imparfait | Plus-que-parfait |
|---|---|
| je devais | j'avais dû |
| tu devais | tu avais dû |
| il devait | il avait dû |
| nous devions | nous avions dû |
| vous deviez | vous aviez dû |
| ils devaient | ils avaient dû |

| Passé simple | Passé antérieur |
|---|---|
| je dus | j'eus dû |
| tu dus | tu eus dû |
| il dut | il eut dû |
| nous dûmes | nous eûmes dû |
| vous dûtes | vous eûtes dû |
| ils durent | ils eurent dû |

| Futur simple | Futur antérieur |
|---|---|
| je devrai | j'aurai dû |
| tu devras | tu auras dû |
| il devra | il aura dû |
| nous devrons | nous aurons dû |
| vous devrez | vous aurez dû |
| ils devront | ils auront dû |

### CONDITIONNEL

| Présent | Passé |
|---|---|
| je devrais | j'aurais dû |
| tu devrais | tu aurais dû |
| il devrait | il aurait dû |
| nous devrions | nous aurions dû |
| vous devriez | vous auriez dû |
| ils devraient | ils auraient dû |

### SUBJONCTIF

| Présent | Passé |
|---|---|
| que je doive | que j'aie dû |
| que tu doives | que tu aies dû |
| qu'il doive | qu'il ait dû |
| que nous devions | que nous ayons dû |
| que vous deviez | que vous ayez dû |
| qu'ils doivent | qu'ils aient dû |

| Imparfait | Plus-que-parfait |
|---|---|
| que je dusse | que j'eusse dû |
| que tu dusses | que tu eusses dû |
| qu'il dût | qu'il eût dû |
| que nous dussions | que nous eussions dû |
| que vous dussiez | que vous eussiez dû |
| qu'ils dussent | qu'ils eussent dû |

### IMPÉRATIF

| Présent | Passé |
|---|---|
| dois | aie dû |
| devons | ayons dû |
| devez | ayez dû |

### INFINITIF

| Présent | Passé |
|---|---|
| devoir | avoir dû |

### PARTICIPE

| Présent | Passé |
|---|---|
| devant | dû |
|  | ayant dû |

### GÉRONDIF

| Présent | Passé |
|---|---|
| en devant | en ayant dû |

- *Redevoir* se conjugue sur ce modèle.
- *Devoir* et *redevoir* prennent un accent circonflexe au participe passé masculin singulier seulement : *dû, redû*. Mais on écrit sans accent : *due, dus, dues* ; *redue, redus, redues*. L'impératif est peu employé.

## INDICATIF

| *Présent* | *Passé composé* |
|---|---|
| je peux/puis | j'ai pu |
| tu peux | tu as pu |
| il peut | il a pu |
| nous pouvons | nous avons pu |
| vous pouvez | vous avez pu |
| ils peuvent | ils ont pu |

| *Imparfait* | *Plus-que-parfait* |
|---|---|
| je pouvais | j'avais pu |
| tu pouvais | tu avais pu |
| il pouvait | il avait pu |
| nous pouvions | nous avions pu |
| vous pouviez | vous aviez pu |
| ils pouvaient | ils avaient pu |

| *Passé simple* | *Passé antérieur* |
|---|---|
| je pus | j'eus pu |
| tu pus | tu eus pu |
| il put | il eut pu |
| nous pûmes | nous eûmes pu |
| vous pûtes | vous eûtes pu |
| ils purent | ils eurent pu |

| *Futur simple* | *Futur antérieur* |
|---|---|
| je pourrai | j'aurai pu |
| tu pourras | tu auras pu |
| il pourra | il aura pu |
| nous pourrons | nous aurons pu |
| vous pourrez | vous aurez pu |
| ils pourront | ils auront pu |

## CONDITIONNEL

| *Présent* | *Passé* |
|---|---|
| je pourrais | j'aurais pu |
| tu pourrais | tu aurais pu |
| il pourrait | il aurait pu |
| nous pourrions | nous aurions pu |
| vous pourriez | vous auriez pu |
| ils pourraient | ils auraient pu |

## SUBJONCTIF

| *Présent* | *Passé* |
|---|---|
| que je puisse | que j'aie pu |
| que tu puisses | que tu aies pu |
| qu'il puisse | qu'il ait pu |
| que nous puissions | que nous ayons pu |
| que vous puissiez | que vous ayez pu |
| qu'ils puissent | qu'ils aient pu |

| *Imparfait* | *Plus-que-parfait* |
|---|---|
| que je pusse | que j'eusse pu |
| que tu pusses | que tu eusses pu |
| qu'il pût | qu'il eût pu |
| que nous pussions | que nous eussions pu |
| que vous pussiez | que vous eussiez pu |
| qu'ils pussent | qu'ils eussent pu |

## IMPÉRATIF

| *Présent* | *Passé* |
|---|---|
| . | . |
| . | . |
| . | . |

## INFINITIF

| *Présent* | *Passé* |
|---|---|
| pouvoir | avoir pu |

## PARTICIPE

| *Présent* | *Passé* |
|---|---|
| pouvant | pu |
| | ayant pu |

## GÉRONDIF

| *Présent* | *Passé* |
|---|---|
| en pouvant | en ayant pu |

Le verbe *pouvoir* prend deux *r* au futur et au présent du conditionnel, mais, à la différence de *mourir* et *courir*, on n'en prononce qu'un. *Je puis* semble d'un emploi plus distingué que *je peux*.
On ne dit pas : ○ *peux-je ?* mais *puis-je ? Il se peut que* se dit pour *il peut se faire que* au sens de *il peut arriver que, il est possible que*, et cette formule se construit alors normalement avec le subjonctif.

## 46 | mouvoir 3ᵉ groupe

### INDICATIF

| Présent | Passé composé |
|---|---|
| je meus | j'ai mû |
| tu meus | tu as mû |
| il meut | il a mû |
| nous mouvons | nous avons mû |
| vous mouvez | vous avez mû |
| ils meuvent | ils ont mû |

| Imparfait | Plus-que-parfait |
|---|---|
| je mouvais | j'avais mû |
| tu mouvais | tu avais mû |
| il mouvait | il avait mû |
| nous mouvions | nous avions mû |
| vous mouviez | vous aviez mû |
| ils mouvaient | ils avaient mû |

| Passé simple | Passé antérieur |
|---|---|
| je mus | j'eus mû |
| tu mus | tu eus mû |
| il mut | il eut mû |
| nous mûmes | nous eûmes mû |
| vous mûtes | vous eûtes mû |
| ils murent | ils eurent mû |

| Futur simple | Futur antérieur |
|---|---|
| je mouvrai | j'aurai mû |
| tu mouvras | tu auras mû |
| il mouvra | il aura mû |
| nous mouvrons | nous aurons mû |
| vous mouvrez | vous aurez mû |
| ils mouvront | ils auront mû |

### CONDITIONNEL

| Présent | Passé |
|---|---|
| je mouvrais | j'aurais mû |
| tu mouvrais | tu aurais mû |
| il mouvrait | il aurait mû |
| nous mouvrions | nous aurions mû |
| vous mouvriez | vous auriez mû |
| ils mouvraient | ils auraient mû |

### SUBJONCTIF

| Présent | Passé |
|---|---|
| que je meuve | que j'aie mû |
| que tu meuves | que tu aies mû |
| qu'il meuve | qu'il ait mû |
| que nous mouvions | que nous ayons mû |
| que vous mouviez | que vous ayez mû |
| qu'ils meuvent | qu'ils aient mû |

| Imparfait | Plus-que-parfait |
|---|---|
| que je musse | que j'eusse mû |
| que tu musses | que tu eusses mû |
| qu'il mût | qu'il eût mû |
| que nous mussions | que nous eussions mû |
| que vous mussiez | que vous eussiez mû |
| qu'ils mussent | qu'ils eussent mû |

### IMPÉRATIF

| Présent | Passé |
|---|---|
| meus | aie mû |
| mouvons | ayons mû |
| mouvez | ayez mû |

### INFINITIF

| Présent | Passé |
|---|---|
| mouvoir | avoir mû |

### PARTICIPE

| Présent | Passé |
|---|---|
| mouvant | mû |
| | ayant mû |

### GÉRONDIF

| Présent | Passé |
|---|---|
| en mouvant | en ayant mû |

- Les rectifications orthographiques de 1990 acceptent *mu* (sans accent circonflexe).
- *Émouvoir* se conjugue sur *mouvoir*, mais son participe passé *ému* ne prend pas d'accent circonflexe.
- *Promouvoir* se conjugue comme *mouvoir*, mais son participe passé *promu* ne prend pas d'accent circonflexe au masculin singulier.

## INDICATIF

| Présent | Passé composé |
|---|---|
| . | . |
| . | . |
| il pleut | il a plu |
| . | . |
| . | . |
| . | . |

| Imparfait | Plus-que-parfait |
|---|---|
| . | . |
| . | . |
| il pleuvait | il avait plu |
| . | . |
| . | . |
| . | . |

| Passé simple | Passé antérieur |
|---|---|
| . | . |
| . | . |
| il plut | il eut plu |
| . | . |
| . | . |
| . | . |

| Futur simple | Futur antérieur |
|---|---|
| . | . |
| . | . |
| il pleuvra | il aura plu |
| . | . |
| . | . |
| . | . |

## CONDITIONNEL

| Présent | Passé |
|---|---|
| . | . |
| . | . |
| il pleuvrait | il aurait plu |
| . | . |
| . | . |
| . | . |

## SUBJONCTIF

| Présent | Passé |
|---|---|
| . | . |
| . | . |
| qu'il pleuve | qu'il ait plu |
| . | . |
| . | . |
| . | . |

| Imparfait | Plus-que-parfait |
|---|---|
| . | . |
| . | . |
| qu'il plût | qu'il eût plu |
| . | . |
| . | . |

## IMPÉRATIF

| Présent | Passé |
|---|---|
| . | . |
| . | . |

## INFINITIF

| Présent | Passé |
|---|---|
| pleuvoir | avoir plu |

## PARTICIPE

| Présent | Passé |
|---|---|
| pleuvant | plu |
| | ayant plu |

## GÉRONDIF

| Présent | Passé |
|---|---|
| . | . |
| . | . |

Quoique impersonnel, ce verbe s'emploie au pluriel, mais dans le sens figuré :
*Les coups de fusil pleuvent, les sarcasmes pleuvent sur lui, les honneurs pleuvaient sur sa personne.*
De même, son participe présent ne s'emploie qu'au sens figuré : *Les coups pleuvant sur lui...*

## 48 falloir 3e groupe – verbe impersonnel

| INDICATIF | | SUBJONCTIF | |
|---|---|---|---|
| *Présent* | *Passé composé* | *Présent* | *Passé* |
| il faut | il a fallu | qu'il faille | qu'il ait fallu |
| *Imparfait* | *Plus-que-parfait* | *Imparfait* | *Plus-que-parfait* |
| il fallait | il avait fallu | qu'il fallût | qu'il eût fallu |
| *Passé simple* | *Passé antérieur* | | |
| il fallut | il eut fallu | | |

| IMPÉRATIF | |
|---|---|
| *Présent* | *Passé* |

| *Futur simple* | *Futur antérieur* |
|---|---|
| il faudra | il aura fallu |

| INFINITIF | |
|---|---|
| *Présent* | *Passé* |
| falloir | |

| PARTICIPE | |
|---|---|
| *Présent* | *Passé* |
| | fallu |
| | ayant fallu |

| CONDITIONNEL | |
|---|---|
| *Présent* | *Passé* |
| il faudrait | il aurait fallu |

| GÉRONDIF | |
|---|---|
| *Présent* | *Passé* |

Dans les expressions : *il s'en faut de beaucoup, tant s'en faut, peu s'en faut*, historiquement la forme *faut* vient non de *falloir*, mais de *faillir*, au sens de *manquer, faire défaut* (→ tableau 31).

## INDICATIF

### Présent
je vaux
tu vaux
il vaut
nous valons
vous valez
ils valent

### Passé composé
j'ai valu
tu as valu
il a valu
nous avons valu
vous avez valu
ils ont valu

### Imparfait
je valais
tu valais
il valait
nous valions
vous valiez
ils valaient

### Plus-que-parfait
j'avais valu
tu avais valu
il avait valu
nous avions valu
vous aviez valu
ils avaient valu

### Passé simple
je valus
tu valus
il valut
nous valûmes
vous valûtes
ils valurent

### Passé antérieur
j'eus valu
tu eus valu
il eut valu
nous eûmes valu
vous eûtes valu
ils eurent valu

### Futur simple
je vaudrai
tu vaudras
il vaudra
nous vaudrons
vous vaudrez
ils vaudront

### Futur antérieur
j'aurai valu
tu auras valu
il aura valu
nous aurons valu
vous aurez valu
ils auront valu

## CONDITIONNEL

### Présent
je vaudrais
tu vaudrais
il vaudrait
nous vaudrions
vous vaudriez
ils vaudraient

### Passé
j'aurais valu
tu aurais valu
il aurait valu
nous aurions valu
vous auriez valu
ils auraient valu

## SUBJONCTIF

### Présent
que je vaille
que tu vailles
qu'il vaille
que nous valions
que vous valiez
qu'ils vaillent

### Passé
que j'aie valu
que tu aies valu
qu'il ait valu
que nous ayons valu
que vous ayez valu
qu'ils aient valu

### Imparfait
que je valusse
que tu valusses
qu'il valût
que nous valussions
que vous valussiez
qu'ils valussent

### Plus-que-parfait
que j'eusse valu
que tu eusses valu
qu'il eût valu
que nous eussions valu
que vous eussiez valu
qu'ils eussent valu

## IMPÉRATIF

### Présent
vaux
valons
valez

### Passé
aie valu
ayons valu
ayez valu

## INFINITIF

### Présent
valoir

### Passé
avoir valu

## PARTICIPE

### Présent
valant

### Passé
valu
ayant valu

## GÉRONDIF

### Présent
en valant

### Passé
en ayant valu

Se conjuguent sur ce modèle *équivaloir, prévaloir, revaloir*, mais au subjonctif présent, *prévaloir* fait :
*que je prévale… que nous prévalions… Il ne faut pas que la coutume prévale sur la raison* (Ac.).
À la forme pronominale, le participe passé s'accorde : *Elle s'est prévalue de ses droits.*

## 50 | vouloir  3ᵉ groupe

### INDICATIF

| Présent | Passé composé |
|---|---|
| je veux | j'ai voulu |
| tu veux | tu as voulu |
| il veut | il a voulu |
| nous voulons | nous avons voulu |
| vous voulez | vous avez voulu |
| ils veulent | ils ont voulu |

| Imparfait | Plus-que-parfait |
|---|---|
| je voulais | j'avais voulu |
| tu voulais | tu avais voulu |
| il voulait | il avait voulu |
| nous voulions | nous avions voulu |
| vous vouliez | vous aviez voulu |
| ils voulaient | ils avaient voulu |

| Passé simple | Passé antérieur |
|---|---|
| je voulus | j'eus voulu |
| tu voulus | tu eus voulu |
| il voulut | il eut voulu |
| nous voulûmes | nous eûmes voulu |
| vous voulûtes | vous eûtes voulu |
| ils voulurent | ils eurent voulu |

| Futur simple | Futur antérieur |
|---|---|
| je voudrai | j'aurai voulu |
| tu voudras | tu auras voulu |
| il voudra | il aura voulu |
| nous voudrons | nous aurons voulu |
| vous voudrez | vous aurez voulu |
| ils voudront | ils auront voulu |

### CONDITIONNEL

| Présent | Passé |
|---|---|
| je voudrais | j'aurais voulu |
| tu voudrais | tu aurais voulu |
| il voudrait | il aurait voulu |
| nous voudrions | nous aurions voulu |
| vous voudriez | vous auriez voulu |
| ils voudraient | ils auraient voulu |

### SUBJONCTIF

| Présent | Passé |
|---|---|
| que je veuille | que j'aie voulu |
| que tu veuilles | que tu aies voulu |
| qu'il veuille | qu'il ait voulu |
| que nous voulions | que nous ayons voulu |
| que vous vouliez | que vous ayez voulu |
| qu'ils veuillent | qu'ils aient voulu |

| Imparfait | Plus-que-parfait |
|---|---|
| que je voulusse | que j'eusse voulu |
| que tu voulusses | que tu eusses voulu |
| qu'il voulût | qu'il eût voulu |
| que nous voulussions | que nous eussions voulu |
| que vous voulussiez | que vous eussiez voulu |
| qu'ils voulussent | qu'ils eussent voulu |

### IMPÉRATIF

| Présent | Passé |
|---|---|
| veux (veuille) | aie voulu |
| voulons | ayons voulu |
| voulez (veuillez) | ayez voulu |

### INFINITIF

| Présent | Passé |
|---|---|
| vouloir | avoir voulu |

### PARTICIPE

| Présent | Passé |
|---|---|
| voulant | voulu |
| | ayant voulu |

### GÉRONDIF

| Présent | Passé |
|---|---|
| en voulant | en ayant voulu |

L'impératif *veux, voulons, voulez* n'est d'usage que pour engager quelqu'un à s'armer de volonté.
Mais, pour inviter poliment, on dit : *veuille, veuillez*, au sens de : *aie, ayez la bonté de : Veuillez agréer mes
respectueuses salutations.* Au subjonctif présent, les formes primitives : *que nous voulions, que vous vouliez*,
reprennent le pas sur : *que nous veuillions, que vous veuilliez*. Avec le pronom adverbial *en* qui donne
à ce verbe le sens de : *avoir du ressentiment*, on trouve couramment : *ne m'en veux pas, ne m'en voulez pas*,
alors que la langue littéraire préfère : *ne m'en veuille pas, ne m'en veuillez pas*.

## INDICATIF

| *Présent* | *Passé composé* |
|---|---|
| j'assieds | j'ai assis |
| tu assieds | tu as assis |
| il assied | il a assis |
| nous asseyons | nous avons assis |
| vous asseyez | vous avez assis |
| ils asseyent | ils ont assis |

| *Imparfait* | *Plus-que-parfait* |
|---|---|
| j'asseyais | j'avais assis |
| tu asseyais | tu avais assis |
| il asseyait | il avait assis |
| nous asseyions | nous avions assis |
| vous asseyiez | vous aviez assis |
| ils asseyaient | ils avaient assis |

| *Passé simple* | *Passé antérieur* |
|---|---|
| j'assis | j'eus assis |
| tu assis | tu eus assis |
| il assit | il eut assis |
| nous assîmes | nous eûmes assis |
| vous assîtes | vous eûtes assis |
| ils assirent | ils eurent assis |

| *Futur simple* | *Futur antérieur* |
|---|---|
| j'assiérai | j'aurai assis |
| tu assiéras | tu auras assis |
| il assiéra | il aura assis |
| nous assiérons | nous aurons assis |
| vous assiérez | vous aurez assis |
| ils assiéront | ils auront assis |

## CONDITIONNEL

| *Présent* | *Passé* |
|---|---|
| j'assiérais | j'aurais assis |
| tu assiérais | tu aurais assis |
| il assiérait | il aurait assis |
| nous assiérions | nous aurions assis |
| vous assiériez | vous auriez assis |
| ils assiéraient | ils auraient assis |

## SUBJONCTIF

| *Présent* | *Passé* |
|---|---|
| que j'asseye | que j'aie assis |
| que tu asseyes | que tu aies assis |
| qu'il asseye | qu'il ait assis |
| que nous asseyions | que nous ayons assis |
| que vous asseyiez | que vous ayez assis |
| qu'ils asseyent | qu'ils aient assis |

| *Imparfait* | *Plus-que-parfait* |
|---|---|
| que j'assisse | que j'eusse assis |
| que tu assisses | que tu eusses assis |
| qu'il assît | qu'il eût assis |
| que nous assissions | que nous eussions assis |
| que vous assissiez | que vous eussiez assis |
| qu'ils assissent | qu'ils eussent assis |

## IMPÉRATIF

| *Présent* | *Passé* |
|---|---|
| assieds | aie assis |
| asseyons | ayons assis |
| asseyez | ayez assis |

## INFINITIF

| *Présent* | *Passé* |
|---|---|
| asseoir | avoir assis |

## PARTICIPE

| *Présent* | *Passé* |
|---|---|
| asseyant | assis |
| | ayant assis |

## GÉRONDIF

| *Présent* | *Passé* |
|---|---|
| en asseyant | en ayant assis |

- Ce verbe se conjugue surtout à la forme pronominale : *s'asseoir*.
- Les formes en *ie* et en *ey* sont préférables aux formes en *oi* (→ page suivante).
  Le futur et le conditionnel : *j'asseyerai..., j'asseyerais...* sont actuellement sortis de l'usage.

# asseoir · 3e groupe – forme en oi

## INDICATIF

| Présent | Passé composé |
|---|---|
| j'assois | j'ai assis |
| tu assois | tu as assis |
| il assoit | il a assis |
| nous assoyons | nous avons assis |
| vous assoyez | vous avez assis |
| ils assoient | ils ont assis |

| Imparfait | Plus-que-parfait |
|---|---|
| j'assoyais | j'avais assis |
| tu assoyais | tu avais assis |
| il assoyait | il avait assis |
| nous assoyions | nous avions assis |
| vous assoyiez | vous aviez assis |
| ils assoyaient | ils avaient assis |

| Passé simple | Passé antérieur |
|---|---|
| j'assis | j'eus assis |
| tu assis | tu eus assis |
| il assit | il eut assis |
| nous assîmes | nous eûmes assis |
| vous assîtes | vous eûtes assis |
| ils assirent | ils eurent assis |

| Futur simple | Futur antérieur |
|---|---|
| j'assoirai | j'aurai assis |
| tu assoiras | tu auras assis |
| il assoira | il aura assis |
| nous assoirons | nous aurons assis |
| vous assoirez | vous aurez assis |
| ils assoiront | ils auront assis |

## CONDITIONNEL

| Présent | Passé |
|---|---|
| j'assoirais | j'aurais assis |
| tu assoirais | tu aurais assis |
| il assoirait | il aurait assis |
| nous assoirions | nous aurions assis |
| vous assoiriez | vous auriez assis |
| ils assoiraient | ils auraient assis |

## SUBJONCTIF

| Présent | Passé |
|---|---|
| que j'assoie | que j'aie assis |
| que tu assoies | que tu aies assis |
| qu'il assoie | qu'il ait assis |
| que nous assoyions | que nous ayons assis |
| que vous assoyiez | que vous ayez assis |
| qu'ils assoient | qu'ils aient assis |

| Imparfait | Plus-que-parfait |
|---|---|
| que j'assisse | que j'eusse assis |
| que tu assisses | que tu eusses assis |
| qu'il assît | qu'il eût assis |
| que nous assissions | que nous eussions assis |
| que vous assissiez | que vous eussiez assis |
| qu'ils assissent | qu'ils eussent assis |

## IMPÉRATIF

| Présent | Passé |
|---|---|
| assois | aie assis |
| assoyons | ayons assis |
| assoyez | ayez assis |

## INFINITIF

| Présent | Passé |
|---|---|
| asseoir | avoir assis |

## PARTICIPE

| Présent | Passé |
|---|---|
| assoyant | assis |
| | ayant assis |

## GÉRONDIF

| Présent | Passé |
|---|---|
| en assoyant | en ayant assis |

L'infinitif *asseoir* s'orthographie avec un *e* étymologique, à la différence de l'indicatif présent : *j'assois*, et futur : *j'assoirai*. Depuis les rectifications orthographiques de 1990, il est possible d'écrire *assoir* (sans *e*) au lieu d'*asseoir*.

## INDICATIF

| Présent | Passé composé |
|---------|---------------|
| . | . |
| il sied | . |
| . | . |
| . | . |
| ils siéent | . |

| Imparfait | Plus-que-parfait |
|-----------|------------------|
| . | . |
| il seyait | . |
| . | . |
| ils seyaient | . |

| Passé simple | Passé antérieur |
|--------------|-----------------|
| . | . |
| . | . |
| . | . |
| . | . |
| . | . |

| Futur simple | Futur antérieur |
|--------------|-----------------|
| . | . |
| il siéra | . |
| . | . |
| . | . |
| ils siéront | . |

## CONDITIONNEL

| Présent | Passé |
|---------|-------|
| . | . |
| . | . |
| il siérait | . |
| . | . |
| . | . |
| ils siéraient | . |

## SUBJONCTIF

| Présent | Passé |
|---------|-------|
| . | . |
| qu'il siée | . |
| . | . |
| qu'ils siéent | . |

| Imparfait | Plus-que-parfait |
|-----------|------------------|
| . | . |
| . | . |
| . | . |
| . | . |

## IMPÉRATIF

| Présent | Passé |
|---------|-------|
| . | . |
| . | . |

## INFINITIF

| Présent | Passé |
|---------|-------|
| seoir | . |

## PARTICIPE

| Présent | Passé |
|---------|-------|
| séant (seyant) | sis |

## GÉRONDIF

| Présent | Passé |
|---------|-------|
| en séant (en seyant) | . |

- Ce verbe n'a pas de temps composés.
- Le verbe *seoir*, dans le sens d'*être assis*, *prendre séance*, n'existe guère qu'aux formes suivantes :
  – participe présent : *séant* (employé parfois comme nom : *sur son séant*) ;
  – participe passé : *sis, sise*, qui ne s'emploie plus guère qu'adjectivement en style juridique au lieu de *situé, située* : *hôtel sis à Paris*. On trouve parfois les formes d'impératif pronominal : *sieds-toi, seyez-vous*.

## 53 | messeoir 3ᵉ groupe (ne pas être convenable)

| INDICATIF | | SUBJONCTIF | |
|---|---|---|---|
| *Présent* | *Passé composé* | *Présent* | *Passé* |
| . | . | . | . |
| il messied | . | qu'il messiée | . |
| . | . | . | . |
| ils messiéent | . | qu'ils messiéent | . |
| *Imparfait* | *Plus-que-parfait* | *Imparfait* | *Plus-que-parfait* |
| . | . | . | . |
| il messeyait | . | . | . |
| , | . | . | . |
| ils messeyaient | . | . | . |

| *Passé simple* | *Passé antérieur* |
|---|---|
| . | . |
| . | . |
| . | . |
| . | . |
| . | . |

**IMPÉRATIF**

| *Présent* | *Passé* |
|---|---|
| . | . |
| . | . |
| . | . |

| *Futur simple* | *Futur antérieur* |
|---|---|
| . | . |
| . | . |
| il messiéra | . |
| . | . |
| ils messiéront | . |

**INFINITIF**

| *Présent* | *Passé* |
|---|---|
| messeoir | . |

**PARTICIPE**

| *Présent* | *Passé* |
|---|---|
| messéant | . |
| | . |
| | . |

**CONDITIONNEL**

| *Présent* | *Passé* |
|---|---|
| . | . |
| . | . |
| il messiérait | . |
| . | . |
| | . |
| ils messiéraient | . |

**GÉRONDIF**

| *Présent* | *Passé* |
|---|---|
| . | . |

Ce verbe n'a pas de temps composés.

## INDICATIF

### Présent
je sursois
tu sursois
il sursoit
nous sursoyons
vous sursoyez
ils sursoient

### Passé composé
j'ai sursis
tu as sursis
il a sursis
nous avons sursis
vous avez sursis
ils ont sursis

### Imparfait
je sursoyais
tu sursoyais
il sursoyait
nous sursoyions
vous sursoyiez
ils sursoyaient

### Plus-que-parfait
j'avais sursis
tu avais sursis
il avait sursis
nous avions sursis
vous aviez sursis
ils avaient sursis

### Passé simple
je sursis
tu sursis
il sursit
nous sursîmes
vous sursîtes
ils sursirent

### Passé antérieur
j'eus sursis
tu eus sursis
il eut sursis
nous eûmes sursis
vous eûtes sursis
ils eurent sursis

### Futur simple
je surseoirai
tu surseoiras
il surseoira
nous surseoirons
vous surseoirez
ils surseoiront

### Futur antérieur
j'aurai sursis
tu auras sursis
il aura sursis
nous aurons sursis
vous aurez sursis
ils auront sursis

## CONDITIONNEL

### Présent
je surseoirais
tu surseoirais
il surseoirait
nous surseoirions
vous surseoiriez
ils surseoiraient

### Passé
j'aurais sursis
tu aurais sursis
il aurait sursis
nous aurions sursis
vous auriez sursis
ils auraient sursis

## SUBJONCTIF

### Présent
que je sursoie
que tu sursoies
qu'il sursoie
que nous sursoyions
que vous sursoyiez
qu'ils sursoient

### Passé
que j'aie sursis
que tu aies sursis
qu'il ait sursis
que nous ayons sursis
que vous ayez sursis
qu'ils aient sursis

### Imparfait
que je sursisse
que tu sursisses
qu'il sursît
que nous sursissions
que vous sursissiez
qu'ils sursissent

### Plus-que-parfait
que j'eusse sursis
que tu eusses sursis
qu'il eût sursis
que nous eussions sursis
que vous eussiez sursis
qu'ils eussent sursis

## IMPÉRATIF

### Présent
sursois
sursoyons
sursoyez

### Passé
aie sursis
ayons sursis
ayez sursis

## INFINITIF

### Présent
surseoir

### Passé
avoir sursis

## PARTICIPE

### Présent
sursoyant

### Passé
sursis
ayant sursis

## GÉRONDIF

### Présent
en sursoyant

### Passé
en ayant sursis

*Surseoir* a généralisé les formes en *oi* du verbe *asseoir*, avec cette particularité que l'*e* de l'infinitif se retrouve au futur et au conditionnel : *je surseoirai..., je surseoirais...*

## 55 | choir 3<sup>e</sup> groupe

### INDICATIF

| Présent | Passé composé |
|---|---|
| je *chois* | j'ai chu |
| tu *chois* | tu as chu |
| il **choit** | il a chu |
| nous **choyons** | nous avons chu |
| vous **choyez** | vous avez chu |
| ils **choient** | ils ont chu |

| Imparfait | Plus-que-parfait |
|---|---|
| . | j'avais chu |
| . | tu avais chu |
| . | il avait chu |
| , | nous avions chu |
| . | vous aviez chu |
| . | ils avaient chu |

| Passé simple | Passé antérieur |
|---|---|
| je **chus** | j'eus chu |
| tu *chus* | tu eus chu |
| il **chut** | il eut chu |
| nous *chûmes* | nous eûmes chu |
| vous *chûtes* | vous eûtes chu |
| ils **churent** | ils eurent chu |

| Futur simple | Futur antérieur |
|---|---|
| je **choirai/cherrai** | j'aurai chu |
| tu *choiras/cherras* | tu auras chu |
| il *choira/cherra* | il aura chu |
| n. *choirons/cherrons* | nous aurons chu |
| vous *choirez/cherrez* | vous aurez chu |
| ils *choiront/cherront* | ils auront chu |

### CONDITIONNEL

| Présent | Passé |
|---|---|
| je **choirais/cherrais** | j'aurais chu |
| tu *choirais/cherrais* | tu aurais chu |
| il *choirait/cherrait* | il aurait chu |
| n. *choirions/cherrions* | nous aurions chu |
| vous *choiriez/cherriez* | vous auriez chu |
| ils *choiraient/cherraient* | ils auraient chu |

### SUBJONCTIF

| Présent | Passé |
|---|---|
| . | *que j'aie chu* |
| . | *que tu aies chu* |
| . | *qu'il ait chu* |
| . | *que nous ayons chu* |
| . | *que vous ayez chu* |
| . | *qu'ils aient chu* |

| Imparfait | Plus-que-parfait |
|---|---|
| . | *que j'eusse chu* |
| . | *que tu eusses chu* |
| qu'il **chût** | *qu'il eût chu* |
| . | *que nous eussions chu* |
| . | *que vous eussiez chu* |
| . | *qu'ils eussent chu* |

### IMPÉRATIF

| Présent | Passé |
|---|---|
| . | *aie chu* |
| . | *ayons chu* |
| . | *ayez chu* |

### INFINITIF

| Présent | Passé |
|---|---|
| choir | avoir chu |

### PARTICIPE

| Présent | Passé |
|---|---|
| . | chu |
| | ayant chu |

### GÉRONDIF

| Présent | Passé |
|---|---|
| . | en ayant chu |

- Le verbe *choir* peut aussi se conjuguer avec l'auxiliaire **être**, bien que l'emploi de l'auxiliaire *avoir* soit aujourd'hui plus fréquent.
- Les formes en italique sont tout à fait désuètes.

| INDICATIF | | SUBJONCTIF | |
|---|---|---|---|
| *Présent* | *Passé composé* | *Présent* | *Passé* |
| . | . | . | . |
| il échoit/*échet* | il est échu | qu'il échoie | qu'il soit échu |
| . | . | . | . |
| ils échoient/*échéent* | ils sont échus | qu'ils échoient | qu'ils soient échus |
| *Imparfait* | *Plus-que-parfait* | *Imparfait* | *Plus-que-parfait* |
| . | . | . | . |
| il échoyait | il était échu | qu'il échût | qu'il fût échu |
| . | . | . | . |
| ils échoyaient | ils étaient échus | qu'ils échussent | qu'ils fussent échus |
| *Passé simple* | *Passé antérieur* | | |

| IMPÉRATIF | |
|---|---|
| *Présent* | *Passé* |

| *Passé simple* | *Passé antérieur* |
|---|---|
| . | . |
| il échut | il fut échu |
| . | . |
| ils échurent | ils furent échus |

| IMPÉRATIF | |
|---|---|
| *Présent* | *Passé* |
| . | . |
| . | . |
| . | . |

| *Futur simple* | *Futur antérieur* |
|---|---|
| . | . |
| il échoira/*écherra* | il sera échu |
| . | . |
| ils échoiront/*écherront* | ils seront échus |

| INFINITIF | |
|---|---|
| *Présent* | *Passé* |
| échoir | être échu |

| PARTICIPE | |
|---|---|
| *Présent* | *Passé* |
| échéant | échu |
| | étant échu |

| CONDITIONNEL | |
|---|---|
| *Présent* | *Passé* |
| . | . |
| il échoirait/*écherrait* | il serait échu |
| . | . |
| ils échoiraient/*écherraient* | ils seraient échus |

| GÉRONDIF | |
|---|---|
| *Présent* | *Passé* |
| en échéant | en étant échu |

- *Échoir* est parfois employé avec l'auxiliaire *avoir*, souvent par archaïsme.
- Les formes en italique sont tout à fait désuètes.

## INDICATIF

### SUBJONCTIF

| Présent | Passé composé | Présent | Passé |
|---|---|---|---|
| je déchois | j'ai déchu | que je déchoie | que j'aie déchu |
| tu déchois | tu as déchu | que tu déchoies | que tu aies déchu |
| il déchoit/*déchet* | il a déchu | qu'il déchoie | qu'il ait déchu |
| nous déchoyons | nous avons déchu | que nous déchoyions | que nous ayons déchu |
| vous déchoyez | vous avez déchu | que vous déchoyiez | que vous ayez déchu |
| ils déchoient | ils ont déchu | qu'ils déchoient | qu'ils aient déchu |

| Imparfait | Plus-que-parfait | Imparfait | Plus-que-parfait |
|---|---|---|---|
| . | j'avais déchu | que je déchusse | que j'eusse déchu |
| . | tu avais déchu | que tu déchusses | que tu eusses déchu |
| . | il avait déchu | qu'il déchût | qu'il eût déchu |
| . | nous avions déchu | que nous déchussions | que nous eussions déchu |
| . | vous aviez déchu | que vous déchussiez | que vous eussiez déchu |
| . | ils avaient déchu | qu'ils déchussent | qu'ils eussent déchu |

| Passé simple | Passé antérieur |
|---|---|
| je déchus | j'eus déchu |
| tu déchus | tu eus déchu |
| il déchut | il eut déchu |
| nous déchûmes | n. eûmes déchu |
| vous déchûtes | v. eûtes déchu |
| ils déchurent | ils eurent déchu |

### IMPÉRATIF

| Présent | Passé |
|---|---|
| . | . |
| . | . |
| . | |

| Futur simple | Futur antérieur |
|---|---|
| je déchoirai/*décherrai* | j'aurai déchu |
| tu déchoiras/*décherras* | tu auras déchu |
| il déchoira/*décherra* | il aura déchu |
| n. déchoirons/*décherrons* | n. aurons déchu |
| v. déchoirez/*décherrez* | v. aurez déchu |
| ils déchoiront/*décherront* | ils auront déchu |

### INFINITIF

| Présent | Passé |
|---|---|
| déchoir | avoir déchu |

### PARTICIPE

| Présent | Passé |
|---|---|
| . | déchu |
| | ayant déchu |

## CONDITIONNEL

| Présent | Passé |
|---|---|
| je déchoirais/*décherrais* | j'aurais déchu |
| tu déchoirais/*décherrais* | tu aurais déchu |
| il déchoirait/*décherrait* | il aurait déchu |
| n. déchoirions/*décherrions* | n. aurions déchu |
| v. déchoiriez/*décherriez* | vous auriez déchu |
| ils déchoiraient/*décherraient* | ils auraient déchu |

### GÉRONDIF

| Présent | Passé |
|---|---|
| . | en ayant déchu |

- *Déchoir* utilise tantôt *être*, tantôt *avoir*, selon que l'on veut insister sur l'action ou sur son résultat : *Il a déchu rapidement. Il est définitivement déchu.*
- Les formes en italique sont tout à fait désuètes.

**58** | **rendre**   3ᵉ groupe – verbes en -andre, -endre, -ondre, -erdre, -ordre

## INDICATIF

### Présent
je rends
tu rends
il rend
nous rendons
vous rendez
ils rendent

### Passé composé
j'ai rendu
tu as rendu
il a rendu
nous avons rendu
vous avez rendu
ils ont rendu

### Imparfait
je rendais
tu rendais
il rendait
nous rendions
vous rendiez
ils rendaient

### Plus-que-parfait
j'avais rendu
tu avais rendu
il avait rendu
nous avions rendu
vous aviez rendu
ils avaient rendu

### Passé simple
je rendis
tu rendis
il rendit
nous rendîmes
vous rendîtes
ils rendirent

### Passé antérieur
j'eus rendu
tu eus rendu
il eut rendu
nous eûmes rendu
vous eûtes rendu
ils eurent rendu

### Futur simple
je rendrai
tu rendras
il rendra
nous rendrons
vous rendrez
ils rendront

### Futur antérieur
j'aurai rendu
tu auras rendu
il aura rendu
nous aurons rendu
vous aurez rendu
ils auront rendu

## CONDITIONNEL

### Présent
je rendrais
tu rendrais
il rendrait
nous rendrions
vous rendriez
ils rendraient

### Passé
j'aurais rendu
tu aurais rendu
il aurait rendu
nous aurions rendu
vous auriez rendu
ils auraient rendu

## SUBJONCTIF

### Présent
que je rende
que tu rendes
qu'il rende
que nous rendions
que vous rendiez
qu'ils rendent

### Passé
que j'aie rendu
que tu aies rendu
qu'il ait rendu
que nous ayons rendu
que vous ayez rendu
qu'ils aient rendu

### Imparfait
que je rendisse
que tu rendisses
qu'il rendît
que nous rendissions
que vous rendissiez
qu'ils rendissent

### Plus-que-parfait
que j'eusse rendu
que tu eusses rendu
qu'il eût rendu
que nous eussions rendu
que vous eussiez rendu
qu'ils eussent rendu

## IMPÉRATIF

### Présent
rends
rendons
rendez

### Passé
aie rendu
ayons rendu
ayez rendu

## INFINITIF

### Présent
rendre

### Passé
avoir rendu

## PARTICIPE

### Présent
rendant

### Passé
rendu
ayant rendu

## GÉRONDIF

### Présent
en rendant

### Passé
en ayant rendu

Voir → tableau 22 la liste des nombreux verbes en -*dre* qui se conjuguent comme *rendre* (sauf *prendre* et ses composés → tableau 59). Ainsi se conjuguent en outre les verbes *rompre*, *corrompre* et *interrompre*, dont la seule particularité est de prendre un *t* à la suite du *p* à la 3ᵉ personne du singulier de l'indicatif présent : *il rompt*.

## 59 | prendre  3e groupe

### INDICATIF

| Présent | Passé composé |
|---|---|
| je prends | j'ai pris |
| tu prends | tu as pris |
| il prend | il a pris |
| nous prenons | nous avons pris |
| vous prenez | vous avez pris |
| ils prennent | ils ont pris |

| Imparfait | Plus-que-parfait |
|---|---|
| je prenais | j'avais pris |
| tu prenais | tu avais pris |
| il prenait | il avait pris |
| nous prenions | nous avions pris |
| vous preniez | vous aviez pris |
| ils prenaient | ils avaient pris |

| Passé simple | Passé antérieur |
|---|---|
| je pris | j'eus pris |
| tu pris | tu eus pris |
| il prit | il eut pris |
| nous prîmes | nous eûmes pris |
| vous prîtes | vous eûtes pris |
| ils prirent | ils eurent pris |

| Futur simple | Futur antérieur |
|---|---|
| je prendrai | j'aurai pris |
| tu prendras | tu auras pris |
| il prendra | il aura pris |
| nous prendrons | nous aurons pris |
| vous prendrez | vous aurez pris |
| ils prendront | ils auront pris |

### CONDITIONNEL

| Présent | Passé |
|---|---|
| je prendrais | j'aurais pris |
| tu prendrais | tu aurais pris |
| il prendrait | il aurait pris |
| nous prendrions | nous aurions pris |
| vous prendriez | vous auriez pris |
| ils prendraient | ils auraient pris |

### SUBJONCTIF

| Présent | Passé |
|---|---|
| que je prenne | que j'aie pris |
| que tu prennes | que tu aies pris |
| qu'il prenne | qu'il ait pris |
| que nous prenions | que nous ayons pris |
| que vous preniez | que vous ayez pris |
| qu'ils prennent | qu'ils aient pris |

| Imparfait | Plus-que-parfait |
|---|---|
| que je prisse | que j'eusse pris |
| que tu prisses | que tu eusses pris |
| qu'il prît | qu'il eût pris |
| que nous prissions | que nous eussions pris |
| que vous prissiez | que vous eussiez pris |
| qu'ils prissent | qu'ils eussent pris |

### IMPÉRATIF

| Présent | Passé |
|---|---|
| prends | aie pris |
| prenons | ayons pris |
| prenez | ayez pris |

### INFINITIF

| Présent | Passé |
|---|---|
| prendre | avoir pris |

### PARTICIPE

| Présent | Passé |
|---|---|
| prenant | pris |
| | ayant pris |

### GÉRONDIF

| Présent | Passé |
|---|---|
| en prenant | en ayant pris |

Les composés de *prendre* (→ tableau 22) se conjuguent sur ce modèle.

## INDICATIF

| Présent | Passé composé |
|---|---|
| je bats | j'ai battu |
| tu bats | tu as battu |
| il bat | il a battu |
| nous battons | nous avons battu |
| vous battez | vous avez battu |
| ils battent | ils ont battu |

| Imparfait | Plus-que-parfait |
|---|---|
| je battais | j'avais battu |
| tu battais | tu avais battu |
| il battait | il avait battu |
| nous battions | nous avions battu |
| vous battiez | vous aviez battu |
| ils battaient | ils avaient battu |

| Passé simple | Passé antérieur |
|---|---|
| je battis | j'eus battu |
| tu battis | tu eus battu |
| il battit | il eut battu |
| nous battîmes | nous eûmes battu |
| vous battîtes | vous eûtes battu |
| ils battirent | ils eurent battu |

| Futur simple | Futur antérieur |
|---|---|
| je battrai | j'aurai battu |
| tu battras | tu auras battu |
| il battra | il aura battu |
| nous battrons | nous aurons battu |
| vous battrez | vous aurez battu |
| ils battront | ils auront battu |

## CONDITIONNEL

| Présent | Passé |
|---|---|
| je battrais | j'aurais battu |
| tu battrais | tu aurais battu |
| il battrait | il aurait battu |
| nous battrions | nous aurions battu |
| vous battriez | vous auriez battu |
| ils battraient | ils auraient battu |

## SUBJONCTIF

| Présent | Passé |
|---|---|
| que je batte | que j'aie battu |
| que tu battes | que tu aies battu |
| qu'il batte | qu'il ait battu |
| que nous battions | que nous ayons battu |
| que vous battiez | que vous ayez battu |
| qu'ils battent | qu'ils aient battu |

| Imparfait | Plus-que-parfait |
|---|---|
| que je battisse | que j'eusse battu |
| que tu battisses | que tu eusses battu |
| qu'il battît | qu'il eût battu |
| que nous battissions | que nous eussions battu |
| que vous battissiez | que vous eussiez battu |
| qu'ils battissent | qu'ils eussent battu |

## IMPÉRATIF

| Présent | Passé |
|---|---|
| bats | aie battu |
| battons | ayons battu |
| battez | ayez battu |

## INFINITIF

| Présent | Passé |
|---|---|
| battre | avoir battu |

## PARTICIPE

| Présent | Passé |
|---|---|
| battant | battu |
| | ayant battu |

## GÉRONDIF

| Présent | Passé |
|---|---|
| en battant | en ayant battu |

Les composés de *battre* (→ tableau 22) se conjuguent sur ce modèle.

## 61 | **mettre** 3e groupe

### INDICATIF

| *Présent* | *Passé composé* |
|---|---|
| je mets | j'ai mis |
| tu mets | tu as mis |
| il met | il a mis |
| nous mettons | nous avons mis |
| vous mettez | vous avez mis |
| ils mettent | ils ont mis |

| *Imparfait* | *Plus-que-parfait* |
|---|---|
| je mettais | j'avais mis |
| tu mettais | tu avais mis |
| il mettait | il avait mis |
| nous mettions | nous avions mis |
| vous mettiez | vous aviez mis |
| ils mettaient | ils avaient mis |

| *Passé simple* | *Passé antérieur* |
|---|---|
| je mis | j'eus mis |
| tu mis | tu eus mis |
| il mit | il eut mis |
| nous mîmes | nous eûmes mis |
| vous mîtes | vous eûtes mis |
| ils mirent | ils eurent mis |

| *Futur simple* | *Futur antérieur* |
|---|---|
| je mettrai | j'aurai mis |
| tu mettras | tu auras mis |
| il mettra | il aura mis |
| nous mettrons | nous aurons mis |
| vous mettrez | vous aurez mis |
| ils mettront | ils auront mis |

### CONDITIONNEL

| *Présent* | *Passé* |
|---|---|
| je mettrais | j'aurais mis |
| tu mettrais | tu aurais mis |
| il mettrait | il aurait mis |
| nous mettrions | nous aurions mis |
| vous mettriez | vous auriez mis |
| ils mettraient | ils auraient mis |

### SUBJONCTIF

| *Présent* | *Passé* |
|---|---|
| que je mette | que j'aie mis |
| que tu mettes | que tu aies mis |
| qu'il mette | qu'il ait mis |
| que nous mettions | que nous ayons mis |
| que vous mettiez | que vous ayez mis |
| qu'ils mettent | qu'ils aient mis |

| *Imparfait* | *Plus-que-parfait* |
|---|---|
| que je misse | que j'eusse mis |
| que tu misses | que tu eusses mis |
| qu'il mît | qu'il eût mis |
| que nous missions | que nous eussions mis |
| que vous missiez | que vous eussiez mis |
| qu'ils missent | qu'ils eussent mis |

### IMPÉRATIF

| *Présent* | *Passé* |
|---|---|
| mets | aie mis |
| mettons | ayons mis |
| mettez | ayez mis |

### INFINITIF

| *Présent* | *Passé* |
|---|---|
| mettre | avoir mis |

### PARTICIPE

| *Présent* | *Passé* |
|---|---|
| mettant | mis |
| | ayant mis |

### GÉRONDIF

| *Présent* | *Passé* |
|---|---|
| en mettant | en ayant mis |

Les composés de *mettre* (→ tableau 22) se conjuguent sur ce modèle.

## INDICATIF

| Présent | Passé composé |
|---|---|
| je peins | j'ai peint |
| tu peins | tu as peint |
| il peint | il a peint |
| nous peignons | nous avons peint |
| vous peignez | vous avez peint |
| ils peignent | ils ont peint |

| Imparfait | Plus-que-parfait |
|---|---|
| je peignais | j'avais peint |
| tu peignais | tu avais peint |
| il peignait | il avait peint |
| nous peignions | nous avions peint |
| vous peigniez | vous aviez peint |
| ils peignaient | ils avaient peint |

| Passé simple | Passé antérieur |
|---|---|
| je peignis | j'eus peint |
| tu peignis | tu eus peint |
| il peignit | il eut peint |
| nous peignîmes | nous eûmes peint |
| vous peignîtes | vous eûtes peint |
| ils peignirent | ils eurent peint |

| Futur simple | Futur antérieur |
|---|---|
| je peindrai | j'aurai peint |
| tu peindras | tu auras peint |
| il peindra | il aura peint |
| nous peindrons | nous aurons peint |
| vous peindrez | vous aurez peint |
| ils peindront | ils auront peint |

## CONDITIONNEL

| Présent | Passé |
|---|---|
| je peindrais | j'aurais peint |
| tu peindrais | tu aurais peint |
| il peindrait | il aurait peint |
| nous peindrions | nous aurions peint |
| vous peindriez | vous auriez peint |
| ils peindraient | ils auraient peint |

## SUBJONCTIF

| Présent | Passé |
|---|---|
| que je peigne | que j'aie peint |
| que tu peignes | que tu aies peint |
| qu'il peigne | qu'il ait peint |
| que nous peignions | que nous ayons peint |
| que vous peigniez | que vous ayez peint |
| qu'ils peignent | qu'ils aient peint |

| Imparfait | Plus-que-parfait |
|---|---|
| que je peignisse | que j'eusse peint |
| que tu peignisses | que tu eusses peint |
| qu'il peignît | qu'il eût peint |
| que nous peignissions | que nous eussions peint |
| que vous peignissiez | que vous eussiez peint |
| qu'ils peignissent | qu'ils eussent peint |

## IMPÉRATIF

| Présent | Passé |
|---|---|
| peins | aie peint |
| peignons | ayons peint |
| peignez | ayez peint |

## INFINITIF

| Présent | Passé |
|---|---|
| peindre | avoir peint |

## PARTICIPE

| Présent | Passé |
|---|---|
| peignant | peint |
| | ayant peint |

## GÉRONDIF

| Présent | Passé |
|---|---|
| en peignant | en ayant peint |

*Astreindre, atteindre, ceindre, feindre, enfreindre, empreindre, geindre, teindre et leurs composés (→ tableau 22) se conjuguent sur ce modèle.*

## 53 | joindre    3ᵉ groupe – verbes en -oindre

### INDICATIF

| Présent | Passé composé |
|---|---|
| je joins | j'ai joint |
| tu joins | tu as joint |
| il joint | il a joint |
| nous joignons | nous avons joint |
| vous joignez | vous avez joint |
| ils joignent | ils ont joint |

| Imparfait | Plus-que-parfait |
|---|---|
| je joignais | j'avais joint |
| tu joignais | tu avais joint |
| il joignait | il avait joint |
| nous joignions | nous avions joint |
| vous joigniez | vous aviez joint |
| ils joignaient | ils avaient joint |

| Passé simple | Passé antérieur |
|---|---|
| je joignis | j'eus joint |
| tu joignis | tu eus joint |
| il joignit | il eut joint |
| nous joignîmes | nous eûmes joint |
| vous joignîtes | vous eûtes joint |
| ils joignirent | ils eurent joint |

| Futur simple | Futur antérieur |
|---|---|
| je joindrai | j'aurai joint |
| tu joindras | tu auras joint |
| il joindra | il aura joint |
| nous joindrons | nous aurons joint |
| vous joindrez | vous aurez joint |
| ils joindront | ils auront joint |

### CONDITIONNEL

| Présent | Passé |
|---|---|
| je joindrais | j'aurais joint |
| tu joindrais | tu aurais joint |
| il joindrait | il aurait joint |
| nous joindrions | nous aurions joint |
| vous joindriez | vous auriez joint |
| ils joindraient | ils auraient joint |

### SUBJONCTIF

| Présent | Passé |
|---|---|
| que je joigne | que j'aie joint |
| que tu joignes | que tu aies joint |
| qu'il joigne | qu'il ait joint |
| que nous joignions | que nous ayons joint |
| que vous joigniez | que vous ayez joint |
| qu'ils joignent | qu'ils aient joint |

| Imparfait | Plus-que-parfait |
|---|---|
| que je joignisse | que j'eusse joint |
| que tu joignisses | que tu eusses joint |
| qu'il joignît | qu'il eût joint |
| que nous joignissions | que nous eussions joint |
| que vous joignissiez | que vous eussiez joint |
| qu'ils joignissent | qu'ils eussent joint |

### IMPÉRATIF

| Présent | Passé |
|---|---|
| joins | aie joint |
| joignons | ayons joint |
| joignez | ayez joint |

### INFINITIF

| Présent | Passé |
|---|---|
| joindre | avoir joint |

### PARTICIPE

| Présent | Passé |
|---|---|
| joignant | joint |
|  | ayant joint |

### GÉRONDIF

| Présent | Passé |
|---|---|
| en joignant | en ayant joint |

- Les composés de *joindre* (→ tableau 22) et les verbes archaïques *poindre* et *oindre* se conjuguent sur ce modèle.
- Au sens intransitif de *commencer à paraître*, *poindre* ne s'emploie qu'aux formes : *il point, il poindra, il poindrait, il a point*… On a tendance à lui substituer le verbe régulier *pointer* au sens *d'étreindre*.
- *Oindre* est sorti de l'usage, sauf à l'infinitif et au participe passé : *oint, oints, ointe, ointes*.

## INDICATIF

### Présent
je crains
tu crains
il craint
nous craignons
vous craignez
ils craignent

### Passé composé
j'ai craint
tu as craint
il a craint
nous avons craint
vous avez craint
ils ont craint

### Imparfait
je craignais
tu craignais
il craignait
nous craignions
vous craigniez
ils craignaient

### Plus-que-parfait
j'avais craint
tu avais craint
il avait craint
nous avions craint
vous aviez craint
ils avaient craint

### Passé simple
je craignis
tu craignis
il craignit
nous craignîmes
vous craignîtes
ils craignirent

### Passé antérieur
j'eus craint
tu eus craint
il eut craint
nous eûmes craint
vous eûtes craint
ils eurent craint

### Futur simple
je craindrai
tu craindras
il craindra
nous craindrons
vous craindrez
ils craindront

### Futur antérieur
j'aurai craint
tu auras craint
il aura craint
nous aurons craint
vous aurez craint
ils auront craint

## CONDITIONNEL

### Présent
je craindrais
tu craindrais
il craindrait
nous craindrions
vous craindriez
ils craindraient

### Passé
j'aurais craint
tu aurais craint
il aurait craint
nous aurions craint
vous auriez craint
ils auraient craint

## SUBJONCTIF

### Présent
que je craigne
que tu craignes
qu'il craigne
que nous craignions
que vous craigniez
qu'ils craignent

### Passé
que j'aie craint
que tu aies craint
qu'il ait craint
que nous ayons craint
que vous ayez craint
qu'ils aient craint

### Imparfait
que je craignisse
que tu craignisses
qu'il craignît
que nous craignissions
que vous craignissiez
qu'ils craignissent

### Plus-que-parfait
que j'eusse craint
que tu eusses craint
qu'il eût craint
que nous eussions craint
que vous eussiez craint
qu'ils eussent craint

## IMPÉRATIF

### Présent
crains
craignons
craignez

### Passé
aie craint
ayons craint
ayez craint

## INFINITIF

### Présent
craindre

### Passé
avoir craint

## PARTICIPE

### Présent
craignant

### Passé
craint
ayant craint

## GÉRONDIF

### Présent
en craignant

### Passé
en ayant craint

*Contraindre* et *plaindre* se conjuguent sur ce modèle.

## INDICATIF

### Présent
je vaincs
tu vaincs
il vainc
nous vainquons
vous vainquez
ils vainquent

### Passé composé
j'ai vaincu
tu as vaincu
il a vaincu
nous avons vaincu
vous avez vaincu
ils ont vaincu

### Imparfait
je vainquais
tu vainquais
il vainquait
nous vainquions
vous vainquiez
ils vainquaient

### Plus-que-parfait
j'avais vaincu
tu avais vaincu
il avait vaincu
nous avions vaincu
vous aviez vaincu
ils avaient vaincu

### Passé simple
je vainquis
tu vainquis
il vainquit
nous vainquîmes
vous vainquîtes
ils vainquirent

### Passé antérieur
j'eus vaincu
tu eus vaincu
il eut vaincu
nous eûmes vaincu
vous eûtes vaincu
ils eurent vaincu

### Futur simple
je vaincrai
tu vaincras
il vaincra
nous vaincrons
vous vaincrez
ils vaincront

### Futur antérieur
j'aurai vaincu
tu auras vaincu
il aura vaincu
nous aurons vaincu
vous aurez vaincu
ils auront vaincu

## CONDITIONNEL

### Présent
je vaincrais
tu vaincrais
il vaincrait
nous vaincrions
vous vaincriez
ils vaincraient

### Passé
j'aurais vaincu
tu aurais vaincu
il aurait vaincu
nous aurions vaincu
vous auriez vaincu
ils auraient vaincu

## SUBJONCTIF

### Présent
que je vainque
que tu vainques
qu'il vainque
que nous vainquions
que vous vainquiez
qu'ils vainquent

### Passé
que j'aie vaincu
que tu aies vaincu
qu'il ait vaincu
que nous ayons vaincu
que vous ayez vaincu
qu'ils aient vaincu

### Imparfait
que je vainquisse
que tu vainquisses
qu'il vainquît
que nous vainquissions
que vous vainquissiez
qu'ils vainquissent

### Plus-que-parfait
que j'eusse vaincu
que tu eusses vaincu
qu'il eût vaincu
que nous eussions vaincu
que vous eussiez vaincu
qu'ils eussent vaincu

## IMPÉRATIF

### Présent
vaincs
vainquons
vainquez

### Passé
aie vaincu
ayons vaincu
ayez vaincu

## INFINITIF

### Présent
vaincre

### Passé
avoir vaincu

## PARTICIPE

### Présent
vainquant

### Passé
vaincu
ayant vaincu

## GÉRONDIF

### Présent
en vainquant

### Passé
en ayant vaincu

---

- Seule irrégularité du verbe *vaincre* : il ne prend pas de *t* final à la troisième personne du singulier du présent de l'indicatif : *il vainc*.
  D'autre part, devant une voyelle (sauf *u*), le *c* se change en *qu* : *nous vainquons*.
- *Convaincre* se conjugue sur ce modèle.

## INDICATIF

### Présent
je trais
tu trais
il trait
nous trayons
vous trayez
ils traient

### Passé composé
j'ai trait
tu as trait
il a trait
nous avons trait
vous avez trait
ils ont trait

### Imparfait
je trayais
tu trayais
il trayait
nous trayions
vous trayiez
ils trayaient

### Plus-que-parfait
j'avais trait
tu avais trait
il avait trait
nous avions trait
vous aviez trait
ils avaient trait

### Passé simple
.
.
.
.
.
.

### Passé antérieur
j'eus trait
tu eus trait
il eut trait
nous eûmes trait
vous eûtes trait
ils eurent trait

### Futur simple
je trairai
tu trairas
il traira
nous trairons
vous trairez
ils trairont

### Futur antérieur
j'aurai trait
tu auras trait
il aura trait
nous aurons trait
vous aurez trait
ils auront trait

## CONDITIONNEL

### Présent
je trairais
tu trairais
il trairait
nous trairions
vous trairiez
ils trairaient

### Passé
j'aurais trait
tu aurais trait
il aurait trait
nous aurions trait
vous auriez trait
ils auraient trait

## SUBJONCTIF

### Présent
que je traie
que tu traies
qu'il traie
que nous trayions
que vous trayiez
qu'ils traient

### Passé
que j'aie trait
que tu aies trait
qu'il ait trait
que nous ayons trait
que vous ayez trait
qu'ils aient trait

### Imparfait
.
.
.
.
.
.

### Plus-que-parfait
que j'eusse trait
que tu eusses trait
qu'il eût trait
que nous eussions trait
que vous eussiez trait
qu'ils eussent trait

## IMPÉRATIF

### Présent
trais
trayons
trayez

### Passé
aie trait
ayons trait
ayez trait

## INFINITIF

### Présent
traire

### Passé
avoir trait

## PARTICIPE

### Présent
trayant

### Passé
trait
ayant trait

## GÉRONDIF

### Présent
en trayant

### Passé
en ayant trait

Se conjuguent sur ce modèle les composés de *traire* (au sens de *tirer*) comme *extraire*, *distraire*, etc. (→ tableau 22), de même que le verbe *braire*, qui ne s'emploie qu'aux 3ᵉˢ personnes de l'indicatif présent, du futur et du conditionnel.

## 67 faire 3ᵉ groupe

### INDICATIF

*Présent*
je fais
tu fais
il fait
nous faisons
vous faites
ils font

*Passé composé*
j'ai fait
tu as fait
il a fait
nous avons fait
vous avez fait
ils ont fait

*Imparfait*
je faisais
tu faisais
il faisait
nous faisions
vous faisiez
ils faisaient

*Plus-que-parfait*
j'avais fait
tu avais fait
il avait fait
nous avions fait
vous aviez fait
ils avaient fait

*Passé simple*
je fis
tu fis
il fit
nous fîmes
vous fîtes
ils firent

*Passé antérieur*
j'eus fait
tu eus fait
il eut fait
nous eûmes fait
vous eûtes fait
ils eurent fait

*Futur simple*
je ferai
tu feras
il fera
nous ferons
vous ferez
ils feront

*Futur antérieur*
j'aurai fait
tu auras fait
il aura fait
nous aurons fait
vous aurez fait
ils auront fait

### CONDITIONNEL

*Présent*
je ferais
tu ferais
il ferait
nous ferions
vous feriez
ils feraient

*Passé*
j'aurais fait
tu aurais fait
il aurait fait
nous aurions fait
vous auriez fait
ils auraient fait

### SUBJONCTIF

*Présent*
que je fasse
que tu fasses
qu'il fasse
que nous fassions
que vous fassiez
qu'ils fassent

*Passé*
que j'aie fait
que tu aies fait
qu'il ait fait
que nous ayons fait
que vous ayez fait
qu'ils aient fait

*Imparfait*
que je fisse
que tu fisses
qu'il fît
que nous fissions
que vous fissiez
qu'ils fissent

*Plus-que-parfait*
que j'eusse fait
que tu eusses fait
qu'il eût fait
que nous eussions fait
que vous eussiez fait
qu'ils eussent fait

### IMPÉRATIF

*Présent*
fais
faisons
faites

*Passé*
aie fait
ayons fait
ayez fait

### INFINITIF

*Présent*
faire

*Passé*
avoir fait

### PARTICIPE

*Présent*
faisant

*Passé*
fait
ayant fait

### GÉRONDIF

*Présent*
en faisant

*Passé*
en ayant fait

- Tout en écrivant *fai*, on prononce nous *fesons* [fəzɔ̃], je *fesais* [fəzɛ], nous *fesions* [fəzjɔ̃], *fesant* [fəzɑ̃]. En revanche, on a aligné sur la prononciation l'orthographe de *je ferai…, je ferais…*, écrits avec un *e*.
- Noter les 2ᵉˢ personnes du pluriel, présent : *vous faites* ; impératif : *faites*.
  ⊖ *Vous faisez*, ⊖ *faisez* sont de grossiers barbarismes.
- Les composés de *faire* se conjuguent sur ce modèle (→ tableau 22).

### INDICATIF

| Présent | Passé composé |
|---|---|
| je plais | j'ai plu |
| tu plais | tu as plu |
| il plaît | il a plu |
| nous plaisons | nous avons plu |
| vous plaisez | vous avez plu |
| ils plaisent | ils ont plu |

| Imparfait | Plus-que-parfait |
|---|---|
| je plaisais | j'avais plu |
| tu plaisais | tu avais plu |
| il plaisait | il avait plu |
| nous plaisions | nous avions plu |
| vous plaisiez | vous aviez plu |
| ils plaisaient | ils avaient plu |

| Passé simple | Passé antérieur |
|---|---|
| je plus | j'eus plu |
| tu plus | tu eus plu |
| il plut | il eut plu |
| nous plûmes | nous eûmes plu |
| vous plûtes | vous eûtes plu |
| ils plurent | ils eurent plu |

| Futur simple | Futur antérieur |
|---|---|
| je plairai | j'aurai plu |
| tu plairas | tu auras plu |
| il plaira | il aura plu |
| nous plairons | nous aurons plu |
| vous plairez | vous aurez plu |
| ils plairont | ils auront plu |

### CONDITIONNEL

| Présent | Passé |
|---|---|
| je plairais | j'aurais plu |
| tu plairais | tu aurais plu |
| il plairait | il aurait plu |
| nous plairions | nous aurions plu |
| vous plairiez | vous auriez plu |
| ils plairaient | ils auraient plu |

### SUBJONCTIF

| Présent | Passé |
|---|---|
| que je plaise | que j'aie plu |
| que tu plaises | que tu aies plu |
| qu'il plaise | qu'il ait plu |
| que nous plaisions | que nous ayons plu |
| que vous plaisiez | que vous ayez plu |
| qu'ils plaisent | qu'ils aient plu |

| Imparfait | Plus-que-parfait |
|---|---|
| que je plusse | que j'eusse plu |
| que tu plusses | que tu eusses plu |
| qu'il plût | qu'il eût plu |
| que nous plussions | que nous eussions plu |
| que vous plussiez | que vous eussiez plu |
| qu'ils plussent | qu'ils eussent plu |

### IMPÉRATIF

| Présent | Passé |
|---|---|
| plais | aie plu |
| plaisons | ayons plu |
| plaisez | ayez plu |

### INFINITIF

| Présent | Passé |
|---|---|
| plaire | avoir plu |

### PARTICIPE

| Présent | Passé |
|---|---|
| plaisant | plu |
| | ayant plu |

### GÉRONDIF

| Présent | Passé |
|---|---|
| en plaisant | en ayant plu |

- *Complaire* et *déplaire* se conjuguent sur ce modèle, de même que *taire*, qui, lui, ne prend pas d'accent circonflexe au présent de l'indicatif : *il tait*, et qui a un participe passé variable : *Les plaintes se sont tues.*
- Les rectifications orthographiques de 1990 autorisent l'orthographe : *il plait* (sans accent circonflexe), sur le modèle de *fait, tait.*

## 69 | connaître    3ᵉ groupe – verbes en -aître

### INDICATIF

| Présent | Passé composé |
|---|---|
| je connais | j'ai connu |
| tu connais | tu as connu |
| il connaît | il a connu |
| nous connaissons | nous avons connu |
| vous connaissez | vous avez connu |
| ils connaissent | ils ont connu |

| Imparfait | Plus-que-parfait |
|---|---|
| je connaissais | j'avais connu |
| tu connaissais | tu avais connu |
| il connaissait | il avait connu |
| nous connaissions | nous avions connu |
| vous connaissiez | vous aviez connu |
| ils connaissaient | ils avaient connu |

| Passé simple | Passé antérieur |
|---|---|
| je connus | j'eus connu |
| tu connus | tu eus connu |
| il connut | il eut connu |
| nous connûmes | nous eûmes connu |
| vous connûtes | vous eûtes connu |
| ils connurent | ils eurent connu |

| Futur simple | Futur antérieur |
|---|---|
| je connaîtrai | j'aurai connu |
| tu connaîtras | tu auras connu |
| il connaîtra | il aura connu |
| nous connaîtrons | nous aurons connu |
| vous connaîtrez | vous aurez connu |
| ils connaîtront | ils auront connu |

### CONDITIONNEL

| Présent | Passé |
|---|---|
| je connaîtrais | j'aurais connu |
| tu connaîtrais | tu aurais connu |
| il connaîtrait | il aurait connu |
| nous connaîtrions | nous aurions connu |
| vous connaîtriez | vous auriez connu |
| ils connaîtraient | ils auraient connu |

### SUBJONCTIF

| Présent | Passé |
|---|---|
| que je connaisse | que j'aie connu |
| que tu connaisses | que tu aies connu |
| qu'il connaisse | qu'il ait connu |
| que nous connaissions | que nous ayons connu |
| que vous connaissiez | que vous ayez connu |
| qu'ils connaissent | qu'ils aient connu |

| Imparfait | Plus-que-parfait |
|---|---|
| que je connusse | que j'eusse connu |
| que tu connusses | que tu eusses connu |
| qu'il connût | qu'il eût connu |
| que nous connussions | que nous eussions connu |
| que vous connussiez | que vous eussiez connu |
| qu'ils connussent | qu'ils eussent connu |

### IMPÉRATIF

| Présent | Passé |
|---|---|
| connais | aie connu |
| connaissons | ayons connu |
| connaissez | ayez connu |

### INFINITIF

| Présent | Passé |
|---|---|
| connaître | avoir connu |

### PARTICIPE

| Présent | Passé |
|---|---|
| connaissant | connu |
| | ayant connu |

### GÉRONDIF

| Présent | Passé |
|---|---|
| en connaissant | en ayant connu |

- *Connaître*, *paraître* et tous leurs composés se conjuguent sur ce modèle (→ tableau 22).
- Tous les verbes en *-aître* prennent un accent circonflexe sur l'*i* qui précède le *t*, de même que tous les verbes en *-oître*. Toutefois, les rectifications orthographiques autorisent une orthographe sans accent circonflexe pour les verbes en *-aître* et en *-oître (paraitre, il parait, il paraitra)*, exception faite du verbe *croître* (→ tableau 73).

## INDICATIF

| *Présent* | *Passé composé* |
|---|---|
| je nais | je suis né |
| tu nais | tu es né |
| il naît | il est né |
| nous naissons | nous sommes nés |
| vous naissez | vous êtes nés |
| ils naissent | ils sont nés |

| *Imparfait* | *Plus-que-parfait* |
|---|---|
| je naissais | j'étais né |
| tu naissais | tu étais né |
| il naissait | il était né |
| nous naissions | nous étions nés |
| vous naissiez | vous étiez nés |
| ils naissaient | ils étaient nés |

| *Passé simple* | *Passé antérieur* |
|---|---|
| je naquis | je fus né |
| tu naquis | tu fus né |
| il naquit | il fut né |
| nous naquîmes | nous fûmes nés |
| vous naquîtes | vous fûtes nés |
| ils naquirent | ils furent nés |

| *Futur simple* | *Futur antérieur* |
|---|---|
| je naîtrai | je serai né |
| tu naîtras | tu seras né |
| il naîtra | il sera né |
| nous naîtrons | nous serons nés |
| vous naîtrez | vous serez nés |
| ils naîtront | ils seront nés |

## CONDITIONNEL

| *Présent* | *Passé* |
|---|---|
| je naîtrais | je serais né |
| tu naîtrais | tu serais né |
| il naîtrait | il serait né |
| nous naîtrions | nous serions nés |
| vous naîtriez | vous seriez nés |
| ils naîtraient | ils seraient nés |

## SUBJONCTIF

| *Présent* | *Passé* |
|---|---|
| que je naisse | que je sois né |
| que tu naisses | que tu sois né |
| qu'il naisse | qu'il soit né |
| que nous naissions | que nous soyons nés |
| que vous naissiez | que vous soyez nés |
| qu'ils naissent | qu'ils soient nés |

| *Imparfait* | *Plus-que-parfait* |
|---|---|
| que je naquisse | que je fusse né |
| que tu naquisses | que tu fusses né |
| qu'il naquît | qu'il fût né |
| que nous naquissions | que nous fussions nés |
| que vous naquissiez | que vous fussiez nés |
| qu'ils naquissent | qu'ils fussent nés |

## IMPÉRATIF

| *Présent* | *Passé* |
|---|---|
| nais | sois né |
| naissons | soyons nés |
| naissez | soyez nés |

## INFINITIF

| *Présent* | *Passé* |
|---|---|
| naître | être né |

## PARTICIPE

| *Présent* | *Passé* |
|---|---|
| naissant | né |
| | étant né |

## GÉRONDIF

| *Présent* | *Passé* |
|---|---|
| en naissant | en étant né |

→ note du tableau **69**

## INDICATIF

| Présent | Passé composé |
|---|---|
| je pais | . |
| tu pais | . |
| il paît | . |
| pous paissons | . |
| vous paissez | . |
| ils paissent | . |

| Imparfait | Plus-que-parfait |
|---|---|
| je paissais | . |
| tu paissais | . |
| il paissait | . |
| nous paissions | . |
| vous paissiez | . |
| ils paissaient | . |

| Passé simple | Passé antérieur |
|---|---|
| . | . |
| . | . |
| . | . |
| . | . |
| . | . |
| . | . |

| Futur simple | Futur antérieur |
|---|---|
| je paîtrai | . |
| tu paîtras | . |
| il paîtra | . |
| nous paîtrons | . |
| vous paîtrez | . |
| ils paîtront | . |

## CONDITIONNEL

| Présent | Passé |
|---|---|
| je paîtrais | . |
| tu paîtrais | . |
| il paîtrait | . |
| nous paîtrions | . |
| vous paîtriez | . |
| ils paîtraient | . |

## SUBJONCTIF

| Présent | Passé |
|---|---|
| que je paisse | . |
| que tu paisses | . |
| qu'il paisse | . |
| que nous paissions | . |
| que vous paissiez | . |
| qu'ils paissent | . |

| Imparfait | Plus-que-parfait |
|---|---|
| . | . |
| . | . |
| . | . |
| . | . |
| . | . |
| . | . |

## IMPÉRATIF

| Présent | Passé |
|---|---|
| pais | . |
| paissons | . |
| paissez | . |

## INFINITIF

| Présent | Passé |
|---|---|
| paître | . |

## PARTICIPE

| Présent | Passé |
|---|---|
| paissant | . |
| | . |

## GÉRONDIF

| Présent | Passé |
|---|---|
| en paissant | . |

- Le verbe *paître* n'a pas de temps composés ; il n'est employé qu'aux temps simples ci-dessus.
- Le participe passé *pu*, invariable, n'est utilisé qu'en termes de fauconnerie.
→ note du tableau **69**

## INDICATIF

| Présent | Passé composé |
|---|---|
| je repais | j'ai repu |
| tu repais | tu as repu |
| il repaît | il a repu |
| nous repaissons | nous avons repu |
| vous repaissez | vous avez repu |
| ils repaissent | ils ont repu |

| Imparfait | Plus-que-parfait |
|---|---|
| je repaissais | j'avais repu |
| tu repaissais | tu avais repu |
| il repaissait | il avait repu |
| nous repaissions | nous avions repu |
| vous repaissiez | vous aviez repu |
| ils repaissaient | ils avaient repu |

| Passé simple | Passé antérieur |
|---|---|
| je repus | j'eus repu |
| tu repus | tu eus repu |
| il reput | il eut repu |
| nous repûmes | nous eûmes repu |
| vous repûtes | vous eûtes repu |
| ils repurent | ils eurent repu |

| Futur simple | Futur antérieur |
|---|---|
| je repaîtrai | j'aurai repu |
| tu repaîtras | tu auras repu |
| il repaîtra | il aura repu |
| nous repaîtrons | nous aurons repu |
| vous repaîtrez | vous aurez repu |
| ils repaîtront | ils auront repu |

## CONDITIONNEL

| Présent | Passé |
|---|---|
| je repaîtrais | j'aurais repu |
| tu repaîtrais | tu aurais repu |
| il repaîtrait | il aurait repu |
| nous repaîtrions | nous aurions repu |
| vous repaîtriez | vous auriez repu |
| ils repaîtraient | ils auraient repu |

## SUBJONCTIF

| Présent | Passé |
|---|---|
| que je repaisse | que j'aie repu |
| que tu repaisses | que tu aies repu |
| qu'il repaisse | qu'il ait repu |
| que nous repaissions | que nous ayons repu |
| que vous repaissiez | que vous ayez repu |
| qu'ils repaissent | qu'ils aient repu |

| Imparfait | Plus-que-parfait |
|---|---|
| que je repusse | que j'eusse repu |
| que tu repusses | que tu eusses repu |
| qu'il repût | qu'il eût repu |
| que nous repussions | que nous eussions repu |
| que vous repussiez | que vous eussiez repu |
| qu'ils repussent | qu'ils eussent repu |

## IMPÉRATIF

| Présent | Passé |
|---|---|
| repais | aie repu |
| repaissons | ayons repu |
| repaissez | ayez repu |

## INFINITIF

| Présent | Passé |
|---|---|
| repaître | avoir repu |

## PARTICIPE

| Présent | Passé |
|---|---|
| repaissant | repu |
| | . |

## GÉRONDIF

| Présent | Passé |
|---|---|
| en repaissant | en ayant repu |

→ note du tableau **69**

## INDICATIF

| *Présent* | *Passé composé* |
|---|---|
| je crois | j'ai crû |
| tu crois | tu as crû |
| il croît | il a crû |
| nous croissons | nous avons crû |
| vous croissez | vous avez crû |
| ils croissent | ils ont crû |

| *Imparfait* | *Plus-que-parfait* |
|---|---|
| je croissais | j'avais crû |
| tu croissais | tu avais crû |
| il croissait | il avait crû |
| nous croissions | nous avions crû |
| vous croissiez | vous aviez crû |
| ils croissaient | ils avaient crû |

| *Passé simple* | *Passé antérieur* |
|---|---|
| je crûs | j'eus crû |
| tu crûs | tu eus crû |
| il crût | il eut crû |
| nous crûmes | nous eûmes crû |
| vous crûtes | vous eûtes crû |
| ils crûrent | ils eurent crû |

| *Futur simple* | *Futur antérieur* |
|---|---|
| je croîtrai | j'aurai crû |
| tu croîtras | tu auras crû |
| il croîtra | il aura crû |
| nous croîtrons | nous aurons crû |
| vous croîtrez | vous aurez crû |
| ils croîtront | ils auront crû |

## CONDITIONNEL

| *Présent* | *Passé* |
|---|---|
| je croîtrais | j'aurais crû |
| tu croîtrais | tu aurais crû |
| il croîtrait | il aurait crû |
| nous croîtrions | nous aurions crû |
| vous croîtriez | vous auriez crû |
| ils croîtraient | ils auraient crû |

## SUBJONCTIF

| *Présent* | *Passé* |
|---|---|
| que je croisse | que j'aie crû |
| que tu croisses | que tu aies crû |
| qu'il croisse | qu'il ait crû |
| que nous croissions | que nous ayons crû |
| que vous croissiez | que vous ayez crû |
| qu'ils croissent | qu'ils aient crû |

| *Imparfait* | *Plus-que-parfait* |
|---|---|
| que je crûsse | que j'eusse crû |
| que tu crûsses | que tu eusses crû |
| qu'il crût | qu'il eût crû |
| que nous crûssions | que nous eussions crû |
| que vous crûssiez | que vous eussiez cru |
| qu'ils crûssent | qu'ils eussent crû |

## IMPÉRATIF

| *Présent* | *Passé* |
|---|---|
| crois | aie crû |
| croissons | ayons crû |
| croissez | ayez crû |

## INFINITIF

| *Présent* | *Passé* |
|---|---|
| croître | avoir crû |

## PARTICIPE

| *Présent* | *Passé* |
|---|---|
| croissant | crû |
| | ayant crû |

## GÉRONDIF

| *Présent* | *Passé* |
|---|---|
| en croissant | en ayant crû |

*Accroître, décroître, recroître* se conjuguent sur ce modèle. S'ils prennent tous un accent circonflexe sur l'*i* suivi d'un *t*, *croître* est le seul qui ait l'accent circonflexe aux formes suivantes : *je crois, tu crois, je crûs, tu crûs, il crût, ils crûrent, que je crûsse..., crû, crûe, crûs, crûes*, pour le distinguer des formes correspondantes du verbe *croire*. Noter cependant le participe passé *recrû*.

## INDICATIF

| *Présent* | *Passé composé* |
|---|---|
| je crois | j'ai cru |
| tu crois | tu as cru |
| il croit | il a cru |
| nous croyons | nous avons cru |
| vous croyez | vous avez cru |
| ils croient | ils ont cru |

| *Imparfait* | *Plus-que-parfait* |
|---|---|
| je croyais | j'avais cru |
| tu croyais | tu avais cru |
| il croyait | il avait cru |
| nous croyions | nous avions cru |
| vous croyiez | vous aviez cru |
| ils croyaient | ils avaient cru |

| *Passé simple* | *Passé antérieur* |
|---|---|
| je crus | j'eus cru |
| tu crus | tu eus cru |
| il crut | il eut cru |
| nous crûmes | nous eûmes cru |
| vous crûtes | vous eûtes cru |
| ils crurent | ils eurent cru |

| *Futur simple* | *Futur antérieur* |
|---|---|
| je croirai | j'aurai cru |
| tu croiras | tu auras cru |
| il croira | il aura cru |
| nous croirons | nous aurons cru |
| vous croirez | vous aurez cru |
| ils croiront | ils auront cru |

## CONDITIONNEL

| *Présent* | *Passé* |
|---|---|
| je croirais | j'aurais cru |
| tu croirais | tu aurais cru |
| il croirait | il aurait cru |
| nous croirions | nous aurions cru |
| vous croiriez | vous auriez cru |
| ils croiraient | ils auraient cru |

## SUBJONCTIF

| *Présent* | *Passé* |
|---|---|
| que je croie | que j'aie cru |
| que tu croies | que tu aies cru |
| qu'il croie | qu'il ait cru |
| que nous croyions | que nous ayons cru |
| que vous croyiez | que vous ayez cru |
| qu'ils croient | qu'ils aient cru |

| *Imparfait* | *Plus-que-parfait* |
|---|---|
| que je crusse | que j'eusse cru |
| que tu crusses | que tu eusses cru |
| qu'il crût | qu'il eût cru |
| que nous crussions | que nous eussions cru |
| que vous crussiez | que vous eussiez cru |
| qu'ils crussent | qu'ils eussent cru |

## IMPÉRATIF

| *Présent* | *Passé* |
|---|---|
| crois | aie cru |
| croyons | ayons cru |
| croyez | ayez cru |

## INFINITIF

| *Présent* | *Passé* |
|---|---|
| croire | avoir cru |

## PARTICIPE

| *Présent* | *Passé* |
|---|---|
| croyant | cru |
| | ayant cru |

## GÉRONDIF

| *Présent* | *Passé* |
|---|---|
| en croyant | en ayant cru |

**boire** 3e groupe

## INDICATIF

### Présent
je bois
tu bois
il boit
nous buvons
vous buvez
ils boivent

### Passé composé
j'ai bu
tu as bu
il a bu
nous avons bu
vous avez bu
ils ont bu

### Imparfait
je buvais
tu buvais
il buvait
nous buvions
vous buviez
ils buvaient

### Plus-que-parfait
j'avais bu
tu avais bu
il avait bu
nous avions bu
vous aviez bu
ils avaient bu

### Passé simple
je bus
tu bus
il but
nous bûmes
vous bûtes
ils burent

### Passé antérieur
j'eus bu
tu eus bu
il eut bu
nous eûmes bu
vous eûtes bu
ils eurent bu

### Futur simple
je boirai
tu boiras
il boira
nous boirons
vous boirez
ils boiront

### Futur antérieur
j'aurai bu
tu auras bu
il aura bu
nous aurons bu
vous aurez bu
ils auront bu

## CONDITIONNEL

### Présent
je boirais
tu boirais
il boirait
nous boirions
vous boiriez
ils boiraient

### Passé
j'aurais bu
tu aurais bu
il aurait bu
nous aurions bu
vous auriez bu
ils auraient bu

## SUBJONCTIF

### Présent
que je boive
que tu boives
qu'il boive
que nous buvions
que vous buviez
qu'ils boivent

### Passé
que j'aie bu
que tu aies bu
qu'il ait bu
que nous ayons bu
que vous ayez bu
qu'ils aient bu

### Imparfait
que je busse
que tu busses
qu'il bût
que nous bussions
que vous bussiez
qu'ils bussent

### Plus-que-parfait
que j'eusse bu
que tu eusses bu
qu'il eût bu
que nous eussions bu
que vous eussiez bu
qu'ils eussent bu

## IMPÉRATIF

### Présent
bois
buvons
buvez

### Passé
aie bu
ayons bu
ayez bu

## INFINITIF

### Présent
boire

### Passé
avoir bu

## PARTICIPE

### Présent
buvant

### Passé
bu
ayant bu

## GÉRONDIF

### Présent
en buvant

### Passé
en ayant bu

## INDICATIF

| Présent | Passé composé |
|---|---|
| je clos | j'ai clos |
| tu clos | tu as clos |
| il clôt | il a clos |
| . | nous avons clos |
| . | vous avez clos |
| ils closent | ils ont clos |

| Imparfait | Plus-que-parfait |
|---|---|
| . | j'avais clos |
| . | tu avais clos |
| . | il avait clos |
| . | nous avions clos |
| . | vous aviez clos |
| . | ils avaient clos |

| Passé simple | Passé antérieur |
|---|---|
| . | j'eus clos |
| . | tu eus clos |
| . | il eut clos |
| . | nous eûmes clos |
| . | vous eûtes clos |
| . | ils eurent clos |

| Futur simple | Futur antérieur |
|---|---|
| je clorai | j'aurai clos |
| tu cloras | tu auras clos |
| il clora | il aura clos |
| nous clorons | nous aurons clos |
| vous clorez | vous aurez clos |
| ils cloront | ils auront clos |

## CONDITIONNEL

| Présent | Passé |
|---|---|
| je clorais | j'aurais clos |
| tu clorais | tu aurais clos |
| il clorait | il aurait clos |
| nous clorions | nous aurions clos |
| vous cloriez | vous auriez clos |
| ils cloraient | ils auraient clos |

## SUBJONCTIF

| Présent | Passé |
|---|---|
| que je close | que j'aie clos |
| que tu closes | que tu aies clos |
| qu'il close | qu'il ait clos |
| que nous closions | que nous ayons clos |
| que vous closiez | que vous ayez clos |
| qu'ils closent | qu'ils aient clos |

| Imparfait | Plus-que-parfait |
|---|---|
| . | que j'eusse clos |
| . | que tu eusses clos |
| . | qu'il eût clos |
| . | que nous eussions clos |
| . | que vous eussiez clos |
| . | qu'ils eussent clos |

## IMPÉRATIF

| Présent | Passé |
|---|---|
| clos | aie clos |
| . | ayons clos |
| . | ayez clos |

## INFINITIF

| Présent | Passé |
|---|---|
| clore | avoir clos |

## PARTICIPE

| Présent | Passé |
|---|---|
| closant | clos |
| | ayant clos |

## GÉRONDIF

| Présent | Passé |
|---|---|
| en closant | en ayant clos |

*Éclore* ne s'emploie guère qu'à la 3ᵉ personne.
*Enclore* possède les formes *nous enclosons, vous enclosez* ; impératif : *enclosons, enclosez.*
*Déclore* n'est guère utilisé qu'à l'infinitif et au participe passé *(déclos, déclose).*

**TABLEAUX DE CONJUGAISON**

## INDICATIF

### Présent
je conclus
tu conclus
il conclut
nous concluons
vous concluez
ils concluent

### Passé composé
j'ai conclu
tu as conclu
il a conclu
nous avons conclu
vous avez conclu
ils ont conclu

### Imparfait
je concluais
tu concluais
il concluait
nous concluions
vous concluiez
ils concluaient

### Plus-que-parfait
j'avais conclu
tu avais conclu
il avait conclu
nous avions conclu
vous aviez conclu
ils avaient conclu

### Passé simple
je conclus
tu conclus
il conclut
nous conclûmes
vous conclûtes
ils conclurent

### Passé antérieur
j'eus conclu
tu eus conclu
il eut conclu
nous eûmes conclu
vous eûtes conclu
ils eurent conclu

### Futur simple
je conclurai
tu concluras
il conclura
nous conclurons
vous conclurez
ils concluront

### Futur antérieur
j'aurai conclu
tu auras conclu
il aura conclu
nous aurons conclu
vous aurez conclu
ils auront conclu

## CONDITIONNEL

### Présent
je conclurais
tu conclurais
il conclurait
nous conclurions
vous concluriez
ils concluraient

### Passé
j'aurais conclu
tu aurais conclu
il aurait conclu
nous aurions conclu
vous auriez conclu
ils auraient conclu

## SUBJONCTIF

### Présent
que je conclue
que tu conclues
qu'il conclue
que nous concluions
que vous concluiez
qu'ils concluent

### Passé
que j'aie conclu
que tu aies conclu
qu'il ait conclu
que nous ayons conclu
que vous ayez conclu
qu'ils aient conclu

### Imparfait
que je conclusse
que tu conclusses
qu'il conclût
que nous conclussions
que vous conclussiez
qu'ils conclussent

### Plus-que-parfait
que j'eusse conclu
que tu eusses conclu
qu'il eût conclu
que nous eussions conclu
que vous eussiez conclu
qu'ils eussent conclu

## IMPÉRATIF

### Présent
conclus
concluons
concluez

### Passé
aie conclu
ayons conclu
ayez conclu

## INFINITIF

### Présent
conclure

### Passé
avoir conclu

## PARTICIPE

### Présent
concluant

### Passé
conclu
ayant conclu

## GÉRONDIF

### Présent
en concluant

### Passé
en ayant conclu

• *Inclure* fait au participe passé *inclus, incluse, incluses*. Noter l'opposition *exclu(e) / inclus(e)*.
• *Occlure* fait au participe passé *occlus, occluse, occluses*.

## INDICATIF

### Présent
j'absous
tu absous
il absout
nous absolvons
vous absolvez
ils absolvent

### Passé composé
j'ai absous
tu as absous
il a absous
nous avons absous
vous avez absous
ils ont absous

### Imparfait
j'absolvais
tu absolvais
il absolvait
nous absolvions
vous absolviez
ils absolvaient

### Plus-que-parfait
j'avais absous
tu avais absous
il avait absous
nous avions absous
vous aviez absous
ils avaient absous

### Passé simple
.
.
.
.
.

### Passé antérieur
j'eus absous
tu eus absous
il eut absous
nous eûmes absous
vous eûtes absous
ils eurent absous

### Futur simple
j'absoudrai
tu absoudras
il absoudra
nous absoudrons
vous absoudrez
ils absoudront

### Futur antérieur
j'aurai absous
tu auras absous
il aura absous
nous aurons absous
vous aurez absous
ils auront absous

## CONDITIONNEL

### Présent
j'absoudrais
tu absoudrais
il absoudrait
nous absoudrions
vous absoudriez
ils absoudraient

### Passé
j'aurais absous
tu aurais absous
il aurait absous
nous aurions absous
vous auriez absous
ils auraient absous

## SUBJONCTIF

### Présent
que j'absolve
que tu absolves
qu'il absolve
que nous absolvions
que vous absolviez
qu'ils absolvent

### Passé
que j'aie absous
que tu aies absous
qu'il ait absous
que nous ayons absous
que vous ayez absous
qu'ils aient absous

### Imparfait
.
.
.
.
.
.

### Plus-que-parfait
que j'eusse absous
que tu eusses absous
qu'il eût absous
que nous eussions absous
que vous eussiez absous
qu'ils eussent absous

## IMPÉRATIF

### Présent
absous
absolvons
absolvez

### Passé
aie absous
ayons absous
ayez absous

## INFINITIF

### Présent
absoudre

### Passé
avoir absous

## PARTICIPE

### Présent
absolvant

### Passé
absous
ayant absous

## GÉRONDIF

### Présent
en absolvant

### Passé
en ayant absous

- *Absous, absoute* a éliminé un ancien participe passé *absolu* qui s'est conservé comme adjectif au sens de : *complet, sans restriction*.
- *Dissoudre* se conjugue comme *absoudre*, y compris le participe passé *dissous, dissoute*, distinct de l'ancien participe *dissolu, ue*, qui a subsisté comme adjectif au sens de *corrompu, débauché*.
- *Résoudre* possède un passé simple : *je résolus*, et un subjonctif imparfait : *que je résolusse*. Le participe passé est *résolu*.

## INDICATIF

### SUBJONCTIF

| *Présent* | *Passé composé* | *Présent* | *Passé* |
|---|---|---|---|
| je couds | j'ai cousu | que je couse | que j'aie cousu |
| tu couds | tu as cousu | que tu couses | que tu aies cousu |
| il coud | il a cousu | qu'il couse | qu'il ait cousu |
| nous cousons | nous avons cousu | que nous cousions | que nous ayons cousu |
| vous cousez | vous avez cousu | que vous cousiez | que vous ayez cousu |
| ils cousent | ils ont cousu | qu'ils cousent | qu'ils aient cousu |

| *Imparfait* | *Plus-que-parfait* | *Imparfait* | *Plus-que-parfait* |
|---|---|---|---|
| je cousais | j'avais cousu | que je cousisse | que j'eusse cousu |
| tu cousais | tu avais cousu | que tu cousisses | que tu eusses cousu |
| il cousait | il avait cousu | qu'il cousît | qu'il eût cousu |
| nous cousions | nous avions cousu | que nous cousissions | que nous eussions cousu |
| vous cousiez | vous aviez cousu | que vous cousissiez | que vous eussiez cousu |
| ils cousaient | ils avaient cousu | qu'ils cousissent | qu'ils eussent cousu |

| *Passé simple* | *Passé antérieur* |
|---|---|
| je cousis | j'eus cousu |
| tu cousis | tu eus cousu |
| il cousit | il eut cousu |
| nous cousîmes | nous eûmes cousu |
| vous cousîtes | vous eûtes cousu |
| ils cousirent | ils eurent cousu |

### IMPÉRATIF

| *Présent* | *Passé* |
|---|---|
| couds | aie cousu |
| cousons | ayons cousu |
| cousez | ayez cousu |

| *Futur simple* | *Futur antérieur* |
|---|---|
| je coudrai | j'aurai cousu |
| tu coudras | tu auras cousu |
| il coudra | il aura cousu |
| nous coudrons | nous aurons cousu |
| vous coudrez | vous aurez cousu |
| ils coudront | ils auront cousu |

### INFINITIF

| *Présent* | *Passé* |
|---|---|
| coudre | avoir cousu |

### PARTICIPE

| *Présent* | *Passé* |
|---|---|
| cousant | cousu |
| | ayant cousu |

## CONDITIONNEL

| *Présent* | *Passé* |
|---|---|
| je coudrais | j'aurais cousu |
| tu coudrais | tu aurais cousu |
| il coudrait | il aurait cousu |
| nous coudrions | nous aurions cousu |
| vous coudriez | vous auriez cousu |
| ils coudraient | ils auraient cousu |

### GÉRONDIF

| *Présent* | *Passé* |
|---|---|
| en cousant | en ayant cousu |

*Découdre, recoudre* se conjuguent sur ce modèle.

## INDICATIF

| **Présent** | **Passé composé** |
|---|---|
| je mouds | j'ai moulu |
| tu mouds | tu as moulu |
| il moud | il a moulu |
| nous moulons | nous avons moulu |
| vous moulez | vous avez moulu |
| ils moulent | ils ont moulu |

| **Imparfait** | **Plus-que-parfait** |
|---|---|
| je moulais | j'avais moulu |
| tu moulais | tu avais moulu |
| il moulait | il avait moulu |
| nous moulions | nous avions moulu |
| vous mouliez | vous aviez moulu |
| ils moulaient | ils avaient moulu |

| **Passé simple** | **Passé antérieur** |
|---|---|
| je moulus | j'eus moulu |
| tu moulus | tu eus moulu |
| il moulut | il eut moulu |
| nous moulûmes | nous eûmes moulu |
| vous moulûtes | vous eûtes moulu |
| ils moulurent | ils eurent moulu |

| **Futur simple** | **Futur antérieur** |
|---|---|
| je moudrai | j'aurai moulu |
| tu moudras | tu auras moulu |
| il moudra | il aura moulu |
| nous moudrons | nous aurons moulu |
| vous moudrez | vous aurez moulu |
| ils moudront | ils auront moulu |

## CONDITIONNEL

| **Présent** | **Passé** |
|---|---|
| je moudrais | j'aurais moulu |
| tu moudrais | tu aurais moulu |
| il moudrait | il aurait moulu |
| nous moudrions | nous aurions moulu |
| vous moudriez | vous auriez moulu |
| ils moudraient | ils auraient moulu |

## SUBJONCTIF

| **Présent** | **Passé** |
|---|---|
| que je moule | que j'aie moulu |
| que tu moules | que tu aies moulu |
| qu'il moule | qu'il ait moulu |
| que nous moulions | que nous ayons moulu |
| que vous mouliez | que vous ayez moulu |
| qu'ils moulent | qu'ils aient moulu |

| **Imparfait** | **Plus-que-parfait** |
|---|---|
| que je moulusse | que j'eusse moulu |
| que tu moulusses | que tu eusses moulu |
| qu'il moulût | qu'il eût moulu |
| que nous moulussions | que nous eussions moulu |
| que vous moulussiez | que vous eussiez moulu |
| qu'ils moulussent | qu'ils eussent moulu |

## IMPÉRATIF

| **Présent** | **Passé** |
|---|---|
| mouds | aie moulu |
| moulons | ayons moulu |
| moulez | ayez moulu |

## INFINITIF

| **Présent** | **Passé** |
|---|---|
| moudre | avoir moulu |

## PARTICIPE

| **Présent** | **Passé** |
|---|---|
| moulant | moulu |
| | ayant moulu |

## GÉRONDIF

| **Présent** | **Passé** |
|---|---|
| en moulant | en ayant moulu |

*Émoudre, remoudre* se conjuguent sur ce modèle.

## INDICATIF

### Présent
je suis
tu suis
il suit
nous suivons
vous suivez
ils suivent

### Passé composé
j'ai suivi
tu as suivi
il a suivi
nous avons suivi
vous avez suivi
ils ont suivi

### Imparfait
je suivais
tu suivais
il suivait
nous suivions
vous suiviez
ils suivaient

### Plus-que-parfait
j'avais suivi
tu avais suivi
il avait suivi
nous avions suivi
vous aviez suivi
ils avaient suivi

### Passé simple
je suivis
tu suivis
il suivit
nous suivîmes
vous suivîtes
ils suivirent

### Passé antérieur
j'eus suivi
tu eus suivi
il eut suivi
nous eûmes suivi
vous eûtes suivi
ils eurent suivi

### Futur simple
je suivrai
tu suivras
il suivra
nous suivrons
vous suivrez
ils suivront

### Futur antérieur
j'aurai suivi
tu auras suivi
il aura suivi
nous aurons suivi
vous aurez suivi
ils auront suivi

## CONDITIONNEL

### Présent
je suivrais
tu suivrais
il suivrait
nous suivrions
vous suivriez
ils suivraient

### Passé
j'aurais suivi
tu aurais suivi
il aurait suivi
nous aurions suivi
vous auriez suivi
ils auraient suivi

## SUBJONCTIF

### Présent
que je suive
que tu suives
qu'il suive
que nous suivions
que vous suiviez
qu'ils suivent

### Passé
que j'aie suivi
que tu aies suivi
qu'il ait suivi
que nous ayons suivi
que vous ayez suivi
qu'ils aient suivi

### Imparfait
que je suivisse
que tu suivisses
qu'il suivît
que nous suivissions
que vous suivissiez
qu'ils suivissent

### Plus-que-parfait
que j'eusse suivi
que tu eusses suivi
qu'il eût suivi
que nous eussions suivi
que vous eussiez suivi
qu'ils eussent suivi

## IMPÉRATIF

### Présent
suis
suivons
suivez

### Passé
aie suivi
ayons suivi
ayez suivi

## INFINITIF

### Présent
suivre

### Passé
avoir suivi

## PARTICIPE

### Présent
suivant

### Passé
suivi
ayant suivi

## GÉRONDIF

### Présent
en suivant

### Passé
en ayant suivi

*S'ensuivre* (auxiliaire *être*) et **poursuivre** se conjuguent sur ce modèle.

## INDICATIF

| Présent | Passé composé |
|---------|---------------|
| je vis | j'ai vécu |
| tu vis | tu as vécu |
| il vit | il a vécu |
| nous vivons | nous avons vécu |
| vous vivez | vous avez vécu |
| ils vivent | ils ont vécu |

| Imparfait | Plus-que-parfait |
|-----------|------------------|
| je vivais | j'avais vécu |
| tu vivais | tu avais vécu |
| il vivait | il avait vécu |
| nous vivions | nous avions vécu |
| vous viviez | vous aviez vécu |
| ils vivaient | ils avaient vécu |

| Passé simple | Passé antérieur |
|--------------|-----------------|
| je vécus | j'eus vécu |
| tu vécus | tu eus vécu |
| il vécut | il eut vécu |
| nous vécûmes | nous eûmes vécu |
| vous vécûtes | vous eûtes vécu |
| ils vécurent | ils eurent vécu |

| Futur simple | Futur antérieur |
|--------------|-----------------|
| je vivrai | j'aurai vécu |
| tu vivras | tu auras vécu |
| il vivra | il aura vécu |
| nous vivrons | nous aurons vécu |
| vous vivrez | vous aurez vécu |
| ils vivront | ils auront vécu |

## CONDITIONNEL

| Présent | Passé |
|---------|-------|
| je vivrais | j'aurais vécu |
| tu vivrais | tu aurais vécu |
| il vivrait | il aurait vécu |
| nous vivrions | nous aurions vécu |
| vous vivriez | vous auriez vécu |
| ils vivraient | ils auraient vécu |

## SUBJONCTIF

| Présent | Passé |
|---------|-------|
| que je vive | que j'aie vécu |
| que tu vives | que tu aies vécu |
| qu'il vive | qu'il ait vécu |
| que nous vivions | que nous ayons vécu |
| que vous viviez | que vous ayez vécu |
| qu'ils vivent | qu'ils aient vécu |

| Imparfait | Plus-que-parfait |
|-----------|------------------|
| que je vécusse | que j'eusse vécu |
| que tu vécusses | que tu eusses vécu |
| qu'il vécût | qu'il eût vécu |
| que nous vécussions | que nous eussions vécu |
| que vous vécussiez | que vous eussiez vécu |
| qu'ils vécussent | qu'ils eussent vécu |

## IMPÉRATIF

| Présent | Passé |
|---------|-------|
| vis | aie vécu |
| vivons | ayons vécu |
| vivez | ayez vécu |

## INFINITIF

| Présent | Passé |
|---------|-------|
| vivre | avoir vécu |

## PARTICIPE

| Présent | Passé |
|---------|-------|
| vivant | vécu |
| | ayant vécu |

## GÉRONDIF

| Présent | Passé |
|---------|-------|
| en vivant | en ayant vécu |

*Revivre* et *survivre* se conjuguent sur ce modèle ; le participe passé de *survivre* est invariable.

## INDICATIF

| *Présent* | *Passé composé* |
|---|---|
| je lis | j'ai lu |
| tu lis | tu as lu |
| il lit | il a lu |
| nous lisons | nous avons lu |
| vous lisez | vous avez lu |
| ils lisent | ils ont lu |

| *Imparfait* | *Plus-que-parfait* |
|---|---|
| je lisais | j'avais lu |
| tu lisais | tu avais lu |
| il lisait | il avait lu |
| nous lisions | nous avions lu |
| vous lisiez | vous aviez lu |
| ils lisaient | ils avaient lu |

| *Passé simple* | *Passé antérieur* |
|---|---|
| je lus | j'eus lu |
| tu lus | tu eus lu |
| il lut | il eut lu |
| nous lûmes | nous eûmes lu |
| vous lûtes | vous eûtes lu |
| ils lurent | ils eurent lu |

| *Futur simple* | *Futur antérieur* |
|---|---|
| je lirai | j'aurai lu |
| tu liras | tu auras lu |
| il lira | il aura lu |
| nous lirons | nous aurons lu |
| vous lirez | vous aurez lu |
| ils liront | ils auront lu |

## CONDITIONNEL

| *Présent* | *Passé* |
|---|---|
| je lirais | j'aurais lu |
| tu lirais | tu aurais lu |
| il lirait | il aurait lu |
| nous lirions | nous aurions lu |
| vous liriez | vous auriez lu |
| ils liraient | ils auraient lu |

## SUBJONCTIF

| *Présent* | *Passé* |
|---|---|
| que je lise | que j'aie lu |
| que tu lises | que tu aies lu |
| qu'il lise | qu'il ait lu |
| que nous lisions | que nous ayons lu |
| que vous lisiez | que vous ayez lu |
| qu'ils lisent | qu'ils aient lu |

| *Imparfait* | *Plus-que-parfait* |
|---|---|
| que je lusse | que j'eusse lu |
| que tu lusses | que tu eusses lu |
| qu'il lût | qu'il eût lu |
| que nous lussions | que nous eussions lu |
| que vous lussiez | que vous eussiez lu |
| qu'ils lussent | qu'ils eussent lu |

## IMPÉRATIF

| *Présent* | *Passé* |
|---|---|
| lis | aie lu |
| lisons | ayons lu |
| lisez | ayez lu |

## INFINITIF

| *Présent* | *Passé* |
|---|---|
| lire | avoir lu |

## PARTICIPE

| *Présent* | *Passé* |
|---|---|
| lisant | lu |
| | ayant lu |

## GÉRONDIF

| *Présent* | *Passé* |
|---|---|
| en lisant | en ayant lu |

*Élire, réélire, relire* se conjuguent sur ce modèle.

## INDICATIF

| *Présent* | *Passé composé* |
|---|---|
| je dis | j'ai dit |
| tu dis | tu as dit |
| il dit | il a dit |
| nous disons | nous avons dit |
| vous dites | vous avez dit |
| ils disent | ils ont dit |

| *Imparfait* | *Plus-que-parfait* |
|---|---|
| je disais | j'avais dit |
| tu disais | tu avais dit |
| il disait | il avait dit |
| nous disions | nous avions dit |
| vous disiez | vous aviez dit |
| ils disaient | ils avaient dit |

| *Passé simple* | *Passé antérieur* |
|---|---|
| je dis | j'eus dit |
| tu dis | tu eus dit |
| il dit | il eut dit |
| nous dîmes | nous eûmes dit |
| vous dîtes | vous eûtes dit |
| ils dirent | ils eurent dit |

| *Futur simple* | *Futur antérieur* |
|---|---|
| je dirai | j'aurai dit |
| tu diras | tu auras dit |
| il dira | il aura dit |
| nous dirons | nous aurons dit |
| vous direz | vous aurez dit |
| ils diront | ils auront dit |

## CONDITIONNEL

| *Présent* | *Passé* |
|---|---|
| je dirais | j'aurais dit |
| tu dirais | tu aurais dit |
| il dirait | il aurait dit |
| nous dirions | nous aurions dit |
| vous diriez | vous auriez dit |
| ils diraient | ils auraient dit |

## SUBJONCTIF

| *Présent* | *Passé* |
|---|---|
| que je dise | que j'aie dit |
| que tu dises | que tu aies dit |
| qu'il dise | qu'il ait dit |
| que nous disions | que nous ayons dit |
| que vous disiez | que vous ayez dit |
| qu'ils disent | qu'ils aient dit |

| *Imparfait* | *Plus-que-parfait* |
|---|---|
| que je disse | que j'eusse dit |
| que tu disses | que tu eusses dit |
| qu'il dît | qu'il eût dit |
| que nous dissions | que nous eussions dit |
| que vous dissiez | que vous eussiez dit |
| qu'ils dissent | qu'ils eussent dit |

## IMPÉRATIF

| *Présent* | *Passé* |
|---|---|
| dis | aie dit |
| disons | ayons dit |
| dites | ayez dit |

## INFINITIF

| *Présent* | *Passé* |
|---|---|
| dire | avoir dit |

## PARTICIPE

| *Présent* | *Passé* |
|---|---|
| disant | dit |
| | ayant dit |

## GÉRONDIF

| *Présent* | *Passé* |
|---|---|
| en disant | en ayant dit |

- *Redire* se conjugue sur ce modèle.
- *Contredire, dédire, interdire, médire* et *prédire* ont au présent de l'indicatif et de l'impératif les formes : (vous) *contredisez, dédisez, interdisez, médisez, prédisez*.
- Quant à *maudire*, il se conjugue sur *finir* : *nous maudissons, vous maudissez, ils maudissent, je maudissais*, etc., *maudissant*, sauf au participe passé : *maudit, maudite*.

# 85 rire 3ᵉ groupe

## INDICATIF

| Présent | Passé composé |
|---|---|
| je ris | j'ai ri |
| tu ris | tu as ri |
| il rit | il a ri |
| nous rions | nous avons ri |
| vous riez | vous avez ri |
| ils rient | ils ont ri |

| Imparfait | Plus-que-parfait |
|---|---|
| je riais | j'avais ri |
| tu riais | tu avais ri |
| il riait | il avait ri |
| nous riions | nous avions ri |
| vous riiez | vous aviez ri |
| ils riaient | ils avaient ri |

| Passé simple | Passé antérieur |
|---|---|
| je ris | j'eus ri |
| tu ris | tu eus ri |
| il rit | il eut ri |
| nous rîmes | nous eûmes ri |
| vous rîtes | vous eûtes ri |
| ils rirent | ils eurent ri |

| Futur simple | Futur antérieur |
|---|---|
| je rirai | j'aurai ri |
| tu riras | tu auras ri |
| il rira | il aura ri |
| nous rirons | nous aurons ri |
| vous rirez | vous aurez ri |
| ils riront | ils auront ri |

## CONDITIONNEL

| Présent | Passé |
|---|---|
| je rirais | j'aurais ri |
| tu rirais | tu aurais ri |
| il rirait | il aurait ri |
| nous ririons | nous aurions ri |
| vous ririez | vous auriez ri |
| ils riraient | ils auraient ri |

## SUBJONCTIF

| Présent | Passé |
|---|---|
| que je rie | que j'aie ri |
| que tu ries | que tu aies ri |
| qu'il rie | qu'il ait ri |
| que nous riions | que nous ayons ri |
| que vous riiez | que vous ayez ri |
| qu'ils rient | qu'ils aient ri |

| Imparfait | Plus-que-parfait |
|---|---|
| que je risse | que j'eusse ri |
| que tu risses | que tu eusses ri |
| qu'il rît | qu'il eût ri |
| que nous rissions | que nous eussions ri |
| que vous rissiez | que vous eussiez ri |
| qu'ils rissent | qu'ils eussent ri |

## IMPÉRATIF

| Présent | Passé |
|---|---|
| ris | aie ri |
| rions | ayons ri |
| riez | ayez ri |

## INFINITIF

| Présent | Passé |
|---|---|
| rire | avoir ri |

## PARTICIPE

| Présent | Passé |
|---|---|
| riant | ri |
| | ayant ri |

## GÉRONDIF

| Présent | Passé |
|---|---|
| en riant | en ayant ri |

- Remarquer les deux *i* consécutifs aux deux 1ʳᵉˢ personnes du pluriel de l'imparfait de l'indicatif et du présent du subjonctif.
- *Sourire* se conjugue sur ce modèle ; son participe passé est invariable, même à la forme pronominale.

## INDICATIF

| *Présent* | *Passé composé* |
|---|---|
| j'écris | j'ai écrit |
| tu écris | tu as écrit |
| il écrit | il a écrit |
| nous écrivons | nous avons écrit |
| vous écrivez | vous avez écrit |
| ils écrivent | ils ont écrit |

| *Imparfait* | *Plus-que-parfait* |
|---|---|
| j'écrivais | j'avais écrit |
| tu écrivais | tu avais écrit |
| il écrivait | il avait écrit |
| nous écrivions | nous avions écrit |
| vous écriviez | vous aviez écrit |
| ils écrivaient | ils avaient écrit |

| *Passé simple* | *Passé antérieur* |
|---|---|
| j'écrivis | j'eus écrit |
| tu écrivis | tu eus écrit |
| il écrivit | il eut écrit |
| nous écrivîmes | nous eûmes écrit |
| vous écrivîtes | vous eûtes écrit |
| ils écrivirent | ils eurent écrit |

| *Futur simple* | *Futur antérieur* |
|---|---|
| j'écrirai | j'aurai écrit |
| tu écriras | tu auras écrit |
| il écrira | il aura écrit |
| nous écrirons | nous aurons écrit |
| vous écrirez | vous aurez écrit |
| ils écriront | ils auront écrit |

## CONDITIONNEL

| *Présent* | *Passé* |
|---|---|
| j'écrirais | j'aurais écrit |
| tu écrirais | tu aurais écrit |
| il écrirait | il aurait écrit |
| nous écririons | nous aurions écrit |
| vous écririez | vous auriez écrit |
| ils écriraient | ils auraient écrit |

## SUBJONCTIF

| *Présent* | *Passé* |
|---|---|
| que j'écrive | que j'aie écrit |
| que tu écrives | que tu aies écrit |
| qu'il écrive | qu'il ait écrit |
| que nous écrivions | que nous ayons écrit |
| que vous écriviez | que vous ayez écrit |
| qu'ils écrivent | qu'ils aient écrit |

| *Imparfait* | *Plus-que-parfait* |
|---|---|
| que j'écrivisse | que j'eusse écrit |
| que tu écrivisses | que tu eusses écrit |
| qu'il écrivît | qu'il eût écrit |
| que nous écrivissions | que nous eussions écrit |
| que vous écrivissiez | que vous eussiez écrit |
| qu'ils écrivissent | qu'ils eussent écrit |

## IMPÉRATIF

| *Présent* | *Passé* |
|---|---|
| écris | aie écrit |
| écrivons | ayons écrit |
| écrivez | ayez écrit |

## INFINITIF

| *Présent* | *Passé* |
|---|---|
| écrire | avoir écrit |

## PARTICIPE

| *Présent* | *Passé* |
|---|---|
| écrivant | écrit |
| | ayant écrit |

## GÉRONDIF

| *Présent* | *Passé* |
|---|---|
| en écrivant | en ayant écrit |

*Récrire*, *décrire* et tous les composés en *-scrire* (→ tableau 22) se conjuguent sur ce modèle.

## 87 | confire | 3ᵉ groupe

### INDICATIF

#### Présent
je confis
tu confis
il confit
nous confisons
vous confisez
ils confisent

#### Passé composé
j'ai confit
tu as confit
il a confit
nous avons confit
vous avez confit
ils ont confit

#### Imparfait
je confisais
tu confisais
il confisait
nous confisions
vous confisiez
ils confisaient

#### Plus-que-parfait
j'avais confit
tu avais confit
il avait confit
nous avions confit
vous aviez confit
ils avaient confit

#### Passé simple
je confis
tu confis
il confit
nous confîmes
vous confîtes
ils confirent

#### Passé antérieur
j'eus confit
tu eus confit
il eut confit
nous eûmes confit
vous eûtes confit
ils eurent confit

#### Futur simple
je confirai
tu confiras
il confira
nous confirons
vous confirez
ils confiront

#### Futur antérieur
j'aurai confit
tu auras confit
il aura confit
nous aurons confit
vous aurez confit
ils auront confit

### CONDITIONNEL

#### Présent
je confirais
tu confirais
il confirait
nous confirions
vous confiriez
ils confiraient

#### Passé
j'aurais confit
tu aurais confit
il aurait confit
nous aurions confit
vous auriez confit
ils auraient confit

### SUBJONCTIF

#### Présent
que je confise
que tu confises
qu'il confise
que nous confisions
que vous confisiez
qu'ils confisent

#### Passé
que j'aie confit
que tu aies confit
qu'il ait confit
que nous ayons confit
que vous ayez confit
qu'ils aient confit

#### Imparfait
que je confisse
que tu confisses
qu'il confît
que nous confissions
que vous confissiez
qu'ils confissent

#### Plus-que-parfait
que j'eusse confit
que tu eusses confit
qu'il eût confit
que nous eussions confit
que vous eussiez confit
qu'ils eussent confit

### IMPÉRATIF

#### Présent
confis
confisons
confisez

#### Passé
aie confit
ayons confit
ayez confit

### INFINITIF

#### Présent
confire

#### Passé
avoir confit

### PARTICIPE

#### Présent
confisant

#### Passé
confit
ayant confit

### GÉRONDIF

#### Présent
en confisant

#### Passé
en ayant confit

---

- *Circoncire*, tout en se conjuguant sur *confire*, fait au participe passé *circoncis, ise*.
- *Frire* n'est employé qu'au singulier du présent de l'indicatif et de l'impératif : *je fris, tu fris, il frit, fris* ; et au participe passé : *frit, frite*. Aux temps et aux personnes où *frire* est défectif, on lui substitue la tournure *faire frire* : *Ils font frire du poisson*.
- *Suffire* se conjugue sur *confire*. Le participe passé *suffi* (sans *t*) est invariable, même à la forme pronominale.

**88** | **cuire**   3ᵉ groupe – verbes en -uire

## INDICATIF

| *Présent* | *Passé composé* |
|---|---|
| je cuis | j'ai cuit |
| tu cuis | tu as cuit |
| il cuit | il a cuit |
| nous cuisons | nous avons cuit |
| vous cuisez | vous avez cuit |
| ils cuisent | ils ont cuit |

| *Imparfait* | *Plus-que-parfait* |
|---|---|
| je cuisais | j'avais cuit |
| tu cuisais | tu avais cuit |
| il cuisait | il avait cuit |
| nous cuisions | nous avions cuit |
| vous cuisiez | vous aviez cuit |
| ils cuisaient | ils avaient cuit |

| *Passé simple* | *Passé antérieur* |
|---|---|
| je cuisis | j'eus cuit |
| tu cuisis | tu eus cuit |
| il cuisit | il eut cuit |
| nous cuisîmes | nous eûmes cuit |
| vous cuisîtes | vous eûtes cuit |
| ils cuisirent | ils eurent cuit |

| *Futur simple* | *Futur antérieur* |
|---|---|
| je cuirai | j'aurai cuit |
| tu cuiras | tu auras cuit |
| il cuira | il aura cuit |
| nous cuirons | nous aurons cuit |
| vous cuirez | vous aurez cuit |
| ils cuiront | ils auront cuit |

## CONDITIONNEL

| *Présent* | *Passé* |
|---|---|
| je cuirais | j'aurais cuit |
| tu cuirais | tu aurais cuit |
| il cuirait | il aurait cuit |
| nous cuirions | nous aurions cuit |
| vous cuiriez | vous auriez cuit |
| ils cuiraient | ils auraient cuit |

## SUBJONCTIF

| *Présent* | *Passé* |
|---|---|
| que je cuise | que j'aie cuit |
| que tu cuises | que tu aies cuit |
| qu'il cuise | qu'il ait cuit |
| que nous cuisions | que nous ayons cuit |
| que vous cuisiez | que vous ayez cuit |
| qu'ils cuisent | qu'ils aient cuit |

| *Imparfait* | *Plus-que-parfait* |
|---|---|
| que je cuisisse | que j'eusse cuit |
| que tu cuisisses | que tu eusses cuit |
| qu'il cuisît | qu'il eût cuit |
| que nous cuisissions | que nous eussions cuit |
| que vous cuisissiez | que vous eussiez cuit |
| qu'ils cuisissent | qu'ils eussent cuit |

## IMPÉRATIF

| *Présent* | *Passé* |
|---|---|
| cuis | aie cuit |
| cuisons | ayons cuit |
| cuisez | ayez cuit |

## INFINITIF

| *Présent* | *Passé* |
|---|---|
| cuire | avoir cuit |

## PARTICIPE

| *Présent* | *Passé* |
|---|---|
| cuisant | cuit |
| | ayant cuit |

## GÉRONDIF

| *Présent* | *Passé* |
|---|---|
| en cuisant | en ayant cuit |

Se conjuguent sur ce modèle *conduire, construire, luire, nuire* et leurs composés (→ tableau 22).
Noter les participes passés invariables : *lui, nui*. Pour *reluire* comme pour *luire*,
le passé simple *je (re)luisis* est supplanté par *je (re)luis... ils (re)luirent*.

# Grammaire du verbe

*Les numéros renvoient
aux numéros des paragraphes.*

# Qu'est-ce qu'un verbe?

## DÉFINITION DU VERBE

En français, comme dans les autres langues, les mots se répartissent entre plusieurs classes : à côté du verbe, on trouve le nom, l'adjectif, l'adverbe, la préposition, etc. Le verbe français, qui se distingue de façon particulièrement nette du nom, présente différents caractères.

### 89 La conjugaison

Le verbe comporte un grand nombre de formes différentes, qui sont énumérées par la *conjugaison*. Ces différences de formes servent à donner des indications relatives à la personne, au nombre, au temps et à l'aspect, au mode et à la voix.

Différentes à l'oral et à l'écrit, les formes *il travaille, nous travaillions, ils travaillèrent, travaillez!, qu'il travaillât* sont également différentes par les informations qu'elles donnent.

### 90 La fonction verbale

Dans une phrase, il est à peu près indispensable d'employer un verbe. Si on le supprime, les autres mots sont privés de lien entre eux, et il devient difficile d'attribuer un sens à l'ensemble qu'ils constituent :

> Le professeur <u>enseigne</u> la grammaire aux élèves.

Cette phrase devient incompréhensible si on supprime le verbe *enseigne*.
La fonction verbale peut, dans certains cas, se trouver réalisée sans la présence d'un verbe. Les phrases sans verbe sont appelées *phrases nominales* :

> Mon ami Paul, quel champion !

### 91 Verbe et temporalité

Les réalités désignées par le verbe ont la propriété de se dérouler dans le temps :

> Le sapin _pousse_ plus vite que le chêne.

Les objets désignés par les noms **sapin** et **chêne** sont considérés comme stables dans le temps. Au contraire, le processus désigné par le verbe **pousser** se déroule dans le temps. Il est par exemple possible, en utilisant la conjugaison, de le présenter comme non accompli, dans l'exemple choisi, où le verbe est au présent. Mais on peut le présenter comme accompli dans la phrase ci-dessous, où le verbe est au passé composé :

> Le sapin _a poussé_ plus vite que le chêne.

## LES DIFFÉRENTS TYPES DE VERBES

Le classement qui est présenté ici tient compte du sens et de la fonction du verbe. Pour un autre classement → **107 à 109.**

### 92 Les verbes auxiliaires : _être_ et _avoir_

Les deux verbes **être** et **avoir** présentent une particularité qui les distingue des autres verbes de la langue. On peut les utiliser de deux façons différentes.

● **_Être_ et _avoir_ : des verbes comme les autres**

Les verbes **être** et **avoir** peuvent d'une part s'employer comme tous les autres verbes, avec le sens et la construction qui leur est propre.

**Être** s'utilise parfois avec le sens d'exister :

> Et la lumière _fut_.

**Être** sert le plus souvent à introduire un attribut :

> La conjugaison est _amusante_.     Alfred est _médecin_.
>           adjectif attribut                    nom attribut
> Mon meilleur ami est le _président de la République_.
>                           GN attribut

**Avoir** s'emploie avec un complément d'objet, et indique que le sujet « possède » ce « complément d'objet » :

> J'ai _sept cents livres de grammaire française_.
>        complément d'objet

- **Être** et *avoir* utilisés comme auxiliaires

Indépendamment de cet emploi ordinaire, être et *avoir* s'utilisent comme verbes auxiliaires. Ils servent à constituer certaines formes de la conjugaison des autres verbes, dans les conditions suivantes :

– Les formes de passif sont constituées, pour les verbes qui peuvent les recevoir, à l'aide de l'auxiliaire *être* et de leur forme simple de participe passé :

> Le café <u>est cultivé</u> dans plusieurs pays d'Afrique.
> <small>voix passive</small>

– Les formes composées de tous les verbes sont constituées à l'aide d'un des deux auxiliaires *être* et *avoir* et de la forme simple du participe passé :

> Paul <u>est parti</u> pour Nouakchott, mais <u>est arrivé</u> à Conakry.
> <small>passé composé</small>                 <small>passé composé</small>
>
> Jacques <u>avait mangé</u>, mais n'<u>avait rien bu</u>.
> <small>plus-que-parfait</small>         <small>plus-que-parfait</small>

– Les formes composées passives utilisent les deux auxiliaires : *être* pour le passif, *avoir* pour la forme composée :

> Paul <u>a été reçu</u> à son examen.
> <small>passé composé passif</small>

– Les formes surcomposées utilisent un auxiliaire lui-même composé à l'aide d'un auxiliaire :

> Dès que Paul <u>a eu fini</u> son travail, il est parti.

– Les formes surcomposées passives – à vrai dire d'emploi très rare – utilisent l'auxiliaire *être* pour le passif et l'auxiliaire *avoir* lui-même composé, en sorte qu'il y a trois auxiliaires successifs, dont deux au participe passé :

> Dès que le président <u>a eu été opéré</u>, il a repris ses responsabilités.

- **Emploi de l'auxiliaire *être* pour les formes composées**

– *Être* est l'auxiliaire des verbes intransitifs (→ 95) qui marquent un déplacement ou un changement d'état aboutissant à son terme. Ainsi, *aller*, *arriver*, *devenir*, *entrer*, *mourir*, etc. se construisent avec *être* :

> Il <u>est arrivé</u> à Paris et il <u>est devenu</u> célèbre.

– *Être* est également l'auxiliaire des verbes construits de façon pronominale (→ **101 et 135**) :

> *Elle s'est soignée, puis elle s'est lavé les mains.*

Pour l'accord du participe → **131 à 141**.

● **Emploi de l'auxiliaire *avoir* pour les formes composées**
*Avoir* est l'auxiliaire de tous les verbes qui n'utilisent pas l'auxiliaire *être*, notamment les verbes transitifs (→ **95**).
Le verbe *être* utilise l'auxiliaire *avoir* :

> *L'accident a été très grave.*
> passé composé du verbe *être*

Le verbe *avoir* s'utilise lui-même comme auxiliaire :

> *Le livre a eu beaucoup de succès.*
> passé composé du verbe *avoir*

Pour les verbes qui font alterner les deux auxiliaires, → tableau **3**.

● **Le verbe *être* : le verbe le plus fréquemment employé**
Comme auxiliaire, le verbe *avoir* est plus fréquent que le verbe *être*. Cependant, les emplois du verbe *être* comme verbe ordinaire (non auxiliaire) sont nettement plus fréquents que ceux du verbe *avoir*, en sorte que tout compte fait, c'est le verbe *être* qui est, juste avant *avoir*, le verbe le plus fréquent de la langue française. C'est pourquoi le tableau de sa conjugaison apparaît en première place.

**93** Les semi-auxiliaires

Il est commode de considérer comme semi-auxiliaires les sept verbes suivants : *aller* et *venir*; *devoir*, *pouvoir*, *savoir* et *vouloir*; *faire*.

● **Emplois de *aller* et *venir***
*Aller* et *venir* suivis de l'infinitif d'un verbe servent à former les périphrases verbales temporelles marquant le futur proche et le passé récent :

> *Je vais partir.*
> futur proche

> *Je viens d'arriver.*
> passé récent

- **Emplois de *devoir, pouvoir, savoir* et *pouvoir***

Certains verbes servent à « modaliser » le verbe à l'infinitif qui les suit. Il s'agit de *devoir*, qui marque la nécessité, et parfois la probabilité, de *pouvoir*, qui marque la possibilité, de *savoir*, marque de la compétence, enfin de *vouloir*, marque de la volonté. On parle dans ce cas de périphrases verbales modales :

> Il doit travailler, mais il veut se reposer.

> Elle sait lire, mais elle ne peut pas écrire.

- **Emplois de *faire***

*Faire* sert à constituer, avec l'infinitif qui le suit, la *périphrase verbale factitive*, par laquelle le sujet n'exécute pas lui-même l'action, mais la fait exécuter par quelqu'un d'autre :

> A. Dumas faisait parfois écrire ses livres par d'autres auteurs.

Employé avec un pronom personnel réfléchi, *faire* constitue, avec le verbe à l'infinitif qui le suit, une *périphrase verbale passive* :

> Mon ami s'est fait renvoyer du lycée.

*Faire* a en outre la propriété de remplacer un autre verbe, comme un pronom remplace un nom :

> Il travaille plus qu'il ne l'a jamais fait.
> (fait = travaillé)

## 94 Les verbes d'action et les verbes d'état

Un très grand nombre de verbes désignent une action effectuée par un sujet : *travailler, manger, marcher, aller, monter*... sont des verbes d'action. Beaucoup moins nombreux, d'autres verbes indiquent l'état dans lequel se trouve le sujet. Dans la plupart des cas, les verbes d'état servent à introduire un attribut : ce sont des verbes *attributifs* (→ 95).

Cependant, le verbe *exister* est un verbe d'état, mais ne peut pas introduire un attribut. Le verbe *être* est parfois utilisé, sans attribut, avec le sens d'*exister*, notamment dans l'expression impersonnelle *il était une fois* :

> Il était une fois un roi très puissant.

## 95 Les verbes intransitifs, transitifs et attributifs

### ● Les verbes intransitifs

Certains verbes d'action désignent des processus qui ne s'exercent pas sur un objet : *aller, dormir, marcher, mugir*... Ces verbes sont dits intransitifs : ils ne peuvent pas avoir de complément d'objet – ce qui ne les empêche pas d'avoir des compléments circonstanciels :

> *Ils marchent <u>vers Paris</u>.*
>            CC de lieu

### ● Les verbes transitifs

D'autres verbes d'action sont généralement pourvus d'un complément qui désigne l'objet sur lequel s'exerce l'action verbale, quelle que soit la nature de cette action. Ces verbes sont dits *transitifs* :

> *Paul construit <u>sa maison</u>.*
>            complément d'objet

### ● Les verbes transitifs directs

Pour certains de ces verbes, le complément d'objet est construit « directement », c'est-à-dire sans préposition :

> *Les abeilles produisent <u>le miel</u>, les termites détruisent <u>les maisons</u>.*
>         COD du verbe *produire*        COD du verbe *détruire*

Si on met le verbe à la voix passive, le complément d'objet en devient le sujet :

> *<u>Le miel</u> est produit par les abeilles.*
>       sujet

**REMARQUE**

– On prendra spécialement garde à ne pas confondre le complément d'objet direct avec les compléments circonstanciels construits directement :

> *Il boit <u>la nuit</u>, il mange <u>le jour</u>.*
>       CC de temps      CC de temps

– Toutefois, ces compléments circonstanciels se distinguent des compléments d'objet par la propriété qu'ils ont de pouvoir se placer devant le groupe constitué par le verbe et son sujet :

> *<u>La nuit</u> il boit, <u>le jour</u> il mange.*

– En outre, ils n'ont pas la possibilité de devenir sujets du verbe passif :

> ● *La nuit est bue par lui.*

C'est une phrase impossible.

- **Les verbes transitifs indirects**

Pour d'autres verbes, le complément d'objet est introduit par une préposition, généralement *à* ou *de* : ces verbes sont appelés *transitifs indirects*.

> Elle ressemble <u>à sa mère</u>, elle parle <u>de linguistique</u>.
> COI du verbe *ressembler*   COI du verbe *parler*

- **Les verbes attributifs**

La plupart des verbes d'état introduisent un nom ou un adjectif qui indiquent une caractéristique du sujet :

> Pierre est <u>content</u> : il deviendra <u>pilote de ligne</u>.
> adjectif                              nom

Ces verbes sont dits *attributifs*, car ils introduisent un attribut du sujet. Les verbes attributifs sont le verbe *être* et ses différentes variantes modalisées : *sembler, paraître, devenir, rester*...

## 96 Les verbes perfectifs et imperfectifs

Les verbes perfectifs désignent une action qui ne peut pas continuer à se dérouler au-delà d'une limite impliquée par le sens même du verbe : on ne peut pas continuer à *arriver* ou à *trouver* quand on *est arrivé* à son but ou qu'on *a trouvé* ce qu'on cherchait.

Inversement, l'action des verbes imperfectifs peut se dérouler sans limitation : quelqu'un qui a déjà longtemps *marché* ou *cherché* peut toujours continuer à *marcher* ou *chercher*.

**REMARQUE**

– Comme le montrent les exemples cités, les verbes perfectifs et imperfectifs peuvent être selon le cas transitifs ou intransitifs. Les perfectifs intransitifs utilisent normalement l'auxiliaire *être*.

Certains verbes peuvent passer de la classe des imperfectifs à celle des perfectifs quand ils sont employés de façon transitive : *écrire* ou *construire* sont imperfectifs quand ils n'ont pas de complément d'objet, mais deviennent perfectifs quand ils en ont un. On peut *écrire* ou *construire* indéfiniment, mais *écrire une lettre* ou *construire une maison* sont des actions perfectives, qui trouvent nécessairement leur achèvement.

– Les verbes attributifs sont le plus souvent imperfectifs. Toutefois, *devenir* est perfectif.

– On se gardera de confondre l'opposition *perfectif/imperfectif* avec l'opposition *accompli/non accompli* (→ 99).

# LES SIX CATÉGORIES VERBALES

La conjugaison permet de donner des indications sur différentes notions :
la personne, le nombre, le temps et l'aspect, le mode, la voix. Ces notions
reçoivent le nom de *catégories verbales*. Elles se combinent entre elles pour
chaque forme verbale :

> *Ils (elles) soignèrent.*

Cet exemple relève simultanément de la personne (la 3e), du nombre
(le pluriel), du temps et de l'aspect (le passé simple), du mode (l'indicatif)
et de la voix (l'actif).

## 97 La personne

Les variations selon la personne sont spécifiques au verbe et au pronom
personnel. C'est l'accord avec le sujet qui confère au verbe les marques
de l'accord (→ 115 et 116). Elles servent à indiquer la personne (ou, d'une
façon plus générale, l'être) qui effectue l'action désignée par le verbe :

> *Je travaille. Nous travaillons.*

La première personne *je* n'est autre que celle qui parle : c'est elle qui est le
sujet du verbe. Le mot *je* a donc la propriété d'indiquer à la fois la personne
qui parle et le sujet du verbe.

La deuxième personne *tu* est celle à laquelle on s'adresse. Le mot *tu* désigne donc à la fois la personne à qui l'on parle et le sujet du verbe.
Dans ces deux premiers cas, le sujet est toujours un pronom personnel,
même si on peut, si c'est nécessaire, lui apposer un nom, commun ou
propre :

> *Toi, Paul,*   *tu*   *connais beaucoup de pays.*
> nom apposé   pronom personnel sujet

La troisième personne *il* indique que le sujet du verbe ne participe pas à la
communication qui s'établit entre les deux premières personnes : elle est
en quelque sorte absente, et on lui donne parfois le nom de *non-personne*.
À la différence des deux premières personnes, qui sont des êtres humains
(ou humanisés, par exemple quand on fait parler un animal ou qu'on
s'adresse à un objet), la troisième personne peut indifféremment désigner
un être animé ou un objet non animé. Le sujet du verbe à la 3e personne
est selon le cas un pronom personnel de la 3e personne, un nom ou un
pronom d'une autre classe que celle des personnels :

> *Il (elle) sourit.*   *Le lac est agité.*   *Tout est fini.*
> pronom personnel   nom commun   pronom indéfini

## ● Les verbes impersonnels

C'est aussi à la troisième personne qu'on emploie les verbes impersonnels conjugués. À proprement parler, ils n'ont pas de sujet : est-il vraiment possible de repérer le véritable sujet de *il pleut* ? Mais la conjugaison française exige la présence d'un pronom devant tout verbe conjugué (sauf à l'impératif et, naturellement, aux modes non personnels → **100 et 164-166**). Dans certains cas, l'élément qui suit le verbe impersonnel peut être interprété comme son « sujet réel » :

Il  m'arrive <u>une étrange aventure.</u>
pronom personnel                sujet réel

## 98 Le nombre

La catégorie du nombre est commune au verbe, au nom comme à ses différents adjectifs et à la plupart des pronoms. Dans le cas du verbe, le nombre est associé à la personne. C'est donc également le sujet qui détermine le nombre, par le phénomène de l'accord (→ **116 et 128**).

Les variations en nombre renseignent sur la quantité des personnes ou des êtres exerçant la fonction de sujet ; en français, une seule personne pour le singulier, au moins deux pour le pluriel :

*Je travaille. Nous travaillons.*

## ● La spécificité de *nous*

Il faut remarquer la spécificité du pluriel de la première personne : *nous* ne désigne pas plusieurs *je* – puisque *je* est par définition unique – mais ajoute à *je* un (ou plusieurs) *tu* ainsi que, éventuellement, un ou plusieurs *il*.

## ● Le *vous* de politesse et le *nous* de modestie ou d'emphase

En français, c'est la 2e personne du pluriel qu'on utilise comme « forme de politesse » :

*Que <u>faites-vous</u>, Madame ?*

La première personne du pluriel est parfois utilisée par une personne unique dans un souci de modestie, par exemple dans certains ouvrages :

<u>Nous</u> ne <u>parlerons</u> pas de ces problèmes.

On utilise parfois le *nous* d'emphase :

<u>Nous</u>, préfet de Haute-Corse, <u>prenons</u> l'arrêté suivant.

Le *vous* de politesse et le *nous* de modestie ou d'emphase entraînent l'accord du verbe au pluriel.

## 99 Le temps et l'aspect

Le verbe donne des indications temporelles sur les réalités qu'il désigne.
Ces indications sont de deux types : le temps et l'aspect.

### ● Le temps

L'action est située dans le temps par rapport au moment où l'on parle.
Ce moment, qui correspond au présent, sépare avec rigueur ce qui lui est
antérieur *(le passé)* de ce qui lui est ultérieur *(le futur)*.
L'ensemble des distinctions entre les différents moments où l'action peut
se réaliser reçoit en grammaire française le nom de *temps*, nom qui est
également utilisé pour désigner chacune des séries de formes telles que le
présent, l'imparfait, le futur.

### ● L'aspect

Le déroulement de l'action est envisagé en lui-même, indépendamment de
sa place par rapport au présent. Ces indications sur la façon dont l'action
se déroule constituent la catégorie de l'*aspect*.
On indique par exemple si les limites temporelles de l'action sont prises en
compte ou ne le sont pas :

> Alfred <u>travailla</u>.    Alfred <u>travaillait</u>.
> passé simple                imparfait

Dans ces deux phrases, l'action est située dans le passé. Cependant, les
deux phrases ont un sens différent. Dans la première, l'action de *travailler*
est envisagée comme limitée : on pourrait préciser le moment où elle a
commencé et celui où elle a fini. La seconde phrase au contraire ne s'intéresse pas aux limites temporelles de l'action. On parle dans ce cas de
valeur aspectuelle *limitative* (pour le passé simple) et *non limitative* (pour
l'imparfait).
On peut aussi indiquer si l'action est en cours d'accomplissement, c'est-
à-dire *non accomplie*, ou si elle est totalement *accomplie*. Dans les phrases
suivantes, le verbe au présent indique que l'action est en cours d'accomplissement :

> Quand on est seul, on <u>déjeune</u> vite.

> En ce moment, les élèves <u>terminent</u> leur travail.

Au contraire, dans les phrases :

> Quand on est seul, on <u>a</u> vite <u>déjeuné</u>.

> En ce moment, les élèves <u>ont terminé</u> leur travail.

le passé composé ne situe pas l'action dans le passé, mais indique qu'au
moment où on parle, l'action est accomplie.

**REMARQUE** L'une des particularités – et, incontestablement, des difficultés – de la conjugaison française est que, contrairement à ce qui s'observe dans d'autres langues, les indications de temps et d'aspect y sont fréquemment données par les mêmes formes, dans des conditions particulièrement complexes. Ainsi, le passé composé a tantôt une valeur aspectuelle d'accompli de présent, tantôt une valeur temporelle de passé. C'est cette particularité qui explique que la catégorie de l'aspect a pu longtemps passer à peu près ou complètement inaperçue, par exemple dans les grammaires scolaires.

## 100 Le mode

La catégorie du *mode* regroupe les *modes personnels*, qui comportent la catégorie de la *personne* (→ 97) et les *modes impersonnels*, qui ne la comportent pas.

### ● Les modes personnels : indicatif, subjonctif, impératif

En français, les modes personnels sont au nombre de trois : l'indicatif, le subjonctif et l'impératif. Ils comportent une flexion en personnes, complète pour les deux premiers, incomplète pour l'impératif, qui n'a pas de 3e personne, et ne connaît la première personne qu'au pluriel.

Le conditionnel, longtemps considéré comme un mode spécifique, est aujourd'hui rattaché à l'indicatif, pour des raisons de forme et de sens (→ 147 à 149).

**REMARQUE** Les tableaux de conjugaison du *Bescherelle* placent le conditionnel du côté de l'indicatif, mais, pour des raisons de tradition, lui conservent son nom et l'isolent de l'indicatif.

Pour les valeurs des trois modes personnels → 157 à 163.

### ● Les modes impersonnels

Les modes impersonnels sont au nombre de trois : l'infinitif, le participe et le gérondif. Ils permettent notamment de conférer au verbe des emplois généralement réservés à d'autres classes.

Pour l'analyse détaillée de ces trois modes → 164 à 166.

## 101 La voix : voix active, voix passive et construction pronominale

● **Définition**

La catégorie de la *voix* – on dit parfois, avec le même sens, *diathèse* – permet d'indiquer de quelle façon le sujet prend part à l'action désignée par le verbe.

● **La voix active**

Quand le verbe est à la *voix active*, le sujet est l'*agent* de l'action, c'est-à-dire qu'il l'effectue :

*Le gros chat <u>dévore</u> les petites souris.*

● **La voix passive**

La *voix passive* indique que le sujet est le *patient* de l'action, c'est-à-dire qu'il la subit :

*Les petites souris <u>sont dévorées</u> par le gros chat.*

Le complément d'objet d'un verbe à la voix active *(les petites souris)* en devient le sujet quand on fait passer le verbe à la voix passive. De son côté, le sujet du verbe actif *(le gros chat)* devient le complément d'agent du verbe passif *(par le gros chat)*.

● **Quels sont les verbes qui peuvent être à la voix passive ?**

La catégorie de la voix passive ne concerne que les verbes transitifs directs. Les autres verbes (transitifs indirects, intransitifs, attributifs → 95) n'ont pas de forme passive.

Toutefois, quelques rares verbes transitifs indirects (notamment *obéir*, *désobéir* et *pardonner*) peuvent s'employer au passif : *vous serez pardonnés*.

**REMARQUE** *Voix et aspect*

Le passage de la voix active à la voix passive (on dit parfois la *transformation passive* ou la *passivation*) a des effets différents sur la valeur aspectuelle (accompli, non accompli) des verbes. La phrase :

*Les vieillards <u>sont respectés</u>.*
voix passive

conserve la valeur de non accompli de :

*On <u>respecte</u> les vieillards.*
voix active

Au contraire :

> *La maison de la culture <u>est construite</u>.*
> voix passive

prend la valeur d'accompli, en contraste avec la forme active correspondante :

> *On <u>construit</u> la maison de la culture.*
> voix active

qui relève du non accompli.

Toutefois, l'adjonction d'un complément d'agent permet à la phrase passive de retrouver la valeur de non accompli. La phrase :

> *La maison de la culture <u>est construite</u> <u>par des ouvriers étrangers</u>.*
> voix passive          complément d'agent

a la même valeur de non accompli que la phrase active correspondante :

> *Des ouvriers étrangers <u>construisent</u> la maison de la culture.*
> voix active

Cette différence de traitement est en relation avec la répartition des verbes entre verbes perfectifs et imperfectifs (→ 96).

### ● Valeur passive de la construction pronominale

Contrairement à d'autres langues, le français ne connaît que les deux voix active et passive.

La construction pronominale consiste à donner au verbe un complément sous la forme du pronom personnel réfléchi :

> *Elle <u>se promène</u> dans le parc.*

Toutefois, cette construction permet dans certains cas d'obtenir des valeurs très voisines de la voix :

> *Ce livre <u>se vend</u> bien.*
> construction pronominale

Le verbe employé de façon pronominale prend une valeur passive, sans toutefois pouvoir recevoir un complément d'agent. C'est l'existence de cette valeur passive qui a incité certains grammairiens à parler de *voix pronominale*.

### ● Les autres valeurs de la construction pronominale : valeur réfléchie

Le sujet exerce l'action sur lui-même. Il peut selon le cas être l'objet de l'action :

> *L'étudiant <u>se prépare</u> à l'examen.*
> (= il prépare lui-même)

ou en être le bénéficiaire :

> Il *se prépare* un avenir radieux.
>
> (= il prépare un avenir radieux pour lui)

● **Les autres valeurs de la construction pronominale : valeur réciproque**

Elle s'observe dans le cas d'un sujet au pluriel. Les agents exercent l'action les uns sur les autres, en qualité soit d'objets :

> Deux pigeons *s'aimaient* d'amour tendre.

soit de bénéficiaires :

> Les étudiants *s'échangent* leurs informations.

● **Verbes essentiellement pronominaux**

Certains verbes s'emploient exclusivement avec la construction pronominale. Ce sont les verbes essentiellement pronominaux, tels que *s'absenter, s'abstenir, s'arroger, se désister, s'évanouir, se repentir, se souvenir...*

REMARQUE *Valeur lexicale de la construction pronominale.*
Elle consiste à modifier la construction ou la valeur du verbe. Par exemple, *s'éveiller* et *se promener* sont les intransitifs correspondant à *éveiller* et *promener* ; *se mourir* est l'imperfectif correspondant à *mourir*, etc.

# La morphologie du verbe

## COMMENT SEGMENTER LES FORMES VERBALES ?

Faire la morphologie du verbe, c'est décrire la façon dont sont constituées les formes verbales.

### 102 Radical et affixes : analyse d'un exemple

Nous procéderons à l'identification des différents éléments d'une forme verbale à partir de l'exemple : *nous aimerons*. Dans cette forme verbale, on distingue successivement les éléments suivants :

- **Le pronom personnel *nous***

*Nous* est le pronom personnel de première personne du pluriel. Il est d'emblée identifiable, car il alterne avec d'autres pronoms – *vous, ils, elles* – qu'on peut lui substituer, à condition de modifier la forme du verbe. Il fournit déjà deux indications capitales : la personne et le nombre.

Ce pronom personnel fait partie de la forme verbale : il est impossible, en français (contrairement à ce qui s'observe dans d'autres langues), d'utiliser un verbe à la première ou à la deuxième personne sans pronom personnel : ● *aimerons*, tout seul, est absolument impossible.

**REMARQUE** L'impératif fait exception : *aimons !*

- **La forme verbale *aimerons***

Comment segmenter (c'est le mot des linguistes pour *découper*) cette forme ? Il suffit de comparer *aimerons* à *amuserons* ou à *déciderons*. L'élément *-erons* est commun à ces trois formes : c'est donc qu'une frontière passe dans chacune d'elles immédiatement avant *-erons*. D'ailleurs, *-erons* peut se voir substituer – au prix, naturellement, d'une différence de valeur – d'autres éléments :

*-ions* (nous amus-*ions*), *-èrent* (ils décid-*èrent*), etc. Cette substitution confirme l'existence de la frontière avant *-erons*.

● **Le radical *aim-***

On a identifié les éléments *aim-*, *amus-* et *décid-*, qui précèdent les éléments tels que *-erons*, *-ions* ou *-èrent*. Les éléments *aim-*, *amus-* et *décid-* sont porteurs de « sens » différents, spécifiques à chacun des trois verbes, comme on peut le vérifier en consultant le dictionnaire. Cet élément porteur du « sens » du verbe reçoit le nom de *radical*.

● **L'élément *-erons***

On lui donnait autrefois les noms traditionnels de *désinence* ou de *terminaison*. Mais ces mots indiquent seulement que l'élément est à la fin de la forme verbale, ce qui est à la fois évident et peu utile. Il faut donc parvenir à une analyse et à une dénomination plus précises. Est-il possible de « segmenter » *-erons* ?

● **L'élément *-ons***

Pour segmenter l'élément *-erons*, il faut comparer *nous aimerons* à *nous aimions*. L'élément *-ons* est commun aux deux formes. Associé au pronom personnel *nous*, il marque comme lui la personne (la première) et le nombre (le pluriel). En effet, *-ons* peut être remplacé par *-ez (vous aimer-ez)*, qui change la personne ou par *-ai* qui change le nombre. Il est donc possible, dans l'élément *-erons*, de faire passer une frontière entre *-er-* et *-ons*.

● **L'élément *-er-***

Placés entre le radical d'un côté et les éléments variables tels que *-ons*, *-ez* ou *-ai*, il reste pour *aimerons* (comme pour *aimerez*) l'élément *-er-*, et pour *aimions* (comme pour *aimiez*) l'élément *-i-*. Pour comprendre la fonction de ces éléments, il suffit de comparer la valeur des deux formes : *aimerons* situe l'action dans le futur, *aimions* la situe dans le passé. Les deux formes étant pour le reste parfaitement identiques, c'est donc l'élément *-er-* qui marque le futur, l'élément *-i-* qui marque l'imparfait.

● **Conclusion de l'analyse de l'exemple**

On voit finalement que les deux formes verbales *nous aimerons* et *nous aimions* se « segmentent » de la façon suivante :

– Le pronom personnel *nous*, chargé d'indiquer la personne (ici la première, en opposition à la seconde et à la troisième) et le nombre (ici le pluriel, en opposition au singulier).

– Le radical *aim-*, porteur du sens spécifique du verbe. Les linguistes parlent de « sens lexical ».

– Les éléments *-er-* pour *aimerons*, *-i-* pour *aimions*. Le premier est la marque du futur, le second celle de l'imparfait.

– L'élément *-ons*, qui marque à la fois la première personne et le pluriel, répétant ainsi ce qui a déjà été indiqué par le pronom *nous*.

Il ne reste plus qu'à donner un nom aux éléments *-er-*, *-i-* et *-ons*. On utilisera ici le terme *affixe*.

C'est l'affixe qui marque, dans la conjugaison de chaque verbe, les catégories de temps, de personne, de nombre... (→ 97 à 101).

Souvent, l'affixe est réalisé à l'oral : on entend le *-er-*, le *-i-* et le *-ons* de *aimerons*, *aimions* et *aimerions*. Mais il arrive très fréquemment que l'affixe n'apparaisse qu'à l'écrit, sans se faire entendre à l'oral : c'est le cas du *-es* ou du *-ent* de *tu aim-es* et de *ils (elles) aim-ent*. Cette importance des affixes écrits est un caractère spécifique de la grammaire française.

Enfin, l'affixe peut être marqué par l'absence de toute marque écrite ou orale. On parle alors d'*affixe zéro*. Mais il faut, pour qu'on puisse utiliser cette notion, que l'affixe zéro s'oppose à des affixes réalisés. Ainsi, la forme *il défend* comporte, pour la 3e personne du singulier, l'affixe zéro, qui la distingue de la première et de la deuxième personne du singulier ainsi que de la première personne du pluriel :

> *je (ou tu) défend-s :*
> affixe écrit *-s*
>
> *nous défend-ons :*
> affixe oral *-ons*
>
> *il (elle) défend :*
> affixe zéro

● **Un, deux ou trois affixes pour une forme verbale**

Une forme verbale conjuguée comporte donc nécessairement un radical et un ou plusieurs affixes porteurs des marques des différentes catégories verbales (→ 97 à 101). Le présent de l'indicatif se caractérise par rapport à la plupart des autres formes par le fait qu'il enchaîne directement le radical et l'affixe de personne et de nombre : *nous aim-ons*, sans rien entre *aim-* et *-ons*, à la différence de *nous aim-er-ons* et de *nous aim-i-ons*, qui enchaînent deux affixes. La forme dite de « conditionnel » *nous aim-er-i-ons* en enchaîne trois, ce qui est un maximum pour le français (mais non pour d'autres langues).

**Formes simples et formes composées**

Les verbes français présentent deux séries de formes.

### ● Formes simples

Dans les formes simples, du type *nous aimerons*, c'est le radical du verbe qui reçoit les différents affixes :

> nous <u>aim</u>-<u>er</u>-<u>ons</u>
>     radical  affixes

### ● Formes composées

Dans les formes composées, le verbe se présente sous la forme du participe passé. Ce participe passé ne se conjugue pas. La forme qui reçoit les affixes est celle d'un des deux verbes auxiliaires, *être* et *avoir* (→ 92).

Dans la forme *nous aurons aimé*, qui est la forme composée correspondant à *nous aimerons*, le verbe *aimer*, sous la forme de son participe passé *aimé*, ne se conjugue pas. C'est l'auxiliaire *avoir* qui reçoit les affixes de temps, de personne et de nombre (ici le *-r-* du futur et le *-ons* de la première personne du pluriel) :

> nous <u>au</u>-<u>r</u>-<u>ons</u> aimé
>       affixes

**REMARQUE** Pour les problèmes d'accord en genre et en nombre → 131 à 141.

### ● Correspondance entre formes simples et formes composées

Une propriété évidente du verbe français est de mettre en relation deux séries de formes, les unes *simples*, les autres *composées*. Chaque forme simple a en face d'elle une forme composée, sur le modèle suivant (pour le mode indicatif) :

#### INDICATIF

| FORMES SIMPLES | | FORMES COMPOSÉES | |
|---|---|---|---|
| présent | *il écrit* | passé composé | *il a écrit* |
| imparfait | *elle écrivait* | plus-que-parfait | *elle avait écrit* |
| passé simple | *il écrivit* | passé antérieur | *il eut écrit* |
| futur simple | *elle écrira* | futur antérieur | *elle aura écrit* |
| conditionnel présent | *il écrirait* | conditionnel passé | *il aurait écrit* |

On voit que l'auxiliaire des formes *il a écrit, il avait écrit, il eut écrit, il aura écrit, il aurait écrit* est au même temps que le verbe de la forme simple correspondante. C'est ainsi qu'au présent correspond le passé composé, à l'imparfait le plus-que-parfait, au passé simple le passé antérieur, au futur le futur antérieur et au conditionnel présent le conditionnel passé.

Le parallélisme des formes simples et composées caractérise tous les modes : en face du présent et de l'imparfait du subjonctif, on trouve le passé et le plus-que-parfait du subjonctif, sur le modèle suivant :

**SUBJONCTIF**

| FORMES SIMPLES | | FORMES COMPOSÉES | |
| --- | --- | --- | --- |
| présent | *qu'il écrive* | passé | *qu'il ait écrit* |
| imparfait | *qu'elle écrivît* | plus-que-parfait | *qu'elle eût écrit* |

Il en va de même à l'impératif :

**IMPÉRATIF**

| FORME SIMPLE | | FORME COMPOSÉE | |
| --- | --- | --- | --- |
| présent | *écris* | passé | *aie écrit* |

On retrouve enfin la même correspondance aux modes impersonnels :

**INFINITIF, PARTICIPE, GÉRONDIF**

| FORMES SIMPLES | | FORMES COMPOSÉES | |
| --- | --- | --- | --- |
| présent | *écrire* | passé | *avoir écrit* |
| présent | *écrivant* | passé | *ayant écrit* |
| présent | *en écrivant* | passé | *en ayant écrit* |

La force du système est même telle que des formes surcomposées, construites à l'aide d'un auxiliaire lui-même composé, se sont constituées : il a eu écrit, il avait eu écrit... → **150 à 154**

## 105 Formes actives et formes passives

Le verbe français comporte, pour les verbes transitifs, deux voix : la voix active et la voix passive.

*nous <u>aimerons</u>*       *nous <u>serons aimé(e)s</u>*
forme active          forme passive

Comme les formes composées, les formes passives présentent le verbe sous la forme du participe passé. Au passif, le participe passé varie en genre et en nombre selon son sujet, comme le montre l'exemple utilisé, où le participe passé *aimé(e)s* porte la marque du pluriel de *nous* et, éventuellement, la marque du féminin.

La forme conjuguée est celle de l'auxiliaire *être*. Il se conjugue au temps de la forme active correspondante. Il existe donc, pour les verbes transitifs, autant de formes passives que de formes actives, même si elles sont beaucoup moins utilisées.

Parmi ces formes, on trouve naturellement les formes passives composées, par exemple le passé composé passif *nous avons été aimé(e)s*, et même les formes passives surcomposées, par exemple *nous avons eu été aimé(e)s*.

**REMARQUE** Les formes composées et surcomposées et les formes passives, éventuellement composées et surcomposées, sont, paradoxalement, d'une grande simplicité morphologique : les seuls éléments conjugués (à la réserve des faits d'accord du participe) sont les verbes auxiliaires, qui sont connus de tous. Ces formes ne présentent donc aucune difficulté de conjugaison. C'est pourquoi il n'en sera plus question dans ce chapitre de morphologie.

# LES RADICAUX

La méthode qui a été exposée sur l'exemple de *nous aimerons* (→ 102) est d'une grande facilité d'emploi. Elle permet de décrire immédiatement la morphologie d'un très grand nombre de formes verbales simples, au sens qui vient d'être expliqué de non composées. Cependant, elle rencontre parfois quelques difficultés apparentes. Ces difficultés sont relatives tantôt au radical, tantôt aux affixes.

## 106 Radical fixe, radical variable selon les trois groupes de verbes

Dans le cas du verbe *aimer*, le radical *aim-* reste identique pour toutes les formes de la conjugaison. Cette invariabilité du radical est un cas extrêmement fréquent. En effet, en dehors des verbes du 3e groupe, la plupart des verbes ont un radical fixe.

## 107 Le premier groupe

Le premier groupe réunit les verbes dont l'infinitif est marqué par l'affixe *-er* et la première personne du singulier du présent de l'indicatif par l'affixe *-e*.

**REMARQUE** *Aller* ne fait donc pas partie de ce groupe, en dépit de son infinitif en *-er*, puisque son présent, à la première personne, est *je vais*.

Tous les verbes du premier groupe (par exemple *aimer* et *travailler*) ont un radical fixe, à quelques rares exceptions près, dans lesquelles le radical reste généralement très facile à reconnaître. Ainsi, *achever* présente son radical tantôt sous la forme *achèv-* (dans *j'achèv-e*), tantôt sous la forme *achev-* (dans *nous achev-ons*).

*Envoyer* et *renvoyer* sont un peu plus complexes : ils font alterner les trois radicaux *envoi-* [ɑ̃vwa] de *j'envoi-e*, *envoy-* [ɑ̃vwaj] de *nous envoyons* et *enver-*[ɑ̃vɛʀ] de *il enverra* (→ tableau **19**).

Il se trouve que les verbes du premier groupe sont de très loin les plus nombreux. C'est sur le modèle de ce groupe que sont formés la quasi-totalité des verbes nouveaux (ou verbes néologiques).

## 108 Le deuxième groupe

Le deuxième groupe réunit les verbes dont l'infinitif est marqué par l'affixe *-r* suivant immédiatement un radical terminé par *-i-*. Leur modèle traditionnel est *finir*. Le radical de ces verbes reste intact à toutes les formes de la conjugaison, mais reçoit à certaines formes un « élargissement » de forme *-ss-* : *je fini-s, il fini-t, il fini-r-a, ils fini-rent*, mais *nous fini-ss-ons, ils fini-ss-aient, fini-ss-ant*. Dès qu'on a enregistré les formes caractérisées par l'élargissement *-ss-* (présent à partir de la 1$^{re}$ personne du pluriel, imparfait, participe présent), l'identification du radical ne pose aucun problème (→ tableau **20**).

Les verbes du 2$^e$ groupe sont au nombre de plus de 300. Certaines formations néologiques se sont faites sur leur modèle, il est vrai à date déjà assez ancienne : l'onomatopée *vrombir*, la brève série *atterrir, amerrir, alunir*.

## 109 Le troisième groupe

Le troisième groupe réunit tous les autres verbes (environ 370) :
– Le verbe *aller*, avec son infinitif en *-er*. → tableau **23**
– Les verbes à infinitif en *-ir* sans élargissement : *courir, nous cour-ons, ils cour-aient, ils cour-r-ont* (ou le deuxième *-r-* ne fait pas partie du radical, mais est l'affixe du futur), *cour-ant*, etc. → tableaux **24 à 37**
– Les verbes à infinitif en *-oir* : *devoir, pouvoir*, l'auxiliaire *avoir*, etc.
→ tableaux **40 à 57**
– Les verbes à infinitif en *-re* : *conclure, coudre, paraître, vaincre*, l'auxiliaire *être*, etc. → tableaux **58 à 68**

● **Verbes du troisième groupe à radical unique**

Certains de ces verbes du 3ᵉ groupe, par exemple *courir* et *conclure*, ont un radical qui reste intact dans toutes les formes de la conjugaison.

● **Verbes comportant un radical sous deux formes différentes**

*Ouvrir* présente en alternance son radical sous la forme *ouvr-* (*il ouvr-e, il ouvr-ait*) et sous la forme *ouvri-* (*il ouvri-r-a*). *Écrire, lire, croire, vivre...* présentent également leur radical sous deux formes.

● **Verbes comportant un radical sous trois formes différentes**

*Devoir* présente en alternance les formes de radical *doi-* (*il doi-t*), *doiv-* (*ils doiv-ent*) et *dev-* (*il dev-ait, dev-oir*). Sont dans le même cas, par exemple, *voir* (*voi-* dans *il voi-t*, *voy-* dans *nous voy-ons*, *ver-* dans *il ver-ra*), *dormir*, *boire...*

● **Verbes comportant quatre formes différentes de leur radical**

*Tenir* fait apparaître son radical sous les formes *tien-* (*il tien-t*), *ten-* (*nous ten-ons*), *tienn-* (*qu'il tienn-e*), *tiend-* (*je tiend-rai*). Sont dans le même cas, par exemple, *prendre* et *savoir*.

Le verbe *aller* appartient en principe à cette classe : on observe l'alternance des radicaux *v-* (*je v-ais, tu v-as*), *all-* (*nous all-ons*), *i-* (*nous i-r-ons*) et *aill-* (*que j'aill-e*). Mais à la différence des autres verbes, les radicaux qui alternent dans sa conjugaison sont totalement différents les uns des autres. On parle dans ce cas de *radicaux supplétifs*. Cette différence complète des radicaux ainsi que la spécificité des affixes du présent incitent à classer *aller* parmi les verbes irréguliers (→ voir ci-dessous).

● **Verbes comportant cinq formes différentes de leur radical**

Il s'agit de *vouloir* (*veu-* dans *il veu-t*, *voul-* dans *nous voul-ons*, *veul-* dans *ils veul-ent*, *voud-* dans *je voud-r-ai*, *veuill-* dans *veuill-ez*) et de *pouvoir* (*peu-* dans *il peu-t*, *pouv-* dans *nous pouv-ons*, *peuv-* dans *ils peuv-ent*, *pour-* dans *je pour-r-ai*, *puiss-* dans *qu'il puiss-e*).

● **Verbes « irréguliers »**

On considère généralement comme « irréguliers » le verbe *aller* ainsi que les deux verbes *faire* et *dire* et les deux auxiliaires *être* et *avoir*. Le classement de ces verbes comme « irréguliers » s'explique par les traits suivants :

– Le nombre des formes du radical est élevé (jusqu'à huit, selon certaines analyses, pour le verbe *être*), et ces formes sont parfois très différentes les unes des autres. Pour l'auxiliaire *être*, on identifie notamment les radicaux *s-* (ils *s-ont*), *ê-* (vous *ê-tes*), *ét-* (il *ét-ait*), *f-* (il *f-ut*), *se-* (il *se-r-a*), *soy-* (*soy-ez*)...

– Il est parfois impossible de distinguer le radical de l'affixe : où passe la frontière qui les sépare dans *il a* ou dans *ils ont* ? *a* est identique au *-a* de *v-a*, qui est visiblement un affixe ; *ont* est identique au *-ont* de *f-ont*, *s-ont* et *v-ont*, qui est lui aussi un affixe. Comme il est impossible de poser que dans *il a* et *ils ont* la forme verbale se réduit à un affixe, on considère que le verbe *avoir* « amalgame » dans ces deux formes radical et affixe.

– Les affixes ont eux-mêmes des formes parfois insolites, voire uniques : le *-ommes* de *s-ommes* est unique, le *-tes* de *vous ê-tes*, *vous fai-tes* et *vous di-tes* est spécifique à ces trois verbes.

**REMARQUE** Pour le dénombrement des formes du radical de chaque verbe, on n'a pas tenu compte des formes de passé simple ni de participe passé, qui, pour plusieurs verbes du 3ᵉ groupe, auraient encore augmenté le nombre des radicaux : ainsi pour *vivre*, il aurait fallu ajouter le radical *vec-* de *il vécut* et de *vécu* ; pour *devoir*, il aurait fallu tenir compte du radical *du-* de *il dut* et de *dû*, pour *naître* des radicaux *naqu-* de *naqu-is* et *n-* de *n-é*, etc.


# CLASSEMENT DES AFFIXES → tableau 6

Les affixes se placent à la suite du radical. On les répartit en deux classes selon leur ordre d'apparition après le radical.

### 110 Affixes n'apparaissant jamais en position finale

Ce sont les deux affixes *-(e)r-* (pour le futur et le « conditionnel ») et *-ai-/-i-* (pour l'imparfait et le « conditionnel »). Ils ont une valeur temporelle. Toutefois le second intervient aussi dans la formation du subjonctif.

> ● **L'affixe du futur et du « conditionnel »** *-(e)r-*
>
> Il apparaît toujours immédiatement après le radical. Ses deux variantes *-er-* et *-r-* alternent selon les sons (ou les lettres) qui les précèdent : *il travaill-er-a, il fini-r-a, il coud-r-a*.
>
> Il est directement suivi, pour le futur, d'un des affixes de la deuxième classe : *nous travaill-er-ons*.
>
> Pour le conditionnel, l'affixe *-ai-/-i-* s'intercale entre lui et l'affixe terminal : *nous travaill-er-i-ons*.

- **L'affixe de l'imparfait et du conditionnel** *-ai-* [ɛ] / *-i-* [j]

Cet affixe apparaît immédiatement après le radical pour l'imparfait. Pour le conditionnel, il est précédé de l'affixe *-(e)r-*. La forme *-ai-* caractérise les trois personnes du singulier et la troisième du pluriel : *je travaill-ai-s, ils décid-er-ai-ent*. La forme *-i-* [j] caractérise les première et deuxième personnes du pluriel de l'imparfait et du conditionnel (*nous travaill-i-ons, vous amus-er-i-ez*), ainsi que, aux mêmes personnes, les formes du subjonctif présent ([que] *nous travaill-i-ons*) et imparfait ([que] *vous travaill-ass-i-ez*).

## 111 Affixes apparaissant toujours en position finale

Ces affixes concernent toutes les formes verbales. Toujours à la finale absolue du verbe, ils sont, selon le cas, placés immédiatement après le radical, ou séparés de lui par l'un et/ou l'autre des deux affixes *-(e)r-* et *-ai-/-i-*.

- **Les affixes du présent de l'indicatif**

Sauf pour les cinq verbes irréguliers *être, avoir, faire, dire* et *aller* (voir leurs tableaux), les affixes du présent de l'indicatif sont décrits par le tableau **6**.

- **Les affixes personnels de l'imparfait de l'indicatif**
**et du « conditionnel »**

Ces affixes sont identiques à ceux du présent pour les trois personnes du pluriel : *nous travaill-i-ons, vous fini-r-i-ez, ils* ou *elles se-r-ai-ent*.

Au singulier, on a les affixes *-s* (pour les première et deuxième personnes) et *-t* (pour la troisième) : *je cous-ai-s, tu i-r-ai-s, il* ou *elle fe-r-ai-t*.

Pour l'imparfait, ils apparaissent après l'affixe *-ai-/-i-*, lui-même précédé, pour le conditionnel, de l'affixe *-er-/-r-*.

- **Les affixes personnels du futur**

Ces affixes sont identiques pour tous les verbes. → tableau **6**

- **Les affixes du passé simple** → tableau **6**

- **Les affixes du subjonctif présent**

Ils ont les formes *-e, -es, -e, -ons, -ez, -ent*.

Aux trois personnes du singulier et à la troisième du pluriel, ils suivent directement le radical. Aux deux premières personnes du pluriel, ils suivent l'affixe *-i-*.

REMARQUE Pour les verbes *être* et *avoir*, voir les tableaux correspondants.

## ● Les affixes du subjonctif imparfait

Le subjonctif imparfait utilise le radical du passé simple, suivi de l'élément temporel de son affixe, soit, selon le cas, *-a-* et *-â-*, *-i-* et *-î-*, *-u-* et *-û-*, *-in-* et *-în-* (avec l'accent circonflexe à la troisième personne du singulier). La base ainsi formée est traitée de la façon suivante :

– À la 3ᵉ personne du singulier, elle est suivie de l'affixe *-t*, qui ne se prononce pas : *(qu')il travaill-â-t, (qu')il pr-î-t, (qu')il mour-û-t, (qu')il v-în-t*.

– Aux deux premières personnes du singulier et à la troisième du pluriel, elle est suivie par l'élargissement *-ss-*, lui-même suivi par les affixes *-e, -es* et *-ent* : *(que) je travaill-a-ss-e, (que) tu pr-i-ss-es, (qu')ils v-in-ss-ent*.

– Les deux premières personnes du pluriel insèrent entre l'élargissement *-ss-* et les affixes personnels *-ons* et *-ez* l'affixe *-i-* : *(que) nous travaill-a-ss-i-ons, (que) vous fini-ss-i-ez, (que) vous v-in-ss-i-ez*.

## ● Les affixes de l'impératif

– Les trois formes de l'impératif présent (deuxième personne au singulier et au pluriel, première personne seulement au pluriel) se confondent avec les formes d'indicatif présent, utilisées sans pronom personnel sujet. Toutefois, pour les verbes à l'infinitif en *-er*, l'*-s* final disparaît à la deuxième personne du singulier : *tu travailles, tu vas*, mais *travaille, va*. L'*-s* réapparaît, dans l'écriture et dans la prononciation, sous la forme de [z], devant *en* et *y* : *manges-en, vas-y*.

– *Être, avoir, savoir* et *vouloir* empruntent leurs formes d'impératif présent au subjonctif correspondant, en effaçant l'*-s* final de la deuxième personne du singulier quand il suit *-e-* : *aie, sache, veuille* (mais *sois*). *Sachons* et *sachez* effacent l'*-i-* du subjonctif.

## ● Les affixes de l'infinitif

L'infinitif est caractérisé par l'élément *-r*, souvent suivi dans l'orthographe d'un *-e*. Toujours présent dans l'écriture, il n'est prononcé qu'après une consonne ou une voyelle autre que [e] : *atterrir, courir, suffire, pleuvoir* [pløvwaʀ], *croire, taire, faire, clore, plaindre, peindre*, mais *aimer, aller*, etc.

## ● Les affixes du participe présent et du gérondif

Pour ces deux modes impersonnels, on utilise l'affixe *-ant*. En cas de radical variable, la forme de la 1ʳᵉ personne du pluriel du présent de l'indicatif est utilisée. Font exception *ét-ant*, formé sur le radical de l'imparfait, *ay-ant* et *sach-ant*, formés sur le radical du subjonctif.

Le participe présent reste toujours invariable, sauf quand il passe dans la classe de l'adjectif (→ **165**). Le gérondif utilise la forme du participe présent précédée par la préposition en : *(Tout) en travaillant, il poursuit ses études*.

• **Les affixes du participe « passé »**

Le participe passé présente des phénomènes complexes, tant pour les radicaux que pour les affixes.

– Quelques participes passés sont terminés au masculin par une consonne prononcée. Leur féminin se marque par la consonne [t] suivie dans l'orthographe d'un -*e* muet (*mort* [mɔʀ], *morte* [mɔʀt], *offert*, *offerte*, etc.).

– Pour certains verbes, le participe passé se termine à l'écrit par une consonne qui n'apparaît à l'oral qu'au féminin : *assis, assise, clos, close, dit, dite*, etc.

**REMARQUE** *Absoudre* et *dissoudre* ont un participe passé terminé au masculin par -*s* et au féminin par -*te* : *absous, absoute*.

– Les participes passés des autres verbes ont pour affixes la voyelle -*é* (pour le premier groupe et pour *aller*), la voyelle -*i* (pour le deuxième groupe et certains verbes du troisième : *servi, fui*, etc.), enfin la voyelle -*u* (pour d'autres verbes du troisième groupe : *chu, couru, tenu, venu*, etc.).

# LES VERBES DÉFECTIFS

## 112 Définition des verbes défectifs

Un certain nombre de verbes comportent des lacunes dans leur conjugaison qui est, à des degrés divers, incomplète. On les appelle défectifs, c'est-à-dire « comportant un manque ».

## 113 Classement des verbes défectifs

• **Les verbes exclusivement impersonnels**

Ces verbes ne sont pour l'essentiel défectifs que pour la personne, dont ils ne possèdent que la troisième, au singulier. Mais cette lacune en entraîne d'autres. Ils ne possèdent nécessairement pas d'impératif, puisque celui-ci n'a pas de 3e personne. Leur participe présent et leur gérondif sont d'emploi rarissime, puisqu'ils exigent en principe l'identité du sujet avec celui d'un verbe à un mode personnel. Parmi eux, on distingue les verbes météorologiques tels que *neiger, pleuvoir*, etc. et une brève série de verbes généralement suivis d'un complément (nominal ou propositionnel) tels *falloir (il faut), s'agir (il s'agit de)* et l'expression impersonnelle *il y a*.

• **Autres verbes défectifs**
→ tableaux **31, 38, 39, 45, 52, 53, 55, 56, 57, 66, 71, 76, 78**

# La syntaxe du verbe

## GÉNÉRALITÉS

### 114 Qu'est-ce que la syntaxe ?

Étudier la **syntaxe** du verbe, c'est décrire les relations que le verbe entretient, dans le discours et spécifiquement dans la phrase, avec les différents éléments de son entourage. La morphologie, comme on l'a vu dans le chapitre précédent, étudie les formes verbales *isolément*. La syntaxe, au contraire, s'intéresse non seulement au verbe lui-même, mais aussi à tous les éléments qui entrent en relation avec lui.

Dans ces conditions, le champ de la syntaxe du verbe est très étendu : il comprend par exemple l'étude des différents *compléments* du verbe, quelle que soit la nature de ces compléments : noms, adverbes, propositions, etc. Compte tenu des visées spécifiques de cet ouvrage et de ses limites, on n'a retenu de la syntaxe du verbe que les problèmes qui entraînent pour les formes verbales des variations, notamment orthographiques. Il s'agit des phénomènes d'*accord*.

### 115 Qu'est-ce que l'accord ? Analyse d'un exemple

*Le petit garçon promène son chien.*

Dans cette phrase, le nom **garçon** comporte plusieurs catégories morphologiques. Il possède par lui-même le *genre masculin*. Il est utilisé au *singulier, nombre* qu'on emploie quand la personne ou l'objet dont on parle est unique. Il relève enfin de la *3ᵉ personne* : on pourrait le remplacer par le pronom personnel de 3ᵉ personne *il*.

Ces trois catégories morphologiques possédées par le nom **garçon** se communiquent aux éléments de la phrase qui entrent en relation avec lui. L'article *le* et l'adjectif **petit** prennent les marques des deux catégories du *genre masculin* et du *nombre singulier*, mais non celle de la *3ᵉ personne*, parce qu'ils ne peuvent pas marquer cette catégorie. De son côté, le verbe prend les marques de la *3ᵉ personne* et du *nombre singulier*, mais non celle du *genre masculin*, parce qu'il ne peut pas marquer cette catégorie.

# L'ACCORD DU VERBE

## 116 Accord du verbe avec son sujet

Les formes personnelles du verbe s'accordent en personne et en nombre avec leur sujet :

> Les élèves travaillent ; nous, nous ne faisons rien.
> 3ᵉ pers. pl.     3ᵉ pers. pl.     1ʳᵉ pers. pl.     1ʳᵉ pers. pl.

● **Accord en personne**

Le verbe ne s'accorde à la première et à la deuxième personnes que lorsque le sujet est un pronom personnel de l'une de ces deux personnes (*je* et *tu* pour le singulier, ***nous*** et ***vous*** pour le pluriel) :

> Je          suis          grammairien.
> 1ʳᵉ pers. sing.  1ʳᵉ pers. sing.
>
> Tu          as          de bonnes notions de conjugaison.
> 2ᵉ pers. sing.  2ᵉ pers. sing.
>
> Nous        adorons      la syntaxe.
> 1ʳᵉ pers. pl.   1ʳᵉ pers. pl.

Tous les autres types de sujet (nom commun introduit par un déterminant, nom propre, pronom autre que *je, tu, nous* ou *vous,* verbe à l'infinitif...) entraînent l'accord à la 3ᵉ personne :

> Paul        frémit       en pensant au participe.
> nom propre   3ᵉ pers.
>
> Personne    ne peut      négliger l'orthographe.
> pronom indéfini  3ᵉ pers.
>
> Fumer       est          dangereux pour la santé.
> infinitif    3ᵉ pers.

● **Accord en nombre**

Pour le nombre, le sujet au singulier détermine l'accord au singulier, le sujet au pluriel l'accord au pluriel :

> La grammaire    est vraiment passionnante.
> sujet singulier   verbe singulier

> *Les élèves* travaillent.
> sujet pluriel        verbe pluriel
>
> *Ils se*        moquent *des problèmes d'accord.*
> sujet pluriel        verbe pluriel
>
> *Certains*        *préfèrent le caviar au fois gras.*
> sujet pluriel        verbe pluriel

**REMARQUE** Le *vous* de politesse comme le *nous* de modestie ou d'emphase entraînent l'accord du verbe au pluriel.

## 117 Accord du verbe avec le pronom relatif *qui*

Le pronom relatif *qui* peut avoir pour antécédent un pronom personnel de la première ou de la deuxième personne. Dans ce cas, l'accord en personne se fait avec le pronom personnel :

> *C'est moi    qui ai raison ; c'est toi    qui as tort.*
> antécédent 1re pers.  1re pers.        antécédent 2e pers.  2e pers.

Toutefois, les expressions telles que *le premier (la première) qui, le seul (la seule) qui, celui (celle) qui,* dépendant d'un verbe à la première ou à la deuxième personne, acceptent l'accord à la troisième :

> *Je suis le premier qui ai/a écrit sur ce sujet.*
> 1re pers.            1re ou 3e pers.
>
> *Tu es celle qui m'as/m'a aimé.*
> 2e pers.            2e ou 3e pers.

Pour *un (une) des (...) qui,* il faut, pour faire correctement l'accord, repérer si l'antécédent de *qui* est le pronom singulier *un* ou le nom au pluriel qui en est le complément :

> *C'est un des élèves qui a remporté le prix.*
> (= un seul élève a remporté le prix)
>
> *C'est un des meilleurs livres qui aient été publiés.*
> (beaucoup de livres ont été publiés)

## 118 Accord du verbe avec un titre d'œuvre

Les titres d'œuvres (littéraires, picturales, musicales, cinématographiques, etc.) constitués par un nom au pluriel déterminent l'accord au singulier ou au pluriel, selon des variables très complexes :

> *Les* Pensées *de Pascal sont admirables,* Les Harmonies poétiques *se laissent encore lire.*

Mais :

> Les Enfants du Paradis _est_ l'un des meilleurs films de tous les temps.
> (plutôt que _sont_)

> Les Dieux ont soif _est_ le meilleur roman d'Anatole France.
> (à l'exclusion de _sont_)

**119** **Accord avec un nom collectif** (_foule, masse, centaine..._)

Les noms tels que _foule, multitude, infinité, troupe, masse, majorité_... ainsi que les approximatifs _dizaine, douzaine, vingtaine, centaine_... sont morphologiquement au singulier, mais désignent une pluralité d'êtres ou d'objets. Quand ils sont utilisés seuls, ils déterminent l'accord au singulier :

> La _foule_ se déchaîne.

Mais quand ils sont déterminés par un nom au pluriel, ils peuvent faire apparaître l'accord du verbe au pluriel :

> Une foule de _manifestants_ se déchaîne ou se déchaîne_nt_.
>           nom pluriel       singulier       pluriel

C'est ce qu'on appelle la **syllepse de nombre**.

**120** **Accord avec un nom de fraction** (_une moitié, un tiers..._)

Les fractions marquées par un nom tel que _la moitié, le tiers, le quart_ sont au singulier, mais visent évidemment, quand elles s'appliquent à des êtres ou des objets distincts, plusieurs de ces êtres ou de ces objets : _la moitié des députés, le tiers des candidats_.
Les expressions de ce genre déterminent généralement, toujours par syllepse, l'accord au pluriel :

> La moitié des députés sortants _ont_ été battus.
>       pluriel         pluriel

On trouve même parfois, après la suppression du complément au pluriel lorsqu'il est connu par le contexte, des accords du type :

> La moitié _ont_ été battus.
>       pluriel

**REMARQUE** Toutefois, le singulier reste à la rigueur possible, même avec le complément au pluriel :

> Le tiers des députés sortants _a_ été battu.

Quand le complément de ces fractions désigne une matière où l'on ne peut pas reconnaître d'unités distinctes, l'emploi du pluriel est absolument exclu :

> La moitié de la récolte a pourri sur place.

## 121 Accord avec une indication de pourcentage

Le cas des indications de pourcentage est légèrement différent de celui des fractions. En effet, les expressions telles que *29 %* sont par elles-mêmes au pluriel.

◗ *29 % des députés sortants a été battu* est une phrase très peu vraisemblable. Inversement, l'accord au pluriel est possible, même quand le complément désigne une matière indistincte :

> 29 % de la récolte ont été perdus.

## 122 Accord avec un adverbe de quantité (beaucoup, trop, peu...)

Il s'agit de *beaucoup, peu, pas mal, trop, peu, assez, plus, moins, tant, autant*, de l'interrogatif (et exclamatif) *combien*, de l'exclamatif *que* et de quelques autres. Ces adverbes sont souvent complétés par un nom au pluriel :

> beaucoup d'élèves
>       nom pluriel
> pas mal d'élèves
>       nom pluriel

Ils ont alors le même sens qu'un article au pluriel *(pas mal d'élèves = des élèves)* et imposent au verbe l'accord au pluriel :

> Peu de candidats **ont** échoué : moins de cent s'étaient présentés.

Sans complément, certains de ces adverbes – mais non tous – conservent cette propriété : *peu ont échoué* reste possible, mais ◗ *moins s'étaient présentés* est impossible.

**REMARQUE**

– *La plupart*, même avec un complément au pluriel, garde la possibilité de l'accord au singulier : *La plupart des élèves travaillent* ou *travaille*.

– Bizarrement, *plus d'un* exige l'accord au singulier, et *moins de deux* le pluriel : *Plus d'un est venu, moins de deux sont repartis.*

**123** **Accord des verbes impersonnels**

Le problème tient ici à l'absence de véritable sujet, au sens d'agent de l'action : où est, en ce sens, le sujet de *il pleut* ou de *il fallait* ? Le français a réglé le problème en imposant aux verbes impersonnels le pronom de la 3ᵉ personne du singulier (→ 97) et, nécessairement, l'accord au singulier. Cet accord au singulier se maintient même quand le verbe est pourvu d'un « sujet réel » au pluriel :

> *Il pleut <u>des hallebardes</u>.*
> sujet réel pluriel

**124** **Accord du verbe avec plusieurs sujets de même personne**

Il est très fréquent qu'un verbe ait pour sujets plusieurs noms, communs ou propres, ou plusieurs pronoms coordonnés ou juxtaposés. Le principe général est que le verbe muni de plusieurs sujets (c'est-à-dire, en français, au moins deux) s'accorde au pluriel :

> *Le <u>général</u> et le <u>colonel</u> ne s'<u>entendent</u> pas bien.*
> singulier     singulier        pluriel
>
> *<u>Ferdinand</u> et <u>René</u>   <u>ont</u>  fait de la linguistique.*
> singulier    singulier pluriel
>
> *<u>Celui-ci</u> et <u>celui-là</u> travaille<u>ront</u> correctement.*
> singulier    singulier       pluriel
>
> *<u>Elle</u>  et  <u>lui</u>  ne  <u>font</u> rien.*
> singulier singulier     pluriel

**REMARQUE** *Cas particulier d'archaïsme.* On fait parfois l'accord avec un seul des sujets, même quand ils sont de sens très différent :

> *Leur <u>sommeil</u> et leur <u>réveil</u> en fut tout parfumé.* ANATOLE FRANCE
> sujet            sujet

Le cas de *l'un et l'autre*, qui continue dans certains cas à déterminer l'accord au singulier (*l'un et l'autre se dit* ou *se disent*), entre dans cette catégorie.

**125** **Accord avec des sujets coordonnés par *ou* et *ni... ni***

Ces deux cas ne semblent pas poser de problème : il y a au moins deux sujets, et l'accord au pluriel paraît s'imposer. Cependant, certains grammairiens présentent les raisonnements suivants :

● **Sujets coordonnés par *ou***

Coordonnés par *ou*, les deux sujets entraînent l'accord au singulier quand *ou* est exclusif. On fera donc l'accord au singulier pour :

> *Une valise ou un gros sac m'est indispensable.*
> (= un seul des deux objets, à l'exclusion de l'autre, m'est indispensable)

On fera l'accord au pluriel pour :

> *Une valise ou un sac faciles à porter ne se trouvent pas partout.*
> (= les deux objets sont également difficiles à trouver)

Malgré sa subtilité et la difficulté de son application pratique, ce raisonnement est acceptable. Il laisse d'ailleurs une trace dans l'accord avec *l'un ou l'autre* et *tel ou tel*, qui se fait le plus souvent au singulier, le *ou* y étant exclusif.

- **Sujets coordonnés par *ni... ni***

Coordonnés par la conjonction de sens négatif *ni... ni*, aucun des deux sujets n'est en mesure d'effectuer l'action du verbe, qui devrait donc rester au singulier :

> *Ni <u>Henri V</u> ni <u>Charles XI</u> n'<u>a</u> été roi.*
>     sujet        sujet    singulier

Ce raisonnement est discutable : si on le suivait totalement, on s'interdirait d'accorder au pluriel les verbes des phrases négatives, où les sujets n'effectuent pas réellement l'action. Dans la pratique, on peut, à sa guise, faire l'accord au singulier ou au pluriel.

REMARQUE L'expression *ni l'un ni l'autre* entraîne alternativement l'accord au singulier et au pluriel : *ni l'un ni l'autre ne travaille* ou *ne travaillent*.

## 126 Accord avec des sujets unis par *comme, ainsi que, de même que, autant que, au même titre que...*

L'accord se fait au pluriel quand l'expression qui unit les sujets a la fonction d'une coordination :

> *Le latin <u>comme</u> le grec ancien <u>sont</u> des langues mortes.*
> (= le latin et le grec)          pluriel

L'accord au singulier indique que l'expression qui unit les termes conserve sa valeur comparative. C'est notamment ce qui se produit dans les cas d'incises isolées par des virgules :

> *Mexico, <u>au même titre que Tōkyō et São Paulo,</u> <u>est</u> une mégapole.*
>                                   singulier

**127** Accord avec des sujets désignant le même objet ou la même personne

Si les sujets sont de sens absolument distinct, mais désignent le même objet ou la même personne, l'accord se fait au singulier :

Le *1ᵉʳ ministre* et le *président du Conseil peut* être le même homme.
  sujet              sujet            singulier

C'est l'année où *mourut* mon *oncle* et (mon) *tuteur*.
            singulier        sujet            sujet

**REMARQUE** Dans le deuxième exemple, il est possible de ne pas répéter le déterminant devant le second sujet : ... *mon oncle et tuteur*.

Si les sujets sont de sens apparenté et s'appliquent à la même réalité, l'accord au singulier est le plus fréquent :

La joie et l'allégresse *s'empara* de lui. (= synonymie)

L'irritation, le courroux, la rage *avait* envahi son cœur. (= gradation)

**128** Accord avec plusieurs infinitifs sujets

Une suite de plusieurs infinitifs sujets détermine normalement l'accord au singulier. Mais on trouve parfois le pluriel :

Manger, boire et dormir *est* agréable.

Manger, boire et dormir *sont* permis.

**REMARQUE** Pour la plupart des cas difficiles d'accord (→ 118 à 127) qui viennent d'être décrits, l'arrêté de 1976 autorise les deux possibilités.

**129** Accord avec des sujets qui ne sont pas à la même personne

● **Accord en nombre**
Quand les différents sujets relèvent de personnes différentes, l'accord en nombre se fait également au pluriel.

● **Accord en personne**
La première personne prévaut sur les deux autres :

Toi et moi (nous) *adorons* la grammaire.

Toi, Ernest et moi (nous) *passons* notre temps à faire de la syntaxe.

La deuxième personne prévaut sur la troisième :

> *Émile et toi (vous) av<u>ez</u> dévoré un énorme plat de choucroute.*

**REMARQUE** On remarque dans ces exemples la présence facultative (marquée par les parenthèses) d'un pronom personnel récapitulatif qui indique la personne déterminant l'accord.

## 130 Accord du verbe *être* avec l'attribut *(c'était... c'étaient...)*

Quand le verbe *être* a pour sujet le pronom démonstratif *ce* (ou, parfois, les démonstratifs *ceci* ou *cela*, souvent précédés de *tout*) et qu'il introduit un attribut au pluriel (ou une suite d'attributs juxtaposés ou coordonnés), il peut, par exception à la règle générale d'accord du verbe, prendre la marque du pluriel, c'est-à-dire s'accorder avec l'attribut :

> *Ce <u>sont</u> eux.*
>
> *Tout ceci <u>sont</u> des vérités.*
>
> *C'<u>étaient</u> un capitaine, un lieutenant et un adjudant-chef.*

Mais ● *ce sont nous,* ● *ce sont vous* sont impossibles.
Ce phénomène insolite d'accord avec l'attribut est légèrement archaïsant. Il était beaucoup plus fréquent aux périodes anciennes de l'histoire de la langue.

# L'ACCORD DU PARTICIPE PASSÉ

## 131 Quelques remarques sur l'accord du participe passé

La question de l'accord du participe passé donne lieu à des développements considérables, qui peuvent laisser penser qu'il s'agit d'un des points les plus importants de la langue. Pour prendre la mesure de l'intérêt du problème, il est utile de ne pas perdre de vue les remarques suivantes.

### ● Un problème d'orthographe

L'accord du participe passé est un phénomène à peu près exclusivement orthographique. L'accord en genre ne se fait entendre à l'oral que pour un petit nombre de participes : par exemple, *offert, offerte.* Les participes passés de loin les plus nombreux sont terminés au masculin par *-é, -i* ou *-u* et ne marquent le féminin que dans l'orthographe : *-ée, -ie, -ue.* Quant à l'accord en nombre, il n'a jamais de manifestation orale, sauf dans les cas de liaisons, eux-mêmes assez rares.

● **Des règles peu respectées**

Même dans les cas où l'accord en genre apparaît à l'oral, on observe fréquemment, dans la langue contemporaine, que les règles n'en sont pas observées, notamment pour l'accord du participe passé avec un complément d'objet direct antéposé.

On entend très souvent :

➋ *les règles que nous avons enfreint* ou ➋ *les fautes que nous avons commis,* au lieu des formes régulières *enfreintes* et *commises*.

● **Une règle artificielle**

La règle de l'accord du participe passé avec le complément d'objet antéposé est l'une des plus artificielles de la langue française. On peut en dater avec précision l'introduction ; c'est le poète français Clément Marot qui l'a formulée en 1538. Marot prenait pour exemple la langue italienne, qui a, depuis, partiellement renoncé à cette règle.

● **Un problème politique ?**

Il s'en est fallu de peu que la règle instituée par Marot ne fût abolie par le pouvoir politique. En 1900, un ministre de l'Instruction publique courageux, Georges Leygues, publia un arrêté qui « tolérait » l'absence d'accord.

Mais la pression de l'Académie française fut telle que le ministre fut obligé de remplacer son arrêté par un autre texte qui, publié en 1901, supprime la tolérance de l'absence d'accord, sauf dans le cas où le participe est suivi d'un infinitif ou d'un participe présent ou passé : *les cochons sauvages que l'on a trouvé* ou *trouvés errant dans les bois.* → 139

## 132 Accord du participe passé employé sans auxiliaire

La règle générale découle du statut du participe passé : verbe transformé en adjectif, il adopte les règles d'accord de l'adjectif. Il prend donc les marques de genre et de nombre du groupe nominal dont il dépend. La règle s'applique quelle que soit la fonction du participe par rapport au groupe nominal : épithète, apposition, attribut.

> *Les petites filles assises sur un banc regardaient les voitures.*
> épithète féminin pluriel

> *Assises sur un banc, elles regardaient les voitures.*
> apposition féminin pluriel

> *Elles étaient assises sur un banc, regardant les voitures.*
> attribut féminin pluriel

Ce phénomène d'accord adjectival n'exclut naturellement pas la possibilité pour le participe d'avoir des compléments à la manière d'un verbe :

> *Expulsés par leur propriétaire, les locataires ont porté plainte.*

> *Ces jeunes personnes semblent satisfaites de leur condition.*

La règle de l'accord du participe passé employé sans auxiliaire ne comporte que des exceptions apparentes.

● ***Attendu, y compris, non compris, excepté, passé, supposé, vu***

Placés devant un groupe nominal (c'est-à-dire avant le déterminant du nom), ces participes passés prennent en réalité la fonction d'une préposition : ils deviennent invariables.

> *Vu    les conditions atmosphériques, la cérémonie est reportée.*
> participe          groupe nominal
> invariable

● ***Étant donné***

Il arrive que ce participe passé passif s'accorde. C'est qu'il est compris comme une proposition participiale avec sujet postposé :

> *Étant donné(es) les circonstances...*
>             féminin pluriel

● ***Ci-joint, ci-annexé, ci-inclus***

Caractéristiques de la correspondance administrative, ils obéissent en principe aux règles suivantes :

– Ils restent invariables devant le groupe nominal.

> *Ci-joint la photocopie de mon chèque.*

– Ils s'accordent quand ils sont placés après le nom.

> *Voir la photocopie ci-jointe.*

– Ils s'accordent aussi quand, même antéposés, ils sont considérés comme des attributs du nom.

> *Vous trouverez ci-jointe une photocopie de mon chèque.*

**133** ## Accord du participe passé employé avec *être* : règle générale

Employé avec l'auxiliaire *être*, le participe passé s'accorde en genre et en nombre avec le sujet du verbe. Cette règle vaut pour les verbes à la voix passive et pour les formes composées des verbes recourant à l'auxiliaire *être*.

Voix passive :

> *Les voyageurs sont bloqués sur l'autoroute par la neige.*
> voix passive

Voix active :

> *Quelques jeunes filles sont descendues sur la chaussée.*
> passé composé du verbe descendre

**REMARQUE** Le pronom *on* détermine normalement l'accord du participe au masculin singulier : *On est arrivé*. Cependant, l'accord peut se faire au pluriel, masculin le plus souvent, féminin quand les personnes désignées par *on* sont toutes des femmes : *On est reparties*. Plus rare, l'accord au féminin singulier indique que *on* vise une femme unique : *Alors, on est devenue bergère ?*

**134** ## Accord du participe passé employé avec *avoir* : règle générale

Le participe passé conjugué avec l'auxiliaire *avoir* ne s'accorde jamais avec le sujet du verbe :

> *Claudine n'aurait jamais fait cela.*
> sujet féminin      participe passé invariable

Lorsqu'il est précédé par un complément d'objet direct, le participe passé s'accorde avec ce complément :

> *Ces histoires, il les a racontées.* ( les = histoires = féminin pluriel )
> complément   participe passé
> d'objet direct   féminin pluriel

Le participe *racontées* s'accorde en genre et en nombre avec le complément d'objet direct qui le précède, le pronom personnel *les*, lui-même représentant le nom féminin pluriel *ces histoires*.

**REMARQUE** La règle d'accord du participe passé avec le complément d'objet direct antéposé s'applique somme toute peu souvent. Elle exige en effet deux conditions, finalement assez rares :
– 1. Le verbe doit avoir un complément d'objet direct, ce qui exclut les verbes intransitifs, attributifs et même les transitifs construits sans complément d'objet.

– 2. Le complément d'objet doit être placé avant le participe, ce qui ne s'observe normalement que dans les interrogatives où l'objet est placé en tête de phrase :

> *Quelles grammaires avez-vous consultées ?*

dans les phrases où l'objet est un pronom personnel :

> *Je jette les grammaires dès que je les ai lues.*

et dans les relatives où le pronom relatif est objet :

> *Les grammaires que j'ai acquises sont bien médiocres.*

## 135 Accord du participe passé des verbes pronominaux

● **La règle**

Dans la plupart des cas, on observe l'accord avec le sujet, quelle que soit la valeur de la construction pronominale :

> *Ils se sont lavés.* (valeur réfléchie)

> *Elles se sont battues.* (valeur réciproque)

> *La porte s'est ouverte d'elle-même.* (valeur passive)

> *Ils se sont souvenus, elles se sont évanouies.*
> (verbes essentiellement pronominaux)

● **Les exceptions**

– Dans la phrase suivante, l'accord avec le sujet ne se fait pas :

> *Elles se sont préparé une bonne soupe.*

En effet, le pronom réfléchi *se* n'est pas le complément d'objet direct du verbe, mais désigne le bénéficiaire de l'action. Le complément d'objet du verbe est le nom *soupe*, comme le montre l'accord du participe passé quand le complément *soupe* est placé avant lui :

> *La soupe qu'elles se sont préparée était bonne.*

– Le participe passé des verbes *se complaire, se nuire, se parler, se plaire, se succéder...* reste invariable :

> *Plusieurs reines se sont succédé.*

> *Elles se sont plu les unes aux autres.*

Comme dans le cas précédent, le pronom réfléchi n'est pas le complément d'objet du verbe : *les reines* n'ont pas succédé *les reines* (complément d'objet direct), elles ont succédé *aux reines* (complément d'objet indirect).

- ● **Interprétation de la règle et des exceptions**

Le pronom réfléchi désigne par définition le même objet ou la même personne que le sujet. Dans *ils se sont lavés, ils*, sujet, et *se*, complément d'objet, désignent la même personne. On peut donc formuler de deux façons la règle d'accord :

1. L'accord se fait avec le sujet, comme dans les autres cas d'emploi de l'auxiliaire *être*.

2. L'accord se fait avec le complément d'objet placé avant le participe, comme avec l'auxiliaire *avoir*, dont *être* n'est ici que le substitut.

Un argument en faveur de la deuxième solution est fourni par les cas où le réfléchi n'est pas complément d'objet. Dans : *Elles se sont préparé une bonne soupe*, l'auxiliaire *être* fonctionne comme l'auxiliaire *avoir*, qui apparaîtrait si le verbe était construit sans pronom réfléchi : *Elles ont préparé une bonne soupe.*

**REMARQUE**  Le cas du verbe *s'arroger* est très voisin : *Elles se sont arrogé des droits immérités*, sans accord au féminin pluriel. La seule particularité de *s'arroger* est qu'il est essentiellement pronominal.

## 136 Accord du participe passé employé avec l'auxiliaire *avoir* : les verbes impersonnels

Le participe passé des verbes impersonnels reste toujours invariable, même dans le cas où il est précédé par un complément évoquant formellement le complément d'objet :

*les soins  qu'il  leur  a fallu*
COD pluriel    participe passé invariable

## 137 Accord du participe passé après *en, l'* (pour le neutre), *combien*

Ces éléments à valeur pronominale ne comportent ni la catégorie du genre, ni celle du nombre. Ils sont donc en principe inaptes à déterminer l'accord du participe :

*Des grammaires, j'en ai lu à foison !*
participe passé invariable

*La crise dure plus longtemps qu'on ne l'avait prévu.*
participe passé invariable

*Combien en as-tu lu ?*
participe passé invariable

Toutefois, on fait parfois l'accord selon le genre et le nombre des noms représentés par ces pronoms, surtout quand ces noms sont exprimés sous forme de compléments :

> Combien de <u>livres</u> as-tu acheté(s) ?

## 138 Accord avec les compléments de verbes tels que *durer, peser, coûter*

Ces compléments ne présentent que certains traits des compléments d'objet : ainsi, ils ne peuvent pas donner lieu à la transformation passive. Placés avant un participe, ils ne déterminent pas, en principe, l'accord :

> les <u>heures</u> que le voyage a <u>duré</u>
>
> les <u>sommes</u> que cela lui a <u>coûté</u>

Toutefois, ces verbes ont parfois un emploi authentiquement transitif, qui déclenche l'accord :

> les <u>trois bébés</u> que la sage-femme a <u>pesés</u>

On observe souvent des confusions entre ces deux types d'emplois.

## 139 Accord du participe passé suivi d'un infinitif

● **Participe passé d'un verbe de mouvement** (*emmener, envoyer*) **ou de sensation** (*écouter, entendre, sentir, voir*)

> les <u>cantatrices que</u> j'ai <u>entendues</u> chanter

Dans cette phrase, on fait l'accord, parce que le pronom **que**, représentant *les cantatrices*, est l'objet de *j'ai entendu(es)*.

Au contraire, dans la phrase suivante, on ne fait pas l'accord, car le pronom **que**, représentant *les opérettes*, est l'objet de *chanter*, et non d'*entendre* :

> les *opérettes que j'ai entendu chanter*

Règle : On fait donc l'accord quand le complément antéposé est le complément de la forme composée avec le participe (cas des ***cantatrices***). On ne fait pas l'accord quand le complément antéposé est le complément de l'infinitif (cas des ***opérettes***).

Un bon moyen de distinguer les deux cas consiste à remplacer le relatif par son antécédent. On oppose ainsi *j'ai entendu les cantatrices chanter* (où *cantatrices* est bien l'objet de *j'ai entendu*) à *j'ai entendu chanter les opérettes* (où *opérettes* est bien l'objet de *chanter*).

Toutefois, les confusions restent possibles, et l'arrêté de 1976 tolère les deux possibilités dans tous les cas.

- **Participe passé de *faire* ou de *laisser***

Traditionnellement, le participe passé du verbe *faire* (employé avec ***avoir***) reste invariable :

> Les <u>députés</u>  <u>que</u>  le Président a <u>fait</u> élire ont l'air sérieux.
> masculin pluriel  COD      participe passé invariable

Cela s'explique sans doute par le fait que l'accord de *faire* au féminin se manifesterait oralement : ● *la petite fille que j'ai faite jouer* (on trouve parfois des exemples littéraires de cette bizarrerie).

En principe, ***laisser*** – dont l'accord est strictement graphique – était soumis à la même règle que les verbes de mouvement et de sensation (→ plus haut). Le Conseil supérieur de la langue française, en 1990, en a recommandé l'invariabilité dans tous les cas, sur le modèle de *faire*. On écrira donc :

> Les <u>musiciennes</u>  <u>que</u>  j'ai <u>laissé</u>  jouer  sont  remarquables.
> féminin pluriel  COD  participe passé invariable

## 140 Accord du participe passé suivi d'un adjectif ou d'un autre participe

C'est en principe la règle générale qui s'applique. Le participe s'accorde avec son complément d'objet direct antéposé :

> Je <u>vous</u> aurais <u>crues</u> plus scrupuleuses.

> Une <u>lettre</u> que j'aurais <u>préférée</u> écrite à la main.

Elle semble toutefois encore moins observée que dans les autres cas. On a vu plus haut que l'arrêté de 1901 conservait dans ce cas la tolérance du non-accord.

## 141 Accord des participes passés des formes surcomposées

En principe, c'est seulement le second participe passé qui s'accorde, le premier (nécessairement *eu*) restant invariable :

> Dès que je <u>les</u> ai <u>eu</u> tués, j'ai plumé mes canards.

**REMARQUE**  On trouve quelques rares exemples d'accord de *eu (eues)* chez certains écrivains.

# Les valeurs des formes verbales

## VALEURS DES FORMES TEMPORELLES

### 142 Organisation des valeurs verbales

Les valeurs verbales sont fondées sur les différences : un présent se distingue d'un imparfait et d'un passé simple, qui eux-mêmes se distinguent entre eux. Un subjonctif se distingue d'un indicatif et d'un impératif. Il convient donc d'étudier les valeurs des formes non pas en elles-mêmes, mais dans le système de différences qu'elles constituent.

**REMARQUE** Ce chapitre ne décrit que les valeurs relatives à l'aspect et au temps (on parle, pour faire bref, de valeurs temporelles) ainsi qu'au mode. Les valeurs des autres catégories verbales (la personne, le nombre et la voix), moins complexes, ont été décrites aux paragraphes **97** à **101**.

### 143 Le présent : le moment où l'on parle

Le présent – qui est la forme verbale la plus fréquemment employée – occupe une place centrale, en opérant la distinction fondamentale entre le passé et le futur. C'est donc par le présent qu'il faut commencer l'étude des valeurs des formes temporelles.

La valeur fondamentale du présent est de marquer – comme d'ailleurs son nom le suggère – la coïncidence temporelle entre le moment où l'on parle et l'action dont on parle. Quand je dis *Paul travaille*, l'action se déroule au moment même où je suis en train d'en parler au présent. C'est par là que *Paul travaille* se distingue de *Paul travaillait* (l'action est antérieure au moment où je parle) comme de *Paul travaillera* (l'action est postérieure au moment où je parle).

Cependant, quand je dis **Paul travaille**, il est inévitable que l'action – le travail de Paul – ait commencé au moins depuis quelques instants, et se prolonge un peu après que la phrase sera terminée : la durée de l'action dont on parle déborde de part et d'autre de la durée nécessaire à l'énonciation de la phrase. C'est ce phénomène de débordement qui explique les différentes valeurs que peut prendre le présent.

- **Présent d'actualité**

Les actions se déroulent au moment où je parle, mais leur durée est plus longue que celle de mon discours :

> Il pleut : je travaille.

REMARQUE   *Les énoncés performatifs.* Dans certains cas, on observe la coïncidence absolue entre les limites temporelles de l'action et celles de la phrase. Quand je dis : *je déclare la séance ouverte*, j'effectue par là-même l'action d'ouvrir la séance. Cette action a donc nécessairement la même durée exacte que la phrase qui me permet de l'effectuer. Il en va de même pour des phrases telles que *je te promets de venir demain, je jure de travailler, je parie cent euros sur la victoire de Jacques* ou, dans un autre registre, *je te baptise Alfred.* Les phrases de ce type – qui sont toujours à la première personne – reçoivent le nom d'*énoncés performatifs.*

- **Présent de validité permanente ou de vérité générale**

Les limites temporelles des actions dont on parle sont très éloignées. L'action d'énoncer la phrase se situe nécessairement entre ces limites, souvent si éloignées ou si difficiles à envisager que la phrase prend une valeur intemporelle (ou omnitemporelle) :

> La terre _tourne_ autour du soleil.
>
> L'argent ne _fait_ pas le bonheur.
>
> Tous les hommes _sont_ mortels.

- **Présent de répétition et d'habitude**

L'action se répète au cours d'une période, plus ou moins longue, qui englobe le moment où l'on parle.

On parle de **présent de répétition** quand le sujet est non animé :

> Le téléphone _sonne._
>
> Le geyser _jaillit_ toutes les deux heures.

Quand le sujet est un être animé, on parle généralement de **présent d'habitude** :

> Je _vais_ à la piscine deux fois par semaine.

### • Passé récent et futur proche

Dans ces deux cas, l'action est présentée par la personne qui parle comme proche dans le passé ou dans l'avenir. C'est cette proximité qui permet l'emploi du présent, sous l'effet du phénomène de débordement signalé plus haut :

> J'*arrive* à l'instant de Nanterre.
>
> Nous *partons* mercredi prochain pour Nouakchott.

Le futur proche est considéré comme totalement programmé au moment de l'énonciation, même si, objectivement, l'action peut être assez éloignée dans l'avenir :

> Je *prends* ma retraite dans dix ans.

Le présent s'utilise aussi pour une action future dans la subordonnée conditionnelle d'une phrase dont le verbe principal est au futur :

> Si tu *viens* demain, j'en *serai* ravi.
>     présent              futur

### • Présent de narration ou présent historique

Dans ce cas, l'action décrite n'est évidemment pas contemporaine de la phrase par laquelle on la décrit. Mais la personne qui parle fait comme si elle assistait actuellement aux actions qu'elle évoque :

> Louis XVI *meurt* le 21 janvier 1793.
>            présent

Le présent historique permet donc de rendre présents les événements passés. Cette valeur est toujours plus ou moins ressentie par l'auditeur ou le lecteur, même quand le présent de narration est utilisé systématiquement par la personne qui raconte les événements.

### • Présent injonctif

Il arrive parfois que le présent prenne la valeur modale d'un impératif : la phrase **on se calme!** adressée à un groupe d'enfants agités n'est pas une constatation, mais un ordre.

**144** Les formes simples du passé :
l'imparfait et le passé simple

● **Valeurs comparées de l'imparfait et du passé simple**

Contrairement à d'autres langues (par exemple, l'anglais et l'allemand), le français dispose de deux formes simples de passé. En effet, le passé simple, dans tous ses emplois, et l'imparfait, le plus souvent, ont une valeur de passé, qui les oppose l'un et l'autre au présent. Le problème est alors de savoir comment ces deux temps du passé se distinguent l'un de l'autre.

La comparaison de deux exemples le montrera :

– Quand on dit *il travaillait*, à l'imparfait, on ne s'intéresse pas aux moments qui ont marqué le début et la fin de l'action. C'est pourquoi on peut dire *il travaillait déjà en 1907*, alors qu'on ne peut pas dire, au passé simple, ● *il travailla déjà en 1907*.

– Quand on dit *il travailla*, on indique que l'action – qui peut avoir duré longtemps – a eu un début et une fin. C'est pourquoi on peut dire *il travailla de 1902 à 1937*, alors qu'on ne peut pas normalement dire, à l'imparfait, ● *il travaillait de 1902 à 1937*.

C'est ce phénomène qui explique les valeurs différentes prises par des séries de verbes à l'imparfait et au passé simple.

L'imparfait indique normalement des actions simultanées ou alternatives :

*Elle dansait, sautait et chantait.*
(comprendre : elle faisait tout cela en même temps)

Le passé simple marque généralement des actions successives :

*Elle dansa, sauta et chanta.*
(comprendre : elle fit successivement les trois actions)

Quand les deux temps interviennent dans la même phrase, le passé simple marque une action limitée qui s'insère au sein de l'action illimitée marquée par l'imparfait :

*L'avion <u>volait</u> à haute altitude quand l'incident <u>survint</u>.*

● **Registres d'emploi de l'imparfait et du passé simple**

L'imparfait s'emploie, à l'oral et à l'écrit, à toutes les personnes. Au contraire, le passé simple est, dans la langue contemporaine, à peu près exclusivement réservé à la 3ᵉ personne. C'est ce qui explique l'aspect démodé que prennent les formes de 1ʳᵉ et de 2ᵉ personnes, notamment au pluriel : ***nous arrivâmes, vous partîtes***. On leur préfère le passé composé : ***nous sommes arrivés, vous êtes partis*** (→**151**). Sans être absolument absent à l'oral, le passé simple caractérise surtout l'usage écrit, notamment littéraire.

**REMARQUE** La situation du passé simple était différente au xixe siècle : le passé simple s'utilisait à toutes les personnes, vraisemblablement à l'oral comme à l'écrit. De très longs récits autobiographiques pouvaient être rédigés au passé simple à la première personne, ce qui est devenu exceptionnel aujourd'hui, et révèle des intentions particulières : l'imitation archaïsante des textes du passé ou l'intention de marquer la séparation complète entre le *je* qui écrit et le *je* dont l'histoire est racontée.

- **Valeurs particulières de l'imparfait**
L'imparfait peut signifier qu'une action ne s'est pas réalisée. C'est ce qu'on appelle l'*imparfait d'imminence* contrecarrée :

> *Un peu plus la bombe explosait.*
> (comprendre : finalement, elle n'a pas explosé)

**REMARQUE** Cette valeur de l'imparfait explique certains phénomènes d'ambiguïté. Ainsi, la phrase *cinq minutes après, la bombe explosait* peut renvoyer à deux situations différentes : 1. la bombe a finalement explosé cinq minutes après ; 2. la bombe a été désamorcée avant le délai des cinq minutes, et n'a pas explosé.

C'est cette aptitude de l'imparfait à s'appliquer à des actions non réalisées qui explique deux de ses valeurs :
– L'emploi de l'imparfait pour présenter de façon atténuée – comme si on ne la présentait pas vraiment – une demande ou une supplique :

> *Je venais vous demander une augmentation de traitement.*

– La valeur *modale* d'irréel ou de potentiel qu'il prend dans les subordonnées des systèmes hypothétiques :

> *Si j'avais de l'argent, je t'en donnerais.*

Dans ces phrases, l'imparfait prend selon le cas une valeur de présent *(si j'avais de l'argent aujourd'hui...)* ou de futur *(si demain j'avais de l'argent...).*

## 145 Le futur et le conditionnel

Contrairement à d'autres langues (notamment l'anglais et l'allemand), le futur et le conditionnel français sont des formes simples. Toutefois, ce n'est pas un hasard si dans les désinences en *-ai* et *-ais, -as* et *-ais, -a* et *-ait, -ons* et *-ions, -ez* et *-iez, -ont* et *-aient* on reconnaît, partiellement ou totalement selon les cas, les formes de la conjugaison du verbe *avoir*. C'est que le futur et le conditionnel ont été, étymologiquement, formés par l'adjonction des formes de présent et d'imparfait du verbe *avoir* à l'infinitif du verbe.

**REMARQUE** La forme de l'infinitif du verbe ne permet cependant pas de prévoir à coup sûr les formes de futur et de conditionnel : à côté de *travaillerai(s)*, *finirai(s)*, *coudrai(s)*, on trouve *enverrai(s)*, *courrai(s)* et *irai(s)*, où l'infinitif n'est pas reconnaissable.

**146** ## Le futur

### • Valeur temporelle du futur

Le futur marque que le procès signifié par le verbe est situé dans l'avenir par rapport au moment où on parle :

> Il *neigera* demain.

Selon le cas, le futur envisage ou non les limites temporelles de l'action :

> Il *neigera* jusqu'à demain.

> Il *neigera* sans discontinuer.

C'est ce qui explique qu'une série de verbes au futur peut selon le cas viser des actions successives, simultanées ou alternatives.

Les actions se succèdent dans :

> Ils se marieront (d'abord) et auront (ensuite) beaucoup d'enfants.

Elles sont simultanées ou alternatives dans :

> Au cours de leur soirée d'adieu, ils mangeront, boiront et fumeront.
> (comprendre : ils feront ces trois actions en même temps ou tour à tour)

### • Le futur historique

Le futur historique permet de raconter des événements passés comme s'ils étaient ultérieurs au moment de l'énonciation. Un historien peut, en 2006, écrire :

> La Première Guerre mondiale *finira* par éclater en 1914.

### • Valeurs modales du futur

Il existe toujours une dose d'incertitude dans les emplois du futur : on ne peut jamais être certain de la réalisation d'une action située dans l'avenir. Selon que l'action est considérée comme plus ou moins certaine, le futur peut donner lieu à des emplois divers, parfois aussi proches du mode que du temps.

– Le futur est souvent utilisé comme équivalent de l'impératif. L'enseignante qui dit à ses élèves : ***Vous me remettrez vos devoirs mardi prochain***, donne en réalité un ordre... qui ne sera peut-être pas exécuté par tout le monde.

– Le futur sert souvent à exprimer une idée de façon atténuée :

> *Je ne vous cacherai pas que je suis très étonné de votre attitude.*

– Le futur marque parfois la probabilité, surtout avec le verbe *être* :

> *Le téléphone sonne : ce sera sans doute l'un de mes enfants.*

### ● Les concurrents du futur : le présent

Le présent (→ 143) se distingue du futur moins par la proximité temporelle de l'action que par son caractère totalement programmé. Dans un wagon de métro encombré, la question *vous descendez à la prochaine ?* interroge, au présent, sur les intentions de la personne pour son futur proche : *a-t-elle prévu de descendre à la prochaine ?* La réponse au futur *non, mais je descendrai*, indique que l'action n'était pas programmée : la personne ne prévoyait pas de descendre, mais elle le fera pour rendre service.

Sur les phrases du type *si tu viens demain, j'en serai ravi* → 143.

Le futur est en principe impossible dans la subordonnée. Le semi-auxiliaire *devoir* suivi de l'infinitif peut servir à souligner la valeur de futur :

> *Si tu dois       venir demain, j'en serai ravi.*
> semi-auxiliaire *devoir*   verbe *venir* à l'infinitif

### ● Les concurrents du futur : les périphrases verbales

Les deux périphrases verbales *aller* et *être sur le point de* + infinitif insistent sur l'imminence (objective ou présentée comme telle) de l'action :

> *Je vais partir.*

> *Je suis sur le point de craquer.*

## 147 Le conditionnel : à la fois futur et passé

La morphologie du conditionnel comporte à la fois une marque de futur (l'affixe *-(e)r-*) et une marque de passé (les affixes *-ais, -ait* et *-i-* de *-ions* et *-iez*, communs au conditionnel et à l'imparfait). C'est cette particularité qui explique à la fois ses valeurs temporelles et ses valeurs modales :

– Du point de vue temporel, le conditionnel marque un futur vu du passé.
– Du point de vue modal, il cumule les éléments modaux du futur et de l'imparfait (→ 146 et 144), ce qui l'oriente vers une valeur hypothétique.

**148** Valeurs temporelles du conditionnel

● **Emplois en subordonnée**

Le conditionnel est le substitut du futur quand l'action est envisagée à partir du passé. Il n'y a dans les emplois de ce type aucune nuance de condition :

Paul *espérait* que Martine *viendrait.*
      passé            conditionnel

Dans cette phrase, le conditionnel est l'équivalent du futur de la phrase suivante, dont la principale est au présent :

Paul *espère* que Martine *viendra.*
     présent          futur

● **Emplois en indépendante**

La même valeur temporelle du conditionnel s'observe, dans des propositions indépendantes, pour marquer des actions futures par rapport à un récit au passé :

Jacques pensait à Marie : *viendrait-elle le voir bientôt ?*
(comparer à : Jacques pense à Marie : viendra-t-elle le voir bientôt ?)

**REMARQUE** Cet emploi du conditionnel caractérise le *discours indirect libre*, procédé par lequel on rapporte les propos ou les réflexions de quelqu'un sans les faire dépendre d'un verbe principal.

**149** Valeurs modales du conditionnel

● **Irréel du présent et potentiel**

Le conditionnel apparaît dans la principale des phrases hypothétiques dont la subordonnée est à l'imparfait :

Si j'*avais* de l'argent, je t'en *donnerais.*
   imparfait             conditionnel

Sans précision temporelle, l'action peut être interprétée comme située dans le présent :

Si j'avais maintenant de l'argent, je t'en donnerais.

La personne qui prononce cette phrase n'a pas d'argent pour l'instant, et de ce fait n'en donne pas. C'est pourquoi on parle pour ce cas d'*irréel du présent*.

Mais la même phrase peut aussi être interprétée comme visant le futur :

> *Si demain j'avais de l'argent, je t'en donnerais.*

La personne qui prononce cette phrase envisage comme possible d'avoir de l'argent le lendemain, et, de ce fait, d'en donner. C'est pourquoi on parle dans ce cas de ***potentiel***.

Pour l'expression de l'irréel du passé → conditionnel passé 153

**REMARQUE** Au même titre que le futur, le conditionnel ne s'emploie normalement pas dans la subordonnée introduite par *si*. On en trouve toutefois des exemples dans l'usage familier : ● *si je voudrais, je pourrais*. Cet emploi, jugé incorrect, doit être évité.

● **Expression d'un conseil, d'une demande, d'une opinion rapportée**
Le conditionnel est également utilisé avec les valeurs suivantes :
– Expression atténuée d'un conseil ou d'une demande :

> *Il faudrait tout changer.* (conseil)

> *Je voudrais avoir un entretien avec vous.* (demande)

– Formulation d'une opinion émanant d'une autre personne :

> *L'épidémie serait en voie de généralisation.*

Cet emploi du conditionnel, fréquent dans la presse, permet à l'auteur d'émettre des réserves sur la validité de l'information. Il est parfois commenté par des formules du type *selon l'intéressé, selon les milieux bien informés*, etc.

– Mise en place d'un monde imaginaire. Cette valeur s'observe fréquemment dans l'usage des enfants :

> *On serait dans une île déserte. On ferait la chasse aux sangliers.*

## 150   Les deux valeurs fondamentales des formes composées

Par rapport aux formes simples qui leur correspondent (→ 104), les formes composées sont pourvues alternativement de deux valeurs.

● **Valeur d'accompli**
Elles marquent la valeur aspectuelle d'accompli. Quand on dit, au présent :

> *J'écris ma lettre de réclamation.*

on montre l'action en train de se faire : on est dans l'inaccompli (ou le non-accompli).

Mais si, toujours dans le présent, on veut montrer l'action accomplie, on emploie la forme composée correspondant au présent :

> *J'ai écrit ma lettre de réclamation.*

La forme passive correspondant à cette valeur d'accompli est le présent passif : *ma lettre de réclamation est écrite*, phrase qui ne peut en aucune façon être comprise comme montrant la lettre en train de s'écrire.

● **Antériorité temporelle**

Mise en perspective, dans la même phrase, avec la forme simple qui lui correspond, la forme composée marque l'antériorité par rapport à la forme simple :

> *Dès que j'ai écrit ma lettre de réclamation, je l'envoie.*

Dans ce cas, l'antériorité par rapport au présent relève nécessairement du passé : c'est ce qui explique la faculté qu'a le passé composé de s'orienter vers la valeur temporelle de passé.

L'opposition des formes simples et composées vaut pour tous les modes : ainsi, le subjonctif passé est selon le cas un accompli ou un antérieur.

## 151 Le passé composé

Le passé composé est la forme la plus litigieuse du système temporel français. Il cumule en effet deux valeurs nettement différentes, qui sont toutefois l'une et l'autre désignées par la même appellation traditionnelle de *passé composé*.

● **L'expression d'une action accomplie dans le présent**

Dans certains de ses emplois, le passé composé est l'accompli du présent. Il est absolument impossible de lui substituer une forme quelconque de passé. Si je dis :

> *Quand on est seul, on a vite déjeuné.*

il est impossible de substituer aux formes de passé composé une forme d'imparfait ou de passé simple. Les indications temporelles fournies par la subordonnée au présent indiquent que l'action décrite se situe dans le présent. On a donc affaire à la valeur aspectuelle d'accompli de présent.

C'est cette valeur qui permet au passé composé de prendre une valeur de futur proche identique, dans l'accompli, à celle du présent dans le non-accompli :

> *Je suis revenu dans cinq minutes.*

Cette phrase signifie que, dans cinq minutes, j'aurai accompli l'action de revenir.

● **L'expression du passé**

La même forme de passé composé est apte à marquer une action passée. Le passé composé peut alors, sans différence de sens appréciable, être remplacé par le passé simple :

> *La marquise <u>est sortie</u> à cinq heures.*
> passé composé
>
> *La marquise <u>sortit</u> à cinq heures.*
> passé simple

Ces deux phrases rapportent exactement le même événement. Dans cet emploi de passé, le passé composé s'oppose à l'imparfait de la même façon que le passé simple :

> *Les élèves <u>chahutaient</u> quand le proviseur <u>est entré</u> ou <u>entra</u>.*
> imparfait      passé composé passé simple

Cependant, le passé composé donne, par opposition au passé simple, l'impression de la présence de la personne qui parle.

## 152 Le plus-que-parfait et le passé antérieur

Le plus-que-parfait est la forme composée qui correspond à l'imparfait, le passé antérieur celle qui correspond au passé simple. Ces deux temps ont donc par rapport aux formes simples correspondantes les deux valeurs attendues : valeur d'accompli et valeur d'antériorité.

● **Valeur aspectuelle d'accompli**

Les actions désignées par le verbe sont présentées comme accomplies à un moment du passé :

> *Le 20 janvier, j'<u>avais terminé</u> mon travail.*
> plus-que-parfait
>
> *Il <u>eut fini</u> en un instant.*
> passé antérieur

### • Valeur temporelle d'antériorité

Les actions rapportées au plus-que-parfait ou au passé antérieur marquent une antériorité par rapport à celles qui sont rapportées à l'imparfait ou au passé simple :

> Dès qu'il <u>avait terminé</u> son travail, il partait se promener.
> plus-que-parfait

L'action de **terminer le travail** est antérieure, dans le passé, à celle de *se promener* :

> Quand elle <u>eut écrit</u> ses lettres, elle les envoya.
> passé antérieur

L'action d'*écrire les lettres* est antérieure, dans le passé, à celle de *les envoyer*.

### • Le plus-que-parfait : valeurs spécifiques

Le plus-que-parfait comporte certaines valeurs analogues à celles de l'imparfait, par exemple l'emploi dans des demandes présentées de façon atténuée :

> J'<u>étais venu</u> vous demander un service.

Le plus-que-parfait a la valeur modale d'irréel du passé dans la subordonnée introduite par *si* d'une phrase hypothétique :

> Si j'<u>avais eu</u> (hier) de l'argent, je t'en <u>aurais donné</u>.
> plus-que-parfait        conditionnel passé

### • Le passé antérieur : spécificités d'emploi

Le passé antérieur comporte les mêmes limitations d'emploi que le passé simple : son emploi aux deux premières personnes est devenu très rare, et la troisième personne s'observe surtout dans l'usage écrit.

**REMARQUE** On se gardera de confondre le passé antérieur avec le plus-que-parfait du subjonctif, qui, à la 3e personne du singulier, se confond avec lui à l'oral, et, à l'écrit, ne se distingue de lui que par la présence de l'accent circonflexe :

> il eut écrit – il eût écrit
> il fut revenu – il fût revenu

**153** Le futur antérieur et le conditionnel passé

Le futur antérieur et le conditionnel passé sont les formes composées qui correspondent respectivement au futur et au conditionnel présent. Leurs valeurs sont conformes à ce que laisse attendre l'opposition générale des formes composées aux formes simples : valeur aspectuelle d'accompli et valeur temporelle d'antériorité.

● **Valeurs du futur antérieur**

Le futur antérieur marque l'accompli dans le futur :

> J'*aurai terminé* mon roman à la fin du mois.

Il marque aussi l'antériorité par rapport au futur simple :

> Dès que Jacques *aura fini* son travail, il *viendra* nous voir.
>                 futur antérieur                 futur simple

Comme le futur simple, il est apte à marquer la probabilité :

> Pierre n'est pas arrivé : son train *aura* encore *pris* du retard.

● **Valeurs temporelles du conditionnel passé**

Dans une subordonnée dépendant d'un verbe au passé, le conditionnel passé se substitue au futur antérieur. À la phrase :

> Il *prétend*      qu'il      *aura fini* aujourd'hui.
> verbe principal au présent     futur antérieur

correspond :

> Il *prétendait*     qu'il     *aurait fini* aujourd'hui.
> verbe principal  au passé     conditionnel passé

**REMARQUE** Il en va de même dans le discours indirect libre, qui rapporte les propos (ou les réflexions) de quelqu'un sans les faire dépendre d'un verbe principal :

> *Il réfléchissait à son emploi du temps : il aurait fini son roman en janvier.*

● **Valeurs modales du conditionnel passé**

Dans un système hypothétique, le conditionnel passé marque, dans la principale, l'irréel du passé :

> Si j'*avais eu* de l'argent hier, je t'en *aurais donné*.
>   plus-que-parfait                       conditionnel passé

La personne qui prononce cette phrase n'avait pas d'argent, et de ce fait n'en a pas donné : c'est pourquoi on parle d'***irréel du passé***.

**REMARQUE**

– Dans ce type d'emploi, le conditionnel passé dans la principale ainsi que le plus-que-parfait de l'indicatif dans la subordonnée sont parfois, dans l'usage littéraire, l'un et l'autre remplacés par le plus-que-parfait du subjonctif :

> Si j'*eusse eu* de l'argent, je t'en *eusse donné*.

C'est cet usage vieilli qui explique l'appellation de conditionnel passé deuxième forme qu'on donnait autrefois à cet emploi du plus-que-parfait du subjonctif.

– Le conditionnel passé ne s'emploie en principe jamais dans la subordonnée. Toutefois, l'usage familier l'utilise parfois :

> Si j'*aurais su, j'aurais pas venu.* Louis Pergaud

Enfin, le conditionnel passé a les valeurs modales du conditionnel présent, mais leur confère en outre la valeur aspectuelle d'accompli (→ 99 et 150) :

> J'*aurais* bien *voulu* vous parler.
> (demande présentée de façon atténuée)

> L'épidémie *aurait* enfin *été jugulée*.
> (information attribuée à une source extérieure)

> On *serait revenus* de l'Eldorado.
> (construction d'un monde imaginaire)

## 154 Les formes surcomposées

La plus fréquente de ces formes, constituées à l'aide d'un auxiliaire lui-même composé (→ 92), est le passé surcomposé, qui sert surtout, dans l'usage contemporain, à marquer l'antériorité par rapport à un passé composé :

> Quand il *a eu terminé* son devoir, il est sorti de la salle d'examen.

On rencontre parfois le plus-que-parfait surcomposé :

> Dès qu'il *avait eu fini* son devoir, il était sorti.

Le futur antérieur surcomposé est encore plus rare :

> Il sera sorti dès qu'il *aura eu fini*.

# VALEURS DES FORMES MODALES

### 155 Temps et modes : une frontière poreuse

Il n'existe pas de frontière absolument étanche entre la catégorie du temps et celle du mode. Certaines formes temporelles (l'imparfait, le futur, et même le présent) ont des valeurs modales. Le conditionnel, aujourd'hui considéré comme un temps de l'indicatif, a longtemps été présenté comme un mode spécifique.

De plus, la catégorie traditionnelle du mode regroupe deux séries de formes de statut bien différent : les modes personnels (indicatif, subjonctif, impératif) et impersonnels (infinitif, participe, gérondif). Enfin, les deux catégories du temps et du mode se combinent entre elles : un subjonctif peut être présent ou imparfait, un « passé » peut relever de l'impératif ou du participe, etc.

### 156 Approche de la notion de mode

Dans ces conditions, il est difficile de donner une définition précise de la notion de mode.

#### ● Les modes personnels

Pour les trois modes personnels, on dit souvent qu'ils correspondent à trois façons différentes d'envisager l'action signifiée par le verbe : l'indicatif la présenterait comme réelle, le subjonctif comme virtuelle, l'impératif lui donnerait la forme d'un ordre. Mais ces répartitions sont fréquemment contredites par les emplois. Il n'y a rien de réel dans l'indicatif *viendra* :

> Paul s'est mis en tête l'idée fausse que Jeanne <u>viendra</u> le voir.

Il n'y a rien de virtuel dans le subjonctif *travaille* :

> Bien qu'il <u>travaille</u>, Jean ne réussit pas.

Et l'impératif *travaillez* est interprété comme une condition (« si vous travaillez, vous réussirez ») plutôt que comme une injonction.

> <u>Travaillez</u> : vous réussirez.

#### ● Les modes impersonnels

Les trois modes impersonnels sont, entre eux, plus homogènes. Ils permettent en effet de conférer à un verbe (muni éventuellement de tous ses compléments et, parfois, de son sujet) les fonctions généralement exercées par un mot d'une autre classe : nom pour l'infinitif, adjectif pour le participe, adverbe pour le gérondif.

- **Modes et temps**

Parmi les modes, l'indicatif se distingue par la richesse de son système temporel.

Le subjonctif ne dispose que de quatre temps.

L'impératif et l'infinitif n'ont que deux temps.

Le participe a trois formes : la forme simple de participe présent *(travaillant)* et la forme composée correspondante *(ayant travaillé)* ne posent pas de problème particulier.

La troisième forme, simple *(travaillé)*, est souvent appelée « participe passé ». Il est vrai que c'est cette forme qui sert à constituer par exemple le passé composé.

Mais on a vu (→ 151) que ce temps a fréquemment la valeur aspectuelle d'accompli de présent. En outre, ce prétendu participe « passé » sert aussi à former le présent passif des verbes transitifs *(Les enfants sont aimés par leurs parents)*, où il n'a évidemment aucune valeur de passé.

Enfin, pour le gérondif, on n'utilise communément que la forme simple *(en travaillant)*. On rencontre cependant parfois la forme composée correspondante *(en ayant travaillé)*.

## 157 Les valeurs de l'indicatif

L'indicatif est fondamentalement le mode qu'on emploie chaque fois qu'il n'y a pas une raison déterminante d'utiliser un autre mode personnel. Par la variété de ses formes temporelles, il est apte à situer l'action dans le temps. De ce fait, il se prête le plus souvent à exprimer une action réelle ou présentée comme telle. L'indicatif est donc le mode habituel des phrases assertives (affirmatives et négatives) et interrogatives.

- **Emplois de l'indicatif par rapport au subjonctif**

Deux types d'emplois illustrent clairement la valeur de l'indicatif en faisant apparaître son opposition avec le subjonctif :

– Dans la dépendance de la gamme d'adjectifs *certain, probable, possible*, la frontière entre l'indicatif et le subjonctif passe généralement entre *probable* et *possible* :

> Il est <u>probable</u> qu'il <u>viendra</u>.
> indicatif

> Il est <u>possible</u> qu'il <u>vienne</u>.
> subjonctif

– *Vraisemblable* accepte les deux modes, mais il suffit de le dénier ou même de le quantifier par *peu* pour rendre l'indicatif impossible :

> Il *n'est pas vraisemblable* (ou *il est peu vraisemblable*) qu'il *vienne*.
>
> subjonctif

– Dans une subordonnée temporelle introduite par *après que*, on emploie normalement l'indicatif. L'action est présentée comme réelle :

> après qu'*il est venu*
>
> après qu'*il sera venu*

Inversement, la subordonnée introduite par *avant que* présente l'action comme virtuelle, et comporte le subjonctif :

> avant qu'il *soit venu*
>
> avant qu'il *vienne*

Toutefois, l'usage du subjonctif a tendance, dans la langue contemporaine, à gagner les subordonnées introduites par *après que*.

Dans plusieurs autres cas, l'indicatif s'emploie pour des actions absolument irréelles, par exemple pour le contenu d'opinions explicitement données pour fausses :

> Paul s'est mis en tête l'idée fausse que Jeanne *viendra* le voir.
>
> indicatif

Dans cette phrase l'indicatif est seul possible.

Dans d'autres cas, il peut alterner avec le subjonctif :

> On doute que le conditionnel *est* (ou *soit*) un mode.

## 158 Les valeurs du subjonctif

Le subjonctif présente seulement quatre formes « temporelles ». Deux d'entre elles – l'imparfait et le plus-que-parfait – sont aujourd'hui d'un usage très rare, notamment aux $1^{re}$ et $2^e$ personnes : *(que) tu limasses, (que) nous sussions, (que) tu eusses travaillé* ne se rencontrent plus guère que dans les tableaux de conjugaison des grammaires. Même à l'époque où elles étaient d'emploi plus fréquent, elles ne servaient le plus souvent qu'à mettre en concordance le temps du verbe au subjonctif de la subordonnée avec le temps du passé de la principale, sans donner aucune indication temporelle sur l'action :

> J'*exige* qu'elle *vienne* demain. J'*exigeais* qu'elle *vînt* demain.
>
> présent      présent      imparfait      imparfait
>
> J'*exige* que tu *aies terminé*. J'*exigeais* que tu *eusses terminé*.
>
> présent      passé      imparfait      plus-que-parfait

En outre, les deux formes réellement utilisées – le présent et le passé – s'opposent souvent par une différence aspectuelle (→ 150 et 99), et non proprement temporelle :

> Je veux qu'il _achève_ son travail aujourd'hui.

> Je veux qu'il _ait achevé_ son travail aujourd'hui.

En opposition avec l'indicatif, le subjonctif a donc peu d'aptitude à situer les actions dans le temps. Ainsi, c'est le présent du subjonctif qu'on utilise pour une action future (alors qu'il existe un futur du subjonctif dans d'autres langues). Quant aux rares emplois de l'imparfait et même du plus-que-parfait, ils peuvent eux aussi, sous l'effet de la règle de concordance, viser le futur, comme le montrent les exemples qui viennent d'être cités. De cette inaptitude du mode à situer les actions dans le temps, on tire fréquemment l'idée que le subjonctif convient aux actions « irréelles » ou « virtuelles ». Vérifiée dans de nombreux cas, cette hypothèse est cependant infirmée par plusieurs types d'emplois. La présence de Paul n'a rien d'« irréel » dans :

> Je suis irrité que Paul _soit_ là.
> subjonctif

Ni dans :

> Bien que Benjamin _soit_ présent, je reste.
> subjonctif

Non plus que dans :

> Le fait que Paul _soit_ ici est bien fâcheux.
> subjonctif

## 159 Valeurs du subjonctif en proposition indépendante ou principale

● **Valeur injonctive**

Le subjonctif se prête à l'expression d'un ordre :

> Que le chien _reste_ dehors !

> Qu'il _soit_ prêt pour le goûter !

Le subjonctif pallie ici l'absence de la 3ᵉ personne de l'impératif.

● **Valeur optative**

Le subjonctif se prête à l'expression d'un souhait :

> Que les hommes _mettent_ fin à la guerre !

**REMARQUE** Cette valeur d'optatif permet d'observer certains emplois du subjonctif non précédé de *que*, dans des expressions plus ou moins figées : *Vive la Croix-Rouge, puisses-tu revenir, plaise au ciel...* (parfois, à l'imparfait, *plût au ciel que...*, expression marquant le regret). On remarquera que dans ces emplois le sujet est placé après le verbe au subjonctif.

● **Valeur exclamative de possibilité refusée**

> *Moi, que j'écrive un livre de grammaire !*

● **Valeur de réfutation polémique d'une opinion**

On rencontre cette valeur avec le verbe *savoir* à la première personne du singulier, non précédé de *que* dans une phrase négative :

> *Je ne sache pas que la grammaire soit ennuyeuse.*

**REMARQUE** Cet emploi se rencontre parfois à la première personne du pluriel : *Nous ne sachions pas que la conjugaison soit difficile.* On remarquera aussi le subjonctif de la subordonnée.

## 160 Emplois de l'indicatif et du subjonctif en proposition subordonnée complétive

● **Emploi obligatoire de l'indicatif**

Le subjonctif est impossible, et laisse donc place à l'indicatif après les verbes d'assertion ou d'opinion tels que *affirmer, assurer, dire* (quand il est utilisé de façon déclarative), *espérer, être certain, penser...* employés dans des phrases affirmatives.

● **Emploi obligatoire du subjonctif**

Le subjonctif est seul possible après *attendre, décider, décréter, dire* (quand il a une valeur injonctive), *défendre, douter, être nécessaire, être possible, exiger, falloir, interdire, ordonner, préférer, souhaiter...*

● **Alternance de l'indicatif et du subjonctif**

Le subjonctif apparaît en alternance avec l'indicatif après des verbes tels que *admettre, comprendre, expliquer, supposer*, ainsi qu'après les verbes d'assertion ou d'opinion utilisés de façon négative :

> *Je pense que tu peux travailler.*
> indicatif

> *Je ne pense pas que tu puisses (ou peux) travailler.*
> subjonctif    indicatif

La forme interrogative de la phrase peut parfois rendre possible l'emploi du subjonctif en alternance avec l'indicatif :

> *Penses-tu que je puisse (ou peux) travailler ?*
>                 subjonctif   indicatif

Inversement, c'est l'indicatif qui devient possible quand **douter** (ou **être douteux**) est utilisé négativement :

> *Je doute qu'il vienne.*
>           subjonctif
>
> *Je ne doute pas qu'il viendra (ou vienne).*
>           indicatif   subjonctif

La subordonnée placée avant la principale peut passer au subjonctif, même dans la dépendance d'une expression marquant la certitude :

> *Qu'il ait (ou qu'il a) été refusé au brevet, c'est certain.*
>  subjonctif    indicatif

## 161  Emplois du subjonctif et de l'indicatif en proposition relative

Dans certains types de propositions relatives, on trouve en alternance le subjonctif et l'indicatif :

> *Je cherche dans ce village une maison qui ait une tourelle.*
>               subjonctif

La relative au subjonctif *(qui ait une tourelle)* indique le critère de sélection de la maison cherchée, sans indiquer si elle existe réellement dans le village :

> *Je cherche dans ce village une maison qui a une tourelle.*
>               indicatif

À l'indicatif, la relative présuppose l'existence, dans le village, d'une maison à tourelle.

## 162  Emplois du subjonctif en proposition circonstancielle

- **Le subjonctif dans les temporelles**

On trouve le subjonctif après **avant que** et **jusqu'à ce que**. Dans ces phrases, le subjonctif passé (et éventuellement plus-que-parfait) marque la postériorité de l'action :

> *Tu es parti avant qu'il soit arrivé.*
>
> *Tu étais parti avant qu'il fût arrivé.*
> (Son arrivée a été postérieure à ton départ.)

**REMARQUE** L'analogie d'*avant que* fait parfois apparaître le subjonctif avec *après que*. L'homophonie à la 3ᵉ personne du singulier entre le passé antérieur de l'indicatif et le plus-que-parfait du subjonctif (toutefois distingués dans l'orthographe par l'accent circonflexe) a pu favoriser cette extension : *Après qu'il eut/eût* [y] *terminé son travail, il sortit de la salle.*

### ● Le subjonctif dans les causales

Le subjonctif apparaît après *non que*, qui sert à marquer une cause rejetée :

> *Il a de l'argent, non qu'il <u>ait travaillé</u>, mais il a hérité.*
> subjonctif

On remarque ici la valeur d'antériorité du subjonctif passé.

### ● Le subjonctif dans les concessives

Le subjonctif est le mode obligatoire des concessives (introduites par *quoi-que, bien que...*) :

> *Quoiqu'il <u>soit</u> tard, il fait encore jour.*
> subjonctif
> *Si paresseux qu'il <u>soit</u>, il a été reçu à son examen.*
> subjonctif

Seules les concessives introduites par *tout + adjectif + que* emploient l'in-dicatif :

> *Tout paresseux qu'il <u>est</u>, il a été reçu à son examen.*
> indicatif

**REMARQUE** On trouve parfois l'indicatif après *quoique*. Il vaut mieux ne pas imiter cet usage.

### ● Le subjonctif dans les finales

Le subjonctif est le mode obligatoire des finales :

> *On écrit des livres pour qu'ils <u>soient lus</u>.*
> subjonctif

**REMARQUE** Quand le sujet de la principale se confond avec celui du verbe subordonné, on emploie l'infinitif sans en expliciter le sujet : *On écrit pour être lu.* ● *Pour qu'on soit lu* est très peu vraisemblable.

● **Le subjonctif dans les consécutives**

Le subjonctif n'apparaît parfois, en alternance avec l'indicatif, qu'après *de façon que* et *de manière que* :

> *Jacques agit de manière que Paul <u>réussisse</u> ou <u>réussit</u>.*
> subjonctif indicatif

**REMARQUE** Pour l'emploi du subjonctif plus-que-parfait dans les systèmes hypothétiques avec subordonnée introduite par *si* → **153, remarque 2**.

● **Choix des temps du subjonctif**

Dans les subordonnées, le temps du subjonctif est déterminé à la fois par sa valeur propre et par le temps du verbe de la principale :
– Le verbe de la principale au présent ou au futur entraîne dans la subordonnée le présent ou le passé du subjonctif. Le verbe de la principale à un temps quelconque du passé entraîne normalement dans la subordonnee l'imparfait ou le plus-que-parfait du subjonctif :

> *Je souhaite qu'il <u>vienne</u> ou qu'il <u>soit venu</u>.*
> subjonctif présent   subjonctif passé
> *Je souhaitais qu'il <u>vînt</u>   ou   qu'il <u>fût venu</u>.*
> subjonctif imparfait   subjonctif plus-que-parfait

On a vu au paragraphe **158** que cette règle de « concordance des temps » n'est plus guère observée aujourd'hui.
– Le choix entre les formes simples (présent et imparfait) et composées (imparfait et plus-que-parfait) se fait sur le modèle expliqué au paragraphe **158** : la forme composée fournit selon le cas une valeur aspectuelle d'accompli ou une valeur temporelle d'antériorité.

**163** Les valeurs de l'impératif

Contrairement à d'autres langues, le français ne connaît l'impératif qu'à la deuxième personne, au singulier et au pluriel, ainsi qu'à la première personne du pluriel (le *je* s'associe alors avec un ou plusieurs *tu*).

● **L'expression de l'ordre et de la défense**

La valeur fondamentale de l'impératif est d'énoncer un ordre, qui peut se moduler de la prière la plus humble au commandement le plus énergique :

> *<u>Pardonne-nous</u> nos offenses.*
> *<u>Portez</u>, armes !*

Sous la forme négative, l'impératif marque la défense :

> *Ne succombons pas à la tentation.*

Ordre et défense s'adressent normalement à des humains. Il est cependant fréquent d'humaniser des animaux, voire des êtres inanimés ou des abstractions personnalisées :

> *Cherche ! Chasse ! Ramène !*
> (ordres adressés à un chien de chasse)
> *Ô Temps, suspends ton vol !* LAMARTINE

### ● Les concurrents de l'impératif : le subjonctif

Pour pallier l'absence des formes de 3ᵉ personne, on recourt au subjonctif. La relation de ce mode avec l'impératif est marquée par le fait que certains des verbes les plus fréquents de la langue *(être, avoir, savoir, vouloir)* utilisent les mêmes formes pour les deux modes *(sois, aie, sache, veuille)*.

### ● Les concurrents de l'impératif : l'infinitif

Un ordre ou une défense adressés à une collectivité anonyme sont souvent formulés à l'infinitif, notamment dans l'usage écrit (recettes de cuisine, consignes administratives…) : *faire cuire à feu doux, ne pas se pencher au-dehors.*

### ● Les concurrents de l'impératif : le présent et le futur de l'indicatif

Le présent et le futur de l'indicatif sont souvent utilisés avec la valeur de l'impératif (→ 143 et 146).

### ● Expression indirecte de l'ordre ou de la demande

Un ordre ou une demande peuvent être formulés de façon indirecte, par exemple par une question :

> *Pouvez-vous me passer le sel ?*

Voire par une phrase apparemment assertive :

> *Il fait bien chaud ici.*

Cette phrase est en effet souvent le déguisement de *Ouvrez la fenêtre.*

### ● Des verbes qui ne s'emploient pas à l'impératif

Pour des raisons de sens, certains verbes ne s'emploient pas à l'impératif, ou le font dans des conditions spécifiques. Il est difficile de demander à quelqu'un de *pouvoir* et de *devoir*. Le verbe *savoir* utilisé à l'impératif prend le sens spécifique de *apprendre* :

> *Sachez que je vous ai légué tous mes biens.*

● **Valeur des temps de l'impératif**

Un ordre ou une défense ne peuvent par définition se réaliser qu'après avoir été énoncés. L'impératif, présent ou « passé », a donc nécessairement une valeur temporelle de futur. La différence entre le présent et sa forme composée (dite « impératif passé ») est le plus souvent d'ordre aspectuel :

> *Reviens* à minuit.

> *Sois revenu* à minuit.

La forme composée marque parfois l'antériorité :

> *Ayez terminé* avant mon retour.

## 164 Les valeurs de l'infinitif

● **Un verbe prenant les fonctions d'un nom**

L'infinitif a pour valeur fondamentale de permettre au verbe de fonctionner comme un nom, sans perdre ses propriétés verbales à l'égard des éléments qui dépendent de lui :

> *Je veux ramasser des châtaignes tous les dimanches.*

Dans cette phrase, *ramasser* est bien, comme un nom, le complément d'objet de *je veux* (comparer avec *je veux des noix*). Mais cela ne l'empêche pas de conserver son propre complément d'objet et un complément circonstanciel. Ainsi employé, l'infinitif peut exercer toutes les fonctions du nom.

**REMARQUE** C'est cette transformation du verbe en nom qui explique que, dans les dictionnaires français, on a choisi la forme d'infinitif pour servir d'entrée aux formes verbales.

Dans certains cas, le verbe à l'infinitif peut même conserver son sujet :

> *Je fais travailler mes étudiants.*
>     sujet de *travailler*

> *Je laisse mes enfants manger du chocolat.*
>         sujet de *manger*

C'est ce qu'on appelle la proposition infinitive. En principe, on exige de la proposition infinitive qu'elle comporte, comme dans les deux exemples cités, un sujet explicite. On peut cependant étendre la notion de proposition infinitive aux cas où le sujet n'est pas exprimé :

> *J'entends marcher dans le jardin.*

L'infinitif sert aussi à former, avec les semi-auxiliaires (→ 93), les périphrases verbales :

> Il *va manger*.
>
> Elle *vient de se lever*.

**REMARQUE** L'infinitif peut passer totalement dans la classe du nom. Il perd alors ses propriétés verbales et adopte tous les caractères du nom : présence d'un déterminant, possibilité de recevoir un adjectif, etc. Cette possibilité a été exploitée au cours de l'histoire de la langue et a fourni au lexique de nombreux noms : *le rire, le sourire, le savoir-faire*, etc.

### ● L'infinitif comme substitut de modes personnels

L'infinitif de narration, précédé de la préposition *de*, caractérise surtout la littérature classique. Il a la fonction d'un indicatif :

> Et grenouilles de se plaindre, et Jupin de leur dire... LA FONTAINE

L'infinitif délibératif sert à marquer, dans une phrase interrogative, la perplexité de la personne qui parle :

> Que faire ? Où aller ?

L'infinitif est souvent un substitut commode de l'impératif (→ 163). L'infinitif prend souvent une valeur exclamative, analogue à celle du subjonctif (→ 159) :

> Moi, écrire un livre de grammaire ! Quelle horreur !

L'infinitif se substitue fréquemment à l'indicatif ou au subjonctif et constitue alors l'équivalent d'une subordonnée complétive ou circonstancielle. La condition de cette substitution est que le sujet de l'infinitif soit le même que celui du verbe dont il dépend. Selon le cas, cette substitution est facultative :

> Je pense *partir* demain. Je = sujet de *penser* et de *partir*
>
> Je pense *que je pars demain.* Je = sujet de *penser* et de *partir*
>                             subordonnée complétive

ou obligatoire :

> Je veux *partir* demain. Je = sujet de *vouloir* et de *partir*
>
> Paul travaille pour *réussir.* Je = sujet de *travailler* et de *réussir*

**REMARQUE** *Paul travaille pour qu'il réussisse* est possible, mais à condition que *il* désigne une autre personne que Paul.

● **Le choix des temps de l'infinitif**

Les deux formes, simple et composée, de l'infinitif ont alternativement, comme pour les autres modes, une valeur aspectuelle d'accompli (→ 99 et 150) ou temporelle d'antériorité. L'infinitif présent marque selon le cas une action contemporaine ou postérieure à celle du verbe dont il dépend :

> *J'aime faire de la grammaire.* (action contemporaine)
>
> *Je veux apprendre l'arabe.* (action postérieure)

L'infinitif passé peut marquer l'antériorité par rapport au présent, mais aussi au passé et au futur :

> *Il se flatte (ou se flattait, ou se flattera) d'avoir eu de nombreux succès.*

## 165 Les valeurs du participe

● **Un verbe prenant les fonctions d'un adjectif**

Le participe a pour valeur fondamentale de permettre au verbe de fonctionner comme un adjectif, sans perdre ses propriétés verbales à l'égard des éléments qui dépendent de lui :

> *On cherche un secrétaire connaissant le portugais et familiarisé avec l'informatique.*

Les deux participes *connaissant* et *familiarisé* sont des adjectifs épithètes du nom *secrétaire*, et ils conservent leurs propres compléments (*le portugais, avec l'informatique*).

Dans certains cas, le verbe au participe peut même conserver son sujet, dont il devient une épithète :

> *Paul parti, Jacques est arrivé.*
> Paul est le sujet de *parti*, qui est grammaticalement son épithète.

● **La proposition participiale**

Le verbe au participe a un sujet différent du sujet du verbe principal.

La proposition ainsi constituée a la valeur d'un complément circonstanciel :

> <u>*Son fils ayant été arrêté,*</u> *Pierre s'est ruiné en frais de justice.*
> proposition participiale
> à valeur de complément de cause

- **Les différents types de participes**

Le participe passé de forme simple est le seul à pouvoir exercer toutes les fonctions de l'adjectif : épithète, apposition et attribut. On l'emploie le plus souvent dans les formes actives composées de tous les verbes :

> J'ai _travaillé._       Je _serai revenu._
> passé composé        futur antérieur

et dans les formes passives des verbes transitifs :

> La maison _est construite._
> verbe _construire_ au passif
>
> Les lois _sont respectées._
> verbe _respecter_ au passif

Le participe présent et sa forme composée peuvent être épithètes :

> une situation _créant des difficultés_
> épithète de situation

Ils peuvent aussi se construire en apposition :

> _Ayant dormi,_ Paul sera sûrement de meilleure humeur.
> apposition de Paul

Mais ils ne peuvent pas prendre la fonction d'attribut, à moins de passer totalement dans la classe de l'adjectif :

> Paul est _tolérant._
> adjectif attribut

- **Les adjectifs verbaux**

Le participe présent et le participe passé de forme simple sont aptes à se transformer totalement en adjectifs, ce qui leur fait perdre la possibilité d'avoir des compléments. On parle alors d'**_adjectifs verbaux_**. Pour le participe présent, ce passage entraîne non seulement la variation en genre et en nombre, mais encore, dans de nombreux cas, un changement orthographique. Les participes en **_-guant_** et **_-quant_** deviennent des adjectifs verbaux en **_-gant_** et **_-cant_** :

> une personne _provoquant des catastrophes_
> participe présent
>
> une personne (très) _provocante_
> adjectif verbal

D'autres participes présents se transforment en adjectifs en -*ent* :

une personne influant sur les décisions politiques
participe présent

une personne *influente*
adjectif verbal

Pour le participe passé de forme simple, la transformation en adjectif verbal n'a pas de conséquence orthographique, mais entraîne parfois des risques de confusion : l'identité de forme entre le passé composé actif d'un verbe construit avec l'auxiliaire *être* et l'emploi comme attribut de l'adjectif verbal (voire, dans certains cas, la forme de présent passif) pose en effet un problème. *Cet usage est disparu* est-il le passé composé du verbe *disparaître* construit avec l'auxiliaire *être*? ou emploie-t-il le participe *disparu* comme adjectif verbal ?

● **Valeurs temporelles des participes**
Le participe présent et sa forme composée peuvent situer l'action indifféremment à toute époque. La forme composée a, selon le cas, la fonction d'antérieur ou d'accompli de la forme simple.
Quant au participe « passé » de forme simple, il n'a de passé que le nom (→ 151).

Pour le problème de l'accord du participe → 131 à 141

**166** Les valeurs du gérondif

● **Un verbe prenant les fonctions d'un adverbe**
Le gérondif a pour valeur fondamentale de préciser les circonstances de l'action exprimée par le verbe principal, c'est-à-dire de fonctionner comme un adverbe. Il n'en conserve pas moins la possibilité de recevoir des compléments comme un verbe :

En écrivant     des livres, on devient écrivain.
gérondif     complément d'objet
de *en écrivant*

En devenant professeur, on apprend la pédagogie.
gérondif     attribut

Dans ces deux exemples, les gérondifs *en écrivant* et *en devenant* fonctionnent comme des adverbes par rapport aux verbes *on devient* ou *on apprend*. Toutefois, ces gérondifs conservent respectivement leur complément *(des livres)* ou l'attribut de leur sujet implicite *(professeur)*.

- **Emploi du gérondif**

Le sujet du gérondif, non exprimé, est nécessairement celui du verbe dont il dépend : dans les deux exemples précédents, **on** est à la fois le sujet du gérondif et celui du verbe principal.

**REMARQUE** Dans certaines expressions figées, le gérondif a un autre sujet que celui du verbe dont il dépend :

> *L'appétit vient <u>en mangeant</u>.* (Ce n'est pas l'appétit qui mange.)

> *La fortune vient <u>en dormant</u>.* (Ce n'est pas la fortune qui dort.)

- **Les temps du gérondif**

La seule forme couramment utilisée du gérondif est la forme simple. Très rare, la forme composée marque l'accompli ou l'antériorité.

Dans la phrase suivante, l'élément *tout*, antéposé à *en*, souligne la valeur concessive prise ici par le gérondif :

> <u>*Tout*</u> *en ayant beaucoup travaillé, il n'est pas sûr d'être reçu.*

# Liste alphabétique des verbes

# A

| | | |
|---|---|---|
| 7 | abaisser | .T |
| 7 | s'abaisser | .P |
| 7 | abandonner | .T |
| 7 | s'abandonner | .P |
| 20 | abasourdir | .T |
| 20 | abâtardir | .T |
| 20 | s'abâtardir | .P |
| 60 | abattre | I, T |
| 60 | s'abattre | .P |
| 11 | abcéder | .I |
| 11 | s'abcéder | .P |
| 7 | abdiquer | I, T |
| 7 | aberrer | .I |
| 20 | abêtir | .T |
| 20 | s'abêtir | .P |
| 7 | abhorrer | .T |
| 7 | abîmer | .T |
| 7 | s'abîmer | .P |
| 7 | abjurer | I, T |
| 7 | ablater | .T |
| 7 | s'ablater | .P |
| 7 | abloquer | .T |
| 20 | abolir | .T |
| 7 | abomber afr. | .I |
| 7 | abominer | .T |
| 7 | abonder | .I |
| 7 | abonner | .T |
| 7 | s'abonner | .P |
| 20 | abonnir | .T |
| 20 | s'abonnir | .P |
| 7 | aborder | I, T, être ou avoir |
| 7 | s'aborder | .P |
| 7 | aboucher | .T |
| 7 | s'aboucher | .P |
| 7 | abouler | I, T |
| 7 | s'abouler | .P |
| 7 | abouter | .T |
| 20 | aboutir | I, Ti, être ou avoir |
| 18 | aboyer | I, T |
| 7 | abraser | .T |
| 7 | s'abraser | .P |

| | | |
|---|---|---|
| 15 | abréger | .T |
| 15 | s'abréger | .P |
| 7 | abreuver | .T |
| 7 | s'abreuver | .P |
| 7 | abricoter | .T |
| 7 | abriter | .T |
| 7 | s'abriter | .P |
| 9 | abroger | .T |
| 20 | abrutir | .T |
| 20 | s'abrutir | .P |
| 7 | absenter afr. | .T |
| 7 | s'absenter | .P |
| 7 | absorber | .T |
| 7 | s'absorber | .P |
| 78 | absoudre | .T |
| 24 | s'abstenir | .P |
| 66 | abstraire | T, D |
| | pas de passé simple ni de subj. imparfait | |
| 66 | s'abstraire | .P |
| 7 | abuser | T, Ti |
| 7 | s'abuser | .P |
| 7 | s'acagnarder | .P |
| 7 | accabler | .T |
| 7 | accaparer | .T |
| 7 | accastiller | .T |
| 11 | accéder | Ti |
| 11 | accélérer | I, T |
| 11 | s'accélérer | .P |
| 7 | accentuer | .T |
| 7 | s'accentuer | .P |
| 7 | accepter | T, Ti |
| 7 | s'accepter | .P |
| 7 | accessoiriser | .T |
| 7 | accidenter | .T |
| 7 | acclamer | .T |
| 7 | acclimater | .T |
| 7 | s'acclimater | .P |
| 7 | s'accointer | .P |
| 7 | accoler | .T |
| 7 | s'accoler | .P |
| 7 | accommoder | .T |
| 7 | s'accommoder | .P |
| 7 | accompagner | .T |

| | | |
|---|---|---|
| 7 | s'accompagner | .P |
| 20 | accomplir | .T |
| 20 | s'accomplir | .P |
| 7 | accorder | .T |
| 7 | s'accorder | .P |
| 7 | accorer | .T |
| 7 | accoster | .T |
| 7 | s'accoster | .P |
| 7 | accoter | .T |
| 7 | s'accoter | .P |
| 7 | accoucher | I, T, Ti être ou avoir |
| 7 | s'accouder | .P |
| 7 | accouer | .T |
| 7 | accoupler | .T |
| / | s'accoupler | .P |
| 20 | accourcir | I, T |
| 34 | accourir | I, être ou avoir |
| 7 | accoutrer | .T |
| 7 | s'accoutrer | .P |
| 7 | accoutumer | .T |
| 7 | s'accoutumer | .P |
| 7 | accréditer | .T |
| 7 | s'accréditer | .P |
| 7 | accrocher | I, T |
| 7 | s'accrocher | .P |
| | accroire | T, D seulement à l'infinitif |
| 73 | accroître T, Ti, être ou avoir |
| 73 | s'accroître | .P |
| 20 | s'accroupir | .P |
| 29 | accueillir | .T |
| 7 | acculer | .T |
| 7 | acculturer | .T |
| 7 | accumuler | I, T |
| 7 | s'accumuler | .P |
| 7 | accuser | .T |
| 7 | s'accuser | .P |
| 7 | acenser | .T |
| 11 | acérer | .T |
| 16 | acétifier | .T |
| 7 | acétyler | .T |
| 7 | achalander | .T |
| 7 | achaler québ. | .T |

T : transitif direct   Ti : transitif indirect   I : intransitif   P : construction pronominale   imp. : impersonnel
D : défectif   être : se conjugue avec l'auxiliaire être   être ou avoir : se conjugue avec les deux auxiliaires

| | | | | | |
|---|---|---|---|---|---|
| 11 | agglomérer ........T | 7 | aimanter ...........T | 9 | allonger ........ I, T |
| 11 | s'agglomérer ......P | 7 | s'aimanter .........P | 9 | s'allonger .........P |
| 7 | agglutiner .........T | 7 | aimer .............T | 7 | allouer ...........T |
| 7 | s'agglutiner ........P | 7 | s'aimer ...........P | 7 | allumer ...........T |
| 7 | aggraver ..........T | 7 | airer ..............I | 7 | s'allumer ..........P |
| 7 | s'aggraver .........P | 7 | ajointer ...........T | 7 | alluvionner ........I |
| 7 | agioter ............I | 7 | ajourer ............T | 20 | alourdir ...........T |
| 20 | agir ..............I | 7 | ajourner ...........T | 20 | s'alourdir ..........P |
| 20 | s'agir ...P, imp. : il s'agit de | 7 | ajouter .........T, Ti | 7 | alpaguer ..........T |
| 7 | agiter .............T | 7 | s'ajouter ..........P | 7 | alphabétiser .......T |
| 7 | s'agiter ............P | 7 | ajuster ............T | 11 | altérer ............T |
| 12 | agneler ............I | 7 | s'ajuster ...........P | 11 | s'altérer ...........P |
| 20 | agonir .............T | 7 | alambiquer ........T | 7 | alterner .......... I, T |
| 7 | agoniser ...........I | 20 | alanguir ...........T | 7 | aluminer ..........T |
| 7 | agrafer ............T | 20 | s'alanguir ........P | 7 | aluner ............T |
| 20 | agrandir ...........T | 7 | alarmer ...........T | 20 | alunir .....I, être ou avoir |
| 20 | s'agrandir ..........P | 7 | s'alarmer ..........P | 7 | amadouer ..........T |
| 14 | agréer .......... T, Ti | 7 | alcaliniser .........T | 20 | amaigrir ...........T |
| 15 | agréger ............T | 7 | alcaliser ...........T | 20 | s'amaigrir ..........P |
| 15 | s'agréger ...........P | 7 | alcooliser ..........T | 7 | amalgamer .........T |
| 7 | agrémenter ........T | 7 | s'alcooliser ........P | 7 | s'amalgamer .......P |
| 7 | agresser ...........T | 20 | alentir ............T | 7 | amariner ..........T |
| 7 | agricher ...........T | 7 | alerter ............T | 7 | s'amariner .........P |
| 7 | s'agriffer ..........P | 11 | aléser .............T | 7 | amarrer ...........T |
| 7 | agripper ...........T | 7 | aleviner ...........T | 7 | s'amarrer ..........P |
| 7 | s'agripper ..........P | 11 | aliéner ............T | 7 | amasser .......... I, T |
| 20 | aguerrir ...........T | 11 | s'aliéner ...........P | 7 | s'amasser ..........P |
| 20 | s'aguerrir ..........P | 7 | aligner ............T | 20 | amatir ............T |
| 7 | aguicher ...........T | 7 | s'aligner ...........P | 8 | ambiancer afr. ......I |
| 7 | ahaner .............I | 7 | alimenter ..........T | 7 | s'ambifier afr. ......P |
| 7 | s'aheurter ..........P | 7 | s'alimenter .........P | 7 | ambitionner .......T |
| 20 | ahurir .............T | 7 | aliter .............T | 7 | ambler ............I |
| 7 | aicher .............T | 7 | s'aliter ............P | 7 | ambrer ............T |
| 7 | aider ............T, Ti | 7 | allaiter .......... I, T | 7 | améliorer ..........T |
| 7 | s'aider ............P | 11 | allécher ...........T | 7 | s'améliorer .........P |
| 20 | aigrir ............ I, T | 15 | alléger ............T | 9 | aménager ..........T |
| 20 | s'aigrir ............P | 20 | allégir ............T | 7 | amender ..........T |
| 7 | aiguiller ...........T | 7 | allégoriser .........T | 7 | s'amender ..........P |
| 12 | aiguilleter ..........T | 11 | alléguer ...........T | 10 | amener ............T |
| 7 | aiguillonner ........T | 23 | aller ............I, être | 10 | s'amener ...........P |
| 7 | aiguiser ...........T | 23 | s'en aller ..........P | 7 | amenuiser .........T |
| 7 | s'aiguiser ..........P | 16 | allier .............T | 7 | s'amenuiser .......P |
| 7 | ailler .............T | 16 | s'allier ............P | 7 | américaniser ......T |

T : transitif direct   Ti : transitif indirect   I : intransitif   P : construction pronominale   imp. : impersonnel
D : défectif   être : se conjugue avec l'auxiliaire être   être ou avoir : se conjugue avec les deux auxiliaires

| | | | | | |
|---|---|---|---|---|---|
| 7 | s'américaniser ......P | 16 | anémier ...........T | 18 | s'apitoyer .........P |
| 20 | amerrir ...I, être ou avoir | 16 | anesthésier ........T | 20 | aplanir ...........T |
| 20 | ameublir ...........T | 7 | anglaiser ..........T | 20 | s'aplanir ..........P |
| 7 | ameuter ............T | 7 | angliciser .........T | 20 | aplatir ............T |
| 7 | s'ameuter ..........P | 7 | s'angliciser ........P | 20 | s'aplatir ..........P |
| 7 | amidonner .........T | 7 | angoisser .......I, T | 7 | aplomber québ. ......T |
| 20 | amincir ..........I, T | 7 | s'angoisser .........P | 7 | s'aplomber québ. ....P |
| 20 | s'amincir ........P | 11 | anhéler ............I | 16 | apostasier .........I |
| 7 | aminer belg. ........I | 7 | animaliser .........T | 7 | aposter ............T |
| 16 | amnistier ..........T | 7 | animer ............T | 7 | apostiller ..........T |
| 7 | amocher ...........T | 7 | s'animer ..........P | 7 | apostropher ........T |
| 7 | s'amocher ..........P | 7 | aniser .............T | 7 | s'apostropher .......P |
| 16 | amodier ...........T | 7 | ankyloser ..........T | 7 | appairer ...........T |
| 20 | amoindrir ..........T | 7 | s'ankyloser .........P | 69 | apparaître  I, être ou avoir |
| 20 | s'amoindrir ........P | 12 | anneler ............T | 7 | appareiller .......I, T |
| 20 | amollir ............T | 7 | annexer ...........T | 7 | s'appareiller .......P |
| 20 | s'amollir ..........P | 7 | s'annexer ..........P | 7 | apparenter .........T |
| 12 | amonceler .........T | 7 | annihiler ..........T | 7 | s'apparenter ........P |
| 12 | s'amonceler ........P | 7 | s'annihiler .........P | 16 | apparier ...........T |
| 8 | amorcer .........I, T | 8 | annoncer ..........T | 16 | s'apparier ..........P |
| 8 | s'amorcer ..........P | 8 | s'annoncer .........P | | apparoir ..........I, D |
| 8 | amordancer ........T | 7 | annoter ...........T | | seulement à l'infinitif |
| 20 | amortir ...........T | 7 | annualiser .........T | | et à la 3e pers. du sing. |
| 20 | s'amortir ..........P | 7 | annuler ............T | | de l'ind. prés. : *il appert* |
| 7 | s'amouracher .......P | 7 | s'annuler ..........P | 24 | appartenir ........Ti |
| 7 | amourer afr. ........T | 20 | anoblir ............T | 24 | s'appartenir ........P |
| 16 | amplifier ...........T | 20 | s'anoblir ..........P | 7 | appâter ............T |
| 16 | s'amplifier .........P | 7 | anodiser ...........T | 20 | appauvrir ..........T |
| 7 | amputer ...........T | 7 | ânonner .......I, T | 20 | s'appauvrir .........P |
| 20 | s'amuïr ...........P | 20 | anordir ............I | 12 | appeler ..........T, Ti |
| 7 | amurer ............T | 7 | antéposer ..........T | 12 | s'appeler ..........P |
| 7 | amuser ............T | 7 | anticiper .........I, T | 58 | appendre ..........T |
| 7 | s'amuser ...........P | 7 | antidater ..........T | | *appert → apparoir* |
| 16 | analgésier ..........T | 7 | aoûter .............T | 7 | appertiser .........T |
| 7 | analyser ...........T | 7 | apaiser ............T | 20 | appesantir .........T |
| 7 | s'analyser ..........P | 7 | s'apaiser ..........P | 20 | s'appesantir .......P |
| 7 | anastomoser .......T | 9 | apanager ..........T | 11 | appéter ............T |
| 7 | s'anastomoser ......P | 7 | apatamer afr. .......I | 20 | applaudir ......I, T, Ti |
| 7 | anathématiser .....T | 40 | apercevoir .........T | 20 | s'applaudir .........P |
| 7 | ancrer .............T | 40 | s'apercevoir ........P | 7 | appliquer ..........T |
| 7 | s'ancrer ...........P | 7 | apeurer ............T | 7 | s'appliquer .........P |
| 20 | anéantir ...........T | 7 | apiquer ............T | 7 | appointer ..........T |
| 20 | s'anéantir .........P | 18 | apitoyer ...........T | 7 | s'appointer .........P |
| | | | | 20 | appointir ..........T |

| | | | | | |
|---|---|---|---|---|---|
| 7 | apponter | I | 7 | argumenter | I |
| 7 | apporter | T | 7 | ariser | T |
| 7 | apposer | T | 7 | armer | T |
| 16 | apprécier | T | 7 | s'armer | P |
| 16 | s'apprécier | P | 16 | armorier | T |
| 7 | appréhender | T | 7 | arnaquer | T |
| 59 | apprendre | T | 7 | aromatiser | T |
| 59 | s'apprendre | P | 15 | arpéger | I, T |
| 7 | apprêter | T | 7 | arpenter | T |
| 7 | s'apprêter | P | 7 | arpigner | T |
| 7 | apprivoiser | T | 7 | arquebuser | T |
| 7 | s'apprivoiser | P | 8 | arquepincer | T |
| 7 | approcher | I, T, Ti | 7 | arquer | I, T |
| 7 | s'approcher | P | 7 | s'arquer | P |
| 20 | approfondir | T | 7 | arracher | T |
| 20 | s'approfondir | P | 7 | s'arracher | P |
| 16 | approprier | T | 7 | arraisonner | T |
| 16 | s'approprier | P | 9 | arranger | T |
| 7 | approuver | T | 9 | s'arranger | P |
| 7 | s'approuver | P | 7 | arrenter | T |
| 7 | approvisionner | T | 9 | arrérager | I |
| 7 | s'approvisionner | P | 9 | s'arréager | P |
| 18 | appuyer | I, T | 7 | arrêter | I, T |
| 18 | s'appuyer | P | 7 | s'arrêter | P |
| 7 | apurer | T | 7 | arriérer | T |
| 9 | aquiger | I | 7 | arrimer | T |
| 7 | arabiser | T | 7 | arriser | T |
| 7 | araser | T | 7 | arriver | I, être |
| 7 | arbitrer | T | 9 | s'arroger | P |
| 7 | arborer | T | 20 | arrondir | T |
| 7 | arboriser | I | 20 | s'arrondir | P |
| 7 | arc-bouter | T | 7 | arroser | T |
| 7 | s'arc-bouter | P | 7 | s'arroser | P |
| 7 | archaïser | I | 7 | s'arsouiller | P |
| 7 | architecturer | T | 7 | articuler | I, T |
| 7 | archiver | T | 7 | s'articuler | P |
| 7 | arçonner | T | 7 | artiller | I |
| 7 | ardoiser | T | 7 | ascensionner | T |
| 7 | argenter | T | 7 | aseptiser | T |
| 7 | s'argenter | P | 7 | aspecter | T |
| 7 | argotiser | I | 9 | asperger | T |
| 7 | argougner | T | 9 | s'asperger | P |
| 7 | arguer | T, Ti | 7 | asphalter | T |

| | | |
|---|---|---|
| 16 | asphyxier | I, T |
| 16 | s'asphyxier | P |
| 7 | aspirer | T, Ti |
| 20 | assagir | T |
| 20 | s'assagir | P |
| 30 | assaillir | T |
| 20 | assainir | T |
| 7 | assaisonner | T |
| 7 | assarmenter | T |
| 7 | assassiner | T |
| | assavoir | T, D |
| | seulement à l'infinitif | |
| 11 | assécher | I, T |
| 11 | s'assécher | P |
| 7 | assembler | T |
| 7 | s'assembler | P |
| 10 | assener | T |
| 11 | asséner | T |
| 51 | asseoir | T |
| 51 | s'asseoir | P |
| 7 | assermenter | T |
| 20 | asservir | T |
| 20 | s'asservir | P |
| 7 | assibiler | T |
| 7 | s'assibiler | P |
| 15 | assiéger | T |
| 7 | assigner | T |
| 7 | assimiler | T |
| 7 | s'assimiler | P |
| 7 | assister | I, T |
| 16 | associer | T |
| 16 | s'associer | P |
| 7 | assoiffer | T |
| 7 | assoler | T |
| 20 | assombrir | T |
| 20 | s'assombrir | P |
| 7 | assommer | T |
| 7 | s'assommer | P |
| 7 | assoner | I |
| 20 | assortir | T |
| 20 | s'assortir | P |
| 20 | assoupir | T |
| 20 | s'assoupir | P |

T : transitif direct   Ti : transitif indirect   I : intransitif   P : construction pronominale   imp. : impersonnel
D : défectif   être : se conjugue avec l'auxiliaire être   être ou avoir : se conjugue avec les deux auxiliaires

| | | |
|---|---|---|
| 20 assouplir ..........T | 7 attifer ..............T | 20 s'avachir ..........P |
| 20 s'assouplir .........P | 7 s'attifer ............P | 7 avaler ..............T |
| 20 assourdir ........I, T | 9 attiger ............I, T | 7 avaliser ............T |
| 20 s'assourdir .........P | 7 attirer ..............T | 8 avancer ...........I, T |
| 20 assouvir ...........T | 7 s'attirer ............P | 8 s'avancer ..........P |
| 20 s'assouvir ..........P | 7 attiser ..............T | 9 avantager ..........T |
| 20 assujettir ..........T | 7 attitrer .............T | 16 avarier .............T |
| 20 s'assujettir ........P | 7 attraper ............T | 16 s'avarier ...........P |
| 7 assumer .........I, T | 7 s'attraper ..........P | 62 aveindre .........T |
| 7 s'assumer ..........P | 7 attribuer ...........T | 24 avenir .........I, T, D |
| 7 assurer ...........I, T | 7 s'attribuer .........P | seulement au part. présent |
| 7 s'assurer ..........P | 7 attriquer ...........T | 7 aventurer ..........T |
| 7 asticoter ...........T | 7 attrister ...........T | 7 s'aventurer .........P |
| 7 astiquer ............T | 7 s'attrister ..........P | 11 avérer .............T |
| 62 astreindre ..........T | 7 attrouper ...........T | 11 s'avérer ............P |
| 62 s'astreindre .........P | 7 s'attrouper .........P | 20 avertir .............T |
| 18 atermoyer ..........I | 7 auditionner ......I, T | 7 aveugler ...........T |
| 7 atomiser ............T | 7 augmenter .......I, T | 7 s'aveugler ..........P |
| 7 s'atomiser ..........P | être ou avoir | 20 aveulir .............T |
| 16 atrophier ...........T | 7 s'augmenter ........P | 20 s'aveulir ...........P |
| 16 s'atrophier ..........P | 7 augurer ..........I, T | 20 avilir ..............T |
| 7 attabler ............T | 7 auner ..............T | 20 s'avilir .............P |
| 7 s'attabler ...........P | 7 auréoler ...........T | 7 aviner ..............T |
| 7 attacher .........I, T | 7 s'auréoler ..........P | 7 aviser .............I, T |
| 7 s'attacher ..........P | 16 aurifier ............T | 7 s'aviser ............P |
| 7 attaquer ...........T | 7 ausculter ..........T | 7 avitailler ...........T |
| 7 s'attaquer ..........P | 16 authentifier ........T | 7 s'avitailler ..........P |
| 7 s'attarder ..........P | 7 authentiquer .......T | 7 aviver ..............T |
| 62 atteindre ........T, Ti | 7 s'autocensurer ......P | 7 avocasser ..........T |
| 12 atteler ...........I, T | 88 s'autodétruire ......P | 7 avoiner ............T |
| 12 s'atteler ...........P | 7 s'autodéterminer ...P | 2 avoir ..............T |
| 58 attendre .........I, T | 8 autofinancer .......T | 7 avoisiner ...........T |
| 58 s'attendre ..........P | 8 s'autofinancer ......P | 7 s'avoisiner .........P |
| 20 attendrir ...........T | 16 autographier .......T | 7 avorter    I, T, être ou avoir |
| 20 s'attendrir ..........P | 7 s'autoguider ........P | 7 avouer .............T |
| 7 attenter ..........I, Ti | 7 automatiser ........T | 7 s'avouer ............P |
| 7 atténuer ...........T | 7 s'autoproclamer ....P | 19 avoyer .............T |
| 7 s'atténuer ..........P | 16 autopsier ..........T | 7 axer ...............T |
| 7 atterrer ............T | 7 autoriser ...........T | 7 axiomatiser .........T |
| 20 atterrir ...I, être ou avoir | 7 s'autoriser ..........P | 7 azimuter ..........T |
| 7 attester ............T | 7 s'autosuggestionner .P | 7 azimuther ..........T |
| 20 attiédir ............T | 7 s'autotomiser .......P | 7 azurer ..............T |
| 20 s'attiédir ...........P | 20 avachir ..........I, T | |

# B

| | | |
|---|---|---|
| 13 | babeler belg. | I |
| 7 | babiller | I |
| 7 | bâcher | T |
| 7 | bachoter | I |
| 7 | bâcler | I, T |
| 7 | bader | T |
| 7 | badigeonner | T, Ti |
| 7 | se badigeonner | P |
| 7 | badiner | I |
| 7 | baffer | T |
| 7 | bafouer | T |
| 7 | bafouiller | I, T |
| 7 | bâfrer | I, T |
| 7 | bagarrer | I |
| 7 | se bagarrer | P |
| 7 | bagoter | I |
| 7 | bagotter | I |
| 7 | bagouler | I |
| 7 | baguenauder | I |
| 7 | se baguenauder | P |
| 7 | baguer | T |
| 7 | baigner | I, T |
| 7 | se baigner | P |
| 7 | bailler (la bailler belle) | T |
| 7 | bâiller (bâiller d'ennui) | I |
| 7 | bâillonner | T |
| 7 | baiser | I, T |
| 7 | baisser | I, T, être ou avoir |
| 7 | se baisser | P |
| 7 | balader | T |
| 7 | se balader | P |
| 7 | balafrer | T |
| 8 | balancer | I, T |
| 8 | se balancer | P |
| 7 | balanstiquer | T |
| 17 | balayer | T |
| 16 | balbutier | I, T |
| 7 | baleiner | T |
| 7 | baligander belg. | I |
| 7 | baliser | I, T |
| 7 | balkaniser | T |

| | | |
|---|---|---|
| 7 | se balkaniser | P |
| 7 | ballaster | T |
| 7 | baller | I |
| 7 | ballonner | T |
| 7 | ballotter | I, T |
| 7 | bal(l)uchonner | T |
| 7 | se bal(l)uchonner | P |
| 7 | balter belg. | T |
| 7 | bambocher | I |
| 7 | banaliser | T |
| 7 | se banaliser | P |
| 7 | bananer | T |
| 7 | bancher | T |
| 7 | bander | I, T |
| 7 | se bander | P |
| 7 | banner | T |
| 20 | bannir | T |
| 7 | banquer | I |
| 12 | banqueter | I |
| 7 | baptiser | T |
| 7 | se baquer | P |
| 7 | baquer belg. | T |
| 12 | baqueter | T |
| 7 | baragouiner | I, T |
| 7 | baraquer | I, T |
| 7 | baratiner | I, T |
| 7 | baratter | T |
| 7 | barber | T |
| 7 | se barber | P |
| 16 | barbifier | T |
| 16 | se barbifier | P |
| 7 | barboter | I, T |
| 7 | barbouiller | T |
| 7 | barder | T |
| 7 | barder | I, imp. : ça barde |
| 11 | baréter | I |
| 7 | barguigner | I |
| 7 | barioler | T |
| 7 | barjaquer | I |
| 7 | barloquer belg. | I |
| 7 | baronner | T |
| 7 | barouder | I |
| 7 | barrer | I, T |

| | | |
|---|---|---|
| 7 | se barrer | P |
| 7 | barricader | T |
| 7 | se barricader | P |
| 20 | barrir | I |
| 7 | basaner | T |
| 7 | basculer | I, T |
| 7 | baser | T |
| 7 | se baser | P |
| 7 | bassiner | T |
| 7 | baster | I |
| 7 | bastillonner | T |
| 7 | bastionner | T |
| 7 | bastonner | T |
| 7 | se bastonner | P |
| 7 | batailler | I |
| 7 | se batailler | P |
| 12 | bateler | I |
| 7 | bâter | T |
| 7 | batifoler | I |
| 20 | bâtir | T |
| 20 | se bâtir | P |
| 7 | bâtonner | T |
| 60 | battre | I, T, Ti |
| 60 | se battre | P |
| 9 | se bauger | P |
| 7 | bavarder | I |
| 7 | bavasser | I |
| 7 | baver | I |
| 7 | bavocher | I |
| 17 | bayer (aux corneilles) | I |
| 7 | bazarder | T |
| 16 | béatifier | T |
| 7 | bêcher | I, T |
| 13 | bêcheveter | T |
| 7 | bécoter | T |
| 7 | se bécoter | P |
| 7 | becquer | T |
| 12 | becqueter | T |
| 7 | becter | T, D |
| | employé surtout à l'infinitif et au participe passé | |
| 7 | bedonner | I |
| 14 | béer | I, D |
| | surtout à l'infinitif, à l'ind. imparfait, au part. présent (béant) et dans l'expression bouche bée | |

T : transitif direct   Ti : transitif indirect   I : intransitif   P : construction pronominale   imp. : impersonnel
D : défectif   être : se conjugue avec l'auxiliaire être   être ou avoir : se conjugue avec les deux auxiliaires

| | | | | | |
|---|---|---|---|---|---|
| 7 | bégaler ...........T | 7 | biffer .............T | 20 | se blanchir .........P |
| 17 | bégayer ...........I,T | 7 | biffetonner .........I | 7 | blaser .............T |
| 11 | béguer afr. ...........I | 7 | bifurquer ..........I | 7 | se blaser ............P |
| 13 | bégueter ...........I | 7 | bigarrer ...........T | 7 | blasonner ..........T |
| 7 | bêler ..............I | 7 | bigler ............. I, T | 11 | blasphémer ..... I, T |
| 7 | beloter afr. ..........I | 7 | biglouser ...........I | 11 | blatérer ......·......I |
| 7 | bémoliser ..........T | 7 | bigophoner ........I | 7 | bleffer belg. .........I |
| 16 | bénéficier ........ Ti | 7 | bigorner ...........T | 20 | blêmir .............I |
| 20 | bénir ..............T | 7 | se bigorner .........P | 11 | bléser .............I |
| | participe passé *béni, e, is, ies,* à ne pas confondre avec l'adjectif : *eau bénite* | 7 | bigrer afr. ...........I | 7 | blesser ............T |
| | | 7 | bilaner afr. ..........I | 7 | se blesser .........P |
| 7 | benner belg. ........T | 7 | se biler ............P | 20 | blettir .............I |
| 11 | béquer ............T | 7 | billebauder .........I | 20 | bleuir .............I, T |
| 12 | béqueter ..........T | 7 | biller .............I | 7 | bleuter ............T |
| 7 | béquiller .........I, T | 7 | billonner ..........T | 7 | blinder ............I, T |
| 8 | bercer ..............T | 7 | biloquer ...........T | 7 | se blinder ..........P |
| 8 | se bercer .............P | 7 | se biloter ..........P | 7 | blinquer belg. ..... I, T |
| 7 | berdeller belg. ..... I, T | 7 | biner ............. I, T | 7 | blobloter ..........I |
| 7 | berlurer ...........I | 7 | biologiser ..........T | 20 | blondir ............I, T |
| 7 | se berlurer .........P | 7 | biquer belg. .........I | 18 | blondoyer ..........I |
| 7 | berner .............T | 7 | biscuiter ...........T | 7 | bloquer ...........T |
| 7 | besogner ..........I | 7 | biseauter ..........T | 7 | se bloquer ..........P |
| 16 | bêtifier ..........I, T | 7 | bisegmenter .......T | 20 | se blottir ...........P |
| 16 | se bêtifier ..........P | 7 | biser ............ I, T | 7 | blouser ............I, T |
| 7 | bêtiser .............I | 7 | bisquer ............I | 7 | se blouser ...........P |
| 7 | bétonner ........I, T | 7 | bisser .............T | 7 | bluffer ............I, T |
| 7 | beugler ..........I, T | 7 | bistourner .........T | 7 | bluter .............T |
| 7 | beurrer............T | 7 | bistrer .............T | 7 | blutiner ...........I |
| 7 | se beurrer ..........P | 7 | biter ..............T | 7 | bobiner ............T |
| 7 | biaiser ...........I, T | 7 | bitonner ...........I | 7 | bocarder ...........T |
| 7 | bibarder ...........I | 7 | bitter ..............T | 7 | boetter ............T |
| 7 | bibeloter ...........I | 7 | bitumer ............T | 75 | boire .............I, T |
| 7 | biberonner .........I | 7 | bituminer ..........T | 75 | se boire ............P |
| 7 | bicher .............I | 7 | se bit(t)urer ........P | 7 | boiser .............T |
| 7 | bichonner..........T | 7 | bivouaquer .........I | 7 | boiter .............I |
| 7 | se bichonner .......P | 7 | bizuter ............T | 7 | boitiller ...........I |
| 7 | bichoter I, imp. : *ça bichote* | 7 | blablater ...........I | 7 | bolcheviser ........T |
| 7 | se bider ..........P | 7 | blackbouler ........T | 7 | bombarder .........T |
| 7 | bidonner .........I, Ti | 7 | blaguer ............I | 7 | bomber ...........I, T |
| 7 | se bidonner .......P | 7 | blairer .............T | 7 | bonder ............T |
| 7 | bidouiller ..........T | 7 | blâmer .............T | 7 | bondériser .........T |
| | bienvenir..........I, D seulement à l'infinitif | 7 | se blâmer ..........P | 20 | bondir .............I |
| | | 20 | blanchir .........I, T | 7 | bondonner .........T |

| | | |
|---|---|---|
| 16 bonifier .............T | 7 bouillotter ..........I | 7 brancher ..........I, T |
| 16 se bonifier ..........P | 9 boulanger .........I, T | 7 se brancher ........P |
| 7 bonimenter ........I | 7 bouler ...........I, T | 7 brandiller .........I, T |
| 20 bonir ..............T | 7 bouleverser ........T | 20 brandir ............T |
| 20 bonnir .............T | 7 bouliner ...........T | 7 branler ...........I, T |
| 7 boquillonner .......I | 7 boulocher ..........I | 7 branlocher .........T |
| 7 bordéliser .........T | 7 boulonner .......I, T | 7 braquer ..........I, T |
| 7 border .............T | 7 boulotter ........I, T | 7 se braquer .........P |
| 7 bordurer ..........T | 7 boumer ............I | 7 braser ............T |
| 7 borgnoter .........T | imp. : ça boume | 7 brasiller ...........I |
| 7 borner .............T | 7 bouquiner .......I, T | 7 brasser ...........T |
| 7 se borner .........P | 7 bourder ...........I | 7 se brasser .........P |
| 18 bornoyer ........I, T | 7 bourdonner ........I | 17 brasseyer .........T |
| 12 bosseler ...........T | 7 bourgeonner .......I | 7 braver ............T |
| 7 bosser ...........I, T | 7 bourlinguer ........I | 17 brayer ............T |
| 7 bossuer ...........T | 12 bourreler ..........T | 7 bredouiller .......I, T |
| 7 bostonner .........I | 7 bourrer ..........I, T | 7 brêler .............T |
| 7 botaniser ..........I | 7 se bourrer .........P | 7 breller ............T |
| 12 botteler ...........T | 7 boursicoter ........I | 7 brésiller ..........I, T |
| 7 botter ...........I, T | 7 boursouf(f)ler ......T | 7 se brésiller .........P |
| 7 se botter .........P | 7 se boursouf(f)ler ....P | 12 bretteler ..........T |
| 7 bottiner .........I, T | 7 bousculer ..........T | 7 bretter ............T |
| 7 bouhouler .........I | 7 se bousculer ........P | 12 breveter ...........T |
| 7 boucaner ........I, T | 7 bousiller .........I, T | 7 bricoler ..........I, T |
| 7 boucharder ........T | 7 boustifailler ........I | 7 brider ............T |
| 7 boucher ...........T | 7 bouteiller afr. ........T | 9 bridger .............I |
| 7 se boucher .........P | 7 bouter .............T | 7 briefer ............T |
| 7 bouchonner ......I, T | 7 boutonner .......I, T | 7 briffer ...........I, T |
| 7 se bouchonner .....P | 7 se boutonner .......P | 7 brigander .........I, T |
| 7 boucler ..........I, T | 7 bouturer ..........T | 7 briguer ...........T |
| 7 se boucler .........P | 7 boxer ...........I, T | 7 brillanter ..........T |
| 7 bouder ..........I, T | 7 boxonner ..........I | 7 brillantiner .........T |
| 7 se bouder .........P | 7 se boyauter .........P | 7 briller ............I |
| 7 boudiner ..........T | 7 boycotter ..........T | 7 brimbaler ........I, T |
| 7 bouffer ..........I, T | 7 braconner .......I, T | 7 brimer ............T |
| 7 se bouffer .........P | 7 brader .............T | 7 bringuebaler .....I, T |
| 20 bouffir ..........I, T | 7 brailler ..........I, T | 7 brinqueballer .....I, T |
| 7 bouffonner ........I | 7 se brailler afr. .......P | 7 briocher ...........T |
| 9 bouger ...........I, T | 66 braire ..........I, T, D | 7 briquer ...........T |
| 9 se bouger .........P | surtout aux 3es personnes, | 12 briqueter ..........T |
| 7 bougonner .......I, T | ind. prés., futur et cond. présent | 7 briser ...........I, T |
| 32 bouillir ..........I, T | 7 braiser ............T | 7 se briser ..........P |
| 7 bouillonner ......I, T | 7 bramer ............I | 7 broadcaster ......T |
| | 7 brancarder ........T | |

| | | | |
|---|---|---|---|
| 7 | brocanter ........ I, T | 7 | buriner .........T |
| 7 | brocarder ..........T | 7 | buser afr. .........T |
| 7 | brocher ............T | 7 | buter ............ I, T |
| 7 | broder ........... I, T | 7 | se buter ............P |
| 7 | broncher ...........I | 7 | butiner .......... I, T |
| 7 | bronzer .......... I, T | 7 | butter ...........T |
| 7 | se bronzer ..........P | 7 | buvoter ............I |
| 7 | broquanter .......I | | |
| 7 | broquer belg. ........I | | |
| 7 | brosser .......... I, T | | **C** |
| 7 | se brosser ..........P | | |
| 7 | brouetter ..........T | 7 | cabaler ............I |
| 7 | brouillasser.........I | 7 | cabaner ...........T |
| | imp. : il brouillasse | 7 | cabiner afr. .........I |
| 7 | brouiller ...........T | 7 | câbler .............T |
| 7 | se brouiller .........P | 7 | cabosser ...........T |
| 7 | brouillonner ...... I, T | 7 | caboter ............I |
| 7 | brouter .......... I, T | 7 | cabotiner ..........I |
| 18 | broyer .............T | 7 | cabrer .............T |
| 7 | bruiner ............I | 7 | se cabrer ..........P |
| | imp. : il bruine | 7 | cabrioler ..........I |
| 20 | bruire .......... I, D | 7 | cacaber ............I |
| | surtout au part. présent | 7 | cacarder ...........I |
| | (bruissant), aux 3es personnes | 7 | cacher .............T |
| | de l'ind. présent et imparfait | 7 | se cacher ..........P |
| | (il bruit/ils bruissent Il bruissait/ | 12 | cacheter ...........T |
| | ils bruissaient), au subj. présent | 7 | cachetonner ........I |
| | (qu'il bruisse/qu'ils bruissent). | 7 | cadancher .........I |
| | Part. passé invariable (brui) | 7 | cadastrer ..........T |
| 7 | bruisser ..........I | 7 | cadeauter afr. .......T |
| 7 | bruiter ............T | 7 | cadenasser .........T |
| 7 | brûler .......... I, T | 8 | cadencer ...........T |
| 7 | se brûler ..........P | 7 | cadoter afr. .........T |
| 7 | brumasser .........I | 7 | cadrer .......... I, T |
| | imp. : il brumasse | 7 | cafarder ......... I, T |
| 7 | brumer ............I | 7 | cafeter .......... I, T |
| | imp. : il brume | 7 | cafouiller ..........I |
| 20 | brunir ........... I, T | 7 | cafter ........... I, T |
| 20 | se brunir ..........P | 7 | cagnarder ..........I |
| 7 | brusquer ..........T | 7 | cagner .............I |
| 7 | brutaliser ..........T | 7 | caguer .............I |
| 7 | bûcher ......... I, T | 7 | cahoter .......... I, T |
| 7 | budgéter ..........T | 7 | caillebotter .......T |
| 7 | budgétiser ........T | 7 | cailler .......... I, T |
| 7 | buller .............I | | |
| 7 | bureaucratiser ......T | | |
| 7 | se bureaucratiser ...P | | |

| | |
|---|---|
| 7 | se cailler ..........P |
| 12 | cailleter ...........I |
| 7 | caillouter ..........T |
| 7 | caïmanter afr. .......T |
| 7 | cajoler .............T |
| 7 | se calaminer ........P |
| 7 | calamistrer .........T |
| 7 | calancher ..........I |
| 7 | calandrer ..........T |
| 7 | calciner ............T |
| 7 | calculer .......... I, T |
| 7 | caler ............ I, T |
| 7 | se caler ...........P |
| 13 | caleter ............I |
| 13 | se caleter .........P |
| 7 | calfater ............T |
| 7 | calfeutrer ..........T |
| 7 | se calfeutrer .......P |
| 7 | calibrer ............T |
| 7 | câliner ............T |
| 16 | calligraphier ......T |
| 7 | calmer ............T |
| 7 | se calmer ..........P |
| 20 | calmir .............I |
| 16 | calomnier ..........T |
| 9 | calorifuger .........T |
| 7 | calotter ...........T |
| 7 | calquer ............T |
| 7 | calter .............I |
| 7 | se calter ..........P |
| 7 | cambrer ...........T |
| 7 | se cambrer ........P |
| 7 | cambrioler .......T |
| 7 | cambuter ........ I, T |
| 7 | cameloter ..........I |
| 11 | camembérer afr. ....I |
| 7 | se camer ..........P |
| 7 | camionner .........T |
| 7 | camoufler ..........T |
| 7 | se camoufler .......P |
| 7 | camper I, T, être ou avoir |
| 7 | se camper .........P |
| 7 | canaliser ..........T |

| | | | | | |
|---|---|---|---|---|---|
| 7 | canarder | I, T | 7 | caraméliser | I, T |
| 7 | cancaner | I | 7 | se caraméliser | P |
| 7 | cancériser | T | 7 | se carapater | P |
| 20 | se candir | P | 7 | carbonater | T |
| 7 | caner | I | 7 | carboniser | T |
| 12 | canneler | T | 7 | carburer | I, T |
| 7 | canner | I, T | 7 | carcailler | I |
| 7 | cannibaliser | T | 7 | carder | T |
| 7 | se cannibaliser | P | 8 | carencer | T |
| 7 | canoniser | T | 11 | caréner | I, T |
| 7 | canonner | T | 7 | carer | T |
| 7 | canoter | I | 7 | caresser | T |
| 7 | cantiner | I | 7 | se caresser | P |
| 7 | cantonner | I, T | 7 | carguer | T |
| 7 | se cantonner | P | 7 | caricaturer | T |
| 7 | canuler | T | 16 | carier | T |
| 7 | caoutchouter | T | 16 | se carier | P |
| 7 | capahuter | T | 7 | carillonner | I, T |
| 7 | caparaçonner | T | 7 | carmer | T |
| 7 | se caparaçonner | P | 7 | carminer | T |
| 14 | capéer | I | 16 | se carnifier | P |
| 12 | capeler | T | 7 | carotter | I, T |
| 17 | capeyer | I | 12 | carreler | T |
| 7 | capitaliser | I, T | 7 | carrer | T |
| 7 | capitonner | T | 7 | se carrer | P |
| 7 | se capitonner | P | 7 | carrosser | T |
| 7 | capituler | I | 7 | carotter | T |
| 7 | caponner | I | 7 | caroubler | T |
| 7 | caporaliser | T | 7 | carrer | T |
| 7 | capoter | I, T | 18 | carroyer | T |
| 7 | capsuler | T | 7 | carter | T |
| 7 | capter | T | 7 | cartonner | I, T |
| 7 | captiver | T | 7 | cartoucher afr. | I |
| 7 | se captiver | P | 7 | cascader | I |
| 7 | capturer | T | 16 | caséifier | T |
| 7 | capuchonner | T | 7 | casemater | T |
| 7 | caquer | T | 7 | caser | T |
| 12 | caqueter | I | 7 | se caser | P |
| 7 | caracoler | I | 7 | caserner | T |
| 7 | caractériser | T | 7 | casquer | I, T |
| 7 | se caractériser | P | 7 | casse-croûter | I |
| 7 | caramboler | I, T | 7 | casser | I, T |
| 7 | se caramboler | P | 7 | se casser | P |

| | | |
|---|---|---|
| 7 | castagner | I, T |
| 7 | se castagner | P |
| 7 | castrer | T |
| 7 | cataloguer | T |
| 7 | catalyser | T |
| 7 | catapulter | T |
| 7 | catastropher | T |
| 7 | catcher | I |
| 7 | catéchiser | T |
| 7 | catiner québ. | I, T |
| 20 | catir | T |
| 7 | cauchemarder | I |
| 7 | causer | I, T |
| 7 | cautériser | T |
| 7 | cautionner | T |
| 7 | cavacher afr. | I |
| 7 | cavalcader | I |
| 7 | cavaler | I, T |
| 7 | se cavaler | P |
| 7 | caver | I, T |
| 7 | se caver | P |
| 7 | caviarder | T |
| 11 | céder | I, T, Ti |
| 7 | cégotter afr. | T |
| 62 | ceindre | T |
| 62 | se ceindre | P |
| 7 | ceinturer | T |
| 11 | célébrer | T |
| 13 | celer | T |
| 7 | cémenter | T |
| 7 | cendrer | T |
| 7 | censurer | T |
| 7 | center afr. | T |
| 7 | centraliser | T |
| 7 | centrer | I, T |
| 9 | centrifuger | T |
| 7 | centupler | I, T |
| 7 | cercler | T |
| 7 | cerner | T |
| 16 | certifier | T |
| 7 | césariser | T |
| 7 | cesser | I, T, Ti |
| 7 | chabler | T |

T : transitif direct    Ti : transitif indirect    I : intransitif    P : construction pronominale    imp. : impersonnel
D : défectif    être : se conjugue avec l'auxiliaire être    être ou avoir : se conjugue avec les deux auxiliaires

| | | | | | |
|---|---|---|---|---|---|
| 7 | chagriner | T | 7 | charmer | I, T |
| 7 | chahuter | I, T | 7 | charpenter | T |
| 7 | chaîner | T | 16 | charrier | I, T |
| 9 | challenger | T | 18 | charroyer | T |
| | chaloir | D | 7 | chartériser | T |

7 chagriner . . . . . . . . . T
7 chahuter . . . . . . . . . I, T
7 chaîner . . . . . . . . . . T
9 challenger . . . . . . . . T
  chaloir . . . . . . . . . . . D
  *surtout à la 3ᵉ personne du sing.*
  *de l'ind. présent (peu lui chaut)*
7 chalouper . . . . . . . . . . I
7 ˢᵉ chamailler . . . . . . . P
7 chamarrer . . . . . . . . T
7 chambarder . . . . . . . . T
7 chambouler . . . . . . . . T
7 chambrer . . . . . . . . . . T
7 chameauser ᵃᶠʳ. . . . . . I
7 chamoiser . . . . . . . . . T
7 champagniser . . . . . T
10 champlever . . . . . . . . T
12 chanceler . . . . . . . . . . I
7 chancetiquer . . . . . . I
20 chancir . . . . . . . . . . . . I
20 ˢᵉ chancir . . . . . . . . . . P
7 chanfreiner . . . . . . . . T
9 changer . . . . . . . . I, T, Ti
  *être ou avoir*
9 ˢᵉ changer . . . . . . . . P
7 chansonner . . . . . . . . T
7 chanstiquer . . . . . . I, T
7 chanter . . . . . . . . . I, T
7 chantonner . . . . . I, T
7 chantourner . . . . . . . T
7 chaparder . . . . . . . . I, T
7 chapeauter . . . . . . . . . T
12 chapeler . . . . . . . . . . T
7 chaperonner . . . . . . . T
7 chapitrer . . . . . . . . . . T
7 chaponner . . . . . . . . . T
7 chaptaliser . . . . . . . . . T
7 charbonner . . . . . . I, T
7 charcuter . . . . . . . . . . T
7 ˢᵉ charcuter . . . . . . . . P
9 charger . . . . . . . . . . I, T
9 ˢᵉ charger . . . . . . . . . . P
7 chariboter . . . . . . . . . . I
7 charlater ᵃᶠʳ. . . . . . . . . I

7 charmer . . . . . . . . . I, T
7 charpenter . . . . . . . . . T
16 charrier . . . . . . . . . . I, T
18 charroyer . . . . . . . . . . T
7 chartériser . . . . . . . . . T
7 chasser . . . . . . . . . I, T
7 châtaigner . . . . . . . . . I
7 ˢᵉ châtaigner . . . . . . . P
16 châtier . . . . . . . . . . . . T
16 ˢᵉ châtier . . . . . . . . . P
7 chatonner . . . . . . . . . I
7 chatouiller . . . . . . . . . T
18 chatoyer . . . . . . . . . . I
7 châtrer . . . . . . . . . . . T
7 chauffer . . . . . . . . I, T
7 ˢᵉ chauffer . . . . . . . . P
7 chauler . . . . . . . . . . T
7 chaumer . . . . . . . . I, T
7 chausser . . . . . . . . I, T
7 ˢᵉ chausser . . . . . . . . P
  chaut → *chaloir*
20 chauvir . . . . . . . . . . . I
7 chavirer I, T, *être ou avoir*
7 chawer ᵃᶠʳ. . . . . . . . . I
7 chelinguer . . . . . . . . I
7 cheminer . . . . . . . . . . I
7 chemiser . . . . . . . . . T
7 chercher . . . . . . . I, T
7 ˢᵉ chercher . . . . . . . . P
11 chérer . . . . . . . . . . . . I
20 chérir . . . . . . . . . . T
7 cherrer . . . . . . . . . . I
7 chevaler . . . . . . . . . T
7 chevaucher . . . . . . I, T
7 ˢᵉ chevaucher . . . . . . P
7 cheviller . . . . . . . . . . T
12 chevreter . . . . . . . . . I
7 chevronner . . . . . . . T
7 chevroter . . . . . . . . . I
7 chiader . . . . . . . . . . T
7 chialer . . . . . . . . . . . I
7 chicaner . . . . . I, T, Ti
7 ˢᵉ chicaner . . . . . . . . P

7 ˢᵉ chicorer . . . . . . . . P
7 ˢᵉ chicorner . . . . . . . P
7 chicoter . . . . . . . . . . I
7 chicotter ᵃᶠʳ. . . . . . . . T
7 chienner . . . . . . . . . . I
16 chier . . . . . . . . . . . I, T
7 chiffonner . . . . . . . I, T
7 ˢᵉ chiffonner . . . . . . . P
7 chiffrer . . . . . . . . . I, T
7 ˢᵉ chiffrer . . . . . . . . P
7 chigner . . . . . . . . . . I
7 chimer . . . . . . . . . . T
7 chiner . . . . . . . . . . . T
7 chinoiser . . . . . . . . . I
7 chiper . . . . . . . . . . T
7 chipoter . . . . . . . . . I
7 chiquer . . . . . . . . I, T
16 chirographier . . . . . . T
7 chlinguer . . . . . . . . I
7 chlorer . . . . . . . . . . T
7 chloroformer . . . . . . T
7 chlorurer . . . . . . . . . T
7 chocotter . . . . . . . . . I
7 chofer . . . . . . . . . . . T
55 choir . . . I, D, *être ou avoir*
20 choisir . . . . . . . . . . . T
7 chômer . . . . . . . . I, T
7 choper . . . . . . . . . . T
7 chopiner . . . . . . . . . I
7 chopper . . . . . . . . . I
7 choquer . . . . . . . . . T
7 ˢᵉ choquer . . . . . . . . P
16 chorégraphier . . . . I, T
7 choser ᵃᶠʳ. . . . . . . I, T
16 chosifier . . . . . . . . . T
7 chouchouter . . . . . . . T
7 choufer . . . . . . . . . . T
7 chouraver . . . . . . . . T
7 chourer . . . . . . . . . . T
7 chouriner . . . . . . . . . T
18 choyer . . . . . . . . . . T
7 christianiser . . . . . . T
7 chromer . . . . . . . . . . T

| | | | | | |
|---|---|---|---|---|---|
| 7 | chroniquer | I | 7 | clapser | I |
| 11 | chronométrer | T | 7 | claquemurer | T |
| 7 | chroumer | I, T | 7 | se claquemurer | P |
| 7 | chuchoter | I, T | 7 | claquer | I, T |
| 7 | chuinter | I | 7 | se claquer | P |
| 7 | chuter | I | 12 | claqueter | I |
| 7 | cibler | T | 16 | clarifier | T |
| 7 | cicatriser | I, T | 16 | se clarifier | P |
| 7 | se cicatriser | P | 7 | classer | T |
| 7 | cigler | T | 7 | se classer | P |
| 7 | ciller | I | 16 | classifier | T |
| 7 | cimenter | T | 7 | claudiquer | I |
| 7 | se cimenter | P | 7 | claustrer | T |
| 16 | cinématographier | T | 7 | se claustrer | P |
| 7 | cingler | I, T | 7 | claver | T |
| 7 | se cingler | P | 12 | clavet(t)er | T |
| 7 | cintrer | T | 7 | clayonner | T |
| 87 | circoncire | T | 11 | cléber | I |
| | part. passé : *circoncis, se, ses* | | 7 | clicher | T |
| 86 | circonscrire | T | 7 | clienter afr. | T |
| 86 | se circonscrire | P | 7 | cligner | I, T, Ti |
| 16 | circonstancier | T | 7 | clignoter | I |
| 24 | circonvenir | T | 7 | climatiser | T |
| 7 | circuler | I | 7 | cliquer | I |
| 7 | cirer | T | 12 | cliqueter | I |
| 7 | cisailler | T | 7 | cliquoter belg. | I |
| 13 | ciseler | T | 7 | clisser | T |
| 7 | citer | T | 7 | cliver | T |
| 7 | civiliser | T | 7 | se cliver | P |
| 7 | se civiliser | P | 7 | clochardiser | T |
| 7 | clabauder | I | 7 | se clochardiser | P |
| 7 | claboter | I, T | 7 | clocher | I |
| 7 | clacher belg. | T | 7 | cloisonner | T |
| 7 | claironner | I, T | 7 | cloîtrer | T |
| 7 | clamecer | I | 7 | se cloîtrer | P |
| 7 | clamer | T | 7 | cloner | T |
| 7 | clamper | T | 7 | cloper belg. | I |
| 7 | clamser | I | 7 | clopiner | I |
| 7 | claper | T | 7 | cloquer | I, T |
| 20 | clapir | I | 76 | clore | T, D |
| 20 | se clapir | P | 7 | clôturer | I, T |
| 7 | clapoter | I | 7 | clouer | T |
| 7 | clapper | I | 7 | clouter | T |

| | | |
|---|---|---|
| 7 | coaguler | I, T |
| 7 | se coaguler | P |
| 7 | coaliser | T |
| 7 | se coaliser | P |
| 7 | coasser | I |
| 7 | se cocaliser afr. | P |
| 7 | cocher | T |
| 7 | côcher | T |
| 7 | cochonner | I, T |
| 7 | cocot(t)er | I |
| 16 | cocufier | T |
| 7 | coder | I, T |
| 16 | codifier | T |
| 7 | coéditer | T |
| 7 | coexister | I |
| 7 | coffrer | T |
| 11 | cogérer | T |
| 7 | cogiter | I, T |
| 7 | cogner | T, Ti |
| 7 | se cogner | P |
| 7 | cognoter | I |
| 7 | cohabiter | I |
| 7 | cohériter | I |
| 7 | coiffer | T |
| 7 | se coiffer | P |
| 8 | coincer | T |
| 8 | se coincer | P |
| 7 | coïncider | I |
| 7 | coïter | I |
| 16 | cokéfier | T |
| 7 | cokser afr. | T |
| 7 | collaborer | I, Ti |
| 7 | collapser | I |
| 7 | collationner | I, T |
| 7 | collecter | T |
| 7 | se collecter | P |
| 7 | collectionner | T |
| 7 | collectiviser | T |
| 7 | coller | I, T, Ti |
| 7 | se coller | P |
| 12 | colleter | T |
| 12 | se colleter | P |
| 9 | colliger | T |

T : transitif direct   Ti : transitif indirect   I : intransitif   P : construction pronominale   imp. : impersonnel
D : défectif   être : se conjugue avec l'auxiliaire être   être ou avoir : se conjugue avec les deux auxiliaires

| | |
|---|---|
| 7 | colloquer .......... T |
| 7 | colmater ........... T |
| 7 | coloniser .......... T |
| 7 | colorer ............ T |
| 7 | se colorer ......... P |
| 16 | colorier ........... T |
| 7 | coloriser .......... T |
| 7 | colporter .......... T |
| 7 | coltiner ........... T |
| 7 | se coltiner ........ P |
| 60 | combattre ..... I, T, Ti |
| 7 | combiner .......... T |
| 7 | se combiner ....... P |
| 7 | combler ........... T |
| 7 | commander .... I, T, Ti |
| 7 | se commander ..... P |
| 7 | commanditer ...... T |
| 7 | commémorer ...... T |
| 8 | commencer .... I, T, Ti |
| | *être ou avoir* |
| 8 | se commencer ...... P |
| 7 | commenter ........ T |
| 8 | commercer ......... I |
| 7 | commercialiser .... T |
| 11 | commérer .......... I |
| 61 | commettre ......... T |
| 61 | se commettre ...... P |
| 7 | commissionner ..... T |
| 7 | commotionner ..... T |
| 7 | commuer .......... T |
| 7 | communaliser ...... T |
| 16 | communier ........ I |
| 7 | communiquer .... I, T |
| 7 | se communiquer ... P |
| 7 | commuter ....... I, T |
| 7 | compacter ......... T |
| 69 | comparaître ........ I |
| 7 | comparer .......... T |
| 7 | se comparer ....... P |
| | comparoir ....... I, D |
| | *seulement à l'infinitif* |
| | *(être assigné à comparoir)* |
| | *et au part. présent (comparant)* |
| 7 | compartimenter .... T |

| | |
|---|---|
| 7 | compasser ......... T |
| 20 | compatir .......... Ti |
| 7 | compenser ......... T |
| 7 | se compenser ...... P |
| 11 | compéter .......... I |
| 7 | compiler .......... T |
| 7 | compisser ......... T |
| 68 | complaire ......... Ti |
| 68 | se complaire ....... P |
| | *p. p. invariable* |
| 11 | compléter ......... T |
| 11 | se compléter ...... P |
| 7 | complexer ......... T |
| 7 | se complexer ...... P |
| 16 | complexifier ...... T |
| 16 | se complexifier ..... P |
| 7 | complimenter ...... T |
| 7 | compliquer ........ T |
| 7 | se compliquer ..... P |
| 7 | comploter ..... I, T, Ti |
| 7 | comporter ......... T |
| 7 | se comporter ...... P |
| 7 | composer ........ I, T |
| 7 | se composer ....... P |
| 7 | composter ......... T |
| 59 | comprendre ........ T |
| 59 | se comprendre ..... P |
| 7 | compresser ........ T |
| 7 | comprimer ........ T |
| 61 | compromettre .... I, T |
| 61 | se compromettre ... P |
| 7 | comptabiliser ...... T |
| 7 | compter ......... I, T |
| 7 | se compter ........ P |
| 7 | compulser ......... T |
| 7 | computer ......... T |
| 7 | concasser ......... T |
| 11 | concéder .......... T |
| 11 | concélébrer ....... T |
| 7 | concentrer ........ T |
| 7 | se concentrer ...... P |
| 7 | conceptualiser ... I, T |

| | |
|---|---|
| 7 | concerner .......... T |
| | ne s'emploie qu'aux 3es pers. |
| | à la voix active et à toutes |
| | les personnes à la voix passive |
| 7 | concerter ........ I, T |
| 7 | se concerter ....... P |
| 40 | concevoir .......... T |
| 40 | se concevoir ....... P |
| 16 | concilier ........... T |
| 16 | se concilier ........ P |
| 77 | conclure ....... I, T, Ti |
| 77 | se conclure ........ P |
| 7 | concocter .......... T |
| 7 | concorder .......... I |
| 34 | concourir ........ I, Ti |
| 11 | concréter .......... T |
| 7 | concrétiser ........ T |
| 7 | se concrétiser ...... P |
| 8 | concurrencer ...... T |
| 7 | condamner ........ T |
| 7 | condenser ......... T |
| 7 | se condenser ...... P |
| 58 | condescendre ..... Ti |
| 7 | conditionner ...... T |
| 88 | conduire .......... T |
| 88 | se conduire ........ P |
| 7 | confectionner ...... T |
| 7 | se confectionner .... P |
| 11 | confédérer ........ T |
| 11 | conférer ....... I, T, Ti |
| 7 | confesser .......... T |
| 7 | se confesser ....... P |
| 7 | confiancer afr. .... T |
| 16 | confier ........... T |
| 16 | se confier ......... P |
| 7 | configurer ........ T |
| 7 | confiner .......... Ti |
| 7 | se confiner ........ P |
| 87 | confire ............ T |
| 87 | se confire ......... P |
| 7 | confirmer .......... T |
| 7 | se confirmer ....... P |
| 7 | confisquer ........ T |
| 7 | confiturer afr. ....... T |

| | | | | | |
|---|---|---|---|---|---|
| 7 | confluer | I | 11 | se considérer | P |
| 58 | confondre | T | 7 | consigner | T |
| 58 | se confondre | P | 7 | consister | I |
| 7 | conformer | T | 7 | consoler | I, T |
| 7 | se conformer | P | 7 | se consoler | P |
| 7 | conforter | T | 7 | consolider | T |
| 7 | se conforter | P | 7 | se consolider | P |
| 7 | confronter | T | 7 | consommer | I, T |
| 16 | congédier | T | 7 | se consommer | P |
| 13 | congeler | T | 7 | consoner | I |
| 13 | se congeler | P | 7 | conspirer | I, T, Ti |
| 7 | congestionner | T | 7 | conspuer | T |
| 7 | se congestionner | P | 7 | constater | T |
| 11 | conglomérer | T | 7 | consteller | T |
| 11 | se conglomérer | P | 7 | consterner | T |
| 7 | congluttiner | T | 7 | constiper | I, T |
| 7 | congratuler | T | 7 | constituer | T |
| 7 | se congratuler | P | 7 | se constituer | P |
| 14 | congréer | T | 7 | constitutionnaliser | T |
| 20 | cônir | T | 88 | construire | I, T |
| 7 | conjecturer | I, T | 88 | se construire | P |
| 63 | conjoindre | T | 7 | consulter | I, T |
| 7 | conjuguer | T | 7 | se consulter | P |
| 7 | se conjuguer | P | 7 | consumer | T |
| 7 | conjurer | T | 7 | se consumer | P |
| 7 | se conjurer | P | 7 | contacter | T |
| 69 | connaître | T | 7 | contagionner | T |
| 69 | se connaître | P | 7 | containeriser | T |
| 7 | connecter | T | 7 | contaminer | T |
| 7 | con(n)obler | T | 7 | contempler | T |
| 7 | connoter | T | 7 | se contempler | P |
| 7 | conobrer | T | 7 | conteneuriser | T |
| 7 | coquer | T | 24 | contenir | T |
| 25 | conquérir | T | 24 | se contenir | P |
| 25 | se conquérir | P | 7 | contenter | T |
| 7 | consacrer | T | 7 | se contenter | P |
| 7 | se consacrer | P | 7 | conter | T |
| 7 | conscientiser | T | 7 | contester | I, T |
| 7 | conseiller | T, Ti | 7 | contingenter | T |
| 26 | consentir | T, Ti | 7 | continuer | I, T, Ti |
| 7 | conserver | T | 7 | se continuer | P |
| 7 | se conserver | P | 7 | contorsionner | T |
| 11 | considérer | T | 7 | se contorsionner | P |

| | | |
|---|---|---|
| 7 | contourner | T |
| 7 | contracter | T |
| 7 | se contracter | P |
| 7 | contractualiser | T |
| 7 | contracturer | T |
| 64 | contraindre | T |
| 64 | se contraindre | P |
| 16 | contrarier | T |
| 16 | se contrarier | P |
| 7 | contraster | I, T |
| 7 | contre-attaquer | I |
| 8 | contrebalancer | T |
| 8 | s'en contrebalancer | P |
| 60 | contrebattre | T |
| 7 | contrebouter | I |
| 7 | contrebraquer | T |
| 7 | contrebuter | T |
| 7 | contrecarrer | T |
| 84 | contredire | T |
| 84 | se contredire | P |
| 67 | contrefaire | T |
| 7 | se contrefiche | P |
| 58 | se contrefoutre | P, D |
| 7 | contre-indiquer | T |
| 7 | contremander | T |
| 7 | contre-manifester | I |
| 7 | contremarquer | T |
| 7 | contre-miner | T |
| 7 | contre-murer | T |
| 7 | contre-passer | T |
| 7 | contre-plaquer | T |
| 7 | contrer | I, T |
| 7 | contre-sceller | T |
| 7 | contresigner | T |
| 7 | contre-tirer | T |
| 24 | contrevenir | Ti |
| 7 | contribuer | Ti |
| 7 | contrister | T |
| 7 | contrôler | T |
| 7 | se contrôler | P |
| 7 | controuver | T |
| 7 | controverser | I, T |
| 7 | contusionner | T |

T : transitif direct   Ti : transitif indirect   I : intransitif   P : construction pronominale   imp. : impersonnel
D : défectif   être : se conjugue avec l'auxiliaire être   être ou avoir : se conjugue avec les deux auxiliaires

| | | | | | |
|---|---|---|---|---|---|
| 65 | convaincre ..........T | 58 | se correspondre .....P | 7 | courbaturer .........T |
| 65 | se convaincre .......P | 9 | corriger .............T | | deux part. passés : *courbaturé, ée, és, ées / courbatu, ue, us, ues* |
| 24 | convenir ..........I, Ti | 9 | se corriger .........P | | |
| | *être ou avoir* | 7 | corroborer ..........T | 7 | courber ..........I, T |
| 24 | se convenir .........P | 7 | corroder ...........T | 7 | se courber .........P |
| | *p. p. invariable* | 58 | corrompre ..........T | 34 | courir ...........I, T |
| 7 | conventionner .....T | 58 | se corrompre .......P | 7 | couronner .........T |
| 9 | converger ..........I | 18 | corroyer ...........T | 7 | se couronner .......P |
| 7 | converser ..........I | 7 | corser .............T | | courre ...........T, D |
| 20 | convertir ...........T | 7 | se corser ..........P | | seulement à l'infinitif |
| 20 | se convertir ........P | 13 | corseter ...........T | | *(chasse à courre)* |
| 16 | convier .............T | 7 | cosigner ...........T | 8 | courroucer .........T |
| 7 | convivialiser .....I, T | 7 | cosmétiquer .......T | 8 | se courroucer .......P |
| 7 | convoiter ........I, T | 7 | cosser .............I | 7 | courser ............T |
| 7 | convoler ...........I | 7 | costumer ..........T | 7 | courtauder ..........T |
| 7 | convoquer .........T | 7 | se costumer ........P | 7 | court-circuiter .....T |
| 18 | convoyer ..........T | 7 | coter .............I, T | 7 | courtiser ...........T |
| 7 | convulser ..........T | 20 | cotir ...............T | 7 | cousiner ...........I |
| 7 | se convulser ........P | 7 | cotiser .............I | 7 | couteauner afr. ......T |
| 7 | convulsionner .....T | 7 | se cotiser ..........P | 7 | coûter .........I, T, Ti |
| 11 | coopérer .........I, Ti | 7 | cotonner .........I, T | 7 | coutoner afr. ........T |
| 7 | coopter ............T | 7 | se cotonner ........P | 18 | coutoyer afr. ........T |
| 7 | coordonner ........T | 18 | côtoyer ...........T | 7 | couturer ...........T |
| 7 | copermuter ........T | 18 | se côtoyer .........P | 7 | couver ..........I, T |
| 16 | copier ...........I, T | 7 | couchailler .........I | 28 | couvrir ............T |
| 7 | copiner ............I | 7 | coucher ..........I, T | 28 | se couvrir .........P |
| 7 | copiner ............I | 7 | se coucher .........P | 7 | coxer ..............T |
| 7 | coposséder .........T | 7 | couder .............T | 7 | cracher ..........I, T |
| 88 | coproduire .........T | 18 | coudoyer ..........T | 7 | crachiner imp. : *il crachine* |
| 7 | copuler ............I | 79 | coudre .............T | 7 | crachoter ..........I |
| 7 | coquer .............T | 7 | couiller afr. .........T | 7 | crachouiller ......I, T |
| 12 | coqueter ...........I | 7 | couillonner .........T | 7 | crailler .............I |
| 7 | coquiller ...........I | 7 | couiner .............I | 64 | craindre .........I, T |
| 7 | coraniser afr. .......T | 7 | couler ...........I, T | 7 | cramer ...........I, T |
| 12 | cordeler ...........T | 7 | se couler ..........P | 7 | cramponner ........T |
| 7 | corder .............T | 7 | coulisser .........I, T | 7 | se cramponner .....P |
| 7 | cordonner .........T | 7 | coupailler ..........T | 7 | crampser ...........I |
| 7 | cornancher ........T | 7 | coupeller ..........T | 7 | cramser ............I |
| 7 | se cornancher ......P | 7 | couper ........I, T, Ti | 7 | craner .............T |
| 7 | cornaquer ..........T | 7 | se couper ..........P | 7 | crâner .............I |
| 7 | corner ...........I, T | 7 | coupler ............T | 7 | cranter ............T |
| 7 | correctionnaliser ...T | 7 | courailler ..........I | 7 | crapahuter ..........I |
| 11 | corréler ...........T | | | 7 | crapaüter ..........I |
| 58 | correspondre .....I, Ti | | | 7 | crapoter ...........I |

| | | | | | |
|---|---|---|---|---|---|
| 7 | crapuler | I | 7 | crisser | I |
| 12 | craqueler | T | 7 | cristalliser | I, T |
| 12 | se craqueler | P | 7 | se cristalliser | P |
| 7 | craquer | I, T | 7 | criticailler | I, T |
| 12 | craqueter | I | 7 | critiquer | T |
| 7 | se crasher | P | 7 | croasser | I |
| 7 | crasser | T | 7 | crocher | I, T |
| 7 | cravacher | I, T | 13 | crocheter | T |
| 7 | se cravater afr. | P | 74 | croire | I, T, Ti |
| 7 | cravater | T | 74 | se croire | P |
| 7 | crawler | I | 7 | croiser | I, T |
| 7 | crayonner | T | 7 | se croiser | P |
| 11 | crécher | I | 73 | croître | I, être ou avoir |
| 7 | crédibiliser | T | 7 | croller belg. | I |
| 7 | créditer | T | 20 | crônir | I |
| 14 | créer | T | 20 | crounir | I |
| 14 | se créer | P | 7 | croquer | I, T |
| 11 | crémer | I | 7 | crosser | T |
| 12 | créneler | T | 7 | crotter | I, T |
| 11 | créner | T | 7 | se crotter | P |
| 7 | créoliser | T | 7 | crouler | I, être ou avoir |
| 7 | se créoliser | P | 7 | croupionner | I |
| 7 | créosoter | T | 20 | croupir | I, être ou avoir |
| 7 | crêper | T | 7 | croustiller | I |
| 7 | se crêper | P | 7 | croûter | I, T |
| 20 | crépir | T | 7 | se croûtonner | P |
| 7 | crépiter | I | 16 | crucifier | T |
| 7 | crétiniser | T | 7 | crypter | T |
| 7 | creuser | I, T | 16 | cryptographier | T |
| 7 | se creuser | P | 7 | cuber | I, T |
| 7 | crevasser | T | 29 | cueillir | T |
| 7 | se crevasser | P | 7 | cuirasser | T |
| 10 | crever | I, T, être ou avoir | 7 | se cuirasser | P |
| 10 | se crever | P | 88 | cuire | I, T |
| 7 | criailler | I | 7 | cuisiner | I, T |
| 7 | cribler | T | 7 | se cuiter | P |
| 16 | crier | I, T | 7 | cuivrer | T |
| 7 | criminaliser | T | 7 | culbuter | I, T |
| 7 | criquer | I | 7 | culer | I, T |
| 7 | se criquer | P | 7 | culminer | I |
| 7 | criser | I | 7 | culotter | T |
| 7 | crisper | T | 7 | se culotter | P |
| 7 | se crisper | P | 7 | culpabiliser | I, T |

| | | |
|---|---|---|
| 7 | cultiver | T |
| 7 | se cultiver | P |
| 7 | cumuler | T |
| 7 | curer | T |
| 7 | se curer | P |
| 12 | cureter | T |
| 12 | cuveler | T |
| 7 | cuver | I, T |
| 7 | cyanoser | T |
| 7 | cylindrer | T |

# D

| | | |
|---|---|---|
| 16 | dactylographier | T |
| 7 | daguer | T |
| 7 | daigner (+ inf.) | T |
| 7 | daller | T |
| 7 | damasquiner | T |
| 7 | damasser | T |
| 7 | damer | I, T |
| 7 | damner | I, T |
| 7 | se damner | P |
| 7 | dandiner | T |
| 7 | se dandiner | P |
| 7 | danser | I, T |
| 7 | dansotter | I |
| 7 | darder | I, T |
| 7 | se darder | P |
| 7 | dater | I, T |
| 7 | dauber | I, T |
| 7 | déactiver | T |
| 7 | dealer | T |
| 7 | déambuler | I |
| 7 | se déambuler afr. | P |
| 7 | débâcher | I, T |
| 7 | débâcler | I, T |
| 7 | débagouler | I, T |
| 7 | débâillonner | T |
| 7 | déballer | I, T |
| 7 | se déballonner | P |
| 7 | débalourder | T |
| 7 | débanaliser | T |
| 7 | débander | I, T |

---

T : transitif direct   Ti : transitif indirect   I : intransitif   P : construction pronominale   imp. : impersonnel
D : défectif   être : se conjugue avec l'auxiliaire être   être ou avoir : se conjugue avec les deux auxiliaires

| | | | | | |
|---|---|---|---|---|---|
| 7 | se débander ........P | 7 | débouder ........ I, T | 7 | décaler ............T |
| 7 | débaptiser .........T | 7 | se débouder ........P | 7 | décalotter ..........T |
| 7 | débarboter afr. .....T | 32 | débouillir ..........T | 7 | décalquer ..........T |
| 7 | débarbouiller .......T | 7 | débouler ........ I, T | 7 | décamper I, être ou avoir |
| 7 | se débarbouiller ....P | 7 | déboulonner .......T | 7 | décaniller ..........I |
| 7 | débarder ...........T | 7 | débouquer .........I | 7 | décanter ........ I, T |
| 7 | débarquer ....... I, T | 7 | débourber ..........T | 7 | se décanter ........P |
| 7 | débarrasser ...... I, T | 7 | débourrer ........ I, T | 12 | décapeler ..........T |
| 7 | se débarrasser ......P | 7 | débourser ..........T | 7 | décaper ............T |
| 7 | débarrer ...........T | 7 | déboussoler ........T | 7 | décapitaliser .......T |
| 7 | débâter ............T | 7 | débouter ...........T | 7 | décapiter ..........T |
| 20 | débâtir ............T | 7 | déboutonner .......T | 7 | décapoter ..........T |
| 60 | débattre ...........T | 7 | se déboutonner .....P | 7 | décapsuler .........T |
| 60 | se débattre .........P | 7 | débraguetter .......T | 7 | décapuchonner .....T |
| 7 | débaucher ..........T | 7 | se débraguetter .....P | 7 | décarburer .........T |
| 7 | se débaucher .......P | 7 | se débrailler ........P | 7 | décarcasser ........T |
| 7 | débecter ...........T | 7 | débrancher .........T | 7 | se décarcasser ......P |
| 12 | débe(c)queter ......T | 7 | se débrancher ......P | 7 | décarpiller .........T |
| 12 | se débe(c)queter ....P | 17 | débrayer ......... I, T | 12 | décarreler ..........T |
| 7 | débiliter ...........T | 7 | débrider ......... I, T | 7 | décarrer ...........I |
| 7 | débillarder .........T | 7 | débriefer ..........T | 7 | décartonner ........T |
| 7 | débiner ............T | 7 | débrocher ..........T | 20 | décatir ............T |
| 7 | se débiner .........P | 7 | débrôler belg. .......T | 20 | se décatir ..........P |
| 7 | débiter ............T | 7 | débrouiller .........T | 7 | décauser belg. .......T |
| 11 | déblatérer .........I | 7 | se débrouiller .......P | 7 | décavaillonner .....T |
| 17 | déblayer ...........T | 7 | débroussailler ......T | 7 | décaver ............T |
| 20 | débleuir ...........T | 7 | débrousser afr. ......T | 7 | se décaver .........P |
| 7 | débloquer ........ I, T | 7 | débucher ........ I, T | 11 | décéder ...... I, être |
| 7 | débobiner ..........T | 7 | débudgétiser .......T | 13 | déceler ............T |
| 7 | déboguer ..........T | 7 | débugger ..........T | 11 | décélérer ..........I |
| 7 | déboiser ...........T | 7 | débuller ...........T | 7 | décentraliser .......T |
| 7 | déboîter ........ I, T | 7 | débureaucratiser ...T | 7 | se décentraliser .....P |
| 7 | se déboîter .........P | 7 | débusquer ..........T | 7 | décentrer ..........T |
| 7 | débonder ..........T | 7 | débuter .......... I, T | 7 | se décentrer ........P |
| 7 | se débonder ........P | 12 | décacheter .........T | 7 | décercler ..........T |
| 7 | déborder ........ I, T | 7 | décadenasser .......T | 7 | décérébrer .........T |
| | être ou avoir | 7 | décadrer ...........T | 7 | décerner ...........T |
| 7 | se déborder ........P | 7 | décaféiner .........T | 12 | décerveler ..........T |
| 12 | débosseler .........T | 7 | décaisser ..........T | 7 | décesser ...........T |
| 7 | débotter ...........T | 7 | décalaminer ........T | 40 | décevoir ...........T |
| 7 | se débotter .........P | 7 | décalcariser belg. ....T | 7 | déchagriner ........T |
| 7 | déboucher ....... I, T | 16 | décalcifier .........T | 7 | déchaîner ..........T |
| 7 | déboucler ..........T | 16 | se décalcifier .......P | 7 | se déchaîner ........P |

| | | | | | |
|---|---|---|---|---|---|
| 7 | déchanter ........... I | 7 | décoder ........... T | 7 | décontracter ....... T |
| 7 | déchaper .......... T | 7 | décoffrer .......... T | 7 | se décontracter ..... P |
| 7 | déchaperonner ..... T | 7 | décoiffer .......... T | 8 | décorcer afr. ........ T |
| 9 | décharger ........ I, T | 7 | se décoiffer ........ P | 7 | décorder ........... T |
| 9 | se décharger ....... P | 8 | décoincer .......... T | 7 | se décorder ........ P |
| 7 | décharner .......... T | 11 | décolérer .......... I | 7 | décorer .......... I, T |
| 7 | déchaumer ......... T | 7 | décoller .......... I, T | 7 | décorner .......... T |
| 7 | déchausser ....... I, T | 7 | se décoller ........ P | 7 | décortiquer ........ T |
| 7 | se déchausser ...... P | 12 | décolleter ......... T | 7 | découcher .......... I |
| 11 | décher ............ T | 12 | se décolleter ....... P | 79 | découdre .......... T |
| 7 | déchevêtrer ........ T | 7 | décoloniser ........ T | 79 | se découdre ....... P |
| 7 | décheviller ........ T | 7 | décolorer .......... T | 7 | découler ......... I, Ti |
| 7 | déchiffonner ....... T | 7 | se décolorer ....... P | 7 | découper .......... T |
| 7 | déchiffrer ........ I, T | 7 | décommander ..... T | 7 | se découper ....... P |
| 12 | déchiqueter ........ T | 7 | se décommander ...P | 7 | découpler .......... T |
| 7 | déchirer ........... T | 61 | décommettre ...... T | 9 | décourager ........ T |
| 7 | se déchirer ........ P | 7 | décommuniser ..... T | 9 | se décourager ...... P |
| 7 | déchlorurer ........ T | 7 | décompenser ...... I | 7 | découronner ....... T |
| 57 | déchoir I, être ou avoir, D | 7 | décomplexer ....... T | 28 | découvrir .......... T |
| 7 | déchristianiser ..... T | 7 | décomposer ........ T | 28 | se découvrir ....... P |
| 7 | se déchristianiser ...P | 7 | se décomposer ..... P | 7 | décrambuter ..... I, T |
| 7 | déchromer ......... T | 7 | décompresser .... I, T | 7 | décramponner ..... T |
| 7 | décider ......... T, Ti | 7 | décomprimer ...... T | 7 | décrapouiller ...... T |
| 7 | se décider ......... P | 7 | décompter ....... I, T | 7 | se décrapouiller .... P |
| 7 | décimaliser ........ T | 7 | déconcentrer ...... T | 7 | décrasser .......... T |
| 7 | décimer ........... T | 7 | se déconcentrer ....P | 7 | se décrasser ....... P |
| 7 | décintrer .......... T | 7 | déconcerter ....... T | 7 | décrédibiliser ...... T |
| 7 | déclamer ........ I, T | 7 | se déconcubiner ....P | 7 | décréditer ......... T |
| 7 | déclarer ........... T | 7 | déconditionner ..... T | 7 | se décréditer ....... P |
| 7 | se déclarer ........ P | 87 | déconfire .......... T | 7 | décrêper .......... T |
| 7 | déclasser .......... T | 13 | décongeler ........ T | 20 | décrépir ........... T |
| 12 | déclaveter ......... T | 7 | décongestionner .... T | 20 | se décrépir ........ P |
| 7 | déclencher ........ T | 7 | déconnecter ....... T | 7 | décrépiter ....... I, T |
| 7 | se déclencher ...... P | 7 | déconner .......... I | 11 | décréter .......... T |
| 7 | décléricaliser ...... T | 7 | déconseiller ....... T | 7 | décreuser ......... T |
| 7 | décliner ......... I, T | 11 | déconsidérer ...... T | 16 | décrier ........... T |
| 7 | se décliner ........ P | 11 | se déconsidérer .....P | 7 | décriminaliser ..... T |
| 12 | décliqueter ........ T | 7 | déconsigner ....... T | 86 | décrire ........... T |
| 7 | décloisonner ....... T | 7 | déconstiper ....... T | 7 | décrisper ......... T |
| 76 | déclore .......... T, D | 88 | déconstruire ...... T | 7 | se décrisper ....... P |
| | seulement à l'infinitif et au participe passé | 7 | décontaminer ..... T | 7 | décrocher ....... I, T |
| 7 | déclouer .......... T | 8 | décontenancer ..... T | 7 | se décrocher ...... P |
| 7 | décocher .......... T | 8 | se décontenancer ...P | 7 | décroiser .......... T |

T : transitif direct   Ti : transitif indirect   I : intransitif   P : construction pronominale   imp. : impersonnel
D : défectif   être : se conjugue avec l'auxiliaire être   être ou avoir : se conjugue avec les deux auxiliaires

| | | |
|---|---|---|
| 7 dégonder . . . . . . . . . .T | 7 déhancher . . . . . . . . .T | 16 délignifier . . . . . . . . .T |
| 7 dégonfler . . . . . . . . I, T | 7 se déhancher . . . . . . .P | 7 délimiter . . . . . . . . . . .T |
| 7 se dégonfler . . . . . . . .P | 7 déharder . . . . . . . . . . .T | 14 délinéer . . . . . . . . . . .T |
| 9 dégorger . . . . . . . . . I, T | 7 déharnacher . . . . . . .T | 7 délirer . . . . . . . . . . . . .I |
| 9 se dégorger . . . . . . . .P | 7 se déharnacher . . . . .P | 7 délisser . . . . . . . . . . I, T |
| 7 dégoter . . . . . . . . . . I, T | 7 déhotter . . . . . . . . I, T | 7 déliter . . . . . . . . . . . . .T |
| 7 dégotter . . . . . . . . . I, T | 7 déhouiller . . . . . . . . . .T | 7 se déliter . . . . . . . . . .P |
| 7 dégoudronner . . . . . .T | 16 déifier . . . . . . . . . . . . .T | 7 délivrer . . . . . . . . . . . .T |
| 7 dégouliner . . . . . . . . .I | 7 déjanter . . . . . . . . . . .T | 7 se délivrer . . . . . . . . .P |
| 7 dégoupiller . . . . . . . . .T | 9 déjauger . . . . . . . . . . .I | 7 délocaliser . . . . . . . . .T |
| 20 dégourdir . . . . . . . . . .T | 20 déjaunir . . . . . . . . . . .T | 7 se délocaliser . . . . . . .P |
| 20 se dégourdir . . . . . . .P | 12 déjeter . . . . . . . . . . . .T | 9 déloger . . . . . . . . . I, T |
| 7 dégourer . . . . . . . . . .T | 12 se déjeter . . . . . . . . .P | 7 déloquer . . . . . . . . . . .T |
| 7 dégourrer . . . . . . . . . .T | 7 déjeuner . . . . . . . . . . .I | 7 se déloquer . . . . . . . .P |
| 7 dégoûter . . . . . . . . . .,T | 7 déjouer . . . . . . . . . . T | 7 délover . . . . . . . . . . . .T |
| 7 se dégoûter . . . . . . . .P | 7 déjucher . . . . . . . . I, T | 7 délurer . . . . . . . . . . . .T |
| 7 dégoutter . . . . . . . I, T | 9 se déjuger . . . . . . . . .P | 7 délustrer . . . . . . . . . . .T |
| 7 dégrader . . . . . . . . . . .T | 7 délabialiser . . . . . . . .T | 7 déluter . . . . . . . . . . . .T |
| 7 se dégrader . . . . . . . .P | 7 se délabialiser . . . . . .P | 7 démaçonner . . . . . . . .T |
| 7 dégrafer . . . . . . . . . . .T | 7 délabrer . . . . . . . . . . .T | 7 démagnétiser . . . . . .T |
| 7 se dégrafer . . . . . . . .P | 7 se délabrer . . . . . . . . .P | 20 démaigrir . . . . . . . I, T |
| 7 dégraisser . . . . . . . . . .T | 7 délabyrinther . . . . . .T | 7 démailler . . . . . . . . . . .T |
| 18 dégravoyer . . . . . . . . .T | 8 délacer . . . . . . . . . . . .T | 7 se démailler . . . . . . . .P |
| 14 dégréer . . . . . . . . . . .T | 7 délainer . . . . . . . . . . .T | 7 démailloter . . . . . . . .T |
| 11 dégréner . . . . . . . . I, T | 7 délaisser . . . . . . . . . . .T | 7 démancher . . . . . . . .T |
| 10 dégrever . . . . . . . . . . .T | 7 délaiter . . . . . . . . . . . .T | 7 se démancher . . . . . .P |
| 7 dégringoler . . . . . . I, T | 7 délarder . . . . . . . . . . .T | 7 demander . . . . . . . . .T |
| 7 dégripper . . . . . . . . . .T | 7 délasser . . . . . . . . . I, T | 7 se demander . . . . . . .P |
| 7 dégriser . . . . . . . . . . . .T | 7 se délasser . . . . . . . .P | 9 démanger . . . . . . . I, T |
| 7 se dégriser . . . . . . . . .P | 7 délatter . . . . . . . . . . .T | 13 démanteler . . . . . . . .T |
| 7 dégrosser . . . . . . . . . .T | 7 se délatter . . . . . . . . .P | 7 démantibuler . . . . . .T |
| 20 dégrossir . . . . . . . . . . .T | 7 délaver . . . . . . . . . . . .T | 7 se démantibuler . . . .P |
| 20 se dégrossir . . . . . . .P | 17 délayer . . . . . . . . . . . .T | 7 se démaquer . . . . . . .P |
| 7 se dégrouiller . . . . . .P | 7 déléaturer . . . . . . . . .T | 7 démaquiller . . . . . . . .T |
| 20 déguerpir . . . . . . . I, T | 7 délecter . . . . . . . . . . .T | 7 se démaquiller . . . . . .P |
| 7 dégueulasser . . . . . .T | 7 se délecter . . . . . . . .P | 7 démarabouter afr. . . .T |
| 7 dégueuler . . . . . . . . I, T | 7 délégitimer . . . . . . . .T | 7 démarcher . . . . . . . . .T |
| 7 déguiser . . . . . . . . . . .T | 11 déléguer . . . . . . . . . . .T | 16 démarier . . . . . . . . . .T |
| 7 se déguiser . . . . . . . .P | 7 délester . . . . . . . . . . .T | 16 se démarier . . . . . . .P |
| 7 dégurgiter . . . . . . . . .T | 7 se délester . . . . . . . .P | 7 démarquer . . . . . . . .T |
| 7 déguster . . . . . . . . . . .T | 11 délibérer . . . . . . . I, Ti | 7 se démarquer . . . . . .P |
| 7 déhaler . . . . . . . . . . . .T | 16 délier . . . . . . . . . . . . .T | 7 démarrer . . . . . . . I, T |
| 7 se déhaler . . . . . . . . .P | 16 se délier . . . . . . . . . .P | 7 démascler . . . . . . . . . .T |

| | | | | | | |
|---|---|---|---|---|---|---|
| 7 | démasquer | T | 58 | démordre | Ti | |
| 7 | se démasquer | P | 7 | démotiver | T | |
| 7 | démastiquer | T | 7 | se démotiver | P | |
| 7 | démâter | I, T | 12 | démoucheter | T | |
| 7 | dématérialiser | T | 7 | démouler | T | |
| 7 | démazouter | T | 7 | se démouscailler | P | |
| 7 | démédicaliser | T | 7 | démoustiquer | T | |
| 7 | démêler | T | 16 | démultiplier | T | |
| 7 | se démêler | P | 20 | démunir | T | |
| 7 | démembrer | T | 20 | se démunir | P | |
| 9 | déménager *être ou avoir* | I, T | 7 | démurer | T | |
| 10 | se démener | P | 9 | démurger | I, T | |
| 26 | démentir | T | 12 | démuseler | T | |
| 26 | se démentir | P | 16 | démystifier | T | |
| 7 | se démerder | P | 16 | démythifier | T | |
| 9 | démerger belg. | T | 7 | dénasaliser | T | |
| 7 | démériter | I | 7 | dénationaliser | T | |
| 7 | déméthaniser | T | 7 | dénatter | T | |
| 61 | démettre | T | 7 | dénaturaliser | T | |
| 61 | se démettre | P | 7 | dénaturer | T | |
| 7 | démeubler | T | 7 | se dénaturer | P | |
| 7 | demeurer | I, *être ou avoir* | 16 | dénazifier | T | |
| 7 | démieller | T | 7 | dénébuler | T | |
| 7 | démilitariser | T | 7 | dénébuliser | T | |
| 7 | déminer | T | 9 | déneiger | T | |
| 7 | déminéraliser | T | 7 | dénerver | T | |
| 7 | démissionner | I, Ti | 7 | déniaiser | T | |
| 7 | démobiliser | I, T | 7 | se déniaiser | P | |
| 7 | se démobiliser | P | 7 | dénicher | I, T, *être ou avoir* | |
| 7 | démocratiser | T | 7 | dénickeler | T | |
| 7 | se démocratiser | P | 7 | dénicotiniser | T | |
| 7 | démoder | T | 16 | dénier | T | |
| 7 | se démoder | P | 7 | dénigrer | T | |
| 7 | démoduler | T | 7 | dénitrer | T | |
| 20 | démolir | T | 16 | dénitrifier | T | |
| 7 | démonétiser | T | 12 | déniveler | T | |
| 7 | démonter | T | 7 | dénombrer | T | |
| 7 | se démonter | P | 7 | dénommer | T | |
| 7 | démontrer | T | 8 | dénoncer | T | |
| 7 | se démontrer | P | 8 | se dénoncer | P | |
| 7 | démoraliser | T | 7 | dénoter | I, T | |
| 7 | se démoraliser | P | 7 | dénouer | T | |
| | | | 7 | se dénouer | P | |

| | | |
|---|---|---|
| 7 | dénoyauter | T |
| 18 | dénoyer | T |
| 16 | densifier | T |
| 12 | denteler | T |
| 7 | dénucléariser | T |
| 7 | dénuder | T |
| 7 | se dénuder | P |
| 7 | se dénuer | P |
| 7 | se dépagnoter | P |
| 7 | dépailler | T |
| 7 | se dépailler | P |
| 12 | dépaisseler | T |
| 7 | dépalisser | T |
| 7 | dépanner | T |
| 12 | dépaqueter | T |
| 7 | déparaffiner | T |
| 7 | déparasiter | T |
| 7 | dépareiller | T |
| 7 | déparer | T |
| 16 | déparier | T |
| 7 | déparler | I |
| 9 | départager | T |
| 7 | départementaliser | T |
| 26 | départir | T |
| 26 | se départir | P |
| 7 | dépasser | I, T |
| 7 | se dépasser | P |
| 7 | dépassionner | T |
| 7 | se dépatouiller | P |
| 16 | dépatrier | T |
| 16 | se dépatrier | P |
| 7 | dépaver | T |
| 7 | dépayser | T |
| 8 | dépecer | T |
| 7 | dépêcher | T |
| 7 | se dépêcher | P |
| 7 | dépeigner | T |
| 62 | dépeindre | T |
| 7 | dépelotonner | T |
| 7 | dépénaliser | T |
| 58 | dépendre | T, Ti |
| 7 | dépenser | T |
| 7 | se dépenser | P |

| | | | | | | |
|---|---|---|---|---|---|---|
| 20 | dépérir | I | 20 | dépolir | T | 7 | déraisonner | I |
| 7 | dépersonnaliser | T | 20 | se dépolir | P | 7 | déramer | I, T |
| 7 | se dépersonnaliser | P | 7 | dépolitiser | T | 9 | déranger | T |
| 7 | dépêtrer | T | 7 | se dépolitiser | P | 9 | se déranger | P |
| 7 | se dépêtrer | P | 7 | dépolluer | T | 7 | déraper | I |
| 7 | dépeupler | T | 7 | dépolymériser | T | 7 | déraser | T |
| 7 | se dépeupler | P | 7 | dépontiller | I | 7 | dérater | T |
| 7 | déphaser | T | 7 | déporter | T | 7 | dératiser | T |
| 7 | déphosphorer | T | 7 | se déporter | P | 17 | dérayer | I, T |
| 7 | dépiauter | T | 7 | déposer | I, T | 7 | déréaliser | T |
| 7 | dépigmenter afr. | T | 7 | se déposer | P | 7 | dérésumenter | T |
| 7 | dépiler | I, T | 11 | déposséder | T | 11 | dérégler | T |
| 7 | dépingler | T | 7 | dépoter | T | 11 | se dérégler | P |
| 7 | dépiquer | T | 7 | dépoudrer | T | 7 | déresponsabiliser | T |
| 7 | dépister | T | 7 | dépouiller | T | 7 | dérider | T |
| 7 | dépiter | T | 7 | se dépouiller | P | 7 | se dérider | P |
| 7 | se dépiter | P | 42 | dépourvoir | T, D | 7 | dériver | I, T, Ti |
| 8 | déplacer | T | 42 | se dépourvoir | P, D | 7 | dérober | T |
| 8 | se déplacer | P | 11 | dépoussiérer | T | 7 | se dérober | P |
| 7 | déplafonner | T | 7 | dépraver | T | 7 | dérocher | I, T |
| 68 | déplaire | Ti | 16 | déprécier | T | 7 | déroder | T |
| 68 | se déplaire | P | 16 | se déprécier | P | 9 | déroger | Ti |
| | p. p. invariable | | 59 | se déprendre | P | 20 | dérondir | I |
| 7 | déplaner | I | 7 | dépressuriser | T | 20 | dérougir | I |
| 7 | déplanquer | T | 7 | déprimer | I, T | 7 | dérouiller | I, T |
| 7 | se déplanquer | P | 7 | se déprimer | P | 7 | se dérouiller | P |
| 7 | déplanter | T | 7 | dépriser | T | 7 | dérouler | T |
| 7 | déplâtrer | T | 7 | déprogrammer | T | 7 | se dérouler | P |
| 16 | déplier | T | 7 | déprolétariser | T | 7 | dérouter | T |
| 16 | se déplier | P | 7 | dépropaniser | T | 7 | se dérouter | P |
| 7 | déplisser | T | 15 | déprotéger | T | 7 | désabonner | T |
| 7 | se déplisser | P | 12 | dépuceler | T | 7 | se désabonner | P |
| 7 | déplomber | T | 7 | dépulper | T | 7 | désabuser | T |
| 7 | déplorer | T | 7 | dépurer | T | 7 | désaccentuer | T |
| 18 | déployer | T | 7 | députer | T | 7 | désacclimater | T |
| 18 | se déployer | P | 16 | déqualifier | T | 7 | désaccorder | T |
| 7 | déplumer | T | 7 | déquiller | T | 7 | se désaccorder | P |
| 7 | se déplumer | P | 7 | déraciner | T | 7 | désaccoupler | T |
| 7 | dépocher | T | 7 | dérader | I | 7 | désaccoutumer | T |
| 7 | dépoétiser | T | 9 | dérager | I | 7 | se désaccoutumer | P |
| 7 | se dépoiler | P | 20 | déraidir | T | 16 | désacidifier | T |
| 7 | dépointer | T | 20 | se déraidir | P | 7 | désaciérer | T |
| 7 | dépolariser | T | 7 | dérailler | I | 7 | désacraliser | T |

T : transitif direct   Ti : transitif indirect   I : intransitif   P : construction pronominale   imp. : impersonnel
D : défectif   *être* : se conjugue avec l'auxiliaire *être*   *être* ou *avoir* : se conjugue avec les deux auxiliaires

| | | | | | | |
|---|---|---|---|---|---|---|
| 7 | désactiver ........T | 7 | désassembler ......T | 9 | désengager ........T |
| 7 | désadapter ........T | 7 | désassimiler ........T | 9 | se désengager ......P |
| 7 | se désadapter .......P | 20 | désassortir .........T | 7 | désengluer .........T |
| 11 | désaérer ...........T | 7 | désatomiser ........T | 7 | se désengluer .......P |
| 7 | désaffecter ........T | 9 | désavantager .......T | 9 | désengorger .......T |
| 7 | se désaffectionner ..P | 7 | désaveugler ........T | 20 | désengourdir .......T |
| 16 | désaffilier ..........T | 7 | désavouer .........T | 10 | désengrener ......T |
| 8 | désagencer ........T | 7 | désaxer ...........T | 7 | désenivrer .......I, T |
| 7 | désagrafer ........T | 7 | desceller ..........T | 8 | désenlacer .........T |
| 15 | désagréger .........T | 7 | se desceller .........P | 20 | désenlaidir .......I, T |
| 15 | se désagréger .......P | 58 | descendre I, T, être ou avoir | 18 | désennuyer ......I, T |
| 7 | désaimanter .......T | 7 | déséchouer ........T | 18 | se désennuyer ......P |
| 7 | désaisonnaliser .....T | 7 | désectoriser ........T | 17 | désenrayer .........T |
| 7 | désajuster .........T | 7 | désembobiner ......T | 7 | désenrhumer .......T |
| 11 | désaliéner .........T | 7 | désembourber ......T | 7 | désenrouer ........T |
| 7 | désaligner .........T | 7 | désembourgeoiser ..T | 7 | désensabler ........T |
| 7 | désalper ...........I | 7 | se désembourgeoiser P | 7 | désensibiliser ......T |
| 11 | désaltérer ..........T | 7 | désembouteiller ....T | 7 | se désensibiliser ....P |
| 11 | se désaltérer ........P | 17 | désembrayer .......T | 12 | désensorceler ......T |
| 7 | désamarrer ........T | 7 | désembuer .........T | 7 | désentoiler .........T |
| 7 | désambiguïser ......T | 7 | désemmancher .....T | 7 | désentortiller ......T |
| 7 | se désâmer québ. ....P | 7 | désemparer ......I, T | 7 | désentraver ........T |
| 7 | désamianter .......T | 10 | désempeser ........T | 7 | désenvaser .........T |
| 7 | désamidonner ......T | 20 | désemplir ........I, T | 7 | désenvelopper .....T |
| 7 | désaminer .........T | 20 | se désemplir .........P | 7 | désenvenimer ......T |
| 8 | désamorcer ........T | 7 | désemprisonner ....T | 7 | désenverguer ......T |
| 8 | se désamorcer ......P | 7 | désencadrer ........T | 7 | désenvoûter .......T |
| 7 | désannexer ........T | 7 | désencarter ........T | 20 | désépaissir .........T |
| 7 | désaper ...........T | 7 | désenchaîner .......T | 7 | déséquilibrer .......T |
| 7 | se désaper .........P | 7 | désenchanter ......T | 7 | déséquiper .........T |
| 16 | désapparier .......T | 7 | désenclaver ........T | 7 | se déséquiper ......P |
| 7 | désappointer .......T | 7 | se désenclaver ......P | 7 | déserter ........I, T |
| 59 | désapprendre ......T | 7 | désencombrer ......T | 7 | se déserter ........P |
| 7 | désapprouver ....I, T | 7 | se désencombrer ....P | 11 | désespérer .......I, T |
| 7 | désapprovisionner ..T | 7 | désencrasser .......T | 11 | se désespérer ......P |
| 7 | désarçonner .......T | 7 | se désendetter ......P | 20 | désétablir ..........T |
| 7 | désargenter ........T | 7 | désénerver ........T | 7 | désétamer .........T |
| 7 | se désargenter ......P | 7 | se désénerver ......P | 7 | désétatiser .........T |
| 7 | désarmer ........I, T | 7 | désenfiler ..........T | 7 | désexciter .........T |
| 7 | se désarmer .........P | 7 | désenflammer ......T | 7 | se désexciter .......P |
| 7 | désarrimer .........T | 7 | désenfler ........I, T | 7 | désexualiser .......T |
| 7 | désarticuler .......T | 7 | se désenfler ........P | 7 | déshabiller .........T |
| 7 | se désarticuler ......P | 7 | désenfumer ........T | 7 | se déshabiller .......P |

| | | | | | | | |
|---|---|---|---|---|---|---|---|
| 7 | déshabituer | T | 7 | désoccuper | T | 7 | se dessiller ... P |
| 7 | se déshabituer | P | 7 | désodoriser | T | 7 | dessiner ... T |
| 7 | désherber | T | 7 | désoler | T | 7 | se dessiner ... P |
| 7 | déshériter | T | 7 | se désoler | P | 7 | dessoler ... T |
| 7 | déshonorer | T | 7 | désolidariser | T | 7 | dessouder ... T |
| 7 | se déshonorer | P | 7 | se désolidariser | P | 7 | se dessouder ... P |
| 7 | déshuiler | T | 7 | désoperculer | T | 7 | dessouffler québ. ... T |
| 7 | déshumaniser | T | 7 | désopiler | T | 7 | dessoûler ... I, T |
| 7 | se déshumaniser | P | 7 | se désopiler | P | 7 | se dessoûler ... P |
| 16 | déshumidifier | T | 7 | désorber | T | 7 | dessuinter ... T |
| 7 | déshydrater | T | 7 | désorbiter | T | 7 | déstabiliser ... T |
| 7 | se déshydrater | P | 7 | se désorbiter | P | 7 | destiner ... T |
| 11 | déshydrogéner | T | 7 | désordonner | T | 7 | se destiner ... P |
| 11 | déshypothéquer | T | 7 | désorganiser | T | 7 | destituer ... T |
| 7 | désigner | T | 7 | se désorganiser | P | 7 | destocker ... I, T |
| 7 | désillusionner | T | 7 | désorienter | T | 7 | destructurer ... T |
| 7 | désincarner | T | 7 | se désorienter | P | 7 | se destructurer ... P |
| 7 | se désincarner | P | 7 | désosser | T | 7 | désulfiter ... T |
| 7 | désincorporer | T | 7 | se désosser | P | 7 | désulfurer ... T |
| 7 | désincruster | T | 7 | désouffler québ. | T | 20 | désunir ... T |
| 7 | désinculper | T | 7 | désoxyder | T | 20 | se désunir ... P |
| 7 | désindexer | T | 11 | désoxygéner | T | 7 | désynchroniser ... T |
| 7 | désindustrialiser | T | 7 | desquamer | I, T | 7 | détacher ... T |
| 7 | se désindustrialiser | P | 7 | dessabler | T | 7 | se détacher ... P |
| 7 | désinfecter | T | 20 | dessaisir | T | 7 | détailler ... T |
| 7 | désinformer | T | 20 | se dessaisir | P | 7 | détaler ... I |
| 11 | désinhiber | T | 7 | dessaler | I, T | 7 | détaller ... T |
| 7 | désinsectiser | T | 7 | se dessaler | P | 7 | détapisser ... T |
| 11 | désintégrer | T | 7 | dessangler | T | 7 | détartrer ... T |
| 11 | se désintégrer | P | 7 | se dessangler | P | 7 | détaxer ... T |
| 7 | désintéresser | T | 7 | dessaouler | I, T | 7 | détecter ... T |
| 7 | se désintéresser | P | 7 | se dessaouler | P | 62 | déteindre ... I, T |
| 7 | désintoxiquer | T | 7 | dessaper | T | 12 | dételer ... I, T |
| 7 | se désintoxiquer | P | 7 | se dessaper | P | 58 | détendre ... T |
| 20 | désinvestir | I, T | 11 | dessécher | T | 58 | se détendre ... P |
| 7 | désinviter | T | 11 | se dessécher | P | 24 | détenir ... T |
| 7 | désirer | T | 7 | desseller | T | 9 | déterger ... T |
| 7 | se désister | P | 7 | desserrer | T | 7 | détériorer ... T |
| 20 | désobéir | I, Ti | 7 | se desserrer | P | 7 | se détériorer ... P |
| | accepte la voix passive | | 20 | dessertir | T | 7 | déterminer ... T |
| 9 | désobliger | T | 36 | desservir | T | 7 | se déterminer ... P |
| 7 | désobstruer | T | 36 | se desservir | P | 7 | déterrer ... T |
| 7 | désocialiser | T | 7 | dessiller | T | 7 | détester ... T |

**LISTE ALPHABÉTIQUE DES VERBES**

| | | | | | |
|---|---|---|---|---|---|
| 7 | discréditer .........T | 7 | dissuader ..........T | 7 | doper .............T |
| 7 | se discréditer .......P | 8 | distancer ..........T | 7 | se doper ...........P |
| 7 | discriminer ........T | 8 | se distancer ........P | 7 | dorer .............T |
| 7 | disculper ..........T | 16 | distancier ..........T | 7 | se dorer ...........P |
| 7 | se disculper ........P | 16 | se distancier ........P | 7 | dorloter ..........T |
| 7 | discuputer afr. ......I | 58 | distendre ..........T | 7 | se dorloter .........P |
| 7 | discursiviser .......T | 58 | se distendre ........P | 33 | dormir ............I |
| 7 | discutailler ....... I, T | 7 | distiller ......... I, T | 7 | doser .............T |
| 7 | discuter ......... I, T | 7 | distinguer ........ I, T | 7 | doter .............T |
| 7 | se discuter .........P | 7 | se distinguer .......P | 7 | se doter ...........P |
| 16 | disgracier ..........T | 58 | distordre ..........T | 7 | doubler .......... I, T |
| 63 | disjoindre ..........T | 58 | se distordre ........P | 7 | se doubler .........P |
| 63 | se disjoindre .......P | 66 | distraire ....... I, T, D | 7 | doublonner ........I |
| 7 | disjoncter ....... I, T | 66 | se distraire .......P, D | 7 | doucher ...........T |
| 7 | disloquer ..........T | 7 | distribuer ..........T | 7 | se doucher .........P |
| 7 | se disloquer ........P | 7 | se distribuer ........P | 20 | doucir .............T |
| 69 | disparaître I, être ou avoir | 7 | divaguer ..........I | 7 | douer ...........T, D |
| 7 | dispatcher .........T | 9 | diverger ..........I | | seulement au part. passé et aux temps composés |
| 7 | dispenser ..........T | 16 | diversifier ..........T | | |
| 7 | se dispenser ........P | 16 | se diversifier ........P | 7 | douiller ...........I |
| 7 | disperser ..........T | 20 | divertir ...........T | 7 | douter .......... I, Ti |
| 7 | se disperser ........P | 20 | se divertir ..........P | 7 | se douter ..........P |
| 7 | disposer .........T, Ti | 7 | diviniser ..........I | 7 | dracher belg. imp. : il drache |
| 7 | se disposer .........P | 7 | diviser .............T | 16 | dragéifier ..........T |
| 7 | disproportionner ...T | 7 | se diviser ..........P | 7 | drageonner ........I |
| 7 | disputailler .........I | 8 | divorcer .. I, être ou avoir | 7 | draguer ......... I, T |
| 7 | disputer .........T, Ti | 7 | divulguer ..........T | 7 | drainer ...........T |
| 7 | se disputer .........P | 7 | se divulguer .........P | 7 | dramatiser ....... I, T |
| 16 | disqualifier ..........T | 7 | djibser afr. ..........I | 12 | drapeler ..........T |
| 16 | se disqualifier .......P | 7 | documenter ........T | 7 | draper ............T |
| 7 | disséminer ..........T | 7 | se documenter .....P | 7 | se draper ..........P |
| 7 | se disséminer .......P | 7 | dodeliner ..........I | 7 | draver québ. ...... I, T |
| 11 | disséquer ..........T | 7 | dogmatiser .........I | 17 | drayer ............T |
| 7 | disserter ...........I | 7 | doigter .......... I, T | 7 | dresser ............T |
| 7 | dissimuler .........T | 7 | doguer belg. ...... I, T | 7 | se dresser ..........P |
| 7 | se dissimuler .......P | 7 | doler ..............T | 7 | dribbler .......... I, T |
| 7 | dissiper ............T | 7 | domestiquer .......T | 7 | driller ............T |
| 7 | se dissiper .........P | 16 | domicilier ..........T | 7 | driver .......... I, T |
| 16 | dissocier ...........T | 7 | dominer ......... I, T | 7 | droguer ......... I, T |
| 16 | se dissocier .........P | 7 | se dominer .........P | 7 | se droguer .........P |
| 7 | dissoner ............I | 7 | dompter ...........T | 7 | droper .......... I, T |
| 78 | dissoudre ........T, D | 7 | donner .......... I, T | 7 | drosser ............T |
| 78 | se dissoudre ......P, D | 7 | se donner .........P | 16 | dulcifier ...........T |
| | | | | 7 | duper .............T |

T : transitif direct    Ti : transitif indirect    I : intransitif    P : construction pronominale    imp. : impersonnel
D : défectif    être : se conjugue avec l'auxiliaire être    être ou avoir : se conjugue avec les deux auxiliaires

| | | | | | |
|---|---|---|---|---|---|
| 7 | se duper .........P | 11 | ébrécher .........T | 7 | échiner ..........T |
| 7 | duplexer .........T | 11 | s'ébrécher .........P | 7 | s'échiner ..........P |
| 7 | dupliquer .........T | 7 | s'ébrouer .........P | 56 | échoir ..I, D, *être ou avoir* |
| 20 | durcir .........I, T | 7 | ébruiter .........T | 7 | échopper .........T |
| 20 | se durcir .........P | 7 | s'ébruiter .........P | 7 | échouer I, T, *être ou avoir* |
| 7 | durer .............I | 7 | ébruter ...........T | 7 | s'échouer .........P |
| 12 | se duveter .........P | 7 | écacher ...........T | 7 | écimer ...........T |
| 7 | dynamiser .........T | 7 | écaffer ...........T | 7 | éclabousser ........T |
| 7 | dynamiter .........T | 7 | écailler ...........T | 7 | s'éclabousser .......P |
| | | 7 | s'écailler .........P | 20 | éclaircir ..........T |

# E

| | | | | | |
|---|---|---|---|---|---|
| | | 7 | écaler ............T | 20 | s'éclaircir .........P |
| | | 7 | s'écaler ..........P | 7 | éclairer .........I, T |
| 20 | ébahir ............T | 7 | écanguer .........T | 7 | s'éclairer .........P |
| 20 | s'ébahir ...........P | 7 | écarquiller ........T | 7 | éclater ..I, T, *être ou avoir* |
| 7 | ébarber ...........T | 13 | écarteler .........T | 7 | s'éclater .........P |
| 60 | s'ébattre .........P | 7 | écarter .........I, T | 7 | éclipser ...........T |
| 20 | s'ébaubir .........P | 7 | s'écarter .........P | 7 | s'éclipser .........P |
| 7 | ébaucher .........T | 20 | écatir ............T | 7 | éclisser ...........T |
| 7 | s'ébaucher .........P | 7 | échafauder .......I, T | 7 | écloper ...........T |
| 20 | ébaudir ...........T | 7 | échalasser ........T | 76 | éclore ..I, D, *être ou avoir* |
| 20 | s'ébaudir .........P | 20 | échampir .........T | | mêmes formes que *clore*, mais employé surtout aux 3es pers. |
| 7 | ébavurer ..........T | 7 | échancrer .........T | 7 | écluser ...........T |
| 7 | éberluer ..........T | 7 | échanfreiner .......T | 7 | écobuer ..........T |
| 12 | ébiseler ..........T | 9 | échanger .........T | 7 | écœurer .........I, T |
| 20 | éblouir .........I, T | 9 | s'échanger ........T | 88 | éconduire .........T |
| 7 | éborgner ..........T | 7 | échantillonner ......T | 7 | économiser ......I, T |
| 7 | s'éborgner .........P | 7 | échapper.......I, Ti, T, | 7 | écoper ..........I, T |
| 7 | ébosser ...........T | | *être ou avoir* | 8 | écorcer ...........T |
| 7 | ébouer ...........T | 7 | s'échapper .........P | 7 | écorcher ..........T |
| 7 | ébouillanter ........T | 7 | échardonner .......T | 7 | s'écorcher .........P |
| 7 | s'ébouillanter .......P | 7 | écharner ..........T | 7 | écorer ............T |
| 7 | ébouler .........I, T | 7 | écharper ..........T | 7 | écorner ...........T |
| 7 | s'ébouler ..........P | 7 | s'écharper .........P | 7 | écornifler .........T |
| 7 | ébourgeonner ......T | 7 | échauder .........T | 7 | écosser ...........T |
| 7 | ébouriffer .........T | 7 | s'échauder .........P | 7 | écouler ...........T |
| 7 | ébourrer ..........T | 7 | échauffer .........T | 7 | s'écouler ..........P |
| 7 | ébouter ...........T | 7 | s'échauffer .........P | 7 | écourter ..........T |
| 7 | ébouzer ...........T | 7 | échauler ..........T | 7 | écouter .........I, T |
| 7 | ébraiser ..........T | 7 | échaumer .........T | 7 | s'écouter ..........P |
| 7 | ébrancher..........T | 7 | échelonner .........T | 7 | écouvillonner ......T |
| 7 | ébranler ..........T | 7 | s'échelonner .......P | 7 | écrabouiller ........T |
| 7 | s'ébranler ..........P | 7 | écheniller .........T | 7 | écraser .........I, T |
| 7 | ébraser ..........T | 12 | écheveler .........T | 7 | s'écraser ..........P |

| | | | | | | | | |
|---|---|---|---|---|---|---|---|---|
| 11 | écrémer | .......T | 20 | effleurir | .......I | 8 | élancer | .......I, T |
| 7 | écrêter | .......T | 7 | effluver | .......I | 8 | s'élancer | .......P |
| 16 | s'écrier | .......P | 7 | effondrer | .......T | 20 | élargir | .......I, T |
| 86 | écrire | .......I, T, Ti | 7 | s'effondrer | .......P | 20 | s'élargir | .......P |
| 86 | s'écrire | .......P | 8 | s'efforcer | .......P | 16 | électrifier | .......T |
| 7 | écrivailler | .......I | 9 | effranger | .......T | 7 | électriser | .......T |
| 7 | écrivasser | .......T | 9 | s'effranger | .......P | 7 | électrocuter | .......T |
| 7 | écrouer | .......T | 17 | effrayer | .......T | 7 | s'électrocuter | .......P |
| 20 | écrouir | .......T | 17 | s'effrayer | .......P | 7 | électrolyser | .......T |
| 7 | s'écrouler | .......P | 7 | effriter | .......T | 7 | électroniser | .......T |
| 7 | écroûter | .......T | 7 | s'effriter | .......P | 20 | élégir | .......T |
| 7 | écuisser | .......T | 7 | s'égailler | .......P | 10 | élever | .......T |
| 7 | éculer | .......T | 7 | égaler | .......T | 10 | s'élever | .......P |
| 7 | écumer | .......I, T | 7 | égaliser | .......I, T | 7 | élider | .......T |
| 7 | écurer | .......T | 7 | égarer | .......T | 7 | s'élider | .......P |
| 7 | écussonner | .......T | 7 | s'égarer | .......P | 7 | élimer | .......T |
| 7 | édenter | .......T | 17 | égayer | .......T | 7 | éliminer | .......I, T |
| 7 | édicter | .......T | 17 | s'égayer | .......P | 7 | s'éliminer | .......P |
| 16 | édifier | .......I, T | 7 | égnaffer | .......T | 7 | élinguer | .......T |
| 7 | éditer | .......T | 7 | égoïner | .......T | 83 | élire | .......T |
| 7 | éditionner | .......T | 9 | égorger | .......T | 7 | éloigner | .......T |
| 7 | édulcorer | .......T | 9 | s'égorger | .......P | 7 | s'éloigner | .......P |
| 7 | éduquer | .......T | 7 | s'égosiller | .......P | 9 | élonger | .......T |
| 7 | éfaufiler | .......T | 7 | égoutter | .......I, T | 7 | élucider | .......T |
| 8 | effacer | .......I, T | 7 | s'égoutter | .......P | 7 | élucubrer | .......T |
| 8 | s'effacer | .......P | 7 | égrainer | .......T | 7 | éluder | .......T |
| 7 | effaner | .......T | 7 | s'égrainer | .......P | 7 | éluer | .......T |
| 7 | effarer | .......T | 7 | égrapper | .......T | 16 | émacier | .......T |
| 7 | s'effarer | .......P | 7 | égratigner | .......T | 16 | s'émacier | .......P |
| 7 | effaroucher | .......T | 7 | s'égratigner | .......P | 7 | émailler | .......T |
| 7 | s'effaroucher | .......P | 10 | égrener | .......T | 7 | émanciper | .......T |
| 7 | effectuer | .......T | 10 | s'égrener | .......P | 7 | s'émanciper | .......P |
| 7 | s'effectuer | .......P | 7 | égriser | .......T | 7 | émaner | .......I |
| 7 | efféminer | .......T | 9 | égruger | .......T | 9 | émarger | .......I, T |
| 7 | effeuiller | .......T | 7 | égueuler | .......T | 7 | émasculer | .......T |
| 7 | s'effeuiller | .......P | 7 | éjaculer | .......T | 7 | emballer | .......T |
| 7 | effiler | .......T | 7 | éjarrer | .......T | 7 | s'emballer | .......P |
| 7 | s'effiler | .......P | 7 | éjecter | .......T | 7 | emballotter | .......T |
| 7 | effilocher | .......T | 7 | s'éjecter | .......P | 7 | emballuchonner | .......T |
| 7 | s'effilocher | .......P | 7 | éjointer | .......T | 7 | s'embaquer | .......P |
| 7 | efflanquer | .......T | 7 | élaborer | .......T | 7 | embarbouiller | .......T |
| 7 | s'efflanquer | .......P | 7 | s'élaborer | .......P | 7 | s'embarbouiller | .......P |
| 7 | effleurer | .......T | 7 | élaguer | .......T | 7 | embarder | .......T |

T : transitif direct   Ti : transitif indirect   I : intransitif   P : construction pronominale   imp. : impersonnel
D : défectif   *être* : se conjugue avec l'auxiliaire *être*   *être* ou *avoir* : se conjugue avec les deux auxiliaires

| | | |
|---|---|---|
| 7 | s'embarder | .........P |
| 7 | embarquer | ........I, T |
| 7 | s'embarquer | .........P |
| 7 | embarrasser | .......T |
| 7 | s'embarrasser | ......P |
| 7 | embarrer | .........I, T |
| 7 | s'embarrer | .........P |
| 7 | embastiller | .........T |
| 7 | embastionner | ......T |
| 60 | embat(t)re | .........T |
| 7 | embaucher | .......I, T |
| 7 | s'embaucher | .......P |
| 7 | embaumer | .......I, T |
| 7 | embecquer | .........T |
| 7 | s'embéguiner | .......P |
| 20 | embellir | I, T, *être* ou *avoir* |
| 20 | s'embellir | .........P |
| 7 | emberlificoter | ......T |
| 7 | s'emberlificoter | .....P |
| 7 | embêter | ...........T |
| 7 | s'embêter | .........P |
| 7 | embidonner | ........T |
| 7 | embistrouiller | .....T |
| 7 | emblaver | ..........T |
| 7 | embobeliner | .......T |
| 7 | embobiner | .........T |
| 75 | s'emboire | ..........P |
| 7 | emboîter | ...........T |
| 7 | s'emboîter | .........P |
| 7 | embosser | ..........T |
| 7 | s'embosser | .........P |
| 12 | embotteler | .........T |
| 7 | emboucaner | .......I |
| 7 | emboucher | .........T |
| 7 | embouer | ..........I, T |
| 7 | embouquer | ......I, T |
| 7 | embourber | .........T |
| 7 | s'embourber | ........P |
| 7 | embourgeoiser | .....T |
| 7 | s'embourgeoiser | ....P |
| 7 | embourrmaner | ....T |
| 7 | embourrer | .........T |
| 7 | s'embourrer | ........P |

| | | |
|---|---|---|
| 7 | embouteiller | .......T |
| 7 | embouter | ..........T |
| 20 | emboutir | ..........T |
| 7 | embrancher | .........T |
| 7 | s'embrancher | ......P |
| 7 | embraquer | .........T |
| 7 | embraser | ..........T |
| 7 | s'embraser | .........P |
| 7 | embrasser | .........T |
| 7 | s'embrasser | ........P |
| 17 | embrayer | .........I, T |
| 13 | embreler | ...........T |
| 10 | embrever | ..........T |
| 7 | embrigader | ........T |
| 7 | s'embrigader | .......P |
| 7 | embringuer | .........T |
| 7 | s'embringuer | ......P |
| 7 | embrocher | ..........T |
| 7 | embroncher | ........T |
| 7 | embrouiller | .........T |
| 7 | s'embrouiller | .......P |
| 7 | embroussailler | .....T |
| 7 | s'embroussailler | ....P |
| 7 | embrumer | .........T |
| 20 | embrunir | ..........T |
| 7 | embuer | ..............T |
| 7 | s'embuer | ..........P |
| 7 | embusquer | .........T |
| 7 | s'embusquer | .......P |
| 11 | émécher | ...........T |
| 9 | émerger | ...........I |
| 7 | émerillonner | .......T |
| 7 | émeriser | ...........T |
| 7 | émerveiller | .........T |
| 7 | s'émerveiller | .......P |
| 61 | émettre | ...........I, T |
| 16 | émier | ...............T |
| 7 | émietter | ...........T |
| 7 | s'émietter | .........P |
| 7 | émigrer | ............I |
| 8 | émincer | ...........T |
| 7 | emmagasiner | ......T |
| 7 | emmailloter | .......T |

| | | |
|---|---|---|
| 7 | s'emmailloter | .......P |
| 7 | emmancher | .........T |
| 7 | s'emmancher | ......P |
| 9 | emmarger | .........T |
| 7 | emmêler | ...........T |
| 7 | s'emmêler | .........P |
| 9 | emménager | ......I, T |
| 10 | emmener | ..........T |
| 7 | emmerder | ..........T |
| 7 | s'emmerder | ........P |
| 11 | emmétrer | ..........T |
| 7 | emmieller | ..........T |
| 7 | emmitonner | .......T |
| 7 | emmitoufler | .......T |
| 7 | s'emmitoufler | ......P |
| 7 | emmortaiser | .......T |
| 7 | emmouscailler | .....T |
| 7 | emmurer | ..........T |
| 7 | émonder | ...........T |
| 7 | émorfiler | ..........T |
| 7 | émotionner | .........T |
| 7 | émotter | .............T |
| 7 | émoucher | ..........T |
| 13 | émoucheter | ..........T |
| 80 | émoudre | ............T |
| 7 | émousser | ...........T |
| 7 | s'émousser | .........P |
| 7 | émoustiller | .........T |
| 46 | émouvoir | .........I, T |
| 46 | s'émouvoir | .........P |
| 7 | empaffer | ............T |
| 7 | empailler | ...........T |
| 7 | empaler | ............T |
| 7 | s'empaler | ...........P |
| 7 | empalmer | ..........T |
| 7 | empanacher | .......T |
| 7 | empanner | ..........I |
| 7 | empapa(h)outer | ....T |
| 7 | empapilloter | .......T |
| 12 | empaqueter | ........T |
| 7 | s'emparer | ..........P |
| 7 | emparquer | .........T |
| 7 | empâter | ...........T |

| | | | | | |
|---|---|---|---|---|---|
| 7 | s'empâter ..........P | 11 | empoussiérer ......T | 7 | enchanter ..........T |
| 7 | empatter ..........T | 11 | s'empoussiérer .....P | 7 | s'enchanter ........P |
| 7 | empaumer ........T | 62 | empreindre ........T | 7 | enchaperonner .....T |
| 7 | empêcher ..........T | 62 | s'empreindre ......P | 7 | encharner ..........T |
| 7 | s'empêcher ........P | 7 | s'empresser ........P | 7 | enchâsser ..........T |
| 7 | empeigner ..........T | 7 | emprésurer ........T | 7 | s'enchâsser ........P |
| 7 | empêner .........I, T | 7 | emprisonner ......T | 7 | enchatonner ......T |
| 7 | empenner ..........T | 7 | emprunter .......I, T | 7 | enchausser ........T |
| 7 | empercher ..........T | 20 | empuantir ........T | 7 | enchemiser ........T |
| 7 | emperler ..........T | 7 | émuler ..........T | 20 | enchérir ..........I |
| 10 | empeser ..........T | 16 | émulsifier ..........T | 7 | enchetarder ......T |
| 7 | empester ........I, T | 7 | émulsionner ......T | 7 | enchevaucher ......T |
| 7 | empêtrer ..........T | 7 | s'enamourer ........P | 7 | enchevêtrer ......T |
| 7 | s'empêtrer ........P | 7 | s'énamourer ........P | 7 | s'enchevêtrer ......P |
| 9 | empiéger ..........T | 7 | encabaner ..........T | 10 | enchifrener ........T |
| 7 | empierrer ..........T | 7 | encadrer ..........T | 7 | enchtiber ..........T |
| 11 | empiéter ..........I | 7 | s'encadrer ........P | 7 | enchtourber ......T |
| 7 | s'empiffrer ........P | 9 | encager ..........T | 7 | encirer ..........T |
| 7 | empiler ..........T | 7 | encagouler ........T | 7 | enclaver ..........T |
| 7 | s'empiler ..........P | 7 | encaisser ..........T | 7 | s'enclaver ........P |
| 7 | empirer I, T, être ou avoir employé surtout aux 3ᵉˢ pers. | 7 | encanailler ........T | 7 | enclencher ........T |
| | | 7 | s'encanailler .......P | 7 | s'enclencher ......P |
| 7 | s'empirer afr...P | 7 | encaper ..........T | 12 | encliqueter ........T |
| 7 | emplafonner ......T | 7 | encapuchonner .....T | 7 | encloîtrer ..........T |
| 7 | s'emplafonner ......P | 7 | s'encapuchonner ...P | 7 | encloquer ..........T |
| 7 | emplâtrer ..........T | 7 | encapsuler ........T | 76 | enclore ..........T, D |
| 20 | emplir ..........I, T | 7 | encaquer ..........T | 7 | enclouer ..........T |
| 20 | s'emplir ..........P | 7 | encarrer ..........I | 7 | encocher ..........T |
| 18 | employer ..........T | 7 | encarter ..........T | 7 | encoder ..........T |
| 18 | s'employer ........P | 7 | encartonner ........T | 7 | encoffrer ..........T |
| 7 | emplumer ........T | 7 | encartoucher ......T | 7 | encoller ..........T |
| 7 | empocher ..........T | 7 | encaserner ........T | 7 | encombrer ........T |
| 7 | empoigner ..........T | 13 | s'encasteler ........P | 7 | s'encombrer ........P |
| 7 | s'empoigner ........P | 7 | encastrer ..........T | 7 | encorder ..........T |
| 7 | empoisonner ......T | 7 | s'encastrer ........P | 7 | s'encorder ........P |
| 7 | s'empoisonner ......P | 7 | encaustiquer ......T | 7 | encorner ..........T |
| 7 | empoisser ........T | 7 | encaver ..........T | 9 | encourager ........T |
| 7 | empoissonner ......T | 62 | enceindre ..........T | 34 | encourir ..........T |
| 7 | emporter ..........T | 7 | enceinter afr. ......T | 7 | encrasser ..........T |
| 7 | s'emporter ........P | 7 | encenser .........I, T | 7 | s'encrasser ........P |
| 7 | empoter ..........T | 7 | encercler ..........T | 7 | encrêper ..........T |
| 7 | empourprer ......T | 7 | enchaîner .......I, T | 7 | encrer ..........I, T |
| 7 | s'empourprer ......P | 7 | s'enchaîner ........P | 7 | encrister ..........T |

T : transitif direct   Ti : transitif indirect   I : intransitif   P : construction pronominale   imp. : impersonnel
D : défectif   être : se conjugue avec l'auxiliaire être   être ou avoir : se conjugue avec les deux auxiliaires

| | | | | | |
|---|---|---|---|---|---|
| 7 | s'encroumer .......P | 7 | s'enflammer ........P | 7 | s'engouer .........P |
| 7 | encroûter ..........T | 11 | enflécher ..........T | 7 | engouffrer ..........T |
| 7 | s'encroûter ........P | 7 | enfler ............. I, T | 7 | s'engouffrer ........P |
| 7 | encuver ...........T | 7 | s'enfler ............P | 7 | engouler ...........T |
| 7 | endauber ..........T | 7 | enfleurer ..........T | 20 | engourdir ..........T |
| 7 | endenter ..........T | 7 | enfoirer ...........T | 20 | s'engourdir .........P |
| 7 | endetter ..........T | 7 | s'enfoirer ..........P | 7 | engraisser ........ I, T |
| 7 | s'endetter ........P | 8 | enfoncer ........ I, T | 7 | s'engraisser .........P |
| 7 | endeuiller .........T | 8 | s'enfoncer .........P | 9 | engranger ..........T |
| 7 | endêver .........I, D | 20 | enforcir ............I | 7 | engraver ...........T |
| | seulement à l'infinitif | 7 | enfouiller ..........T | 10 | engrener ...........T |
| 7 | endiabler ........ I, T | 20 | enfouir ............T | 10 | s'engrener ..........P |
| 7 | endiguer ...........T | 20 | s'enfouir ...........P | 7 | engrosser ..........T |
| 7 | endimancher .......T | 7 | enfourailler ........T | 12 | engrumeler ........T |
| 7 | s'endimancher ......P | 7 | enfourcher ........T | 12 | s'engrumeler .......P |
| 7 | endivisionner ......T | 7 | enfourner ..........T | 7 | engueuler ..........T |
| 7 | endoctriner ........T | 7 | s'enfourner .........P | 7 | s'engueuler .........P |
| 20 | endolorir ..........T | 62 | enfreindre .........T | 7 | enguirlander .......T |
| 9 | endommager ........T | 37 | s'enfuir ...........P | 20 | enhardir ...........T |
| 33 | endormir ..........T | 7 | enfumer ...........T | 20 | s'enhardir ..........P |
| 33 | s'endormir .........P | 7 | s'enfumer ..........P | 7 | enharnacher .......T |
| 7 | endosser ..........T | 7 | enfutailler .........T | 7 | enherber ..........T |
| 88 | enduire .......... I, T | 7 | enfûter ............T | 7 | énieller ............T |
| 88 | s'enduire ..........P | 9 | engager ...........T | 7 | enivrer .......... I, T |
| 20 | endurcir ...........T | 9 | s'engager ..........P | 7 | s'enivrer ...........P |
| 20 | s'endurcir ..........P | 7 | engainer ...........T | 7 | enjamber ........ I, T |
| 7 | endurer ............T | 7 | engamer ...........T | 12 | enjaveler ..........T |
| 7 | énerver ............T | 7 | engargousser .......T | 63 | enjoindre ..........T |
| 7 | s'énerver ..........P | 7 | engaver ...........T | 7 | enjôler ............T |
| 7 | enfaîter ...........T | 7 | engazonner ........T | 7 | enjoliver ...........T |
| 7 | enfanter .......... I, T | 7 | engendrer .........T | 7 | s'enjoliver ..........P |
| 7 | enfariner ..........T | 7 | engerber ..........T | 8 | enjoncer ...........T |
| 7 | enfermer ..........T | 8 | englacer ...........T | 7 | enjouer ...........T |
| 7 | s'enfermer ........P | 7 | englober ..........T | 7 | enjuguer ..........T |
| 7 | enferrer ...........T | 20 | engloutir ..........T | 7 | enjuponner .........T |
| 7 | s'enferrer ..........P | 20 | s'engloutir .........P | 7 | s'enkyster ..........P |
| 7 | enficher ...........T | 7 | engluer ...........T | 8 | enlacer ............T |
| 7 | enfieller ...........T | 7 | s'engluer ...........P | 8 | s'enlacer ...........P |
| 11 | enfiévrer ...........T | 7 | engober ...........T | 20 | enlaidir   I, T, *être* ou *avoir* |
| 11 | s'enfiévrer ..........P | 7 | engommer ..........T | 20 | s'enlaidir ...........P |
| 7 | enfiler ............T | 8 | engoncer ..........T | 10 | enlever ............T |
| 7 | s'enfiler ...........P | 9 | engorger ..........T | 10 | s'enlever ...........P |
| 7 | enflammer ..........T | 9 | s'engorger ..........P | 7 | enliasser ...........T |

| | | | | | |
|---|---|---|---|---|---|
| 16 | enlier ............... T | 7 | s'enrouiller ........ P | 7 | enter .............. T |
| 7 | enligner ........... T | 7 | enrouler ........... T | 7 | entériner .......... T |
| 7 | enliser ............. T | 7 | s'enrouler .......... P | 7 | enterrer ........... T |
| 7 | s'enliser ........... P | 7 | enrubanner ....... T | 7 | s'enterrer .......... P |
| 7 | enluminer ........ T | 7 | ensabler ........... T | 7 | entêter ............ T |
| 20 | ennoblir ........... T | 7 | s'ensabler .......... P | 7 | s'entêter ........... P |
| 9 | ennuager ......... T | 7 | ensaboter ......... T | 7 | enthousiasmer ..... T |
| 9 | s'ennuager ........ P | 7 | ensacher .......... T | 7 | s'enthousiasmer .... P |
| 18 | ennuyer ........ I, T | 7 | ensaisiner ......... T | 7 | s'enticher .......... P |
| 18 | s'ennuyer .......... P | 7 | ensanglanter ...... T | 7 | entifler ............ T |
| 8 | énoncer ........... T | 7 | ensauvager ........ T | 7 | s'entifler ........... P |
| 8 | s'énoncer .......... P | 7 | s'ensauver ......... P | 7 | entoiler ............ T |
| 20 | enorgueillir ....... T | 7 | enseigner .......... T | 7 | entôler ............ T |
| 20 | s'enorgueillir ...... P | 7 | s'enseigner ........ P | 7 | entonner .......... T |
| 7 | énouer ............ T | 8 | ensemencer ....... T | 7 | entorser afr. ........ I |
| 25 | s'enquérir ......... P | 7 | enserrer ........... T | 7 | entortiller ......... T |
| 7 | enquêter .......... I | 20 | ensevelir .......... T | 7 | s'entortiller ........ P |
| 7 | s'enquêter ......... P | 20 | s'ensevelir ......... P | 7 | entourer .......... T |
| 7 | enquiller .......... I | 7 | ensiler ............ T | 7 | s'entourer ......... P |
| 7 | enquiquiner ....... T | 7 | ensoleiller ........ T | 7 | entourlouper ...... T |
| 7 | s'enquiquiner ...... P | 12 | ensorceler ......... T | 7 | s'entraccorder ..... P |
| 7 | enraciner ......... T | 7 | ensoufrer ......... T | 7 | s'entraccuser ...... P |
| 7 | s'enraciner ........ P | 11 | enstérer ........... T | 7 | s'entradmirer ...... P |
| 9 | enrager ............ I | 81 | s'ensuivre ........ P, D | 7 | s'entraider ......... P |
| 7 | enrailler .......... T | | seulement à l'inf., au part. | 7 | s'entraimer ........ P |
| 17 | enrayer ........... T | | présent et aux 3ᵉˢ pers. | 7 | entraîner .......... T |
| 17 | s'enrayer .......... P | | (il s'est ensuivi ou il s'en est ensuivi | 7 | s'entraîner ......... P |
| 7 | enrégimenter ..... T | | ou encore il s'en est suivi) | 40 | entrapercevoir ..... T |
| 7 | enregistrer ........ T | 7 | ensuquer .......... T | 40 | s'entrapercevoir .... P |
| 7 | s'enregistrer ....... P | 7 | entabler ........... T | 7 | entraver .......... T |
| 7 | enrêner ........... T | 7 | s'entabler ......... P | 7 | entrebâiller ....... T |
| 7 | enrésiner ......... T | 7 | entacher .......... T | 7 | s'entrebâiller ...... P |
| 7 | enrhumer ......... T | 7 | entailler .......... T | 60 | s'entrebattre ...... P |
| 7 | s'enrhumer ........ P | 7 | s'entailler ......... P | 7 | entrechoquer ...... T |
| 20 | enrichir ........... T | 7 | entamer .......... T | 7 | s'entrechoquer ..... P |
| 20 | s'enrichir .......... P | 7 | entaquer .......... T | 7 | entrecouper ....... T |
| 7 | enrober ........... T | 7 | entarter .......... T | 7 | s'entrecouper ...... P |
| 7 | enrocher .......... T | 7 | entartrer .......... T | 7 | entrecroiser ....... T |
| 7 | enrôler ........... T | 7 | s'entartrer ......... P | 7 | s'entrecroiser ...... P |
| 7 | s'enrôler .......... P | 7 | entasser .......... T | 7 | s'entre-déchirer ..... P |
| 7 | enrouer ........... T | 7 | s'entasser ......... P | 88 | s'entre(-)détruire ... P |
| 7 | s'enrouer .......... P | 58 | entendre ....... I, T, Ti | 7 | s'entre-dévorer ..... P |
| 7 | enrouiller ......... I | 58 | s'entendre ......... P | 9 | s'entre-égorger ..... P |
| | | 11 | enténébrer ........ T | | |
| | | 11 | s'enténébrer ....... P | | |

**T :** transitif direct    **Ti :** transitif indirect    **I :** intransitif    **P :** construction pronominale    **imp. :** impersonnel
**D :** défectif    **être :** se conjugue avec l'auxiliaire être    *être* ou *avoir* : se conjugue avec les deux auxiliaires

| | | |
|---|---|---|
| 49 s'équivaloir .........P | 7 s'esquinter ........P | 7 s'étaler .............P |
| 7 équivoquer .........I | 7 esquisser .........T | 7 étalinguer ..........T |
| 7 éradiquer .........T | 7 s'esquisser ........P | 7 étalonner .........T |
| 7 érafler .............T | 7 esquiver ..........T | 7 étamer ............T |
| 7 s'érafler ...........P | 7 s'esquiver .........P | 7 étamper ...........T |
| 7 érailler ..........T | 7 essaimer .........I, T | 7 étancher ..........T |
| 7 s'érailler ..........P | 9 essanger ..........T | 7 étançonner ........T |
| 17 érayer .............T | 7 essarter ..........T | 7 étarquer ..........T |
| 7 éreinter ...........T | 17 essayer ...........T | 7 étatiser ...........T |
| 7 s'éreinter ..........P | 17 s'essayer ..........P | 17 étayer ............T |
| 7 ergoter ............I | 7 essorer ...........T | 17 s'étayer ..........P |
| 9 ériger ..............T | 7 s'essorer ..........P | 62 éteindre ..........T |
| 9 s'ériger ............P | 7 essoriller ..........T | 62 s'éteindre .........P |
| 7 éroder .............T | 7 essoucher .........T | 58 étendre ...........T |
| 7 s'éroder ...........P | 7 essouffler .........T | 58 s'étendre ..........P |
| 7 érotiser ...........T | 7 s'essouffler ........P | 7 éterniser ..........T |
| 7 errer ..............I | 18 essuyer ...........T | 7 s'éterniser .........P |
| 7 éructer ..........I, T | 18 s'essuyer ..........P | 7 éternuer ...........I |
| 20 s'esbaudir .........P | 7 estamper .........T | 7 étêter .............T |
| 7 s'esbigner ..........P | 7 estampiller ........T | 16 éthérifier .........T |
| 7 esbroufer ..........T | ester ...........I, D | 7 éthériser ..........T |
| 7 escalader ..........T | seulement à l'inf. | 7 éthniciser .........T |
| 7 escamoter .........T | 16 estérifier ..........T | 12 étinceler ..........I |
| 7 escarmoucher ......I | 7 esthétiser ........I, T | 7 étioler ............T |
| 7 escarper .........T | 7 estimer ...........T | 7 s'étioler ...........P |
| 16 escarrifier .........T | 7 s'estimer ..........P | 12 étiqueter ..........T |
| 7 escher .............T | 7 estiver ..........I, T | 7 étirer .............T |
| 7 s'esclaffer .........P | 7 estomaquer ........T | 7 s'étirer ............T |
| 7 esclavager .........T | 7 estomper ..........T | 7 étoffer ............T |
| 16 escoffier ..........T | 7 s'estomper .........P | 7 s'étoffer ...........P |
| 7 escompter .........T | 7 estoquer ..........T | 7 étoiler ............T |
| 7 escorter ..........T | 20 estourbir ..........T | 7 s'étoiler ...........P |
| 7 s'escrimer .........P | 7 estrapader ........T | 7 étonner ............T |
| 7 escroquer ..........T | 7 estrapasser ........T | 7 s'étonner ..........P |
| 7 esgourder .........T | 16 estropier ..........T | 7 étouffer ..........I, T |
| 8 espacer ............T | 16 s'estropier .........P | 7 s'étouffer ..........P |
| 8 s'espacer ..........P | 7 établer ............T | 7 étouper ...........T |
| 11 espérer ..........I, T | 20 établir ............T | 7 étoupiller .........T |
| 7 espionner ..........T | 20 s'établir ...........P | 20 étourdir ...........T |
| 7 espoliner ..........T | 9 étager .............T | 20 s'étourdir .........P |
| 7 espouliner .........T | 9 s'étager ...........P | 7 étrangler ..........T |
| 7 esquicher ..........I | 9 étalager ...........T | 7 s'étrangler .........P |
| 7 esquinter ..........T | 7 étaler ............I, T | 1 être ...............I |

T : transitif direct   Ti : transitif indirect   I : intransitif   P : construction pronominale   imp. : impersonnel
D : défectif   *être* : se conjugue avec l'auxiliaire *être*   *être* ou *avoir* : se conjugue avec les deux auxiliaires

| | | |
|---|---|---|
| 7 externer afr. ........T | 67 se faire ............P | 7 fayoter ............I |
| 7 extirper ...........T | 7 faisander .........T | 7 féconder ..........T |
| 7 s'extirper ..........P | 7 se faisander .......P | 7 féculer ...........T |
| 7 extorquer .........T | 48 falloir ..... T, imp. : il faut | 7 fédéraliser ........T |
| 7 extourner .........T | 48 s'en falloir P, imp. : il s'en faut | 7 se fédéraliser ......P |
| 7 extrader ..........T | ou il s'en est fallu | 11 fédérer ...........T |
| 66 extraire .........T, D | 7 faloter ............I | 11 se fédérer ........P |
| pas de passé simple ni de subj. imparfait | 16 falsifier ...........T | 7 feignanter .........I |
| 66 s'extraire ..........P | 7 faluner ...........T | 62 feindre ..........I, T |
| 7 extrapoler ........ I, T | 7 familiariser ........T | 7 feinter ..........I, T |
| 7 extravaguer ........I | 7 se familiariser ......P | 7 fêler ..............T |
| 7 extravaser .........T | 7 fanatiser ..........T | 7 se fêler ...........P |
| 7 s'extravaser ........P | 7 se fanatiser ........P | 7 féliciter ...........T |
| 7 extruder ..........T | 7 faner .............T | 7 se féliciter .........P |
| 11 exulcérer ........T | 7 se faner ...........P | 7 féminiser ..........T |
| 7 exulter ............I | 7 fanfaronner ........I | 7 se féminiser .......P |
| | 7 fanfreluche .........T | 7 fendiller ..........T |
| | 7 fantasmer ........ I, T | 7 se fendiller ........P |
| **F** | 7 se fantaliser afr. .....P | 58 fendre ...........T |
| | 20 farcir .............T | 58 se fendre ..........P |
| 7 fabriquer ........ I, T | 20 se farcir ..........P | 7 fenestrer ..........T |
| 7 se fabriquer ........P | 7 farder ........... I, T | 7 fenêtrer ..........T |
| 7 fabuler ............I | 7 se farder ..........P | férir ..............T, D |
| 7 facetter ...........T | 7 farfouiller ........ I, T | seulement dans les expressions sans coup férir ou féru de |
| 7 fâcher ............T | 7 farguer ...........T | |
| 7 se fâcher ..........P | 7 fariner ........... I, T | 7 ferler .............T |
| 7 faciliter ...........T | 7 farter ............T | 7 fermenter .........I |
| 7 se faciliter ........P | 7 fasciner ..........T | 7 fermer ......... I, T |
| 7 façonner ..........T | 7 fasciser ..........T | 7 se fermer .........P |
| 7 factoriser .........T | 17 faseyer ...........I | 7 ferrailler ..........I |
| 7 facturer ...........T | 7 fatiguer ......... I, T | 7 ferrer .............T |
| 7 fader .............T | 7 se fatiguer .........P | 7 ferrouter ..........T |
| 7 fagoter ...........T | 11 faubérer afr. ........I | 7 fertiliser ..........T |
| 7 se fagoter .........P | 7 faucarder .........T | 7 fesser .............T |
| 20 faiblir ............I | 7 faucher ......... I, T | 7 féticher afr. ........T |
| 7 faignanter .........I | 7 fauconner .........I | 7 festonner ..........T |
| 7 se failler ..........P | 7 faufiler ......... I, T | 18 festoyer ........ I, T |
| 31 faillir ... I, être ou avoir, D | 7 se faufiler .........P | 7 fêter .............T |
| s'aligne sur finir pour le futur et le conditionnel, employé surtout au passé simple, à l'infinitif et aux temps composés | 7 fausser ...........T | 7 fétichiser .........T |
| | 7 se fausser .........P | 7 feuiller ......... I, T |
| 7 fainéanter .........I | 7 fauter ............I | 12 feuilleter .........T |
| 7 fainéantiser ........I | 7 favoriser ..........T | 7 feuilletiser ........T |
| 67 faire ............ I, T | 7 faxer .............T | 7 feuler .............I |
| | | 7 feutrer .......... I, T |

| | | | | | | |
|---|---|---|---|---|---|
| 7 | se feutrer .........P | 7 | flagorner .........T | 16 | fluidifier .........T |
| 7 | fiabiliser .........T | 7 | flairer .........T | 7 | fluidiser .........T |
| 8 | fiancer .........T | 7 | flamber .........I, T | 7 | fluoriser .........T |
| 8 | se fiancer .........P | 18 | flamboyer .........I | 7 | flurer .........T |
| 12 | ficeler .........T | 7 | flancher .........I, T | 7 | flûter .........I, T |
| 7 | ficher .........T | 7 | flâner .........I | 7 | fluxer .........T |
| 7 | se ficher .........P | 7 | flânocher .........I | 7 | focaliser .........T |
| 7 | se fiche .........P | 7 | flanquer .........T | 7 | se focaliser .........P |
| | *(je me fiche de...,* | 7 | se flanquer .........P | 7 | foirer .........I |
| | part. passé *fichu, ue, us, ues*) | 7 | flaquer .........I | 7 | foisonner .........I |
| 7 | fidéliser .........T | 7 | flasher .........I, T | 7 | folâtrer .........I |
| 7 | fieffer .........T | 7 | flatter .........T | 7 | folichonner .........I |
| 7 | fienter .........I | 7 | se flatter .........P | 7 | folioter .........T |
| 7 | se fier .........P | 7 | flauper .........T | 7 | folkloriser .........T |
| 9 | figer .........I, T | 11 | flécher .........T | 7 | fomenter .........T |
| 9 | se figer .........P | 20 | fléchir .........I, T | 8 | foncer .........I, T |
| 7 | fignoler .........T | 20 | se fléchir .........P | 7 | fonctionnariser .....T |
| 7 | figurer .........I, T | 7 | flemmarder .........I | 7 | fonctionner .........I |
| 7 | se figurer .........P | 20 | flétrir .........T | 7 | fonder .........I, T |
| 7 | filer .........I, T | 20 | se flétrir .........P | 7 | se fonder .........P |
| 7 | se filer .........P | 7 | fleurer .........I, T | 58 | fondre .........I, T |
| 13 | fileter .........T | 20 | fleurir .........I, T | 58 | se fondre .........P |
| 7 | filialiser .........T | | pour « orner de fleurs », radical | 8 | forcer .........I, T |
| 7 | filigraner .........T | | *fleur* ; pour « prospérer », radical | 8 | se forcer .........P |
| 7 | filmer .........I, T | | *flor* à l'imparfait (il *florissait*) | 20 | forcir .........I |
| 7 | filocher .........I, T | | et au part. présent (*florissant*) | | forclore .........T, D |
| 7 | filouter .........I, T | 20 | se fleurir .........P | | seulement à l'infinitif et |
| 7 | filtrer .........I, T | 7 | flexibiliser .........T | | au part. passé (*forclos, ose, oses*) |
| 7 | finaliser .........T | 7 | flibuster .........I, T | 7 | forer .........T |
| 8 | financer .........I, T | 7 | flingoter .........T | 67 | forfaire .........I, T, Ti, D |
| 7 | financiariser .........T | 7 | flinguer .........I, T | | seulement à l'infinitif, au sing. |
| 7 | finasser .........I, T | 7 | se flinguer .........P | | de l'ind. présent, au part. passé |
| 20 | finir .........I, T, *être* ou *avoir* | 7 | flipper .........I | | et aux temps composés |
| 7 | finlandiser .........T | 7 | fliquer .........T | 9 | forger .........I, T |
| 7 | se finlandiser .........P | 7 | flirter .........I | 9 | se forger .........P |
| 7 | fiscaliser .........T | 7 | floconner .........I | 12 | forjeter .........I, T |
| 7 | fissionner .........T | 7 | floculer .........I | 8 | forlancer .........T |
| 7 | fissurer .........T | 7 | floquer .........T | 7 | forligner .........I |
| 7 | se fissurer .........P | 7 | flotter .........I, T | 7 | forlonger .........T |
| 7 | fixer .........T | 7 | flotter .........imp. : il *flotte* | 7 | formaliser .........T |
| 7 | se fixer .........P | 7 | flouer .........T | 7 | se formaliser .........P |
| 7 | flageller .........T | 7 | flouser .........I | 7 | formater .........T |
| 7 | se flageller .........P | 7 | fluber .........I | 7 | former .........T |
| 7 | flageoler .........I | 7 | fluctuer .........I | 7 | se former .........P |
| | | 7 | fluer .........I | 7 | formicaliser afr. .....T |

| | | |
|---|---|---|
| 7 | formoler | T |
| 7 | formuler | T |
| 7 | se formuler | P |
| 7 | forniquer | I |
| 16 | fortifier | T |
| 16 | se fortifier | P |
| 7 | fossiliser | T |
| 7 | se fossiliser | P |
| 18 | fossoyer | T |
| 7 | fouailler | T |
| 7 | fouder afr. | T |
| 18 | foudroyer | T |
| 7 | fouetter | I, T |
| 9 | fouger | I |
| 7 | fouiller | I, T |
| 7 | se fouiller | P |
| 7 | fouiner | I |
| 20 | fouir | T |
| 7 | fouler | T |
| 7 | se fouler | P |
| 7 | fourailler | I, T |
| 7 | fourber | I, T |
| 20 | fourbir | T |
| 7 | fourcher | I, T |
| 7 | fourgonner | I |
| 7 | fourguer | T |
| 7 | fourmiller | I |
| 20 | fournir | T, Ti |
| 20 | se fournir | P |
| 9 | fourrager | I, T |
| 7 | fourrer | T |
| 7 | se fourrer | P |
| 18 | fourvoyer | T |
| 18 | se fourvoyer | P |
| 58 | foutre | T, D |
| | ni passé simple, ni passé antérieur de l'ind., ni imparfait, ni plus-que-parfait du subj. | |
| 58 | se foutre | P, D |
| 7 | fracasser | T |
| 7 | se fracasser | P |
| 7 | fractionner | T |
| 7 | se fractionner | P |
| 7 | fracturer | T |

| | | |
|---|---|---|
| 7 | se fracturer | P |
| 7 | fragiliser | T |
| 7 | fragmenter | T |
| 20 | fraîchir | I |
| 7 | fraiser | T |
| 7 | framboiser | T |
| 20 | franchir | T |
| 7 | franchiser | T |
| 7 | franciser | T |
| 7 | francophoniser québ. | T |
| 9 | franger | T |
| 7 | fransquillonner belg. | I |
| 7 | frapper | I, T |
| 7 | se frapper | P |
| 7 | fraterniser | I |
| 7 | frauder | I, T |
| 17 | frayer | I, T |
| 17 | se frayer | P |
| 7 | fredonner | I, T |
| 7 | frégater | T |
| 7 | freiner | I, T |
| 7 | se freiner | P |
| 7 | frelater | T |
| 20 | frémir | I |
| 7 | fréquenter | I, T |
| 7 | se fréquenter | P |
| 11 | fréter | T |
| 7 | frétiller | I |
| 7 | fretter | T |
| 7 | fricasser | T |
| 7 | fricoter | I, T |
| 7 | frictionner | T |
| 7 | se frictionner | P |
| 16 | frigorifier | T |
| 9 | frigorifuger | T |
| 7 | frimer | I, T |
| 7 | fringuer | I, T |
| 7 | se fringuer | P |
| 7 | friper | T |
| 7 | se friper | P |
| 7 | friponner | I, T |
| 7 | friquer afr. | T |

| | | |
|---|---|---|
| 87 | frire | I, T, D |
| | seulement à l'infinitif, au part. passé, au singulier de l'ind. présent et futur, du cond., de l'impératif et aux temps composés | |
| 7 | friser | I, T |
| 7 | frisotter | I, T |
| 7 | frissonner | I |
| 7 | fristouiller belg. | I, T |
| 7 | fritter | I, T |
| 20 | froidir | I |
| 7 | froisser | T |
| 7 | se froisser | P |
| 7 | frôler | T |
| 7 | se frôler | P |
| 8 | froncer | T |
| 8 | se froncer | P |
| 7 | fronder | I, T |
| 7 | frotter | I, T |
| 7 | se frotter | P |
| 7 | frouer | I |
| 7 | froufrouter | I |
| 7 | frousser afr. | I |
| 16 | fructifier | I |
| 7 | frusquer | T |
| 7 | se frusquer | P |
| 7 | frustrer | T |
| 7 | fuguer | I |
| 37 | fuir | I, T |
| 37 | se fuir | P |
| 7 | fuiter | T |
| 7 | fulgurer | I, T |
| 7 | fulminer | I, T |
| 7 | fumer | I, T |
| 9 | fumiger | T |
| 13 | fureter | I |
| 12 | fuseler | T |
| 7 | fuser | I |
| 7 | fusiller | T |
| 7 | fusionner | I, T |
| 9 | fustiger | T |

T : transitif direct   Ti : transitif indirect   I : intransitif   P : construction pronominale   imp. : impersonnel
D : défectif   être : se conjugue avec l'auxiliaire être   être ou avoir : se conjugue avec les deux auxiliaires

# G

| | | | | | |
|---|---|---|---|---|---|
| 7 | gabarier ........... T | 20 | se garnir .......... P | 39 | gésir ............. I, D, |
| 7 | gabionner .......... T | 7 | garrotter .......... T | | ne s'emploie qu'au part. présent, |
| 7 | gâcher .......... I, T | 7 | gasconner ........ I | | au présent et à l'impft de l'ind. |
| 7 | gadgétiser ........ T | 7 | gaspiller .......... T | 7 | gesticuler .......... I |
| 7 | gaffer .......... I, T | 7 | gâter ............. T | 18 | giboyer ........... T |
| 7 | gafouiller .......... T | 7 | se gâter .......... P | 7 | gicler ............. I |
| 9 | gager ............. T | 16 | gâtifier ............ I | 7 | gifler ............. T |
| 7 | gagner .......... I, T | 20 | gauchir ......... I, T | 7 | gigoter ............ I |
| 7 | se gagner .......... P | 20 | se gauchir ........ P | 7 | gironner .......... T |
| 7 | gainer ........... T | 7 | gaufrer ........... T | 7 | girouetter .......... I |
| 7 | galber ........... T | 7 | gauler ........... T | | gît, il gît, ci-gît, gisant → gésir |
| 11 | galéjer ......... I | 7 | se gausser ........ P | 7 | gîter ............. I |
| 7 | galérer ......... I | 7 | gaver ............ T | 7 | givrer ........... T |
| 7 | galipoter .......... T | 7 | se gaver .......... P | 7 | se givrer .......... P |
| 7 | galonner .......... T | 16 | gazéifier .......... T | 8 | glacer .. I, T, imp.: il glace |
| 7 | galoper .......... I, T | 7 | gazer ........... I, T | 8 | se glacer .......... P |
| 7 | galvaniser .......... T | 7 | gazonner ....... I, T | 7 | glaglater .......... I |
| 7 | galvauder ........ I, T | 7 | gazouiller .......... I | 7 | glairer ........... T |
| 7 | se galvauder ....... P | 62 | geindre ........... I | 7 | glaiser ........... T |
| 7 | gambader .......... I | 7 | gélatiner .......... T | 7 | glander ........... I |
| 9 | gamberger ....... I, T | 7 | gélatiniser ........ T | 7 | glandouiller ........ I |
| 7 | gambiller .......... I | 13 | geler .......... I, T | 7 | glaner .......... I, T |
| 12 | gameler ......... T | 13 | se geler .......... P | 20 | glapir ......... I, T |
| 12 | se gameler ........ P | 16 | gélifier .......... T | 20 | glatir ............ I |
| 7 | gaminer ........... I | 16 | se gélifier ........ P | 7 | glavioter .......... I |
| 10 | gangrener .......... T | 7 | géminer .......... T | 7 | glaviotter .......... I |
| 10 | se gangrener ....... P | 20 | gémir .......... I, T | 7 | gléner ........... T |
| 11 | gangréner .......... T | 7 | gemmer .......... T | 7 | gletter belg. ......... I |
| 7 | ganser ........... T | 7 | se gendarmer ....... P | 7 | glisser .......... I, T |
| 7 | ganter ......... I, T | 7 | gêner ........... T | 7 | se glisser .......... P |
| 7 | se ganter .......... P | 7 | se gêner .......... P | 7 | globaliser .......... T |
| 8 | garancer .......... T | 7 | généraliser ........ T | 16 | glorifier .......... T |
| 20 | garantir .......... T | 7 | se généraliser ...... P | 16 | se glorifier ......... P |
| 7 | garder ........... T | 11 | générer .......... T | 7 | gloser ......... I, T, Ti |
| 7 | se garder .......... P | 7 | géométriser ....... T | 7 | glouglouter ........ I |
| 7 | garer ............ T | 7 | gerber .......... I, T | 7 | glousser .......... I |
| 7 | se garer .......... P | 8 | gercer .......... I, T | 7 | gloutonner ...... I, T |
| 7 | se gargariser ....... P | 8 | se gercer .......... P | 7 | glycériner ......... T |
| 7 | gargoter .......... I | 11 | gérer ............ T | 7 | goaler afr. ......... T |
| 7 | gargouiller .......... I | 7 | germaniser ....... I, T | 7 | gober ............. T |
| 20 | garnir ........... T | 7 | se germaniser ...... P | 9 | se goberger ........ P |
| | | 7 | germer ............ I | 12 | gobeter ........... T |
| | | | | 7 | godailler .......... I |
| | | | | 7 | goder ............. I |

| | | | | | |
|---|---|---|---|---|---|
| 7 | godiller | I | 7 | graillonner | I |
| 7 | se godiner belg. | P | 7 | grainer | T |
| 7 | godronner | T | 7 | graisser | I, T |
| 7 | goguenarder | I | 7 | grammaticaliser | T |
| 7 | goinfrer | I | 7 | se grammaticaliser | P |
| 7 | se goinfrer | P | 20 | grandir | I, T, être ou avoir |
| 7 | se gominer | P | 20 | se grandir | P |
| 7 | gommer | T | 7 | graniter | T |
| 7 | gomorrhiser | T | 7 | granuler | T |
| 7 | gonder | T | 7 | graphiter | T |
| 7 | gondoler | I | 7 | grappiller | I, T |
| 7 | se gondoler | P | 17 | grasseyer | I, T |
| 7 | gonfler | I, T | 7 | graticuler | T |
| 7 | se gonfler | P | 16 | gratifier | T |
| 7 | gongonner afr. | I | 7 | gratiner | I, T |
| 7 | se gorgeonner | P | 7 | grat(t)ouiller | T |
| 9 | gorger | T | 7 | gratter | I, T |
| 9 | se gorger | P | 7 | se gratter | P |
| 7 | gouacher | T | 7 | graver | I, T |
| 7 | gouailler | I | 7 | se graver | P |
| 7 | goualer | I, T | 7 | gravillonner | T |
| 7 | gouaper | I | 20 | gravir | T, Ti |
| 7 | goudronner | T | 7 | graviter | I |
| 7 | gouger | T | 7 | gréciser | T |
| 7 | gougnot(t)er | T | 7 | grecquer | T |
| 7 | goujonner | T | 14 | gréer | T |
| 7 | goupiller | T | 7 | greffer | T |
| 7 | se goupiller | P | 7 | se greffer | P |
| 7 | goupillonner | T | 7 | grêler | T, imp. : il grêle |
| 7 | se gourancer | P | 7 | grelotter | I |
| 7 | se gourer | P | 7 | grenailler | T |
| 7 | gourmander | T | 12 | greneler | T |
| 7 | goûter | I, T, Ti | 10 | grener | I, T |
| 7 | goutter | I | 7 | grenouiller | I |
| 7 | gouttiner belg. | I, imp. | 11 | gréser | T |
| 7 | gouverner | I, T | 7 | grésiller | I, imp. : il grésille |
| 7 | se gouverner | P | 10 | grever | T |
| 16 | gracier | T | 11 | gréver afr. | I |
| 7 | graduer | T | 7 | gribouiller | I, T |
| 7 | se graffer | P | 7 | griffer | I, T |
| 7 | graffiter | I, T | 7 | griffonner | I, T |
| 7 | grafigner québ. | T | 7 | grigner | I |
| 7 | grailler | I, T | 7 | grignoter | I, T |

| | | |
|---|---|---|
| 7 | grigriser afr. | T |
| 9 | grillager | T |
| 7 | griller | I, T |
| 7 | se griller | P |
| 8 | grimacer | I |
| 7 | grimer | T |
| 7 | se grimer | P |
| 7 | grimper | I, T |
| 8 | grincer | I |
| 7 | grincher | T |
| 7 | gringuer | I |
| 7 | gripper | I, T |
| 7 | se gripper | P |
| 7 | grisailler | I, T |
| 7 | griser | T |
| 7 | se griser | P |
| 7 | grisoler | I |
| 7 | grisoller | I |
| 7 | grisonner | I |
| 12 | griveler | I, T |
| 7 | grognasser | I |
| 7 | grogner | T, I |
| 7 | grognonner | I |
| 12 | grommeler | I, T |
| 7 | gronder | I, T |
| 20 | grossir | I, T, être ou avoir |
| 18 | grossoyer | T |
| 7 | grouiller | I |
| 7 | se grouiller | P |
| 7 | groûler belg. | I |
| 7 | groumer | I |
| 7 | grouper | I, T |
| 7 | se grouper | P |
| 9 | gruger | T |
| 12 | se grumeler | P |
| 14 | guéer | T |
| 20 | guérir | I, T |
| 20 | se guérir | P |
| 18 | guerroyer | I, T |
| 7 | guêtrer | T |
| 7 | se guêtrer | P |
| 7 | guetter | I, T |
| 7 | se guetter | P |

T : transitif direct   Ti : transitif indirect   I : intransitif   P : construction pronominale   imp. : impersonnel
D : défectif   être : se conjugue avec l'auxiliaire être   être ou avoir : se conjugue avec les deux auxiliaires

7 gueuler — I, T
7 gueuletonner — I
7 gueuser — I, T
7 guider — T
7 se guider — P
7 guigner — T
12 guillemeter — T
7 guillocher — T
7 guillotiner — T
7 guincher — I
7 guindailler afr. + belg. — I
7 guinder — T
7 se guinder — P
7 guiper — T

# H

7 habiliter — T
7 habiller — T
7 s'habiller — P
7 habiter — I, T
7 habituer — T
7 s'habituer — P
7 * hâbler — I
7 * hacher — T
7 * hachurer — T
21 * haïr — I, T
21 se haïr — P
10 halener — T
7 * haler — T
7 * hâler — T
7 se hâler — P
13 * haleter — I
7 * halkiner belg. — I
7 halluciner — T
7 hameçonner — T
7 * hancher — I, T
13 handeler belg. — T
7 * handicaper — T
7 * hannetonner — I, T
7 * hanter — T
7 * happer — I, T
7 * haranguer — T

7 * harasser — T
12, 13 * harceler — T
7 * harder — T
7 haricoter — T
7 harmoniser — T
7 s'harmoniser — P
7 * harnacher — T
7 se harnacher — P
7 * harpailler — I
7 * harper — T
7 * harponner — T
7 * hasarder — T
7 se hasarder — P
7 * hâter — T
7 se hâter — P
7 * haubaner — T
7 * hausser — T
7 se hausser — P
7 * haver — I, T
20 * havir — I, T
9 héberger — T
11 hébéter — T
7 hébraïser — I, T
11 * héler — T
11 * se héler — P
7 hélitreuiller — T
7 helléniser — I, T
20 * hennir — I
9 herbager — T
7 herber — T
7 herboriser — I
7 hercher — I
7 * hérisser — T
7 se hérisser — P
7 * hérissonner — I, T
7 se hérissonner — P
7 hériter — I, Ti
7 * herser — T
7 hésiter — I
7 * heurter — I, T
7 se heurter — P
7 hiberner — I, T
7 * hiérarchiser — T

7 * hisser — T
7 se hisser — P
16 historier — T
7 hiverner — I, T
7 * hocher — T
16 holographier — T
16 homogénéifier — T
7 homogénéiser — T
7 homologuer — T
7 * hongrer — T
18 * hongroyer — T
20 * honnir — T
7 honorer — T
7 s'honorer — P
12 * hoqueter — I
16 horrifier — T
7 horripiler — T
7 hospitaliser — T
7 * houblonner — T
7 * houer — T
7 * houpper — T
7 * hourder — T
20 * hourdir — T
7 * houspiller — T
7 * housser — T
7 houssiner — T
7 * hucher — T
7 * huer — I, T
7 huiler — T
* huir — I, D
seulement à l'inf., au présent et aux temps composés
7 hululer — I
7 humaniser — T
7 s'humaniser — P
7 humecter — T
7 s'humecter — P
7 * humer — T
16 humidifier — T
16 humilier — T
16 s'humilier — P
7 * hurler — I, T
7 hybrider — T
7 s'hybrider — P

* h = h aspiré

| | |
|---|---|
| 7 | hydrater ..........T |
| 7 | s'hydrater ..........P |
| 9 | hydrofuger ..........T |
| 11 | hydrogéner ..........T |
| 7 | hydrolyser ..........T |
| 16 | hypertrophier ......T |
| 16 | s'hypertrophier .....P |
| 7 | hypnotiser ..........T |
| 7 | s'hypnotiser ........P |
| 16 | hypostasier ........T |
| 11 | hypothéquer .......T |

## I

| | |
|---|---|
| 7 | iconiser ...........T |
| 7 | idéaliser ...........T |
| 7 | s'idéaliser .........P |
| 16 | identifier ..........T |
| 16 | s'identifier ........P |
| 7 | idéologiser .........T |
| 7 | idiotiser ...........T |
| 7 | idolâtrer ...........T |
| 7 | s'idolâtrer .........P |
| 9 | ignifuger ..........T |
| 7 | ignorer ............T |
| 7 | s'ignorer ..........P |
| 7 | illuminer ..........T |
| 7 | s'illuminer .........P |
| 7 | illusionner .........T |
| 7 | s'illusionner .......P |
| 7 | illustrer ...........T |
| 7 | s'illustrer .........P |
| 9 | imager .............T |
| 7 | imaginer ...........T |
| 7 | s'imaginer .........P |
| 7 | imbiber ............T |
| 7 | s'imbiber ..........P |
| 7 | imbriquer ..........T |
| 7 | s'imbriquer ........P |
| 7 | imiter .............T |
| 7 | immatérialiser .....T |
| 7 | s'immatérialiser ....P |
| 7 | immatriculer .......T |

| | |
|---|---|
| 9 | immerger ..........T |
| 9 | s'immerger .........P |
| 7 | immigrer ...........I |
| 8 | s'immiscer .........P |
| 7 | immobiliser ........T |
| 7 | s'immobiliser .......P |
| 7 | immoler ...........T |
| 7 | s'immoler ..........P |
| 7 | immortaliser .......T |
| 7 | s'immortaliser ......P |
| 7 | immuniser .........T |
| 7 | s'immuniser ........P |
| 7 | impacter ...........T |
| 20 | impartir .........T, D |
| | seulement à l'ind. présent, au part. passé et aux temps composés |
| 7 | impatienter ........T |
| 7 | s'impatienter .......P |
| 7 | impatroniser .......T |
| 7 | s'impatroniser ......P |
| 7 | imperméabiliser ....T |
| 11 | impétrer ...........T |
| 7 | implanter ..........T |
| 7 | s'implanter .........P |
| 7 | implémenter .......T |
| 7 | impliquer ..........T |
| 7 | s'impliquer .........P |
| 7 | implorer ...........T |
| 7 | imploser ...........I |
| 7 | importer .......I, T, Ti |
| 7 | importuner ........T |
| 7 | imposer ...........T |
| 7 | s'imposer ..........P |
| 11 | imprégner .........T |
| 11 | s'imprégner .......P |
| 7 | impressionner ......T |
| 7 | imprimer ..........T |
| 7 | s'imprimer .........P |
| 7 | improuver .........T |
| 7 | improviser .....I, T |
| 7 | s'improviser ........P |
| 7 | impulser ...........T |
| 7 | imputer ..........T, Ti |

| | |
|---|---|
| 7 | inactiver ..........T |
| 7 | inaugurer ..........T |
| 11 | incarcérer ..........T |
| 7 | incarner ...........T |
| 7 | s'incarner ..........P |
| 16 | incendier ..........T |
| 11 | incinérer ..........T |
| 7 | inciser .............T |
| 7 | inciter .............T |
| 7 | incliner ..........I, T |
| 7 | s'incliner ..........P |
| 77 | inclure ............T |
| 7 | incomber ......... Ti |
| | s'emploie aux 3es personnes |
| 7 | incommoder .......T |
| 7 | incorporer .........T |
| 7 | s'incorporer ........P |
| 7 | incrémenter .......T |
| 7 | incriminer .........T |
| 7 | incruster ..........T |
| 7 | s'incruster .........P |
| 7 | incuber ............T |
| 7 | inculper ...........T |
| 7 | inculquer ..........T |
| 7 | incurver ...........T |
| 7 | s'incurver ..........P |
| 7 | indaguer belg. ....I |
| 7 | indemniser ........T |
| 7 | s'indemniser .......P |
| 7 | indexer ............T |
| 8 | indicer ............T |
| 11 | indifférer ..........T |
| 7 | indigner ...........T |
| 7 | s'indigner ..........P |
| 7 | indiquer ...........T |
| 7 | indisposer .........T |
| 7 | individualiser ......T |
| 7 | s'individualiser .....P |
| 88 | induire ............T |
| 7 | indurer ............T |
| 7 | industrialiser ......T |
| 7 | s'industrialiser .....P |
| 7 | infantiliser ........T |

T : transitif direct    Ti : transitif indirect    I : intransitif    P : construction pronominale    imp. : impersonnel
D : défectif    être : se conjugue avec l'auxiliaire être    être ou avoir : se conjugue avec les deux auxiliaires

| | | | | |
|---|---|---|---|---|
| 7 | infatuer .............T | 7 | s'inonder ...........P | 7 | intellectualiser .....T |
| 7 | s'infatuer ..........P | 11 | inquiéter ...........T | 16 | intensifier ..........T |
| 7 | infecter .............T | 11 | s'inquiéter .........P | 16 | s'intensifier .........P |
| 7 | s'infecter ..........P | 86 | inscrire .............T | 7 | intenter .............T |
| 7 | inféoder ............T | 86 | s'inscrire ...........P | 20 | interagir ...........I |
| 7 | s'inféoder ..........P | 7 | insculper ...........T | 7 | intercaler ...........T |
| 11 | inférer ..............T | 7 | inséminer ...........T | 7 | s'intercaler .........P |
| 7 | inferioriser .........T | 7 | insensibiliser .......T | 11 | intercéder ..........I |
| 7 | infester .............T | 11 | insérer .............T | 7 | intercepter .........T |
| 7 | infiltrer .............T | 11 | s'insérer ...........P | 7 | interclasser .........T |
| 7 | s'infiltrer ...........P | 7 | insinuer ............T | 7 | interconnecter .....T |
| 7 | infirmer .............T | 7 | s'insinuer ..........P | 84 | interdire ............T |
| 20 | infléchir .............T | 7 | insister .............I | 84 | s'interdire ..........P |
| 20 | s'infléchir ..........P | 7 | insoler ..............T | 7 | intéresser ...........T |
| 9 | infliger ..........T, Ti | 7 | insolubiliser ........T | 7 | s'intéresser .........P |
| 8 | influencer ..........T | 7 | insonoriser .........T | 11 | interférer ...........I |
| 7 | influer ..............I | 7 | inspecter ...........T | 11 | s'interférer afr. ......P |
| 7 | informatiser .......T | 7 | inspirer ..........I, T | 16 | interfolier ..........T |
| 7 | s'informatiser ......P | 7 | s'inspirer ...........P | 7 | intérioriser ..........T |
| 7 | informer ..........I, T | 7 | installer ............T | 12 | interjeter ...........T |
| 7 | s'informer ..........P | 7 | s'installer ..........P | 7 | interligner ..........T |
| 7 | infuser ...........I, T | 7 | instaurer ...........T | 7 | interloquer ..........T |
| 16 | s'ingénier ..........P | 7 | s'instaurer ..........P | 7 | internationaliser ....T |
| 11 | ingérer ..............T | 7 | instiguer belg. .......T | 7 | s'internationaliser ...P |
| 11 | s'ingérer ...........P | 7 | instiller .............T | 7 | interner .............T |
| 7 | ingurgiter ..........T | 7 | instituer ............T | 7 | interpeller ..........T |
| 7 | inhaler ..............T | 7 | s'instituer ..........P | 11 | s'interpénétrer ......P |
| 7 | inhiber .............T | 7 | institutionnaliser ...T | 7 | interpoler ...........T |
| 7 | inhumer ............T | 7 | s'institutionnaliser ..P | 7 | interposer ..........T |
| 7 | initialer québ. .......T | 88 | instruire ............T | 7 | s'interposer .........P |
| 7 | initialiser ...........T | 88 | s'instruire ..........P | 11 | interpréter ..........T |
| 16 | initier ..............T | 7 | instrumentaliser ....T | 11 | s'interpréter .........P |
| 16 | s'initier .............P | 7 | instrumenter .....I, T | 9 | interroger ..........T |
| 7 | injecter .............T | 7 | insuffler ............T | 9 | s'interroger .........P |
| 7 | s'injecter ...........P | 7 | insulter ........I, T, Ti | 58 | interrompre .......T |
| 16 | injurier .............T | 7 | s'insulter ...........P | 58 | s'interrompre .......P |
| 16 | s'injurier ...........P | 7 | insupporter ........T | 24 | intervenir .......I, être |
| 7 | innerver ............T | | ne s'emploie qu'avec un pronom comme complément, ex. : Paul m'insupporte | 20 | intervertir ..........T |
| 7 | innocenter ..........T | | | 7 | interviewer .........T |
| 7 | innover ...........I, T | 9 | s'insurger ..........P | 7 | intimer .............T |
| 7 | inoculer .............T | 7 | intailler ............T | 7 | intimider ...........T |
| 7 | s'inoculer ...........P | 11 | intégrer ........I, T, Ti | 7 | intituler .............T |
| 7 | inonder .............T | 11 | s'intégrer ...........P | 7 | s'intituler ..........P |

| | | |
|---|---|---|
| 7 | intoxiquer | .........T |
| 7 | s'intoxiquer | ........P |
| 7 | intriguer | .........I, T |
| 7 | intriquer | ..........T |
| 88 | introduire | .........T |
| 88 | s'introduire | ........P |
| 7 | introniser | ..........T |
| 7 | intuber | ............T |
| 7 | s'invaginer | ........P |
| 7 | invalider | ...........T |
| 7 | invectiver | ........I, T |
| 7 | inventer | .........I, T |
| 7 | s'inventer | .........P |
| 16 | inventorier | ........T |
| 7 | inverser | ...........T |
| 7 | s'inverser | .........P |
| 20 | invertir | ...........T |
| 20 | investir | ...........I, T |
| 20 | s'investir | ...........P |
| 11 | s'invétérer | ........P |
| 7 | inviter | .............T |
| 7 | s'inviter | ...........P |
| 7 | invoquer | ..........T |
| 7 | ioder | .............T |
| 7 | iodler | ..............I |
| 7 | ioniser | ............T |
| 7 | iouler | ...........I, T |
| 7 | iriser | .............T |
| 7 | s'iriser | ............P |
| 7 | ironiser | .............I |
| 16 | irradier | .........I, T |
| 16 | s'irradier | .........P |
| 7 | irriguer | ............T |
| 7 | irriter | .............T |
| 7 | s'irriter | ...........P |
| 7 | islamiser | ............T |
| 7 | s'islamiser | .........P |
| 7 | isoler | .............T |
| 7 | s'isoler | ............P |
| | issir | .............I, D |
| | seulement au part. passé : *issu, e* | |
| 7 | italianiser | ........I, T |
| 11 | itérer | .............T |

| | | |
|---|---|---|
| 7 | ivoiriser afr. | ........T |
| 7 | ixer | ...............T |

## JK

| | | |
|---|---|---|
| 7 | jabler | ..............T |
| 7 | jaboter | ..........I, T |
| 7 | jacasser | .............I |
| 7 | jacter | .............I, T |
| 7 | jaffer | ..............I |
| 20 | jaillir | .....I, *être ou avoir* |
| 7 | jalonner | .........I, T |
| 7 | jalouser | .............T |
| 7 | se jalouser | ........P |
| 7 | jambonner | ........T |
| 7 | japoniser | ..........T |
| 7 | se japoniser | .......P |
| 7 | japonner | ...........T |
| 7 | japper | .............I |
| 7 | jardiner | ..........I, T |
| 7 | jargonner | ..........I |
| 12 | jarreter | ..........I, T |
| 7 | jaser | ..............I |
| 7 | jasper | .............T |
| 7 | jaspiner | .........I, T |
| 9 | jauger | ...........I, T |
| 9 | se jauger | ..........P |
| 20 | jaunir | ............I, T |
| 12 | javeler | ..........I, T |
| 7 | javelliser | ............T |
| 7 | javer afr. | ............T |
| 12 | jeter | ...............T |
| 12 | se jeter | .............P |
| 7 | jeûner | .............I |
| 7 | jobarder | ............T |
| 7 | jocoler afr. | ..........I |
| 7 | jodler | .............I |
| 7 | jogger | ..............I |
| 63 | joindre | ...........I, T |
| 63 | se joindre | .........P |
| 18 | jointoyer | ...........T |
| 8 | joncer | ..............T |
| 7 | joncher | ...........T |

| | | |
|---|---|---|
| 7 | jongler | ............I |
| 7 | jouailler | ...........I |
| 7 | jouer | ...........I, T |
| 7 | se jouer | ............P |
| 20 | jouir | .............I, Ti |
| 7 | jouter | .............I |
| 7 | jouxter | ............T |
| 7 | jubiler | .............I |
| 7 | jucher | .............I, T |
| 7 | se jucher | ............P |
| 7 | judaïser | ..........I, T |
| 9 | juger | ...........I, T, Ti |
| 9 | se juger | ............P |
| 7 | juguler | .............T |
| 7 | jumeler | ............T |
| 7 | juponner | ..........I, T |
| 7 | jurer | ..............I, T |
| 7 | se jurer | .............P |
| 16 | justifier | .........T, Ti |
| 16 | se justifier | .........P |
| 7 | juter | .............I |
| 7 | juxtaposer | .........T |
| 7 | kaoter afr. | ..........T |
| 7 | kaotiser afr. | .........T |
| 7 | kératiniser | .........T |
| 7 | se kératiniser | .......P |
| 7 | kidnapper | ..........T |
| 11 | kilométrer | ...........T |
| 7 | klaxonner | ........I, T |
| 7 | koter belg. | ..........I |

## L

| | | |
|---|---|---|
| 7 | labelliser | ............T |
| 7 | labialiser | ............T |
| 7 | se labialiser | ........P |
| 7 | labourer | ...........T |
| 7 | se labourer | .........P |
| 7 | lacaniser | ........I, T |
| 8 | lacer | ..............T |
| 8 | se lacer | .............P |
| 11 | lacérer | ............T |
| 7 | lâcher | ............I, T |

| | | | |
|---|---|---|---|
| 7 laïciser ............T | 7 légaliser ...........T | 7 liguer ..............T |
| 7 se laïciser ..........P | 7 légender ...........T | 7 se liguer ............P |
| 7 lainer ..............T | 11 légiférer ............I | 7 limander ...........T |
| 7 laisser ..............T | 7 légitimer ...........T | 7 limer .............I, T |
| 7 se laisser ............P | 11 léguer ..............T | 7 se limer .............P |
| 7 laitonner ...........T | 11 se léguer ...........P | 7 limiter ..............T |
| 7 laïusser .............I | 7 lemmatiser .........T | 7 se limiter ...........P |
| 7 lambiner ............I | 16 lénifier .............T | 9 limoger .............T |
| 7 lambrisser .........T | 11 léser ...............T | 7 limoner ............T |
| 7 lamenter .........I, T | 7 lésiner .............I | 7 limousiner .........T |
| 7 se lamenter ........P | 7 lessiver ............T | 9 linger ..............T |
| 7 lamer ...............T | 7 lester ..............T | 9 se linger ............P |
| 7 laminer .............T | 7 se lester ............P | 16 liquéfier ...........T |
| 7 lamper ..............T | 7 leurrer ..............T | 16 se liquéfier .........P |
| 7 lancequiner ........I | 7 se leurrer ..........P | 7 liquider ............T |
| 8 lancer ..............T | 10 lever ............I, T | 83 lire ...............I, T |
| 8 se lancer ...........P | 10 se lever ............P | 83 se lire ..............P |
| 7 lanciner .........I, T | 7 léviger .............T | 7 lisbroquer ..........I |
| 9 langer ..............T | 7 léviter .............I | 10 liserer .............T |
| 7 langueyer ..........T | 7 levretter ............I | 10 se liserer ...........P |
| 20 languir ..............I | 7 se lexicaliser ........P | 11 lisérer ..............T |
| 20 se languir ..........P | 7 lézarder .........I, T | 7 lisser ...............T |
| 7 lansquiner ..........I | 7 se lézarder ..........P | 7 lister ...............T |
| 7 lanterner .........I, T | 7 liaisonner ...........T | 7 liter ...............T |
| 7 laper .............I, T | 7 liarder .............I | 16 lithographier .......T |
| 7 lapider ............T | 7 se libaniser afr. ......P | 7 litroner .............I |
| 16 lapidifier ...........T | 7 libeller .............T | 7 livrer ...............T |
| 16 se lapidifier .........P | 7 libéraliser ..........T | 7 se livrer ............P |
| 7 lapiner .............I | 7 se libéraliser ........P | 7 lober ...............T |
| 7 laquer ..............T | 11 libérer .............T | 7 lobotomiser ........T |
| 7 larder ..............T | 11 se libérer ..........P | 7 localiser ...........T |
| 7 lardonner ...........T | 16 licencier ............T | 7 se localiser .........P |
| 7 larguer .............T | 7 licher ............I, T | 7 locher ...........I, T |
| 18 larmoyer ............I | 7 lichetrogner .....I, T | 7 lock(-)outer ........T |
| 7 lasser .............I, T | 7 liciter ..............T | 7 lofer ...............I |
| 7 se lasser ...........P | 15 liéger ..............T | 9 loger .............I, T |
| 7 latiniser .........I, T | 16 lier .................T | 9 se loger .............P |
| 7 latter ...............T | 16 se lier ..............P | 7 loguer afr. ...........I |
| 7 laver ...............T | 7 lifter ...............T | 9 longer ..............T |
| 7 se laver ............P | 7 ligaturer ...........T | 7 looser ..............I |
| 17 layer ...............T | 7 ligner ..............T | 7 loquer ..............T |
| 11 lécher ..............T | 16 se lignifier ..........P | 7 se loquer ...........P |
| 11 se lécher ...........P | 7 ligoter ..............T | 7 lorgner .............T |

| | | | | | | | | |
|---|---|---|---|---|---|---|---|---|
| 7 | lotionner | ........T | 7 | mâchurer | ........T | 16 | manier | ...........T |
| 20 | lotir | ..............T | 7 | macler | ...........I, T | 16 | se manier | .........P |
| 9 | louanger | ..........T | 7 | maçonner | .........T | 11 | maniérer | ..........T |
| 7 | loucher | ............I | 7 | macquer | ...........T | 11 | se maniérer | ........P |
| 20 | louchir | ............I | 7 | maculer | ...........T | 7 | manifester | .......I, T |
| 7 | louer | ..............T | 16 | madéfier | ...........T | 7 | se manifester | ......P |
| 7 | se louer | ...........P | 7 | madériser | ..........T | 8 | manigancer | ........T |
| 7 | loufer | .............I | 7 | se madériser | .......P | 8 | se manigancer | ......P |
| 7 | louper | ...........I, T | 7 | madrigaliser | .......I | 7 | manipuler | .........T |
| 7 | se louper | ..........P | 7 | maganer qu&eacute;b. | ......T | 7 | mannequiner | .......T |
| 7 | louquer | ...........T | 7 | se maganer qu&eacute;b. | ....P | 7 | manœuvrer | ..... I, T |
| 7 | lourder | ............T | 7 | magasiner qu&eacute;b. | .... I, T | 7 | manoquer | .........T |
| 7 | lourer | .............T | 7 | se magner | ..........P | 7 | manquer | ....... I, T, Ti |
| 7 | louver | .............T | 7 | magnétiser | .........T | 7 | se manquer | .........P |
| 12 | louveter | ............I | 7 | magnétoscoper | .....T | 7 | mansarder | ...........I |
| 18 | louvoyer | ...........I | 16 | magnifier | ...........T | 7 | manucurer | ..........T |
| 7 | lover | ..............T | 7 | magoter afr. | ........T | 7 | manufacturer | ......T |
| 7 | se lover | ...........P | 7 | magouiller | .......I, T | 7 | manutentionner | ....T |
| 16 | lubrifier | ...........T | 20 | maigrir.. I, T, être ou avoir | | 7 | mapper | .............T |
| 9 | luger | ..............I | 7 | mailler | ...........I, T | 7 | maquer | ............T |
| 88 | luire | ...............I | 61 | mainmettre | ........T | 7 | se maquer | ..........P |
| 7 | luncher | ............I | 24 | maintenir | ..........T | 7 | maquetter | .........T |
| 7 | lustrer | ............T | 24 | se maintenir | ........P | 7 | maquignonner | .....T |
| 7 | luter | ..............T | 7 | maîtriser | ...........T | 7 | maquiller | ..........T |
| 7 | lutiner | .............T | 7 | se maîtriser | ........P | 7 | se maquiller | ........P |
| 7 | lutter | .............I | 7 | majorer | ...........T | 7 | marabouter afr. | .....T |
| 7 | luxer | ..............T | 7 | malaxer | ...........T | 7 | maratoner afr. | ......I |
| 7 | se luxer | ...........P | | malfaire | .........I, D, | 7 | marauder | ........I, T |
| 7 | lyncher | ............T | | seulement à l'infinitif | | 7 | maraver | .........I, T |
| 7 | lyophiliser | .........T | 7 | malléabiliser | .......T | 7 | marbrer | ...........T |
| 7 | lyrer qu&eacute;b. | .........I | 7 | mallouser | .........T | 7 | marchander | ......I, T |
| 7 | lyser | ..............T | 10 | malmener | ..........T | 7 | marcher | ............I |
| | | | 7 | malter | .............T | 7 | marcotter | ..........T |
| | | | 7 | maltraiter | ..........T | 7 | margauder | ..........I |

## M

| | | | | | | | | |
|---|---|---|---|---|---|---|---|---|
| | | | 7 | mamelonner | .......T | 9 | marger | ..........I, T |
| 7 | macadamiser | .......T | 9 | manager | ...........T | 7 | marginaliser | .......T |
| 7 | se macchaber | ......P | 7 | manchonner | ........T | 7 | se marginaliser | .....P |
| 11 | macérer | .........I, T | 7 | mandater | ...........T | 7 | marginer | ..........T |
| 7 | mâcher | ...........T | 7 | mander | .............T | 7 | margot(t)er | .........I |
| 7 | machicoter | .........I | 15 | manéger | ...........T | 16 | marier | ..............T |
| 7 | machiner | ...........T | 7 | mangeotter | ........T | 16 | se marier | ..........P |
| 7 | mâchonner | ........T | 9 | manger | .............T | 7 | mariner | ..........I, T |
| 7 | mâchouiller | ........T | 9 | se manger | ..........P | 7 | marivauder | .........I |

| | | | | | | |
|---|---|---|---|---|---|---|
| 7 | marmiter ..........T | 7 | matraquer .........T | 10 | mener ...........I, T |
| 7 | marmonner ........T | 8 | matricer ...........T | 7 | menotter ..........T |
| 7 | marmoriser ........T | 7 | matriculer .........T | 7 | mensualiser ........T |
| 7 | marmotter .......I, T | 7 | maturer ...........T | 7 | mensurer ..........T |
| 7 | marner ...........I, T | 20 | maudire ..T, p. p. *maudit, e* | 7 | mentionner ........T |
| 7 | maronner ..........I | 14 | maugréer ........I, T | 26 | mentir ..........I, Ti |
| 7 | maroquiner ........T | 7 | maximaliser ........T | 26 | se mentir ..........P |
| 7 | maroufler ..........T | 7 | maximiser ..........T | 7 | menuiser ..........T |
| 7 | marquer ..........I, T | 7 | mazouter .........I, T | 59 | se méprendre .......P |
| 7 | se marquer .........P | 7 | mécaniser ..........T | 7 | mépriser ...........T |
| 12 | marqueter .........T | 11 | mécher ............T | 7 | se mépriser ........P |
| 7 | se marrer ..........P | 7 | se mécompter ......P | 7 | mercantiliser .......T |
| 7 | marronner .........I | 88 | se méconduire belg...P | 7 | merceriser .........T |
| 7 | marsouiner ........I | 69 | méconnaître .......T | 7 | merder .............I |
| 13 | marteler ..........T | 7 | mécontenter .......T | 18 | merdoyer ..........I |
| 7 | martyriser .........T | 74 | mécroire ..........T | 7 | meringuer .........T |
| 7 | marxiser ...........T | 7 | médailler ..........T | 7 | mériter ..........T, Ti |
| 7 | masculiniser .......T | 7 | médiatiser .........T | 16 | se mésallier .......P |
| 7 | masquer ..........I, T | 7 | médicaliser ........T | 7 | mésestimer ........T |
| 7 | se masquer .........P | 7 | médicamenter ......T | 53 | messeoir .........I, D |
| 7 | massacrer .........T | 84 | médire ...........Ti | | seulement au présent, à l'impft. |
| 7 | se massacrer .......P | | 2e pers. du pluriel à l'ind présent | | et au futur simple de l'ind., au |
| 7 | masser .............T | | et à l'impératif présent : | | subj. présent, au cond. présent |
| 7 | se masser ..........P | | *vous médisez* | | et au part. présent |
| 7 | massicoter .........T | 7 | médiser ............I | 7 | mesurer ..........I, T |
| 16 | massifier ..........T | 7 | méditer ..........I, T | 7 | se mesurer ........P |
| 11 | mastéguer .......I, T | 7 | méduser ...........T | 7 | mésuser ..........Ti |
| 7 | mastiquer ........I, T | 67 | méfaire ..........I, D | 7 | métaboliser ........T |
| 7 | masturber .........T | | seulement à l'infinitif | 7 | métalliser ..........T |
| 7 | se masturber .......P | 5 | se méfier ..........P | 7 | métamorphiser .....T |
| 7 | matabicher afr. ......T | 20 | mégir ..............T | 7 | métamorphoser ....T |
| 7 | matcher ..........I, T | 7 | mégisser ...........T | 7 | se métamorphoser ..P |
| 7 | matelasser .........T | 7 | mégoter .........I, T | 7 | métaphoriser ......T |
| 7 | mater ............I, T | 9 | méjuger .........T, Ti | 7 | météoriser .........T |
| 7 | mâter ..............T | 9 | se méjuger .........P | 7 | métisser ...........T |
| 7 | matérialiser ........T | 9 | mélanger ..........T | 11 | métrer .............T |
| 7 | se matérialiser .....P | 9 | se mélanger .......P | 61 | mettre .............T |
| 7 | materner ..........T | 7 | mêler .............T | 61 | se mettre ..........P |
| 7 | materniser .........T | 7 | se mêler ..........P | 7 | meubler ...........T |
| 7 | mathématiser ......T | 7 | mémoriser .......I, T | 7 | se meubler .........P |
| 7 | mâtiner ............T | 8 | menacer .........I, T | 7 | meugler ............I |
| 20 | matir ..............T | 9 | ménager .........I, T | 7 | meuler .............T |
| 7 | matouser ........I, T | 9 | se ménager ........P | 20 | meurtrir ...........T |
| | | 16 | mendier ..........I, T | 58 | mévendre ..........T |
| | | 7 | mendigoter ......I, T | 7 | miauler ............I |

| | | |
|---|---|---|
| 7 michetonner . . . . . . . I | 7 modéliser . . . . . . . . . T | 7 morfaler . . . . . . . . . I |
| 7 microfilmer . . . . . . . T | 11 modérer . . . . . . . . . T | 7 morfiler . . . . . . . . . T |
| 7 microniser . . . . . . . . T | 11 se modérer . . . . . . . . P | 7 morfler . . . . . . . . . . T |
| 7 mignarder . . . . . . . . T | 7 moderniser . . . . . . . T | 58 se morfondre . . . . . . P |
| 7 mignoter . . . . . . . . . . T | 7 se moderniser . . . . . P | 11 morigéner . . . . . . . . T |
| 7 se mignoter . . . . . . . P | 16 modifier . . . . . . . . . . T | 7 mornifler . . . . . . . . T |
| 7 migrer . . . . . . . . . . I | 16 se modifier . . . . . . . P | 7 mortaiser . . . . . . . . T |
| 7 mijoler belg. . . . . . . . I | 7 moduler . . . . . . . . I, T | 16 mortifier . . . . . . . . T |
| 7 mijoter . . . . . . . . . I, T | 7 mofler belg. . . . . . . . T | 16 se mortifier . . . . . . . P |
| 7 se mijoter . . . . . . . . . P | 7 moirer . . . . . . . . . . . T | 7 motamoter afr. . . . . . . I |
| 7 militariser . . . . . . . . T | 7 moiser . . . . . . . . . . . T | 7 motionner . . . . . . . . I |
| 7 militer . . . . . . . . . . . . I | 20 moisir . . . . . . . . . . . I | 7 motiver . . . . . . . . . . T |
| 7 millésimer . . . . . . . . T | 7 moissonner . . . . . . . T | 7 motoriser . . . . . . . . . T |
| 7 mimer . . . . . . . . . . . . T | 7 moiter . . . . . . . . . . . I | 7 se motter . . . . . . . . . P |
| 7 minauder . . . . . . . . . . I | 20 moitir . . . . . . . . . . . T | 7 moucharder . . . . . . I, T |
| 20 mincir . . . . . . . . . . . I | 7 molester . . . . . . . . . T | 7 moucher . . . . . . . . I, T |
| 7 miner . . . . . . . . . . . . T | 12 moleter . . . . . . . . . . T | 7 se moucher . . . . . . . . P |
| 7 minéraliser . . . . . . . . T | 7 mollarder . . . . . . . . I, T | 7 moucheronner . . . . . I |
| 7 miniaturer . . . . . . . . T | 7 molletonner . . . . . . . T | 12 moucheter . . . . . . . . T |
| 7 miniaturiser . . . . . . . T | 20 mollir . . . . . . . . . . . I, T | 80 moudre . . . . . . . . . . . T |
| 7 minimiser . . . . . . . . . T | 16 momifier . . . . . . . . . T | 13 moueter . . . . . . . . . . I |
| 7 minorer . . . . . . . . . . T | 16 se momifier . . . . . . . P | 7 mouetter . . . . . . . . . I |
| 7 minuter . . . . . . . . . . T | 7 monder . . . . . . . . . . T | 12 moufeter . . . . . . . . I, D |
| 7 mirer . . . . . . . . . . . . T | 7 mondialiser . . . . . . . T | à l'inf. et aux temps composés |
| 7 se mirer . . . . . . . . . . . P | 7 se mondialiser . . . . . . P | 7 moufter . . . . . . . . . I, D |
| 7 miroiter . . . . . . . . . . I | 7 monétiser . . . . . . . . . T | à l'infinitif, à l'ind. imparfait et aux temps composés |
| 7 miser . . . . . . . . . . . . I, T | 17 monnayer . . . . . . . . . T | |
| 11 misérer afr. . . . . . . . . I | 7 monologuer . . . . . . . I | 7 mouiller . . . . . . . . I, T |
| 7 mitarder . . . . . . . . . . T | 7 monopoliser . . . . . . . T | 7 se mouiller . . . . . . . . P |
| 7 miter . . . . . . . . . . . . I | 7 monter. . . I, T, être ou avoir | 7 mouler . . . . . . . . . . I, T |
| 7 se miter . . . . . . . . . . . P | 7 se monter . . . . . . . . . P | 7 mouliner . . . . . . . . I, T |
| 7 mithridatiser . . . . . . . T | 7 montrer . . . . . . . . . . T | 7 moulurer . . . . . . . . . T |
| 7 se mithridatiser . . . . . P | 7 se montrer . . . . . . . . . P | 35 mourir . . . . . . . . . . . I, être |
| 9 mitiger . . . . . . . . . . . T | 7 moquer . . . . . . . . . . T | 35 se mourir . . . . . . . . P, D |
| 7 mitonner . . . . . . . . I, T | 7 se moquer . . . . . . . . . P | seulement au présent et à l'imparfait de l'indicatif et au part. présent (se mourant) |
| 7 se mitonner . . . . . . . . P | 7 moquetter . . . . . . . . . T | |
| 7 mitrailler . . . . . . . . I, T | 7 moraliser . . . . . . . . I, T | 7 mouronner . . . . . . . . I |
| 7 mixer . . . . . . . . . . . . T | 12 morceler . . . . . . . . . . T | 7 se mouronner . . . . . . P |
| 7 mixtionner . . . . . . . . T | 8 mordancer . . . . . . . . T | 7 mousser . . . . . . . . . . I |
| 7 mobiliser . . . . . . . . . T | 7 mordiller . . . . . . . . I, T | 7 moutonner . . . . . . . . I |
| 7 se mobiliser . . . . . . . P | 7 mordorer . . . . . . . . . T | 7 mouvementer . . . . . . T |
| 13 modeler . . . . . . . . . . T | 58 mordre . . . . . . . I, T, Ti | 7 mouver . . . . . . . . . . T |
| 13 se modeler . . . . . . . . P | 58 se mordre . . . . . . . . . P | 7 se mouver . . . . . . . . . P |
| | | 46 mouvoir . . . . . . . . . . T |

T : transitif direct    Ti : transitif indirect    I : intransitif    P : construction pronominale    imp. : impersonnel
D : défectif    *être* : se conjugue avec l'auxiliaire *être*    *être ou avoir* : se conjugue avec les deux auxiliaires

| | | | | | |
|---|---|---|---|---|---|
| 46 | se mouvoir .........P | 7 | nanifier ............T | 7 | nipper ...........T, P |
| 7 | moyenner .......I, T | 20 | nantir .............T | 7 | se nipper ..........P |
| 7 | mucher ............T | 20 | se nantir ..........P | 7 | nitrater ...........T |
| 7 | muer .............I, T | 7 | napper ............T | 7 | nitrer ..............T |
| 7 | se muer ...........P | 7 | narguer ............T | 16 | nitrifier ...........T |
| 20 | mugir .............I | 7 | narrer .............T | 16 | se nitrifier .........P |
| 12 | mugueter .........T | 7 | nasaliser ..........T | 7 | nitrurer ...........T |
| 7 | muloter ............I | 7 | se nasaliser ........P | 7 | nivaquiner afr. ......I |
| 7 | multiplexer .......T | 7 | nasiller ..........I, T | 12 | niveler ............T |
| 16 | multiplier ........I, T | 7 | natchaver .........I | 7 | nobscuriter afr. .....I |
| 16 | se multiplier .......P | 7 | nationaliser .......T | 8 | nocer ..............I |
| 7 | municipaliser ......T | 7 | natter .............T | 20 | noircir ...........I, T |
| 20 | munir .............T | 7 | naturaliser ........T | 20 | se noircir ..........P |
| 20 | se munir ..........P | 9 | naufrager ..........I | 7 | noliser .............T |
| 7 | munitionner .......T | 7 | se navaler .........P | 7 | nomadiser ..........I |
| 7 | murailler ..........T | 7 | naviguer ...........I | 7 | nombrer ...........T |
| 7 | murer .............T | 7 | navrer .............T | 7 | nominaliser ........T |
| 7 | se murer ..........P | 7 | néantiser ..........T | 7 | nommer ...........T |
| 20 | mûrir .............I, T | 7 | se néantiser ........P | 7 | se nommer ........P |
| 7 | murmurer .......I, T | 7 | nécessiter ..........T | 8 | noncer afr. .........I |
| 7 | musarder ..........I | 7 | nécroser ...........T | 7 | noper ..............T |
| 7 | muscler ............T | 7 | se nécroser ........P | 20 | nordir .............I |
| 12 | museler ...........T | 9 | négliger ...........T | 7 | normaliser .........T |
| 7 | muser .............I | 9 | se négliger .........P | 7 | se normaliser ......P |
| 7 | se muser ..........P | 16 | négocier .........I, T | 7 | noter ..............T |
| 7 | musiquer ........I, T | 16 | se négocier .........P | 16 | notifier ............T |
| 7 | musquer ..........T | 7 | négrifier afr. ........T | 7 | nouer .............I, T |
| 7 | musser ............T | 7 | neigeoter imp. : il neigeotte | 7 | se nouer ..........P |
| 7 | se musser .........P | 9 | neiger...... imp. : il neige | 20 | nourrir ..........I, T |
| 7 | muter ............I, T | 7 | nervurer ...........T | 20 | se nourrir ..........P |
| 7 | mutiler ............T | 18 | nettoyer ...........T | 7 | nover . .̇...........I, T |
| 7 | se mutiler ..........P | 7 | neutraliser .........T | 7 | noyauter ...........T |
| 7 | se mutiner ........P | 7 | se neutraliser ......P | 18 | noyer ..............T |
| 7 | mutualiser ........T | 7 | niaiser .............I | 18 | se noyer ..........P |
| 16 | mystifier ...........T | 7 | nicher ............I, T | 8 | nuancer ...........T |
| 16 | mythifier ........I, T | 7 | se nicher ..........P | 7 | nucléariser ........T |
| | | 12 | nickeler ............T | 14 | nucléer ............T |
| | | 7 | nicotiniser ..........T | 7 | nuer ...............T |
| | | 16 | nidifier .............I | 88 | nuire ............Ti |
| | | 7 | nieller ..............T | 88 | se nuire. . P, p. p. invariable |
| 7 | nacrer .............T | 16 | nier .............I, T | 7 | numériser ..........T |
| 7 | se nacrer ..........P | 7 | nigérianiser afr. .....T | 7 | numéroter .........T |
| 9 | nager ............I, T | 7 | nimber .............T | 7 | se numéroter ......P |
| 70 | naître ...........I, être | 7 | se nimber ..........P | | |

**N**

# O

| | | |
|---|---|---|
| 20 | obéir | Ti |
| | accepte la voix passive | |
| 11 | obérer | T |
| 11 | s'obérer | P |
| 7 | objecter | T |
| 7 | objectiver | T |
| 7 | s'objectiver | P |
| 7 | objurguer | I |
| 9 | obliger | T |
| 9 | s'obliger | P |
| 7 | obliquer | I |
| 11 | oblitérer | T |
| 7 | obnubiler | T |
| 7 | obombrer | T |
| 20 | obscurcir | T |
| 20 | s'obscurcir | P |
| 11 | obséder | T |
| 7 | observer | T |
| 7 | s'observer | P |
| 7 | s'obstiner | P |
| 7 | obstruer | T |
| 7 | s'obstruer | P |
| 11 | obtempérer | I, Ti |
| 24 | obtenir | T |
| 24 | s'obtenir | P |
| 7 | obturer | T |
| 24 | obvenir | I, être |
| 16 | obvier | Ti |
| 7 | occasionner | T |
| 7 | occidentaliser | T |
| 7 | s'occidentaliser | P |
| | occire | D |
| | seulement à l'inf., aux temps composés et au part. passé : occis, e | |
| 77 | occlure | T |
| 7 | occulter | T |
| 7 | occuper | T |
| 7 | s'occuper | P |
| 7 | ocrer | T |
| 16 | octavier | I, T |
| 18 | octroyer | T |

| | | |
|---|---|---|
| 18 | s'octroyer | P |
| 7 | octupler | T |
| 7 | œilletonner | T |
| 7 | œuvrer | I |
| 7 | offenser | T |
| 7 | s'offenser | P |
| 7 | officialiser | T |
| 16 | officier | I |
| 28 | offrir | T |
| 28 | s'offrir | P |
| 7 | offusquer | T |
| 7 | s'offusquer | P |
| 63 | oindre | T, D |
| | surtout à l'infinitif et au part. passé (oint, e, s, es) mais aussi à l'imparfait (ils oignaient) | |
| 63 | s'oindre | P |
| 12 | oiseler | I, T |
| 9 | ombrager | T |
| 7 | ombrer | T |
| 61 | omettre | T |
| 18 | ondoyer | I, T |
| 7 | onduler | I, T |
| 16 | opacifier | P |
| 16 | s'opacifier | T |
| 7 | opaliser | T |
| 11 | opérer | I, T |
| 11 | s'opérer | P |
| 8 | opiacer | T |
| 7 | opiner | I |
| 7 | s'opiniâtrer | P |
| 7 | opposer | T |
| 7 | s'opposer | P |
| 7 | oppresser | T |
| 7 | opprimer | T |
| 7 | opter | I |
| 7 | optimaliser | T |
| 7 | optimiser | T |
| 7 | oraliser | T |
| 9 | oranger | T |
| 7 | orbiter | I |
| 7 | orchestrer | T |
| 8 | ordonnancer | T |
| 7 | ordonner | I, T |

| | | |
|---|---|---|
| 7 | s'ordonner | P |
| 7 | organiser | T |
| 7 | s'organiser | P |
| 7 | organsiner | T |
| 7 | orienter | T |
| 7 | s'orienter | P |
| 7 | oringuer | T |
| 7 | ornementer | T |
| 7 | orner | T |
| 7 | s'orner | P |
| 16 | orthographier | I, T |
| 16 | s'orthographier | P |
| 7 | osciller | I |
| 7 | oser | T |
| 16 | ossifier | T |
| 16 | s'ossifier | P |
| 7 | ostraciser | T |
| 7 | ôter | T |
| 7 | s'ôter | P |
| 7 | ouater | T |
| 7 | ouatiner | T |
| 16 | oublier | I, T |
| 16 | s'oublier | P |
| 7 | ouiller | I, T |
| 38 | ouïr | T, D |
| | surtout au part. passé et aux temps composés | |
| 7 | s'ourder | P |
| 20 | ourdir | T |
| 20 | s'ourdir | P |
| 7 | ourler | T |
| 7 | outiller | T |
| 7 | s'outiller | P |
| 9 | outrager | T |
| 7 | outrepasser | T |
| 7 | outrer | T |
| 9 | ouvrager | T |
| 7 | ouvrer | I, T |
| 28 | ouvrir | I, T |
| 28 | s'ouvrir | P |
| 7 | ovaliser | T |
| 7 | ovationner | T |
| 7 | ovuler | I |
| 7 | oxyder | T |

T : transitif direct  Ti : transitif indirect  I : intransitif  P : construction pronominale  imp. : impersonnel
D : défectif  être : se conjugue avec l'auxiliaire être  être ou avoir : se conjugue avec les deux auxiliaires

| | | | | | |
|---|---|---|---|---|---|
| 7 | s'oxyder ............P | 7 | palper .............T | 7 | se parer ...........P |
| 11 | oxygéner .........T | 7 | palpiter ............I | 7 | paresser ..........I |
| 11 | s'oxygéner ........P | 7 | se pâmer ..........P | 67 | parfaire ........T, D |
| 7 | ozoniser ..........T | 7 | panacher ........I, T | | surtout employé à l'infinitif, au part. passé et aux temps composés |
| | | 7 | se panacher .......P | | |
| | | 7 | paner ..............T | 7 | parfiler ...........T |

**P**

| | | | | | |
|---|---|---|---|---|---|
| 9 | pacager ..........I, T | 16 | panifier ............T | 58 | parfondre .........T |
| 16 | pacifier ............T | 7 | paniquer .........I, T | 7 | parfumer ..........T |
| 7 | pacquer ..........T | 7 | se paniquer ........P | 7 | se parfumer .......P |
| 7 | pactiser ............I | 7 | panneauter ......I, T | 16 | parier ...........I, T |
| 7 | se paddocker ......P | 7 | panner ............T | 7 | se parjurer ........P |
| 7 | paganiser ........I, T | 7 | panoramiquer ......I | 7 | parkériser .........T |
| 17 | pagayer ............I | 12 | panteler ..........I | 7 | parlementer .......I |
| 9 | pager ..............I | 7 | pantoufler .........I | 7 | parler .........I, T, Ti |
| 9 | se pager ...........P | 7 | papillonner ........I | 7 | se parler ..........P |
| 7 | se pageoter ........P | 7 | papilloter ........I, T | | p. p. invariable |
| 7 | paginer ............T | 7 | papoter ............I | 7 | parloter ...........I |
| 7 | se pagnoter ........P | 7 | papouiller .........T | 16 | parodier ..........T |
| 7 | paillarder ..........I | 10 | parachever ........T | 7 | parquer .........I, T |
| 7 | se paillarder ........P | 7 | parachuter .........T | 12 | parqueter .........T |
| 7 | paillassonner .......T | 7 | parader ............I | 7 | parrainer ..........T |
| 7 | pailler .............T | 7 | parafer ............T | 10 | parsemer ..........T |
| 12 | pailleter ...........T | 7 | paraffiner ..........T | 9 | partager ..........T |
| 7 | paillonner ..........T | 7 | paraisonner ........T | 9 | se partager ........P |
| 12 | paisseler ...........T | 69 | paraître ...I, être ou avoir | 7 | participer .........Ti |
| 71 | paître .........I, T, D | 7 | paralléliser .........T | 7 | particulariser .......T |
| 7 | se pajoter ..........P | 7 | paralyser ..........T | 7 | se particulariser ....P |
| 7 | palabrer ...........I | 7 | paramétrer .........T | 26 | partir ..........I, être |
| 7 | palancrer ..........T | 7 | parangonner .......T | 26 | partir ............T, D |
| 7 | palangrer ..........T | 7 | parapher ..........T | | seulement à l'infinitif dans l'expression avoir maille à partir |
| 7 | palanguer ........I, T | 7 | paraphraser .......T | | |
| 7 | palanquer ........I, T | 7 | parasiter ..........T | 7 | partouzer ..........I |
| 7 | palataliser .........T | 7 | parcellariser .......T | 24 | parvenir ......I, Ti, être |
| 7 | paleter ............T | 7 | parceller ...........T | 7 | passementer .......T |
| 7 | palettiser ..........T | 7 | parcelliser .........T | 7 | passepoiler ........T |
| 20 | pâlir ..............I, T | 7 | se parcelliser ......P | 7 | passer ..I, T, être ou avoir |
| 7 | palissader ..........T | 7 | parcheminer .......T | 7 | se passer ..........P |
| 7 | palisser ............T | 7 | se parcheminer .....P | 7 | passionner .........T |
| 7 | palissonner .......T | 34 | parcourir ..........T | 7 | se passionner .......P |
| 16 | pallier .............T | 7 | pardonner .......I, T | 7 | pasteller .........I, T |
| 7 | palmer .............T | 7 | se pardonner ......P | 7 | pasteuriser .........T |
| 7 | paloter ............T | 7 | paremementer .......T | 7 | pasticher ..........T |
| | | 7 | parer ...........T, Ti | 7 | pastiller ...........T |
| | | | | 7 | pastiquer ..........I |

| | | | | | | | |
|---|---|---|---|---|---|---|---|
| 7 | patafioler | T | 7 | peller | T | 61 | se permettre P |
| 9 | patauger | I | 12 | pelleter | T | 7 | permuter I, T |
| 7 | pateliner | I, T | 7 | peloter | I, T | 7 | se permuter P |
| 7 | patenter | T | 7 | pelotonner | T | 7 | pérorer I |
| 7 | pâter | I | 7 | se pelotonner | P | 7 | peroxyder T |
| 7 | patienter | I | 7 | pelucher | I | 11 | perpétrer T |
| 7 | se patienter afr. | P | 7 | pembeniser afr. | T | 11 | se perpétrer P |
| 7 | patiner | I, T | 7 | pénaliser | T | 7 | perpétuer T |
| 7 | se patiner | P | 7 | pencher | I, T | 7 | se perpétuer P |
| 20 | pâtir | I | 7 | se pencher | P | 7 | perquisitionner I |
| 7 | pâtisser | I | 7 | pendiller | I | 7 | persécuter T |
| 7 | patoiser | I | 7 | pendouiller | I | 11 | persévérer I |
| 7 | patouiller | I, T | 58 | pendre | I, T | 7 | persi(f)fler T |
| 7 | patronner | T | 58 | se pendre | P | 7 | persiller T |
| 7 | patrouiller | I | 7 | penduler | I | 7 | persister I |
| 7 | patter | T | 11 | pénétrer | I, T | 7 | personnaliser T |
| 7 | pâturer | I, T | 11 | se pénétrer | P | 16 | personnifier T |
| 7 | paumer | T | 7 | penser | I, T, Ti | 7 | persuader T |
| 7 | se paumer | P | 7 | pensionner | T | 7 | se persuader P |
| 18 | paumoyer | T | 16 | pépier | I | 7 | perturber T |
| 7 | paupériser | T | 8 | percer | I, T | 20 | pervertir T |
| 7 | pauser | I | 40 | percevoir | T | 20 | se pervertir P |
| 7 | se pavaner | P | 7 | percher | I, T | 7 | pervibrer T |
| 7 | paver | T | 7 | se percher | P | 10 | peser I, T |
| 7 | pavoiser | I, T | 7 | percuter | I, T | 10 | se peser P |
| 17 | payer | I, T | 58 | perdre | I, T | 7 | pessigner T |
| 17 | se payer | P | 58 | se perdre | P | 7 | pesteller belg. | I |
| 7 | peaufiner | T | 7 | perdurer | I | 7 | pester I |
| 7 | peausser | I | 7 | pérégriner | I | 11 | pestiférer T |
| 11 | pécher | I | 7 | pérenniser | T | 7 | pétarader I |
| 7 | pêcher | I, T | 7 | péréquater belg. | T | 7 | pétarder I, T |
| 7 | se pêcher | P | 7 | perfectionner | T | 11 | péter I, T |
| 7 | pecquer afr. | I | 7 | se perfectionner | P | 11 | se péter P |
| 7 | pédaler | I | 7 | perforer | T | 7 | pétiller I |
| 7 | peigner | T | 7 | perfuser | T | 7 | petit-déjeuner I |
| 7 | se peigner | P | 7 | péricliter | I | 7 | pétitionner I |
| 62 | peindre | I, T | 7 | se périmer | P | 7 | pétocher I |
| 62 | se peindre | P | 7 | périphraser | I | 7 | pétrarquiser I |
| 7 | peiner | I, T | 20 | périr | I | 16 | pétrifier T |
| 7 | peinturer | T | 7 | perler | I, T | 16 | se pétrifier P |
| 7 | peinturlurer | T | 7 | permanenter | T | 20 | pétrir T |
| 13 | peler | I, T | 7 | perméabiliser | T | 7 | pétuner I |
| 13 | se peler | P | 61 | permettre | T | 7 | peupler T |

T : transitif direct   Ti : transitif indirect   I : intransitif   P : construction pronominale   imp. : impersonnel
D : défectif   être : se conjugue avec l'auxiliaire être   être ou avoir : se conjugue avec les deux auxiliaires

| | | | | | |
|---|---|---|---|---|---|
| 7 | se peupler .........P | 7 | pingler ...........T | 7 | planter ............T |
| 7 | phagocyter .........T | 7 | pinter .............I | 7 | se planter ..........P |
| 7 | phantasmer ...... I, T | 7 | se pinter ..........P | 7 | plaquer ............T |
| 7 | phaser afr. ...........I | 7 | piocher .......... I, T | 7 | se plaquer .........P |
| 7 | philosopher .........I | 9 | pioger .............I | 16 | plasmifier ..........T |
| 7 | phosphater ........T | 8 | pioncer ............I | 16 | plastifier ...........T |
| 7 | phosphorer .........I | 7 | pionner ............I | 7 | plastiquer ..........T |
| 16 | photocopier ........T | 7 | piper ............ I, T | 7 | plastronner ...... I, T |
| 16 | photographier ......T | 7 | pique-niquer .......I | 7 | platiner ............T |
| 7 | phraser ..........I, T | 7 | piquer ........... I, T | 7 | platiniser ..........T |
| 7 | phrasicoter ........I | 7 | se piquer ..........P | 7 | plâtrer .............T |
| 7 | piaffer .............I | 12 | piqueter ...........T | 7 | plébisciter ..........T |
| 7 | piailler .............I | 7 | piquouser .........T | 7 | plecquer belg. .......I |
| 7 | pianoter .........I, T | 7 | pirater ........... I, T | 7 | pleurer ..........I, T |
| 7 | piauler .............I | 7 | pirouetter ..........I | 7 | pleurnicher ........I |
| 7 | picoler ...........I, T | 7 | pisser ............ I, T | 7 | pleuvasser ......... |
| 7 | picorer ..........I, T | 7 | pissoter ............I | | imp. : il pleuvasse |
| 7 | picoter ............T | 7 | se pistacher .......P | 7 | pleuviner ......... |
| 7 | picter ...........I, T | 7 | pister .............T | | imp. : il pleuvine |
| 15 | piéger .............T | 7 | pistonner ..........T | 7 | pleuvioter .......... |
| 7 | pierrer .............T | 7 | pitancher ..........T | | imp. : il pleuviote |
| 11 | piéter .............I | 7 | piter belg. ...........I | 47 | pleuvoir ......... I, T |
| 11 | se piéter ..........P | 7 | pitonner ...........I | | imp. : il pleut |
| 7 | piétiner ..........I, T | 7 | pivoter ............I | 7 | pleuvoter .......... |
| 7 | se pieuter ..........P | 7 | placarder ..........T | | imp. : il pleuvote |
| 7 | pif(f)er ............T | 8 | placer .............T | 16 | plier ............. I, T |
| 7 | pigeonner ..........T | 8 | se placer ..........P | 16 | se plier .............P |
| 9 | piger ............ I, T | 7 | placoter québ. .......I | 7 | plisser ...........I, T |
| 7 | pigmenter .........T | 7 | plafonner ........ I, T | 7 | se plisser ..........P |
| 7 | pignocher ........ I, T | 16 | plagier ........... I, T | 7 | plomber ...........T |
| 7 | piler ............ I, T | 7 | plaider .......... I, T | 7 | se plomber .........P |
| 7 | pîler belg. ...........I | 64 | plaindre ...........T | 9 | plonger ..........I, T |
| 7 | piller ..............T | 64 | se plaindre ........P | 9 | se plonger ..........P |
| 7 | pilonner ...........T | 7 | plainer ............T | 7 | ploquer ............T |
| 7 | piloter ............T | 68 | plaire ............I, Ti | 7 | se ploquer ..........P |
| 7 | piluler afr. ..........I | 68 | se plaire   P, p. p. invariable | 18 | ployer ........... I, T |
| 7 | pimenter ...........T | 7 | plaisanter ........ I, T | 7 | plucher .............I |
| 7 | pimer afr. ...........T | 16 | planchéier ..........T | 7 | plumer ........... I, T |
| 7 | pinailler ...........I | 7 | plancher ............I | 7 | se plumer ..........P |
| 8 | pincer ............ I, T | 7 | planer ........... I, T | 7 | pluviner .............I, |
| 8 | se pincer ..........P | 16 | planifier ...........T | | imp. : il pluvine |
| 7 | pindariser ..........I | 7 | planquer ......... I, T | 7 | se pocharder .......P |
| 7 | pindouler afr. .......I | 7 | se planquer ........P | 7 | pocher ........... I, T |
| | | | | 7 | podzoliser .........T |
| | | | | 7 | poêler .............T |

| | | | | | | | |
|---|---|---|---|---|---|---|---|
| 7 | poétiser ..........T | 16 | pontifier ..........I | 81 | se poursuivre .......P |
| 7 | pogner ...........T | 7 | pontiller ..........T | 42 | pourvoir .........T, Ti |
| 7 | poignarder ........T | 7 | populariser ........T | 42 | se pourvoir ........P |
| 7 | se poiler ..........P | 7 | se populariser ......P | 7 | pousser ..........I, T |
| 7 | poinçonner ........T | 7 | poquer .............I | 7 | se pousser .........P |
| 63 | poindre ........ I, T, D | 7 | porphyriser ........T | 7 | poutser ............T |
| | seulement à l'infinitif, aux | 7 | porter ........ I, T, Ti | 45 | pouvoir ..........I, T |
| | 3es pers. de l'ind. présent, impft. | 7 | se porter ..........P | 45 | se pouvoir P, imp. : il se peut |
| | et futur, et au part. présent | 7 | portraiturer ........T | 7 | praliner ............T |
| 7 | pointer ..........I, T | 7 | poser .............I, T | 7 | pratiquer ........I, T |
| 7 | se pointer .........P | 7 | se poser ...........P | 7 | se pratiquer ........P |
| 7 | pointiller .........I, T | 7 | positionner ........T | 13 | préacheter .........T |
| 7 | poireauter .........I | 7 | se positionner ......P | 7 | préaviser ..........T |
| 7 | poiroter ...........I | 7 | positiver .........I, T | 7 | précariser ..........T |
| 7 | poisser ..........I, T | 11 | posséder ..........T | 7 | se précariser .......P |
| 7 | poivrer .......... T | 11 | se posséder ........P | 7 | précautionner ......T |
| 7 | se poivrer ..........P | 7 | postdater ..........T | 7 | se précautionner ....P |
| 7 | se poivroter ........P | 7 | poster ............T | 11 | précéder ..........I, T |
| 7 | polariser ..........T | 7 | se poster ..........P | 7 | préchauffer ........T |
| 7 | se polariser ........P | 7 | posticher ..........I | 7 | prêcher ..........I, T |
| 7 | polémiquer .........I | 7 | postillonner ........I | 7 | précipiter ..........T |
| 8 | policer .............T | 7 | postposer ..........T | 7 | se précipiter ........P |
| 20 | polir ..............T | 7 | postsynchroniser ...T | 7 | préciser ..........I, T |
| 20 | se polir ...........P | 7 | postuler .........I, T | 7 | se préciser .........P |
| 7 | polissonner ........I | 7 | potasser .........I, T | 7 | précompter .........T |
| 7 | politiquer ..........I | 7 | potentialiser .......T | 7 | préconiser .........T |
| 7 | politiser .......... T | 7 | poter belg. ..........I | 7 | prédestiner ........T |
| 7 | se politiser ........P | 7 | potiner ............I | 7 | prédéterminer .....T |
| 7 | polluer ..........I, T | 7 | poudrer ............T | 7 | prédiquer ..........T |
| 16 | polycopier .........T | 7 | se poudrer .........P | 84 | prédire ............T |
| 7 | polymériser ........T | 18 | poudroyer ........I | 7 | prédisposer ......I, T |
| 7 | pommader .........T | 7 | pouffer ............I | 7 | prédominer ........I |
| 7 | se pommader .......P | 7 | pouliner ...........I | 7 | préempter .........T |
| 12 | se pommeler .......P | 7 | pouponner .........I | 20 | préétablir .........T |
| 7 | pommer ...........I | 7 | pourchasser ........T | 7 | préexister .........I |
| 7 | pomper ..........I, T | 7 | se pourchasser ......P | 8 | préfacer ...........T |
| 7 | pomponner ........T | 58 | pourfendre ........T | 11 | préférer .........I, T |
| 7 | se pomponner ......P | 11 | pourlécher .........T | 11 | se préférer .........P |
| 8 | poncer .............T | 11 | se pourlécher ......P | 7 | préfigurer .........T |
| 7 | ponctionner .......T | 7 | se pourprer ........P | 7 | préfixer ...........T |
| 7 | ponctuer ..........T | 20 | pourrir .. I, T, être ou avoir | 7 | préformer .........T |
| 11 | pondérer ..........T | 20 | se pourrir .........P | 16 | préjudicier .........I |
| 58 | pondre ..........I, T | 81 | poursuivre .........T | 9 | préjuger .........T, Ti |
| 7 | ponter ...........I, T | | | | |

T : transitif direct   Ti : transitif indirect   I : intransitif   P : construction pronominale   imp. : impersonnel
D : défectif   être : se conjugue avec l'auxiliaire être   être ou avoir : se conjugue avec les deux auxiliaires

| | | |
|---|---|---|
| 16 psalmodier . . . . . . . I, T | 16 quintessencier . . . . . .T | 7 se racler . . . . . . . . . .P |
| 7 psychanalyser . . . . . .T | 7 quintupler . . . . . . . I, T | 7 racoler . . . . . . . . . . . .T |
| 7 psychiatriser . . . . . . .T | 8 quittancer . . . . . . . . .T | 7 raconter . . . . . . . . . .T |
| 16 publier . . . . . . . . . . I, T | 7 quitter . . . . . . . . . . . I, T | 7 se raconter . . . . . . . .P |
| 7 puddler . . . . . . . . . . . .T | 7 se quitter . . . . . . . . . .P | 20 racornir . . . . . . . . . . .T |
| 7 puer . . . . . . . . . . . . . I, T | 7 quotter . . . . . . . . . . . .I | 20 se racornir . . . . . . . .P |
| 7 puiser . . . . . . . . . . I, T | 7 rabâcher . . . . . . . . . I, T | 7 se racrapoter belg. . . . .P |
| 7 pulluler . . . . . . . . . . . .I | 7 rabaisser . . . . . . . . . . .T | 7 rader . . . . . . . . . . . . .T |
| 7 pulser . . . . . . . . . . . .T | 7 se rabaisser . . . . . . . .P | 7 radicaliser . . . . . . . . .T |
| 7 pulvériser . . . . . . . . . .T | 7 rabanter . . . . . . . . . .T | 7 se radicaliser . . . . . . .P |
| 7 punaiser . . . . . . . . . .T | 60 rabattre . . . . . . . . . . I, T | 16 radier . . . . . . . . . . . .T |
| 20 punir . . . . . . . . . . . .T | 60 se rabattre . . . . . . . .P | 7 radiner . . . . . . . . . . . .I |
| 9 purger . . . . . . . . . . . .T | 7 rabibocher . . . . . . . . .T | 7 se radiner . . . . . . . . . .P |
| 9 se purger . . . . . . . . . .P | 7 se rabibocher . . . . . . .P | 7 radiobaliser . . . . . . . .T |
| 16 purifier . . . . . . . . . . .T | 7 rabioter . . . . . . . I, T | 7 radiodiffuser . . . . . . .T |
| 16 se purifier . . . . . . . . .P | 7 rabistoquer belg. . . . .T | 16 radiographier . . . . . .T |
| 16 putréfier . . . . . . . . . .T | 7 râbler . . . . . . . . . . . .T | 7 radioguider . . . . . . . .T |
| 16 se putréfier . . . . . . . .P | 20 rabonnir . . . . . . . . I, T | 7 radioscoper . . . . . . . .T |
| 7 pyramider . . . . . . . . .I | 7 raboter. . . . . . . . . . . .T | 16 radiotélégraphier. . . .T |
| 7 pyrograver . . . . . . . . .T | 20 rabougrir . . . . . . . . I, T | 7 radoter . . . . . . . . . . . .I |
| | 20 se rabougrir . . . . . . .P | 7 radouber . . . . . . . . . .T |
| | 7 rabouter . . . . . . . . . .T | 20 radoucir . . . . . . . . . I, T |
| **QR** | 7 rabrouer . . . . . . . . . .T | 20 se radoucir . . . . . . . .P |
| | 32 racabouillir belg. . . . . .I | 20 rafantir belg. . . . . . . . .I |
| 7 quadriller . . . . . . . . . .T | 7 raccommoder . . . . . .T | 20 raffermir . . . . . . . . . .T |
| 7 quadrupler . . . . . . . I, T | 7 se raccommoder . . . .P | 20 se raffermir . . . . . . . .P |
| 16 qualifier . . . . . . . . . .T | 7 raccompagner . . . . . .T | 7 raffiner . . . . . . . . . . I, T |
| 16 se qualifier . . . . . . . .P | 7 raccorder . . . . . . . . . .T | 7 raffoler . . . . . . . . . . Ti |
| 16 quantifier . . . . . . . . .T | 7 se raccorder . . . . . . . .P | 7 raffûter . . . . . . . . . . .T |
| 7 quarderonner . . . . . .T | 20 raccourcir . . . . . . . . I, T | 7 rafistoler . . . . . . . . . .T |
| 7 quarrer . . . . . . . . . . .T | 20 se raccourcir . . . . . . .P | 7 rafler . . . . . . . . . . . . .T |
| 9 quartager . . . . . . . . .T | 7 raccoutrer . . . . . . . . .T | 20 rafraîchir . . . . . . . . I, T |
| 7 quarter . . . . . . . . . . .T | 7 raccoutumer . . . . . . .T | 20 se rafraîchir . . . . . . .P |
| 7 quémander . . . . . . I, T | 7 se raccoutumer . . . . .P | 20 ragaillardir . . . . . . . .T |
| 7 quereller . . . . . . . . . .T | 7 raccrocher . . . . . . . I, T | 9 rager . . . . . . . . . . . . .I |
| 7 se quereller . . . . . . . .P | 7 se raccrocher . . . . . . .P | 7 ragoter . . . . . . . . . . . .I |
| quérir . . . . . . . . . .T, D | 7 raccuser belg. . . . . . . .I | 7 ragoûter . . . . . . . . . .T |
| seulement à l'infinitif | 7 raccuspoter belg. . . . .I | 7 ragrafer . . . . . . . . . . .T |
| 7 questionner . . . . . . . .T | 13 racheter . . . . . . . . . .T | 14 ragréer . . . . . . . . . . .T |
| 7 se questionner . . . . . .P | 13 se racheter . . . . . . . .P | 7 raguer . . . . . . . . . . . .I |
| 7 quêter . . . . . . . . . . I, T | 7 raciner . . . . . . . . . . .T | 20 raidir . . . . . . . . . . . .T |
| 7 queuter . . . . . . . . . . .I | 7 racketter . . . . . . . . . .T | 20 se raidir . . . . . . . . . .P |
| 7 quiller afr. . . . . . . . . .T | 7 racler . . . . . . . . . . . .T | 7 railler . . . . . . . . . . . I, T |
| 7 quimper . . . . . . . . . . .I | | |

T : transitif direct   Ti : transitif indirect   I : intransitif   P : construction pronominale   imp. : impersonnel
D : défectif   être : se conjugue avec l'auxiliaire être   être ou avoir : se conjugue avec les deux auxiliaires

7 se railler . . . . . . . . . . P
7 rainer . . . . . . . . . . . . . T
12 raineter . . . . . . . . . . . T
7 rainurer . . . . . . . . . . . T
66 raire . . . . . . . . . . . . . I, D
pas de passé simple
ni de subj. impft.
et ne s'emploie qu'aux 3<sup>es</sup> pers.
7 raisonner . . . . . . I, T, Ti
7 se raisonner . . . . . . . . P
20 rajeunir . I, T, *être* ou *avoir*
20 se rajeunir . . . . . . . . . P
7 rajouter . . . . . . . . . . . T
7 rajuster . . . . . . . . . . . T
7 se rajuster . . . . . . . . . P
20 ralentir . . . . . . . . . I, T
20 se ralentir . . . . . . . . . P
7 râler . . . . . . . . . . . . . . I
7 ralinguer . . . . . . . . . I, T
9 ralléger . . . . . . . . . . . I
16 rallier . . . . . . . . . . . I, T
16 se rallier . . . . . . . . . . P
9 rallonger . . . . . . . . . I, T
9 se rallonger . . . . . . . . P
7 rallumer . . . . . . . . . I, T
7 se rallumer . . . . . . . . P
9 ramager . . . . . . . . . I, T
7 ramailler . . . . . . . . . . T
7 ramander . . . . . . . . . I, T
7 ramarrer . . . . . . . . . . T
7 ramasser . . . . . . . . . . T
7 se ramasser . . . . . . . P
7 ramastiquer . . . . . . . T
7 rambiner . . . . . . . . . . I
7 ramender . . . . . . . . . . T
10 ramener . . . . . . . . . . . T
10 se ramener . . . . . . . . P
7 ramer . . . . . . . . . . . I, T
12 rameter belg. . . . . . . . . I
7 rameuter . . . . . . . . . . T
7 se rameuter . . . . . . . . P
16 ramifier . . . . . . . . . . . T
16 se ramifier . . . . . . . . P
20 ramollir . . . . . . . . . . . T

20 se ramollir . . . . . . . . P
7 ramoner . . . . . . . . I, T
7 ramper . . . . . . . . . . . I
7 rancarder . . . . . . . . . T
7 se rancarder . . . . . . . P
20 rancir . . . . . . . . . . . . I
20 se rancir . . . . . . . . . . P
7 rançonner . . . . . . . . . T
7 randonner . . . . . . . . . I
9 ranger . . . . . . . . . . . . T
9 se ranger . . . . . . . . . P
7 ranimer . . . . . . . . . . . T
7 se ranimer . . . . . . . . P
7 raouster . . . . . . . . . . T
7 rapapilloter . . . . . . . T
16 rapatrier . . . . . . . . . . T
16 se rapatrier . . . . . . . . P
7 râper . . . . . . . . . . . . . T
7 rapetasser . . . . . . . . . T
7 rapetisser . . . . . . . I, T
7 se rapetisser . . . . . . . P
8 rapiécer . . . . . . . . . . . T
13 rapiéceter . . . . . . . . . T
7 rapiner . . . . . . . . . . . I
7 rapipoter belg. . . . . . . I
20 raplatir . . . . . . . . . . . T
20 rap(p)ointir . . . . . . . P
7 rappareiller . . . . . . . T
16 rapparier . . . . . . . . . T
12 rappeler . . . . . . . . I, T
12 se rappeler . . . . . . . . P
7 rapper . . . . . . . . . . . . I
7 rappliquer . . . . . . . . . I
20 rappointir . . . . . . . . . T
7 rapporter . . . . . . . I, T
7 se rapporter . . . . . . . P
59 rapprendre . . . . . . . . T
7 rapprocher . . . . . . . I, T
7 se rapprocher . . . . . . P
7 rapproprier . . . . . . . . T
7 rapprovisionner . . . . T
7 se rapprovisionner . . P
7 raquer . . . . . . . . . . . I, T

16 raréfier . . . . . . . . . . . . T
16 se raréfier . . . . . . . . . P
11 raser . . . . . . . . . . . . . T
11 se raser . . . . . . . . . . . P
16 rassasier . . . . . . . . . . T
16 se rassasier . . . . . . . . P
7 rassembler . . . . . . . . T
7 se rassembler . . . . . . P
51 rasseoir . . . . . . . . . I, T
part. passé *rassis, ise, ises*
51 se rasseoir . . . . . . . . . P
11 rasséréner . . . . . . . . . T
11 se rasséréner . . . . . . P
rassir . . . . . . . . . . . . I, D
rare, et surtout à l'infinitif et
au part. passé *(rassi, e, is, ies)*
se rassir . . . . . . . . . . P
20 rassortir . . . . . . . . . . T
7 rassurer . . . . . . . . . . . T
7 se rassurer . . . . . . . . P
7 ratatiner . . . . . . . . . . T
7 se ratatiner . . . . . . . . P
7 ratatouiller . . . . . . . . I
12 râteler . . . . . . . . . . . . T
7 rater . . . . . . . . . . . . I, T
7 se rater . . . . . . . . . . . P
7 ratiboiser . . . . . . . . . T
16 ratifier . . . . . . . . . . . . T
7 ratiner . . . . . . . . . . . T
7 ratiociner . . . . . . . . . I
7 rationaliser . . . . . . . . T
7 rationner . . . . . . . . . . T
7 se rationner . . . . . . . P
7 ratisser . . . . . . . . . . . T
7 rattacher . . . . . . . . . . T
7 se rattacher . . . . . . . . P
7 rattraper . . . . . . . . . . T
7 se rattraper . . . . . . . . P
7 raturer . . . . . . . . . . . T
7 raugmenter . . . . . . . I, T
7 rauquer . . . . . . . . . . . I
9 ravager . . . . . . . . . . . T
7 ravaler . . . . . . . . . . . T
7 se ravaler . . . . . . . . . P

| | | | | | | | |
|---|---|---|---|---|---|---|---|
| 7 | ravauder | I, T | 7 | réarmer | I, T | 7 | recauser | I |
| 7 | ravigoter | T | 7 | se réarmer | P | 11 | recéder | T |
| 20 | ravilir | T | 9 | réarranger | T | 13 | receler | I, T |
| 7 | raviner | T | 7 | réassigner | T | 11 | recéler | I, T |
| 20 | ravir | T | 20 | réassortir | T | 7 | recenser | T |
| 7 | se raviser | P | 20 | se réassortir | P | 7 | recentrer | T |
| 7 | ravitailler | T | 7 | réassurer | T | 11 | recéper | T |
| 7 | se ravitailler | P | 7 | se réassurer | P | 7 | réceptionner | T |
| 7 | raviver | T | 7 | rebaisser | I | 7 | recercler | T |
| 7 | se raviver | P | 7 | rebander | T | 40 | recevoir | I, T |
| | ravoir | T, D | 7 | rebaptiser | T | 40 | se recevoir | P |
| | seulement à l'infinitif | | 20 | rebâtir | T | 20 | rechampir | T |
| 17 | rayer | T | 60 | rebattre | T | 20 | réchampir | T |
| 17 | se rayer | P | 7 | rebecter | T | 9 | rechanger | T |
| 7 | rayonner | I, T | 7 | se rebeller | P | 9 | se rechanger | P |
| 16 | razzier | T | 7 | se rebiffer | P | 7 | rechanter | T |
| 7 | réabonner | T | 7 | rebiquer | I | 7 | rechaper | T |
| 7 | se réabonner | P | 20 | reblanchir | T | 7 | réchapper | I, être ou avoir |
| 7 | réabsorber | T | 7 | reboiser | T | 9 | recharger | T |
| 7 | réaccoutumer | T | 20 | rebondir | I | 7 | rechasser | I, T |
| 7 | se réaccoutumer | P | 12 | rebonneter | T | 7 | réchauffer | T |
| 7 | réactiver | T | 7 | reborder | T | 7 | se réchauffer | P |
| 7 | réactualiser | T | 7 | reboucher | T | 7 | rechausser | T |
| 7 | réadapter | T | 7 | se reboucher | P | 7 | se rechausser | P |
| 7 | se réadapter | P | 7 | rebouiser | T | 7 | rechercher | T |
| 61 | réadmettre | T | 7 | rebouter | T | 7 | rechigner | I, Ti |
| 7 | réaffirmer | T | 7 | reboutonner | T | 7 | rechristianiser | T |
| 7 | réaffûter | T | 7 | se reboutonner | P | 7 | rechuter | I |
| 20 | réagir | I, Ti | 7 | rebraguetter | T | 7 | récidiver | I, être ou avoir |
| 7 | réajuster | T | 7 | se rebraguetter | P | 7 | réciproquer belg. | I, T |
| 7 | se réajuster | P | 7 | rebroder | T | 7 | réciter | T |
| 11 | réaléser | T | 7 | rebrousser | I, T | 7 | réclamer | I, T |
| 7 | réaliser | T | 7 | se rebrousser | P | 7 | se réclamer | P |
| 7 | se réaliser | P | 7 | rebuter | I, T | 7 | reclaper belg. | T |
| 7 | réaménager | T | 7 | se rebuter | P | 7 | reclasser | T |
| 8 | réamorcer | T | 12 | recacheter | T | 7 | récliner | I |
| 7 | réanimer | T | 16 | recalcifier | T | 7 | reclouer | T |
| 69 | réapparaître | I | 7 | recaler | T | | reclure | D |
| | être ou avoir | | 7 | récapituler | T | | seulement à l'infinitif | |
| 59 | réapprendre | T | 7 | recarder | T | | et au p. p. (reclus, e, es) | |
| 7 | réapprovisionner | T | 12 | recarreler | T | 7 | recoiffer | T |
| 7 | se réapprovisionner | P | 7 | recaser | T | 7 | se recoiffer | P |
| 7 | réargenter | T | 7 | se recaser | P | 7 | récoler | T |
| 7 | se réargenter | P | | | | 7 | recoller | T, Ti |

---

T : transitif direct   Ti : transitif indirect   I : intransitif   P : construction pronominale   imp. : impersonnel
D : défectif   être : se conjugue avec l'auxiliaire être   être ou avoir : se conjugue avec les deux auxiliaires

| | | | | | | |
|---|---|---|---|---|---|---|
| 7 | se recoller ........P | 7 | recouponner ......T | 20 | redémolir ..........T |
| 7 | recolorer ...........T | 7 | recourber ..........T | 58 | redescendre .......I,T |
| 7 | récolter .............T | 7 | se recourber ........P | | *être ou avoir* |
| 7 | se récolter ..........P | 34 | recourir ..........T, Ti | 24 | redevenir .......I, *être* |
| 7 | recommander ......T | 7 | recouvrer ..........T | 44 | redevoir ...........T |
| 7 | se recommander ....P | 28 | recouvrir ..........T | 7 | rediffuser ..........T |
| 8 | recommencer .... I, T | 28 | se recouvrir ........P | 9 | rédiger ..........I, T |
| 69 | recomparaître ......I | 7 | recracher ........I, T | 7 | rédimer............T |
| 7 | récompenser .......T | 14 | recréer ............T | 7 | se rédimer .........P |
| 7 | se récompenser .....P | 14 | récréer ............T | 84 | redire .............T, Ti |
| 7 | recomposer ........T | 14 | se récréer .........P | 7 | rediscuter ..........T |
| 7 | se recomposer ......P | 20 | recrépir ...........T | 7 | redistribuer ........T |
| 7 | recompter .........T | 7 | recreuser ..........T | 7 | redonder ..........I |
| 16 | réconcilier .........T | 16 | se récrier ..........P | 7 | redonner ........I, T |
| 16 | se réconcilier .......P | 7 | récriminer .........I | 7 | se redonner ........P |
| 88 | reconduire .........T | 86 | récrire .............T | 7 | redorer ............T |
| 7 | recondamner .......T | 7 | recristalliser ........T | 7 | redoubler ...... I, T, Ti |
| 7 | réconforter ........T | 7 | recroiser ...........T | 7 | redouter ...........T |
| 7 | se réconforter ......P | 73 | recroître ..........I | 7 | redresser ..........T |
| 13 | recongeler .........T | | p. p. : *recrû, ûe, ûs, ûes* | 7 | se redresser ........P |
| 69 | reconnaître ........T | 7 | recroller belg. .......I | 88 | réduire .............T |
| 69 | se reconnaître ......P | 7 | se recroqueviller ....P | 88 | se réduire .........P |
| 7 | reconnecter ........T | 7 | recruter ..........I, T | 86 | réécrire ............T |
| 7 | se reconnecter ......P | 7 | se recruter .........P | 16 | réédifier ...........T |
| 25 | reconquérir ........T | 16 | rectifier ............T | 7 | rééditer ............T |
| 11 | reconsidérer .......T | 29 | recueillir ...........T | 7 | rééduquer .........T |
| 7 | reconsolider .......T | 29 | se recueillir .........P | 83 | réélire .............T |
| 7 | reconstituer ........T | 88 | recuire ..........I, T | 7 | réembaucher .......T |
| 7 | se reconstituer ......P | 7 | reculer ..........I, T | 18 | réemployer .........T |
| 88 | reconstruire .......T | 7 | se reculer ..........P | 7 | réemprunter .......T |
| 20 | reconvertir .........T | 7 | reculotter ..........T | 9 | réengager .........T |
| 20 | se reconvertir .......P | 7 | se reculotter .......P | 9 | se réengager .......P |
| 16 | recopier ...........T | 11 | récupérer ..........T | 8 | réensemencer ......T |
| 7 | recoquiller .........T | 7 | récurer ............T | 58 | réentendre .........T |
| 7 | se recoquiller .......P | 7 | récuser ............T | 7 | rééquilibrer ........T |
| 7 | recorder ...........T | 7 | se récuser .........P | 14 | réer ...............I |
| 9 | recorriger ..........T | 7 | recycler ...........T | 7 | réescompter ........T |
| 7 | recoucher ..........T | 7 | se recycler .........P | 17 | réessayer ..........T |
| 7 | se recoucher .......P | 28 | redécouvrir ........T | 7 | réévaluer ...........T |
| 79 | recoudre ...........T | 67 | redéfaire ...........T | 7 | réexaminer .........T |
| 79 | se recoudre .........P | 20 | redéfinir ...........T | 16 | réexpédier .........T |
| 7 | recouper ...........T | 7 | redemander ........T | 7 | réexporter .........T |
| 7 | se recouper ........P | 7 | redémarrer ........I | 7 | refaçonner .........T |

| | | | | | | | |
|---|---|---|---|---|---|---|---|
| 67 | refaire . . . . . . . . . . . . . T | 20 | regarnir . . . . . . . . . . . T | 11 | réincarcérer . . . . . . . T |
| 67 | se refaire . . . . . . . . . . P | 7 | régater . . . . . . . . . . . I | 7 | se réincarner . . . . . . . P |
| 58 | refendre . . . . . . . . . . . T | 7 | regazonner . . . . . . . . T | 7 | réincorporer . . . . . . T |
| 8 | référencer . . . . . . . . T | 13 | regeler . . . . . . . . . . I, T | 7 | réinfecter . . . . . . . . . T |
| 11 | référer . . . . . . . . . . . Ti | 11 | régénérer . . . . . . . . . T | 7 | se réinfecter . . . . . . . . P |
| 11 | se référer . . . . . . . . . . P | 11 | se régénérer . . . . . . . P | 7 | réinjecter . . . . . . . . . T |
| 7 | refermer . . . . . . . . . . . T | 7 | régenter . . . . . . . . . I, T | 86 | réinscrire . . . . . . . . . . T |
| 7 | se refermer . . . . . . . P | 7 | regimber . . . . . . . . . . . I | 86 | se réinscrire . . . . . . P |
| 7 | refiler . . . . . . . . . . . . T | 7 | se regimber . . . . . . . P | 11 | réinsérer . . . . . . . . . . T |
| 20 | réfléchir . . . . . . I, T, Ti | 7 | régionaliser . . . . . . . T | 11 | se réinsérer . . . . . . . . P |
| 20 | se réfléchir . . . . . . . . P | 20 | régir . . . . . . . . . . . . . . T | 7 | réinstaller . . . . . . . . . T |
| 11 | refléter . . . . . . . . . . . T | 7 | réglementer . . . . . . . T | 7 | se réinstaller . . . . . . . P |
| 11 | se refléter . . . . . . . . P | 11 | régler . . . . . . . . . . . . . T | 11 | réintégrer . . . . . . . . . T |
| 20 | refleurir . . . . . . . . I, T | 11 | se régler . . . . . . . . . . P | 11 | réinterpréter . . . . . . T |
| 7 | refluer . . . . . . . . . . . . I | 11 | régner . . . . . . . . . . . . I | 88 | réintroduire . . . . . . T |
| 58 | refondre . . . . . . . . I, T | 7 | regonfler . . . . . . . . I, T | 7 | réinventer . . . . . . . . T |
| 9 | reforger . . . . . . . . . . . T | 9 | regorger . . . . . . . . . . . I | 20 | réinvestir . . . . . . . . . T |
| 7 | reformer . . . . . . . . . . T | 7 | regratter . . . . . . . . I, T | 7 | réinviter . . . . . . . . . . T |
| 7 | se reformer . . . . . . . . P | 14 | regréer . . . . . . . . . . . T | 11 | réitérer . . . . . . . . . . I, T |
| 7 | réformer . . . . . . . . . . T | 7 | regreffer . . . . . . . . . . T | 20 | rejaillir . . . . . . . . . . . I |
| 7 | se réformer . . . . . . . P | 7 | régresser . . . . . . . . . . I | 12 | rejeter . . . . . . . . . . . . T |
| 7 | reformuler . . . . . . . . T | 7 | regretter . . . . . . . . . . T | 12 | se rejeter . . . . . . . . . . P |
| 7 | refouiller . . . . . . . . . . T | 7 | regrimper . . . . . . . I, T | 63 | rejoindre . . . . . . . . . . T |
| 7 | refouler . . . . . . . . . I, T | 20 | regrossir . . . . . . . . . . I | 63 | se rejoindre . . . . . . . P |
| 7 | refourguer . . . . . . . . T | 7 | regrouper . . . . . . . . . T | 18 | rejointoyer . . . . . . . . T |
| 7 | refourrer . . . . . . . . . . T | 7 | se regrouper . . . . . . . P | 7 | rejouer . . . . . . . . . . I, T |
| 58 | refoutre . . . . . . . . . . . T | 7 | régulariser . . . . . . . . T | 20 | réjouir . . . . . . . . . . . . T |
| 7 | réfracter . . . . . . . . . . T | 7 | réguler . . . . . . . . . . . T | 20 | se réjouir . . . . . . . . . . P |
| 11 | refréner . . . . . . . . . . T | 7 | se réguler . . . . . . . . . P | 7 | relâcher . . . . . . . . . I, T |
| 11 | référer . . . . . . . . . . . T | 7 | régurgiter . . . . . . . . . T | 7 | se relâcher . . . . . . . . P |
| 11 | se référer . . . . . . . . . P | 7 | réhabiliter . . . . . . . . T | 7 | se relaisser . . . . . . . . P |
| 11 | réfrigérer . . . . . . . . . T | 7 | se réhabiliter . . . . . . P | 8 | relancer . . . . . . . . . I, T |
| 20 | refroidir . . . . . . . . I, T | 7 | réhabituer . . . . . . . . T | 20 | rélargir . . . . . . . . . . . T |
| 20 | se refroidir . . . . . . . . P | 7 | se réhabituer . . . . . . P | 7 | relater . . . . . . . . . . . . T |
| 16 | se réfugier . . . . . . . . P | 7 | rehausser . . . . . . . . . T | 7 | relativiser . . . . . . . . . T |
| 7 | refuser . . . . . . . . . I, T | 7 | se rehausser . . . . . . . P | 7 | relaver . . . . . . . . . . I, T |
| 7 | se refuser . . . . . . . . . P | 7 | rehydrater . . . . . . . . T | 7 | relaxer . . . . . . . . . . . . T |
| 7 | réfuter . . . . . . . . . . . T | 16 | réifier . . . . . . . . . . . . T | 7 | se relaxer . . . . . . . . . P |
| 7 | regagner . . . . . . . . . . T | 7 | réimperméabiliser . . T | 17 | relayer . . . . . . . . . . I, T |
| 7 | régaler . . . . . . . . . . . T | 7 | réimplanter . . . . . . . T | 17 | se relayer . . . . . . . . . P |
| 7 | se régaler . . . . . . . . . P | 7 | réimporter . . . . . . . T | 11 | reléguer . . . . . . . . . . T |
| 7 | regarder . . . . . . . I, T, Ti | 7 | réimposer . . . . . . . . T | 10 | relever . . . . . . . I, T, Ti |
| 7 | se regarder . . . . . . . . P | 7 | réimprimer . . . . . . . T | 10 | se relever . . . . . . . . . P |

T : transitif direct   Ti : transitif indirect   I : intransitif   P : construction pronominale   imp. : impersonnel
D : défectif   être : se conjugue avec l'auxiliaire être   être ou avoir : se conjugue avec les deux auxiliaires

T : transitif direct   Ti : transitif indirect   I : intransitif   P : construction pronominale   imp. : impersonnel
D : défectif   être : se conjugue avec l'auxiliaire être   être ou avoir : se conjugue avec les deux auxiliaires

| | | | | | |
|---|---|---|---|---|---|
| 7 | se retrousser | P | 41 | revoir | T |
| 7 | retrouver | T | 41 | se revoir | P |
| 7 | se retrouver | P | 7 | revoler | I, T |
| 7 | retuber | T | 7 | révolter | T |
| 16 | réunifier | T | 7 | se révolter | P |
| 20 | réunir | T | 7 | révolutionner | T |
| 20 | se réunir | P | 7 | révolvériser | T |
| 20 | réussir | I, T, Ti | 7 | révoquer | T |
| 7 | réutiliser | T | 7 | revoter | I, T |
| 7 | revacciner | T | 50 | revouloir | T |
| 49 | revaloir | T, D | 7 | révulser | T |
| | seulement à l'infinitif, au futur simple et au cond. présent | | 7 | se révulser | P |
| 7 | revaloriser | T | 7 | rewriter | T |
| 7 | se revancher | P | 7 | rhabiller | T |
| 7 | revasser | I | 7 | se rhabiller | P |
| 7 | réveiller | T | 7 | rhumer | T |
| 7 | se réveiller | P | 7 | ribler | T |
| 7 | réveillonner | I | 7 | ribouler | I |
| 11 | révéler | T | 7 | ricaner | I |
| 11 | se révéler | P | 7 | ricocher | I |
| 7 | revendiquer | I, T | 7 | rider | T |
| 7 | se revendiquer | P | 7 | se rider | P |
| 58 | revendre | T | 7 | ridiculiser | T |
| 58 | se revendre | P | 7 | se ridiculiser | P |
| 24 | revenir | I, être | 7 | riffauder | I, T |
| 24 | s'en revenir | P | 7 | rifler | T |
| 7 | rêver | I, T, Ti | 16 | rigidifier | T |
| 11 | réverbérer | T | 7 | rigoler | I |
| 11 | se réverbérer | P | 7 | rimailler | I |
| 20 | reverdir | I, T | 7 | rimer | I, T |
| 11 | révérer | T | 8 | rincer | T |
| 20 | revernir | T | 8 | se rincer | P |
| 7 | reverser | T | 7 | ringarder | T |
| 27 | revêtir | T | 7 | ripailler | I |
| 27 | se revêtir | P | 7 | ripatonner | I |
| 7 | revigorer | T | 7 | riper | I, T |
| 7 | revirer | I | 7 | ripoliner | T |
| 7 | réviser | I, T | 7 | riposter | I, T |
| 7 | revisiter | T | 85 | rire | I |
| 7 | revisser | T | 85 | se rire | P, p. p. invariable |
| 7 | revitaliser | T | 7 | risquer | T |
| 16 | revivifier | T | 7 | se risquer | P |
| 82 | revivre | I, T | 7 | rissoler | I, T |

| | | |
|---|---|---|
| 7 | ristourner | T |
| 7 | ritualiser | T |
| 7 | rivaliser | I |
| 7 | river | T |
| 12 | riveter | T |
| 7 | rober | T |
| 7 | robotiser | T |
| 7 | rocher | I |
| 7 | rocquer | I |
| 7 | rôdailler | I |
| 7 | roder | T |
| 7 | rôder | I |
| 7 | rogner | I, T |
| 7 | rognonner | I |
| 20 | roidir | T |
| 20 | se roidir | P |
| 8 | romancer | T |
| 7 | romaniser | I, T |
| 7 | se romaniser | P |
| 58 | rompre | I, T |
| 58 | se rompre | P |
| 7 | ronchonner | I |
| 7 | ronéoter | T |
| 7 | ronéotyper | T |
| 20 | rondir | T |
| 7 | ronflaguer | I |
| 7 | ronfler | I |
| 9 | ronger | T |
| 9 | se ronger | P |
| 7 | ronronner | I |
| 7 | ronsardiser | I |
| 7 | roquer | I |
| 7 | roser | T |
| 20 | rosir | I, T |
| 7 | rosser | T |
| 7 | roter | I |
| 20 | rôtir | I, T |
| 20 | se rôtir | P |
| 7 | roucouler | I, T |
| 7 | rouer | T |
| 7 | roufler belg. | I, T |
| 18 | rougeoyer | I |
| 20 | rougir | I, T |

**T** : transitif direct   **Ti** : transitif indirect   **I** : intransitif   **P** : construction pronominale   **imp.** : impersonnel
**D** : défectif   *être* : se conjugue avec l'auxiliaire *être*   *être ou avoir* : se conjugue avec les deux auxiliaires

| | | | | | |
|---|---|---|---|---|---|
| 7 | rougnotter .........I | 7 | sabouler ...........T | 7 | sangloter ..........I |
| 7 | rouiller ..........I, T | 7 | se sabouler .........P | 7 | santer afr. ..........I |
| 7 | se rouiller ..........P | 7 | sabrer ............I, T | 7 | santonner .........T |
| 20 | rouir ............I, T | 7 | sacagner ...........T | 7 | saouler ............T |
| 7 | rouler ...........I, T | 7 | saccader ...........T | 7 | se saouler .........P |
| 7 | se rouler ..........P | 9 | saccager ...........T | 7 | saper ..............T |
| 7 | roulotter ...........T | 16 | saccharifier ........T | 7 | se saper ............P |
| 7 | roupiller ...........I | 7 | sacquer ...........T | 16 | saponifier ..........T |
| 7 | rouscailler .........I | 7 | sacraliser ..........T | 7 | saquer ...........T |
| 11 | rouspéter ..........I | 7 | sacrer ...........I, T | 7 | sarcler .............T |
| 20 | roussir ...........I, T | 16 | sacrifier ...........T | 7 | sarter ..............T |
| 20 | roustir .............T | 16 | se sacrifier .........P | 7 | sasser ..............T |
| 7 | router .............T | 7 | safraner ...........T | 7 | sataner .............T |
| 28 | rouvrir ...........I, T | 7 | saietter ............T | 7 | sataniser ...........T |
| 28 | se rouvrir .........P | 7 | saigner ..........I, T | 7 | satelliser ...........T |
| 7 | rubaner ............T | 7 | se saigner ..........P | 7 | se satelliser ........P |
| 16 | rubéfier ............T | 30 | saillir (sortir, s'élancer) I, D | 7 | satiner .............T |
| 7 | rucher .............T | | sur le modèle du verbe assaillir | 7 | satiriser ............T |
| 7 | rudenter ...........T | | mais seulement à l'infinitif et aux 3es pers. | 67 | satisfaire .........T, Ti |
| 18 | rudoyer ............T | 20 | saillir (s'accoupler) ...T, D | 67 | se satisfaire ........P |
| 7 | ruer ...............I | | sur le modèle du verbe finir mais seulement à l'inf., aux 3es pers. et au part. présent (saillissant) | 7 | satonner ............T |
| 7 | se ruer ............P | | | 7 | saturer ...........I, T |
| 20 | rugir ............I, T | 20 | saisir ..............T | 8 | saucer .............T |
| 7 | ruiler .............T | 20 | se saisir ...........P | 7 | saucissonner .....I, T |
| 7 | ruiner .............T | 7 | saisonner ..........I | 7 | saumurer ..........T |
| 7 | se ruiner ..........P | 7 | salarier ............T | 7 | sauner .............I |
| 12 | ruisseler ...........I | 7 | saler ..............T | 7 | saupoudrer .........T |
| 7 | ruminer .........I, T | 7 | salifier .............T | 7 | saurer .............T |
| 7 | rupiner .............I | 7 | saligoter ...........T | 20 | saurir ..............T |
| 7 | ruser ..............I | 20 | salir ...............T | 7 | sauter ...........I, T |
| 16 | russifier ...........T | 20 | se salir ............P | 7 | sautiller ............I |
| 7 | rustiquer ..........T | 7 | saliver .............I | 7 | sauvegarder .......T |
| 7 | rûter belg. ..........I | 7 | salonguer afr. .......I | 7 | sauver ...........I, T |
| 7 | rutiler .............I | 7 | saloper ............T | 7 | se sauver ..........P |
| 7 | rythmer ...........T | 7 | salpêtrer ...........T | 7 | savater .............T |
| | | 7 | saluer .............T | 43 | savoir ...........I, T |
| | | 7 | se saluer ...........P | 43 | se savoir ..........P |
| | | 16 | sanctifier ..........T | 7 | savonner ...........T |
| | | 7 | sanctionner .......T | 7 | se savonner ........P |
| | | 7 | sanctuariser .......T | 7 | savourer ...........T |
| 7 | sabler ..........I, T | 7 | sandwicher .........T | 7 | scalper .............T |
| 7 | sablonner ..........T | 7 | sangler .............T | 7 | scandaliser .......I, T |
| 7 | saborder ...........T | 7 | se sangler ..........P | 7 | se scandaliser ......P |
| 7 | se saborder .........P | | | | |
| 7 | saboter ..........I, T | | | | |

## S

| 7 | scander | .T |
|---|---|---|
| 7 | scanner | .T |
| 7 | scannériser | .T |
| 16 | scarifier | .T |
| 7 | sceller | .T |
| 7 | scénariser | .T |
| 7 | schématiser | I, T |
| 7 | schlinguer | I |
| 7 | schlitter | .T |
| 7 | schmecter | I |
| 7 | schnouper | .T |
| 7 | schpiler | I |
| 16 | scier | I, T |
| 7 | scinder | .T |
| 7 | se scinder | .P |
| 7 | scintiller | I |
| 7 | sciotter | .T |
| 7 | scissionner | I |
| 7 | scléroser | .T |
| 7 | se scléroser | .P |
| 7 | scolariser | .T |
| 16 | scorifier | .T |
| 7 | scotcher | .T |
| 7 | scrafer | .T |
| 7 | scratcher | I, T |
| 7 | scribouiller | .T |
| 7 | scruter | .T |
| 7 | sculpter | I, T |
| 11 | sécher | I, T |
| 11 | se sécher | .P |
| 7 | seconder | .T |
| 7 | secouer | .T |
| 7 | se secouer | .P |
| 34 | secourir | .T |
| 11 | secréter | .T |
| 11 | sécréter | .T |
| 7 | sectionner | .T |
| 7 | se sectionner | .P |
| 7 | sectoriser | .T |
| 7 | séculariser | .T |
| 7 | sécuriser | .T |
| 7 | sédentariser | .T |
| 7 | se sédentariser | .P |

| 7 | sédimenter | .T |
|---|---|---|
| 88 | séduire | I, T |
| 7 | segmenter | .T |
| 7 | se segmenter | .P |
| 11 | ségréguer | .T |
| 7 | séjourner | I |
| 7 | se séjourner afr. | .P |
| 7 | sélecter | .T |
| 7 | sélectionner | .T |
| 7 | seller | .T |
| 7 | sembler | I |
| 10 | semer | I, T |
| 8 | semoncer | .T |
| 7 | sénégaliser afr. | .T |
| 7 | sensibiliser | .T |
| 7 | se sensibiliser | .P |
| 26 | sentir | I, T |
| 26 | se sentir | .P |
| 52 | seoir | I, D |
| | seulement aux 3es pers. du présent du cond. et du subj., et au part. présent | |
| 7 | séparer | .T |
| 7 | se séparer | .P |
| 7 | septupler | I, T |
| 8 | séquencer | .T |
| 7 | séquestrer | .T |
| 8 | sérancer | .T |
| 20 | serfouir | .T |
| 7 | sérialiser | .T |
| 16 | sérier | .T |
| 7 | seriner | .T |
| 7 | seringuer | .T |
| 7 | sermonner | .T |
| 7 | serpenter | I |
| 7 | serrer | I, T |
| 7 | se serrer | .P |
| 20 | sertir | .T |
| 7 | serviotter | .T |
| 36 | servir | I, T, Ti |
| 36 | se servir | .P |
| 20 | sévir | I |
| 7 | sevrer | .T |
| 7 | sextupler | I, T |

| 7 | sexualiser | .T |
|---|---|---|
| 7 | shampooiner | .T |
| 7 | shampouiner | .T |
| 7 | shooter | I, T |
| 7 | shunter | .T |
| 11 | sidérer | .T |
| 15 | siéger | I |
| 7 | siester afr. | I |
| 7 | siffler | I, T |
| 7 | siffloter | I, T |
| 7 | sigler | .T |
| 7 | signaler | .T |
| 7 | se signaler | .P |
| 7 | signaliser | .T |
| 7 | signer | I, T |
| 7 | se signer | .P |
| 16 | signifier | .T |
| 7 | silhouetter | .T |
| 7 | se silhouetter | .P |
| 7 | se silicatiser | .P |
| 7 | siliconer | .T |
| 7 | sillonner | .T |
| 7 | similiser | .T |
| 16 | simplifier | I, T |
| 16 | se simplifier | .P |
| 7 | simuler | .T |
| 9 | singer | .T |
| 7 | singulariser | .T |
| 7 | se singulariser | .P |
| 7 | siniser | .T |
| 7 | se siniser | .P |
| 7 | siphonner | .T |
| 7 | siroter | .T |
| 7 | situer | .T |
| 7 | se situer | .P |
| 16 | skier | I |
| 7 | slalomer | I |
| 7 | slaviser | .T |
| 7 | slicer | .T |
| 7 | smasher | I |
| 7 | smurfer | I |
| 7 | smiller | .T |
| 7 | snif(f)er | .T |

T : transitif direct   Ti : transitif indirect   I : intransitif   P : construction pronominale   imp. : impersonnel
D : défectif   *être* : se conjugue avec l'auxiliaire *être*   *être* ou *avoir* : se conjugue avec les deux auxiliaires

| | | |
|---|---|---|
| 7 snober . . . . . . . . . . . . .T | 10 souchever . . . . . . . . .T | 20 sous-investir . . . . . . .I |
| 7 socialiser . . . . . . . . . .T | 16 soucier . . . . . . . . . . . .T | 7 sous-louer . . . . . . . . .T |
| 7 socratiser . . . . . . . . . .I | 16 se soucier . . . . . . . . . .P | 7 sous-payer . . . . . . . . .T |
| 7 sodomiser . . . . . . . . .T | 7 souder . . . . . . . . . . . . .T | 7 sous-rémunérer. . . . .T |
| 7 soigner . . . . . . . . . . I, T | 7 se souder . . . . . . . . . .P | 58 sous-tendre . . . . . . . .T |
| 7 se soigner . . . . . . . . .P | 18 soudoyer . . . . . . . . . .T | 7 sous-titrer . . . . . . . . .T |
| 7 soirer belg. . . . . . . . . . .I | 7 souffler . . . . . . . . . . I, T | 7 sous-utiliser . . . . . . . .T |
| 7 solariser . . . . . . . . . . .T | 12 souffleter . . . . . . . . . .T | 66 soustraire . . . . . . . . .T, D |
| 7 solder . . . . . . . . . . . . .T | 28 souffrir . . . . . . . . . . I, T | inusité au passé simple |
| 7 se solder . . . . . . . . . .P | 28 se souffrir . . . . . . . . .P | et au subj. imparfait |
| 7 solenniser . . . . . . . . .T | 7 soufrer . . . . . . . . . . . .T | 66 se soustraire . . . . . . .P |
| 16 solfier . . . . . . . . . . . . .T | 7 souhaiter . . . . . . . . . .T | 7 sous-traiter . . . . . . I, T |
| 7 solidariser . . . . . . . . .T | 7 souiller . . . . . . . . . . . .T | 7 sous-virer . . . . . . . . . .I |
| 7 se solidariser . . . . . . .P | 9 soulager . . . . . . . . . . .T | 7 soutacher . . . . . . . . . .T |
| 16 solidifier . . . . . . . . . . .T | 9 se soulager . . . . . . . . .P | 24 soutenir . . . . . . . . . . .T |
| 16 se solidifier . . . . . . . . .P | 7 soûler . . . . . . . . . . . . .T | 24 se soutenir . . . . . . . . .P |
| 7 solifluer . . . . . . . . . . .I | 7 se soûler . . . . . . . . . .P | 7 soutirer . . . . . . . . . . .T |
| 7 soliloquer . . . . . . . . . .I | 10 soulever . . . . . . . . . . .T | 24 souvenir . . . . . . . . . . .I |
| 7 solliciter . . . . . . . . . . .T | 10 se soulever . . . . . . . . .P | 24 se souvenir . . . . . . . . .P |
| 7 solmiser . . . . . . . . . . .T | 7 souligner . . . . . . . . . .T | 7 soviétiser . . . . . . . . . .T |
| 7 solubiliser . . . . . . . . .T | 61 soumettre . . . . . . . . .T | 16 spathifier . . . . . . . . . .T |
| 7 solutionner . . . . . . . .T | 61 se soumettre . . . . . . .P | 7 spatialiser . . . . . . . . . .T |
| 7 somatiser . . . . . . . . I, T | 7 soumissionner . . . I, T | 7 se spatialiser . . . . . . .P |
| 7 sombrer . . . . . . . . . . . .I | 7 soupçonner . . . . . . . .T | 7 spécialiser . . . . . . . . .T |
| 7 sommeiller . . . . . . . . .I | 7 souper . . . . . . . . . . . . .I | 7 se spécialiser . . . . . . .P |
| 7 sommer . . . . . . . . . . .T | 10 soupeser . . . . . . . . . .T | 16 spécifier . . . . . . . . . . .T |
| 7 somnoler . . . . . . . . . .I | 7 soupirer . . . . . . . . . . I, T | 7 spéculer . . . . . . . . . . .I |
| 7 sonder . . . . . . . . . . . .T | 7 souquer . . . . . . . . . . I, T | 7 speeder . . . . . . . . I, T |
| 9 songer . . . . . . . . . . I, Ti | 7 sourciller . . . . . . . . . .I | 11 sphacéler . . . . . . . . . .T |
| 7 sonnailler . . . . . . . . . .I | 7 sourdiner . . . . . . . . . .T | 7 spiritualiser . . . . . . . .T |
| 7 sonner I, T, Ti, être ou avoir | sourdre . . . . . . . . . I, D | 7 spitter . . . . . . . . . . . . .T |
| 7 sonoriser . . . . . . . . . .T | seulement aux 3es pers. | 7 splitter . . . . . . . . . . . .T |
| 7 sonrer belg. . . . . . . . . .I | de l'indicatif (sourd/sourdent, | 16 spolier . . . . . . . . . . . .T |
| 7 sophistiquer . . . . . . .T | sourdait/sourdaient) | 7 sponsoriser . . . . . . . .T |
| 7 se sophistiquer . . . . .P | 85 sourire . . . . . . . . . I, Ti | 7 sporuler . . . . . . . . . . .I |
| 12 soqueter belg. . . . . . . .I | 85 se sourire P, p. p. invariable | 7 sprinter . . . . . . . . . . . .I |
| 26 sortir . . . I, T, être ou avoir | 7 sous-alimenter . . . . .T | 7 squatter . . . . . . . . . . .T |
| 26 se sortir . . . . . . . . . . .P | 86 souscrire . . . . . . I, T, Ti | 7 squeezer . . . . . . . . . .T |
| 20 sortir (terme juridique) T, D | 18 sous-employer . . . . .T | 7 stabiliser . . . . . . . . . .T |
| seulement aux 3es pers. (sortissait) | 58 sous-entendre . . . . . .T | 7 se stabiliser . . . . . . . .P |
| 60 soubattre . . . . . . . . . .T | 7 sous-estimer . . . . . . .T | 7 staffer . . . . . . . . . . . .T |
| 7 soubresauter . . . . . . .I | 7 sous-évaluer . . . . . . .T | 7 stagner . . . . . . . . . . . .I |
| 12 soucheter . . . . . . . . . .T | 7 sous-exploiter . . . . . .T | 7 staliniser . . . . . . . . . .T |
| | 7 sous-exposer . . . . . . .T | 7 standardiser . . . . . . .T |

| | | | | | |
|---|---|---|---|---|---|
| 7 | stariser ........... T | 7 | se subordonner .....P | 7 | superviser ........ T |
| 7 | stater belg. ......... T | 7 | suborner .......... T | 7 | supplanter ........ T |
| 7 | stationner I, être ou avoir | 9 | subroger ......... T | 7 | se supplanter .......P |
| 7 | statuer ......... T, Ti | 16 | subsidier belg. ...... T | 14 | suppléer ........ T, Ti |
| 16 | statufier .......... T | 7 | subsister .......... I | 7 | supplémenter ..... T |
| 16 | sténographier ..... T | 7 | substantiver ....... T | 16 | supplicier ......... T |
| 7 | sténotyper ........ T | 7 | substituer ........ T | 16 | supplier .......... T |
| 7 | stéréotyper ....... T | 7 | se substituer .......P | 7 | supporter ........ T |
| 11 | stérer ............ T | 7 | subsumer ......... T | 7 | se supporter .......P |
| 7 | stériliser .......... T | 7 | subtiliser ....... I, T | 7 | supposer ......... T |
| 7 | stigmatiser ....... T | 7 | se subtiliser .......P | 7 | supprimer ........ T |
| 7 | stimuler........... T | 24 | subvenir ......... Ti | 7 | se supprimer .......P |
| 7 | se stimuler......... P | 7 | subventionner ..... T | 7 | suppurer .......... I |
| 16 | stipendier ......... T | 20 | subvertir ......... T | 7 | supputer ......... T |
| 7 | stipuler ........... T | 11 | succéder ......... Ti | 7 | surabonder ....... I |
| 7 | stocker ........... T | 11 | se succéder .......P | 7 | surajouter ........ T |
| 7 | stopper ......... I, T | | p. p. invariable | 7 | se surajouter ......P |
| 7 | stranguler ........ T | 7 | succomber ...... I, Ti | 7 | suralimenter ...... T |
| 16 | stratifier .......... T | 8 | sucer ........... I, T | 7 | se suralimenter .....P |
| 7 | stresser ........ I, T | 8 | se sucer ..........P | 7 | suraller ........... I |
| 7 | se stresser .........P | 7 | suçoter ........... T | 7 | surarmer ......... T |
| 7 | striduler ........ I, T | 7 | sucrer .......... I, T | 7 | surbaisser ........ T |
| 16 | strier ............ T | 7 | se sucrer ..........P | 7 | surboucher ....... T |
| 7 | stripper .......... T | 7 | suer ............ I, T | 7 | surbroder ........ T |
| 7 | striquer .......... T | 87 | suffire ......... I, Ti | 9 | surcharger ....... T |
| 7 | structurer ........ T | 87 | se suffire ..........P | 7 | surchauffer ...... T |
| 7 | se structurer .......P | | p. p. invariable | 7 | surclasser ........ T |
| | stupéfaire .......T, D | 7 | suffixer .......... T | 7 | surcoller belg. ...... I |
| | seulement 3e pers. du sing. de l'ind. présent et des temps composés, part. passé : stupéfait, e | 7 | suffoquer ....... I, T | 7 | surcomprimer ..... T |
| | | 11 | suggérer ........ I, T | 7 | surcontrer ....... T |
| | | 7 | suggestionner ..... T | 7 | surcoter ......... T |
| 16 | stupéfier .......... T | 7 | se suicider ........P | 7 | surcouper ........ I |
| 7 | stuquer .......... T | 7 | suif(f)er .......... T | 7 | surcreuser ....... T |
| 7 | styler ............ T | 7 | suinter ......... I, T | 7 | surdorer ......... T |
| 7 | styliser ........... T | 81 | suivre .......... I, T | 16 | surédifier ........ T |
| 11 | subdéléguer ....... T | 81 | se suivre ..........P | 10 | surélever ......... T |
| 7 | subdiviser ........ T | 13 | sukkeler belg. ...... I | 20 | surenchérir ....... I |
| 7 | se subdiviser ......P | 7 | sulfater .......... T | 7 | surentraîner ...... T |
| 20 | subir .......... I, T | 7 | sulfiter .......... T | 7 | suréquiper ....... T |
| 7 | subjuguer ......... T | 7 | sulfoner ......... T | 7 | surestimer ....... T |
| 7 | sublimer ........ I, T | 7 | sulfurer .......... T | 7 | se surestimer ......P |
| 9 | submerger ........ T | 20 | superfinir ........ T | 7 | surévaluer ....... T |
| 7 | subodorer ........ T | 7 | superposer ....... T | 7 | surexciter ........ T |
| 7 | subordonner ...... T | 7 | se superposer ..... P | | |

T : transitif direct   Ti : transitif indirect   I : intransitif   P : construction pronominale   imp. : impersonnel
D : défectif   être : se conjugue avec l'auxiliaire être   être ou avoir : se conjugue avec les deux auxiliaires

| | | | | |
|---|---|---|---|---|---|
| 7 | surexploiter .......T | 88 | surproduire ........T | 7 | systématiser ..... I, T |
| 7 | surexposer .........T | 9 | surprotéger .......T | 7 | se systématiser .....P |
| 8 | surfacer ........ I, T | 7 | sursaturer.........T | | |
| 7 | surfacturer ........T | 7 | sursauter ......... I | | **T** |
| 67 | surfaire ..........T, D | 10 | sursemer .........T | | |
| | surtout à l'infinitif et au sing. du présent de l'ind., au part. passé et aux temps composés | 54 | surseoir ..........T, Ti<br>pas de féminin au<br>part. passé : *sursis* | 7 | tabasser ..........T |
| 7 | surfer ............. I | 7 | sursouffler ........T | 7 | se tabasser ........P |
| 20 | surfleurir .........T | 7 | surtailler ..........T | 7 | tabler ............. Ti |
| 7 | surfiler ...........T | 7 | surtaxer ..........T | 7 | tabouiser ..........T |
| 7 | surfrapper .........T | 58 | surtondre .........T | 7 | tabuler ........... I, T |
| 13 | surgeler ..........T | 7 | surveiller .........T | 7 | tacher ........... I, T |
| 7 | surgeonner ........ I | 7 | se surveiller .......P | 7 | se tacher ..........P |
| 20 | surgir ............. I | 24 | survenir ....... I, *être* | 7 | tâcher ..........T, Ti |
| 8 | surglacer ..........T | 27 | survêtir ...........T | 12 | tacheter ..........T |
| 7 | surgreffer .........T | 7 | survirer ...........T | 7 | taguer ........... I, T |
| 7 | surhausser .........T | 82 | survivre ...... I, T, Ti | 7 | taillader ..........T |
| 7 | surimposer ........T | 82 | se survivre.........P | 7 | tailler ........... I, T |
| 7 | se surimposer ......P | | p. p. invariable | 7 | se tailler ..........P |
| 7 | suriner ............T | 7 | survoler ..........T | 68 | taire ..............T |
| 7 | surinterpréter ......T | 7 | survolter ..........T | 68 | se taire ...........P |
| 20 | surinvestir .........I | 7 | susciter ...........T | 7 | taler ..............T |
| 20 | surir .............. I | 7 | suspecter .........T | 7 | taller .............I |
| 7 | surjaler ........... I | 7 | se suspecter .......P | 7 | talocher ..........T |
| 12 | surjeter ...........T | 58 | suspendre .........T | 7 | talonner ......... I, T |
| 16 | surlier ............T | 58 | se suspendre .......P | 7 | talquer ...........T |
| 7 | surligner ..........T | 7 | sustenter .........T | 7 | tambouler afr. .......I |
| 7 | surmédicaliser .....T | 7 | se sustenter .......P | 7 | tambouriner ..... I, T |
| 10 | surmener .........T | 7 | susurrer ......... I, T | 7 | tamiser .......... I, T |
| 10 | se surmener .......P | 7 | suturer ...........T | 7 | tamponner .........T |
| 7 | surmonter .........T | 7 | swinguer ...........I | 7 | se tamponner ......P |
| 7 | se surmonter .......P | 7 | syllaber ...........T | 8 | tancer .............T |
| 7 | surmouler .........T | 7 | symboliser .........T | 7 | tanguer ............I |
| 9 | surnager ...........I | 7 | symétriser ....... I, T | 7 | tan(n)iser .........T |
| 7 | surnommer ........T | 7 | sympathiser ........I | 7 | tanner .............T |
| 7 | suroxyder .........T | 7 | synchroniser .......T | 9 | tapager ............I |
| 7 | surpasser .........T | 7 | syncoper ........ I, T | 7 | taper ........... I, T |
| 7 | se surpasser .......P | 7 | syncristalliser .....I | 7 | se taper ...........P |
| 17 | surpayer ..........T | 7 | syndicaliser ........T | 7 | tapiner ............I |
| 7 | surpiquer ..........T | 7 | syndiquer .........T | 20 | se tapir ...........P |
| 7 | surplomber ...... I, T | 7 | se syndiquer .......P | 7 | tapisser ...........T |
| 59 | surprendre ........T | 7 | synthétiser ...... I, T | 7 | taponner ..........T |
| 59 | se surprendre ......P | 7 | syntoniser .........T | 7 | tapoter .......... I, T |
| | | | | 7 | taquer ............T |

| | | | | | |
|---|---|---|---|---|---|
| 7 | taquiner ..........T | 7 | téléguider ..........T | 7 | texturiser ..........T |
| 7 | se taquiner .........P | 11 | télémétrer .......I, T | 7 | théâtraliser ......I, T |
| 7 | tarabiscoter .......T | 7 | téléphoner .... I, T, Ti | 7 | thématiser ..........T |
| 7 | tarabuster .......T | 7 | se téléphoner .......P | 7 | théoriser ..........I, T |
| 7 | tarauder ..........T | 7 | télescoper .........T | 7 | thésauriser .......I, T |
| 7 | tarder ............I, Ti | 7 | se téléscoper .......P | 7 | tictaquer ..........I |
| 7 | tarer .............T | 7 | téléviser ..........T | 20 | tiédir ............I, T |
| 7 | se targuer .........P | 7 | télexer ..............T | 8 | tiercer ..........I, T |
| 7 | tarifer ............T | 7 | témoigner .......T, Ti | 7 | tigrer ..............T |
| 20 | tarir .............I, T | 11 | tempérer ..........T | 7 | tiller ..............T |
| 20 | se tarir ............P | 11 | se tempérer ........P | 7 | timbrer ............T |
| 7 | tarter ..........T, | 7 | tempêter ..........I | 7 | tinter .......... I, T, Ti |
| 7 | tartiner ..........I, T | 7 | temporiser .......I, T | 7 | tintinnabuler .......I |
| 20 | tartir ............I | 7 | tenailler ..........T | 7 | tiquer .............I |
| 7 | tasser .......... I, T | 58 | tendre ..........T, Ti | 7 | tirailler ..........I, T |
| 7 | se tasser ..........P | 58 | se tendre ..........P | 7 | tire(-)bouchonner I, T |
| 7 | tâter ............T, Ti | 24 | tenir ............ I, T, Ti | 7 | se tire(-)bouchonner .P |
| 7 | se tâter ...........P | 24 | se tenir ..........P | 7 | tirer ............ I, T, Ti |
| 7 | tatillonner .........I | 7 | tenonner ..........T | 7 | se tirer ............P |
| 7 | tâtonner ..........I | 7 | ténoriser ..........I | 7 | tisaner ............T |
| 7 | tatouer ..........T | 7 | tenter ..........I, T | 7 | tiser ..............T |
| 7 | tauper ..........T | 8 | tercer ..........T | 7 | tisonner .........I, T |
| 12 | taveler ...........T | 7 | tergiverser ........I | 7 | tisser ..............T |
| 12 | se taveler ........P | 7 | terminer ..........T | | ti(s)tre ...........T, D |
| 7 | taveller ...........T | 7 | se terminer ........P | | p. p. *tissu, e,* et temps composés |
| 7 | taxer ..............T | 20 | ternir ...........I, T | 7 | titiller ..........I, T |
| 7 | tayloriser ..........T | 20 | se ternir ...........P | 7 | titrer ..............T |
| 7 | tchadiser afr. ........T | 7 | terrasser .........I, T | 7 | tituber ............I |
| 7 | tchatcher ..........I | 7 | terreauter ..........T | 7 | titulariser ..........T |
| 7 | techniciser .........T | 7 | terrer ..........I, T | 7 | toaster .......... I, T |
| 7 | techniser ..........T | 7 | se terrer ..........P | 7 | togoliser afr. ......T |
| 7 | technocratiser ......T | 16 | terrifier ..........T | 7 | toiler ..............T |
| 7 | se technocratiser ....P | 20 | terrir ............I | 7 | toiletter ............T |
| 7 | tecker afr. ..........I | 7 | terroriser ..........T | 7 | se toiletter afr. .......P |
| 7 | teiller ...........T | 7 | terser ..............T | 7 | toiser ..............T |
| 62 | teindre ...........T | 12 | teseter afr. ..........T | 7 | se toiser ............P |
| 62 | se teindre .........P | 7 | tester ............I, T | 11 | tolérer ............T |
| 7 | teinter .............T | 7 | tétaniser ..........T | 11 | se tolérer ..........P |
| 7 | se teinter .........P | 7 | se tétaniser ........P | 7 | tomber.. I, T, *être ou avoir* |
| 7 | télécommander .....T | 11 | téter ...........I, T | 7 | tomer ..............T |
| 16 | télécopier ..........T | 7 | têter afr. ..........T | 58 | tondre ............T |
| 7 | télédiffuser .......T | 7 | textualiser ........T | 16 | tonifier ............T |
| 16 | télégraphier ......I, T | 7 | texturer ..........T | 7 | tonitruer ..........I |

T : transitif direct   Ti : transitif indirect   I : intransitif   P : construction pronominale   imp. : impersonnel
D : défectif   *être* : se conjugue avec l'auxiliaire *être*   *être ou avoir* : se conjugue avec les deux auxiliaires

| | | | | | | |
|---|---|---|---|---|---|---|
| 7 | tonner ............... I | 7 | tourniller .......... I | 7 | se transformer ......P |
| 7 | tonsurer ........... T | 7 | tourniquer ......... I | 7 | transfuser ........... T |
| 7 | tontiner ............ T | 18 | tournoyer ......... I | 7 | transgresser ....... T |
| 7 | toper ............... I | 7 | toussailler .......... I | 7 | transhumer ...... I, T |
| 7 | topicaliser ......... T | 7 | tousser ............. I | 9 | transiger ........... I |
| 7 | toquer .............. I | 7 | toussoter .......... I | 20 | transir ........... I, T |
| 7 | se toquer ........... P | 7 | touter afr. .......... I | 7 | transistoriser ....... T |
| 7 | torcher ............. T | 7 | trabouler .......... I | 7 | transiter ......... I, T |
| 7 | se torcher .......... P | 7 | tracaner ........ I, T | 7 | translater .......... T |
| 7 | torchonner ......... T | 7 | tracasser ........... T | 11 | translittérer ....... T |
| 58 | tordre .............. T | 7 | se tracasser ........ P | 61 | transmettre ....... T |
| 58 | se tordre ........... P | 8 | tracer ........... I, T | 61 | se transmettre ..... P |
| 14 | toréer .............. I | 7 | tracter ............. T | 7 | transmigrer ........ I |
| 7 | toronner ........... T | 88 | traduire ............ T | 7 | transmu(t)er ....... T |
| 7 | torpiller ........... T | 88 | se traduire ......... P | 7 | se transmu(t)er ..... P |
| 16 | torréfier ........... T | 7 | traficoter .......... I | 69 | transparaître ...... I |
| 7 | torsader ........... T | 7 | trafiquer ........ T, Ti | 8 | transpercer ....... T |
| 7 | tortiller ......... I, T | 20 | trahir .............. T | 7 | transpirer ....... I, T |
| 7 | se tortiller ......... P | 20 | se trahir ........... P | 7 | transplanter ....... T |
| 7 | tortorer ............ T | 7 | traînailler .......... I | 7 | se transplanter ..... P |
| 7 | torturer ............ T | 7 | traînasser ........ I, T | 7 | transporter ....... T |
| 7 | se torturer ......... P | 7 | traîner ........... I, T | 7 | se transporter ..... P |
| 7 | tosser .............. I | 7 | se traîner .......... P | 7 | transposer ......... T |
| 7 | totaliser ........... T | 66 | traire ............ T, D | 16 | transsubstantier..... T |
| 7 | toubabiser afr. ...... T | | pas de passé simple ni de subj. imparfait | 7 | transsuder ....... I, T |
| 7 | toucher .......... T, Ti | 7 | traiter ......... T, Ti | 7 | transvaser ......... T |
| 7 | se toucher .......... P | 7 | se traiter .......... P | 7 | transvider .......... T |
| 7 | touer .............. T | 7 | tramer ............. T | 7 | traquer ............ T |
| 7 | se touer ............ P | 7 | se tramer .......... P | 7 | traumatiser ....... T |
| 7 | touiller ............ T | 7 | tranchefiler ....... T | 7 | travailler ....... I, T, Ti |
| 7 | toupiller ......... I, T | 7 | trancher ........ I, T | 7 | se travailler .........P |
| 7 | toupiner ............ I | 7 | tranquilliser ....... T | 7 | travailloter ........ I |
| 7 | tourber ............ I | 7 | se tranquilliser ..... P | 7 | traverser .......... T |
| 7 | tourbillonner ...... I | 7 | transbahuter ...... T | 20 | travestir ........... T |
| 7 | tourillonner ....... I | 7 | transborder ....... T | 20 | se travestir ........ P |
| 7 | tourmenter ........ T | 7 | transcender ....... T | 7 | trébucher ....... I, T |
| 7 | se tourmenter ..... P | 7 | se transcender ..... P | | être ou avoir |
| 7 | tournailler ......... I | 7 | transcoder ........ T | 7 | tréfiler ............ T |
| 7 | tournasser ........ T | 86 | transcrire.......... T | 58 | tréfondre .......... I |
| 7 | tournebouler ...... T | 11 | transférer ........ T | 9 | treillager .......... T |
| 7 | tourner.. I, T, être ou avoir | 7 | transfigurer ....... T | 7 | treillisser ......... T |
| 7 | se tourner ........ P | 7 | transfiler .......... T | 7 | trémater .......... T |
| 7 | tournicoter ........ I | 7 | transformer ....... T | 7 | trembler .......... I |

| | | | | | |
|---|---|---|---|---|---|
| 7 | trembloter ..........I | 7 | tronquer ...........T | 7 | twister ............I |
| 7 | se trémousser ......P | 7 | tropicaliser ........T | 7 | tympaniser ........T |
| 7 | tremper .......... I, T | 7 | troquer ...........T | 7 | typer .............T |
| 7 | se tremper ........P | 7 | trotter ............I | 7 | typiser ...........T |
| 7 | trémuler ......... I, T | 7 | se trotter ..........P | 16 | typographier .......T |
| 7 | trépaner ..........T | 7 | trottiner ..........I | 7 | tyranniser .........T |
| 7 | trépasser ..I, être ou avoir | 7 | troubler ..........T | | |
| 7 | trépider ...........I | 7 | se troubler ........P | | |
| 7 | trépigner ........ I, T | 7 | trouer ............T | | |

## U

| | | | | | |
|---|---|---|---|---|---|
| 30 | tressaillir ..........I | 7 | se trouer ..........P | | |
| 7 | tressauter .........I | 7 | trouilloter ........I | 11 | ulcérer ...........T |
| 7 | tresser ............T | 7 | troussequiner ......T | 11 | s'ulcérer ..........P |
| 7 | treuiller ...........T | 7 | trousser ..........T | 7 | (h)ululer ..........I |
| 7 | trévirer ...........T | 7 | se trousser ........P | 16 | unifier ............T |
| 7 | trianguler ........ T | 7 | trouver ...........T | 16 | s'unifier ..........P |
| 7 | triballer ...........T | 7 | se trouver .........P | 7 | uniformiser ........T |
| 7 | tricher ............I | 7 | truander ........ I, T | 20 | unir ..............T |
| 7 | tricocher .........I | 7 | trucider ..........T | 20 | s'unir .............P |
| 7 | tricoter .......... I, T | 7 | truffer ............T | 7 | universaliser .......T |
| 16 | trier ..............T | 7 | truquer ......... I, T | 7 | s'universaliser ......P |
| 7 | trifouiller ........ I, T | 7 | trusquiner .........T | 7 | urbaniser ..........T |
| 7 | triller ............ I, T | 7 | truster ............T | 7 | s'urbaniser .........P |
| 7 | trimarder ........ I, T | 7 | tuber .............T | 9 | urger ............ I, D |
| 7 | trimbal(l)er ........T | 7 | tuberculiner ........T | | seulement à la 3e personne |
| 7 | se trimbal(l)er ......P | 7 | tuberculiniser ......T | 7 | uriner ........... I, T |
| 7 | trimer ............I | 7 | tuberculiser ........T | 7 | user ............T, Ti |
| 7 | tringler ...........T | 7 | tuder .............T | 7 | s'user .............P |
| 7 | trinquer ..........I | 7 | tuer ............ I, T | 7 | usiner ............T |
| 7 | triompher ....... I, Ti | 7 | se tuer ...........P | 7 | usurper ......... I, T |
| 7 | tripatouiller ........T | 7 | tuiler ............T | 7 | utiliser ...........T |
| 7 | tripler .......... I, T | 16 | tuméfier ..........T | | |
| 7 | tripoter ......... I, T | 16 | se tuméfier ........P | | |

## V

| | | | | | |
|---|---|---|---|---|---|
| 7 | triquer ...........T | 7 | turbiner ........ I, T | | |
| 11 | triséquer ..........T | 7 | turlupiner .........T | 7 | vacciner ..........T |
| 7 | trisser .......... I, T | 7 | turluter québ. ..... I, T | 7 | vaciller ...........I |
| 7 | se trisser .........P | 12 | tûteler belg. .........T | 7 | vacuoliser .........T |
| 7 | triturer ...........T | 7 | tûter belg. ........ I, T | 7 | vadrouiller .........I |
| 7 | troler afr. ..........T | 7 | tuteurer ...........T | 7 | vagabonder ........I |
| 7 | tromper ...........T | 7 | tutorer ...........T | 20 | vagir .............I |
| 7 | se tromper ........P | 18 | tutoyer ...........T | 7 | vaguer .......... I, T |
| 12 | trompeter ....... I, T | 18 | se tutoyer .........P | 65 | vaincre .......... I, T |
| 7 | tronçonner ........T | 7 | tututer ...........I | 65 | se vaincre .........P |
| 7 | trôner ............I | 7 | tuyauter ........ I, T | 7 | vaironner .........I |

| | | |
|---|---|---|
| 7 valdinguer .........I | 24 venir .......... I, *être* | 20 se vieillir ..........P |
| 12 valeter .............I | 24 s'en venir .........P | 7 vieller .............I |
| 7 valider .............T | 7 venter ..... imp.: *il vente* | 7 vigiler afr. .........T |
| 7 valiser .............I, T | 7 ventiler ............T | 7 vilipender .........T |
| 7 se vallonner ........P | 7 ventouser .........T | 7 villégiaturer ........I |
| 49 valoir ............. I, T | 7 verbaliser ........ I, T | 7 vinaigrer ..........T |
| 49 se valoir ...........P | 9 verbiager ..........I | 7 viner ..............T |
| 7 valoriser ...........T | 20 verdir .......... I, T | 16 vinifier ...........T |
| 7 se valoriser ........P | 18 verdoyer ...........I | 8 violacer ............T |
| 7 valouser ...........T | 7 verduniser .........T | 8 se violacer ........P |
| 7 valser ............. I, T | 7 verger belg. .........I | 7 violenter ..........T |
| 7 vamper ............T | 8 verglacer  imp.: *il verglace* | 7 violer ..............T |
| 7 vampiriser .........T | 16 vérifier ............T | 7 violoner ......... I, T |
| 7 vandaliser ..........T | 16 se vérifier .........P | 20 vioquir ............I |
| 7 vanner .............T | 7 verjuter ............T | 7 virer ........... I, T, Ti |
| 7 vanter .............T | 7 vermiculer .........I | 7 virevolter ..........I |
| 7 se vanter ..........P | 7 vermiller ...........I | 7 virguler ............T |
| 7 vaporiser ..........T | 7 vermillonner ..... I, T | 7 viriliser ...........T |
| 7 vaquer .......... I, Ti | 7 se vermouler ......P | 7 viroler .............T |
| 7 varapper ..........I | 20 vernir .............T | 7 viser .......... I, T, Ti |
| 16 varier ............. I, T | 7 vernisser ...........T | 7 visionner ..........T |
| 7 varloper ...........T | 7 verrouiller ..........T | 7 visiter .............T |
| 7 vaseliner ...........T | 7 se verrouiller ......P | 7 visser ..............T |
| 7 vaser ...... imp.: *il vase* | 7 verser ........... I, T | 7 se visser ..........P |
| 7 vasouiller ..........I | 7 se verser ..........P | 7 visualiser ..........T |
| 7 vassaliser ..........T | 16 versifier ......... I, T | 7 vitrer ..............T |
| 7 vaticiner ...........I | 7 vesser .............I | 16 vitrifier ...........T |
| 7 se vautrer ..........P | 7 vétiller .............I | 7 vitrioler ...........T |
| 11 végéter ............I | 27 vêtir ..............T | 11 vitupérer ........ I, T |
| 7 véhiculer ..........T | 27 se vêtir ...........P | 16 vivifier ...........T |
| 7 se véhiculer ........P | 7 vexer ..............T | 7 vivoter .............I |
| 7 veiller ........ I, T, Ti | 7 se vexer ...........P | 82 vivre ............ I, T |
| 7 veiner ..............T | 7 viabiliser ...........T | 7 vocaliser ......... I, T |
| 7 vélariser ...........T | 7 viander ............I | 11 vociférer ........ I, T |
| 7 vêler ..............I | 7 se viander .........P | 7 voguer .............I |
| 7 velouter ...........T | 7 vibrer .......... I, T | 7 voiler ........... I, T |
| 7 se velouter ........P | 7 vibrionner .........I | 7 se voiler ..........P |
| 9 vendanger ....... I, T | 16 vicier ............ I, T | 41 voir .......... I, T, Ti |
| 58 vendre ............ I, T | 9 vidanger ...........T | 41 se voir ...........P |
| 58 se vendre ........P | 7 vider ..............T | 7 voisiner ............I |
| 11 vénérer ............T | 7 se vider ...........P | 7 voiturer ............T |
| 9 venger .............T | 7 vidimer ............T | 7 volatiliser .........T |
| 9 se venger ..........P | 20 vieillir .. I, T, *être* ou *avoir* | 7 se volatiliser .......P |

| | | | | | |
|---|---|---|---|---|---|
| 7 | volcaniser .........T | 18 | se vouvoyer .......P | 7 | zerver ............T |
| 7 | voler ...........I, T | 9 | voyager ...........I | 7 | zester ............T |
| 7 | se voler ..........P | 7 | vriller ..........I, T | 17 | zézayer ...........I |
| 12 | voleter ............I | 20 | vrombir ...........I | 7 | ziber .............T |
| 9 | voliger ............T | 7 | vulcaniser .........T | 7 | zieuter ............T |
| 17 | volleyer ...........I | 7 | vulganiser afr. ......T | 7 | zigouiller .........T |
| 7 | volter .............I | 7 | vulgariser .........T | 7 | ziguer .............T |
| 9 | voltiger ...........I | | | 7 | zigzaguer .........I |
| 20 | vomir .......... I, T | | **WXYZ** | 7 | zinguer ...........T |
| 7 | voter ..........I, T | | | 7 | zinzinuler .........I |
| 7 | vouer .............T | | | 7 | zipper ............T |
| 7 | se vouer .........P | 7 | warranter .........T | 7 | zoner ...........I, T |
| 50 | vouloir .......I, T, Ti | 7 | week-ender afr. .....I | 7 | se zoner ...........P |
| 50 | se vouloir .........P | 7 | wolophiser afr. .....T | 7 | zonzonner .........I |
| 50 | s'en vouloir ........P | 7 | yailler afr. .........T | 7 | zoomer .........T, Ti |
| | p. p. invariable | 7 | yodiser ...........T | 7 | zouaver afr. ........I |
| 18 | vous(s)oyer .......T | 7 | yoper afr. .........T | 7 | zouker .............I |
| 18 | se vous(s)oyer .....P | 7 | yoyoter ..........I | 7 | zozoter ............I |
| 7 | voûter ............T | 7 | zaïrianiser afr. ......T | 7 | zûner belg. ........I |
| 7 | se voûter ..........P | 7 | zapper ..........I, T | 7 | zwanzer belg. ......I |
| 18 | vouvoyer .........T | 11 | zébrer ............T | 7 | zyeuter ...........T |

LISTE ALPHABÉTIQUE DES VERBES

BIBLIOGRAPHIE

Pour l'inventaire des verbes, ont été utilisés les dictionnaires suivants (outre le *Trésor de la langue française*, le *Littré*, le *Dictionnaire général de la langue française*, le *Grand Larousse*, le *Grand Robert* ) :

– *Belgicismes. Inventaire des particularités lexicales du français en Belgique*,
   Éd. Duculot, 1994
– *Dictionnaire de l'argot*, Éd. Larousse, 1995
– *Dictionnaire du français non conventionnel*, Jacques Cellard et Alain Rey,
   Éd. Hachette, 1991
– *Inventaire des particularités lexicales du français en Afrique noire*, Édicef-Aupelf, 1988

Suivi éditorial : Évelyne Brossier

Relecture : Yves Tissier

Conception graphique :
– intérieur : Marie-Astrid Bailly-Maître
– couverture : Laurent Batard

Mise en page : Marie-Astrid Bailly-Maître

Typographie :
Cet ouvrage est composé principalement en *Cicero* et en *Présence*.
Ces deux caractères ont été créés par Thierry Puyfoulhoux.

Achevé d'imprimer par : Grafica Editoriale Printing srl, Bologna - Italie
Dépôt légal : N° 72231 - Août 2008